CRÉATIVITÉ et GESTION

PRESSES DE L'UNIVERSITÉ DU QUÉBEC
Le Delta I, 2875, boulevard Laurier, bureau 450
Québec (Québec) G1V 2M2
Téléphone : 418-657-4399 • Télécopieur : 418-657-2096
Courriel : puq@puq.ca • Internet : www.puq.ca

Membre de
L'ASSOCIATION
NATIONALE
DES ÉDITEURS
DE LIVRES

Diffusion / Distribution :

CANADA et autres pays

PROLOGUE INC.
1650, boulevard Lionel-Bertrand
Boisbriand (Québec) J7H 1N7
Téléphone : 450-434-0306 / 1 800 363-2864

FRANCE

SODIS
128, av. du Maréchal
de Lattre de Tassigny
77403 Lagny
France
Tél. : 01 60 07 82 99

BELGIQUE

PATRIMOINE SPRL
168, rue du Noyer
1030 Bruxelles
Belgique
Tél. : 02 7366847

SUISSE

SERVIDIS SA
Chemin des Chalets
1279 Chavannes-de-Bogis
Suisse
Tél. : 22 960.95.32

CRÉATIVITÉ et GESTION

LES IDÉES AU SERVICE DE L'INNOVATION

Camille Carrier et Sylvie Gélinas

Préface de
Louis Garneau

2011

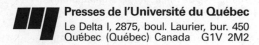

Presses de l'Université du Québec
Le Delta I, 2875, boul. Laurier, bur. 450
Québec (Québec) Canada   G1V 2M2

Catalogage avant publication de Bibliothèque et Archives nationales du Québec et Bibliothèque et Archives Canada

Carrier, Camille

Créativité et gestion : les idées au service de l'innovation

Comprend des réf. bibliogr.

ISBN 978-2-7605-2623-5

1. Créativité dans les affaires. 2. Entrepreneuriat. 3. Leadership. 4. Innovations. 5. Personnel - Direction. I. Gélinas, Sylvie, 1962 16 janv.- . II. Titre.

HD53.C37 2010   658.4'063   C2010-941763-1

Nous reconnaissons l'aide financière du gouvernement du Canada par l'entremise du Fonds du livre du Canada pour nos activités d'édition.

La publication de cet ouvrage a été rendue possible grâce à l'aide financière de la Société de développement des entreprises culturelles (SODEC).

Intérieur
Mise en pages : INTERSCRIPT

Couverture
Conception : RICHARD HODGSON
Illustration : SYLVIE DEMERS

1 2 3 4 5 6 7 8 9 PUQ 2011 9 8 7 6 5 4 3 2 1

Dépôt légal – 1er trimestre 2011
Bibliothèque et Archives nationales du Québec / Bibliothèque et Archives Canada
Imprimé au Canada

Camille dédie d'abord cet ouvrage à Pierre Cossette, son compagnon de vie et complice incomparable, toujours si intensément présent, tant dans ce qu'elle vit que dans ce qu'elle réalise. Elle le dédie aussi à Frédéric, Maude et Fannie qui la rendent si fière d'être leur mère.

Sylvie dédie cet ouvrage à David, Mia et Laurent, pour incarner si merveilleusement le bonheur et la créativité au quotidien, ainsi qu'à Danielle, muse, amie et trésor de créativité. Il est aussi dédié à vous, qui croyez ou désirez croire que tout est possible. Parce que réaliser l'impossible ne peut commencer qu'en alimentant avec détermination et créativité cette flamme au pouvoir unique.

Pourquoi la créativité dans nos organisations ? Le sujet est d'importance. Déterminant, même. Et il l'est probablement autant pour les entreprises et pour les personnes que pour notre société et notre avenir !

Que l'on parle d'affaires, de santé, de sport, d'environnement ou de paix, la créativité agit comme un véritable catalyseur du potentiel humain, avec un grand P. Certains disent qu'elle représente – avec l'amour – la plus noble des capacités de l'Homme. J'abonde en ce sens : la créativité est intimement liée à mes plus grands bonheurs et réalisations. Elle n'est pas un mot abstrait – bien qu'on puisse parfois le croire ! Elle permet d'oser rêver et donne le pouvoir de transformer ces intentions en actions concrètes, de trouver les chemins et l'énergie pour s'y rendre. Elle influence le monde et en modifie la trajectoire. Rien de moins !

La créativité a aussi ses exigences. Elle ne surgit que dans des contextes bien particuliers, un peu comme la rose du *Petit prince* de Saint-Exupéry. Comme gestionnaires, et comme citoyens de la Terre, nous pouvons apprendre à mieux apprivoiser et canaliser cette force vive et en faire une véritable synergie créative. Ce livre se veut justement un outil tangible de cette vision, offrant une vue globale de ce à quoi pourrait ressembler une démarche – et non pas une recette – pour intégrer la créativité dans nos organisations.

Vous découvrirez dans cet ouvrage que gérer la créativité signifie, oui, apprendre certaines méthodes, techniques et processus, mais qu'elle veut d'abord dire se dépasser, challenger ses propres limites et idées préconçues, adopter une attitude d'ouverture à la nouveauté, accepter d'être en mouvement avec le changement. Comment aussi elle devient un langage pour échanger avec courage et détermination, même sur les sujets apparemment les plus étranges ou difficiles que prometteurs. Comment, malgré les tensions, elle invite au respect des gens et des idées, recherchant d'abord l'essence, ce qui est bon et utile. La créativité appliquée se traduit en effet par une curiosité remplie de tolérance, et cela sans perdre de vue les objectifs visés. En affaires, on crée rarement pour le simple plaisir de changer. La créativité est une stratégie humaine, pour mieux s'adapter, pour mieux croître.

Le potentiel offert par la créativité est immense. Et nécessaire. Et à notre portée. À nous de jouer – ou plutôt de déjouer les idées toutes faites et les limites inutiles. Inspirons-nous des grandes réalisations autour de nous. Elles ne manquent pas. Les plus grandes sont cependant probablement devant nous, si nous travaillons – de concert – à devenir nous-mêmes plus créatifs, à faire place à la créativité des autres et à façonner nos organisations pour qu'elles le deviennent aussi. Une créativité véritablement vivante peut aider à relever certains de nos plus grands défis, qu'ils soient celui de créer une jeunesse en santé, de protéger l'environnement, de guérir, de soutenir la paix, d'éradiquer la pauvreté ou de favoriser l'éducation. Et, peut-être le plus beau, elle donne espoir, permet de croire et de ne pas abandonner.

Chaque petite pensée, chacun des petits gestes créatifs et utiles qui peuvent faire grandir – que ce soit en faisant tourner un ballon sur son nez ou en développant un nouveau produit cycliste –, doit trouver sa place. Car c'est ainsi que l'on contribue à créer le monde. La créativité se réalise en tout temps et touche autant les idées d'amélioration du quotidien que celles radicalement différentes et spectaculaires. Elle peut même aussi se manifester simplement en s'engageant avec courage à soutenir la bonne idée de l'autre. On s'ouvre alors, je crois, à une réalité et à un futur à la hauteur de nos aspirations, comme gestionnaire, comme citoyen, comme parent ou comme ami.

Mais la créativité n'est pas donnée. Il faut sans cesse la poursuivre, la courtiser et la laisser respirer pour qu'elle donne ses fruits. Et, surtout, on ne l'attrape jamais définitivement. Travailler sans cesse à devenir plus créatif et innovateur ressemble à une course dans laquelle il faut faire appel à toutes ses énergies. Il ne faut jamais lâcher, plutôt toujours persévérer : une telle course n'est jamais terminée parce que quand on vise l'excellence, il n'y a pas de ligne d'arrivée. Cette discipline ouvre la voie aux récompenses les plus grandes. Car elle recèle un trésor de beautés à découvrir, à réaliser : de plus, elle a aussi le potentiel, il faut le dire, d'être stimulante, rentable et utile ! À nous de la protéger pour la faire éclore.

En tant que gestionnaires, nous avons un rôle bien particulier à tenir pour concrétiser cette grande vision. En premier lieu, montrer le chemin et donner le ton à la course en ne cessant jamais nous-mêmes d'innover et de créer. Osons jardiner les rêves et la passion – conscients qu'en développant la créativité et en la protégeant chaque jour, nous en profiterons non seulement dès aujourd'hui mais permettrons à nos enfants d'en bénéficier demain.

Louis Garneau
Octobre 2010

La rédaction de cet ouvrage a été une aventure intellectuelle passionnante et stimulante, particulièrement parce qu'elle nous a permis de mieux connaître et d'apprendre. Dans ce périple qui s'est étalé sur deux années de travail soutenu, des amis, des collègues et des partenaires professionnels nous ont fait cadeau de leurs talents et de leurs connaissances, nous prodiguant à tour de rôle et en de maintes occasions leurs idées, des informations et des encouragements. Nous ne pouvons nommer chacune des nombreuses personnes ayant aidé à façonner cet ouvrage, au risque d'en oublier quelques-unes. Mais nous savons que ces complices se reconnaîtront et qu'ils comprennent toute notre gratitude.

Nous tenons à exprimer de façon plus particulière toute notre reconnaissance à Pierre Cossette, pour le travail magistral de relecture qu'il a réalisé lors de la préparation du manuscrit. Sa rigueur dans l'écriture, la pertinence de ses recommandations et sa patience ont certainement permis de mieux faire ressortir la contribution de chacun des thèmes dont nous avons traités et de hausser significativement la teneur et la présentation de cet ouvrage. Nous tenons à lui redire à quel point sa générosité remarquable fut appréciée. Merci aussi à madame Tammy Davis, de l'Université du Québec à Trois-Rivières, qui nous a assistées dans la présentation matérielle des textes.

Pendant cette grande aventure, nous avons aussi eu le privilège de profiter de l'expérience de nombreux gestionnaires, entrepreneurs et professionnels émérites en matière de créativité. Ces as du terrain, chevaliers de la créativité et de l'innovation en action, ont pris de leur temps pour échanger avec nous sur leurs meilleures pratiques et le fruit de leurs expériences. Plus précisément, nous désirons remercier très chaleureusement de leur accueil et ouverture : Louis Garneau (Louis Garneau Sports Inc.), Gerard Puccio (International Center for Creative Studies), Luc Gélinas (Synapse Électronique), Blair Miller (Blair Miller & Ass.),

Yves Moreau (Services informatiques SYM), Daniel Ravary et René Marineau (Canlyte), Michel Giroux (Gentec eo), Patrick Sirois (IDO), Steve Kochan (Sigma 4 Design, USA), Allan Doyle (Zins, Beauchesnes et Associés), Michel Moisan (Decision Processes International), Chantal Bernier et Guylaine Turmel (Société de développement économique de Lévis), Serge Bouchard (Affaires Inc.), Jessica Sutton et Roger Gaudreault (Cascades), Yves van Chestein (ministère de la Défense nationale du Canada), Mark Raison (Yellow Ideas), Louis Turmel (Novo Technologies) et Rémi Saint-Péron (Creative System). Nul doute que leur contribution nous aura permis d'illustrer avec plus de couleur et de réalisme comment la créativité peut prendre forme dans nos organisations.

On ne saurait passer sous silence le rôle exceptionnel tenu par l'équipe des Presses de l'Université du Québec, qui a cru à l'importance de cet ouvrage et n'a jamais ménagé les efforts et ressources pour nous aider à le mener à terme dans les meilleures conditions et délais. Permettons ici d'identifier de façon plus particulière l'apport de mesdames Céline Fournier et Marie-Noëlle Germain, dont l'expertise, les conseils et le professionnalisme ont été d'une aide précieuse tout au long de ce parcours. Merci aussi à toute l'équipe des PUQ de transformer nos idées pour mieux les mettre au service de l'innovation.

Enfin, nous désirons souligner l'importance des recherches et expertises apportées par les nombreuses autres sources d'information – notamment les ouvrages scientifiques et professionnels ainsi que les articles traitant de la créativité organisationnelle dont la lecture nous a grandement inspirées et qui furent nécessaires pour jeter les fondations d'un tel document.

Ce savoir partagé est un immense cadeau que nous recevons avec beaucoup d'humilité.

Il était une fois un homme qui vivait dans un siècle où les gens n'avaient encore aucune idée qu'un jour, on pourrait communiquer en quelques secondes d'un point du globe à un autre. Pourtant, cet homme s'était donné le droit de rêver qu'il serait possible dans l'avenir de faire le tour du monde en 80 jours, d'explorer jusqu'à vingt mille lieues sous les mers et même de voyager de la Terre à la Lune. Vous avez sans doute déjà deviné qu'il s'agit de Jules Verne, qui a réussi à faire partager ses rêves à des millions de lecteurs de tous les coins de la planète, fascinés par ses romans d'aventure. Ce grand créateur et visionnaire affirmait : «Ce qu'un homme est aujourd'hui capable d'imaginer, d'autres seront un jour capables de le réaliser.» Et il avait bien raison !

Plus près de nous au Québec, on peut trouver de nombreux exemples de rêveurs qui ont tellement cru à leurs visions qu'ils nous les font maintenant partager. Pour n'en citer que quelques-uns, pensons à Guy Laliberté, un amuseur public qui a commencé par séduire ses compatriotes d'un village à l'autre et qui dirige maintenant le Cirque du Soleil – incontestablement le plus original et le plus grand cirque du monde. Inspirons-nous aussi de Louis Garneau, un sculpteur-peintre champion du monde en cyclisme qui, au terme de sa carrière d'athlète, a créé avec sa conjointe une toute petite entreprise d'équipement sportif dans son garage et qui opère aujourd'hui sur le plan international. On pourrait aussi évoquer Céline Dion, Fred Pellerin et une multitude d'autres créatifs, dont plusieurs sont moins connus, mais dont les réalisations apportent quelque chose de mieux, d'unique et de différent dans nos vies, tant en santé, en environnement, qu'en éducation, en sciences ou en psychologie.

Ce sont tous des créateurs et des gens d'action qui créent de la valeur, tant sociale qu'économique. Nos entreprises ont plus que jamais besoin de Jules, de Guy, de Louis, de Céline, de Fred et d'autres rêveurs, qui sont capables d'imaginer ce que l'entreprise pourrait faire de mieux ou de différent et qui désirent travailler pour que cela se concrétise. On ne sait pas toujours qui ils sont ni où ils se trouvent exactement, mais il est certainement souhaitable et possible d'activer nos radars pour les repérer et leur donner la possibilité de montrer ce dont ils sont capables. Si vous êtes entrepreneur, gestionnaire d'une entreprise, responsable d'une organisation à vocation économique et sociale, ou même si vous êtes simplement convaincu que le succès et l'évolution de toute société commencent par sa capacité de canaliser l'intelligence créative des personnes qui y évoluent, ce volume est pour vous. Et si vous n'y croyez pas, ce volume est probablement aussi pour vous.

Pendant un grand nombre d'années, la créativité a été plus ou moins dans l'ombre de l'innovation. Il n'y a pas si longtemps, elle était même souvent perçue comme un luxe que seules quelques entreprises jugées intrépides pouvaient se permettre. Pire encore, pour plusieurs gestionnaires, se soucier de la créativité organisationnelle était une perte de temps ou consistait tout au mieux à prévoir des périodes de « jeux », d'exercices ou de petites activités censées provoquer quelques idées plus ou moins fulgurantes. On réalise cependant de plus en plus que le pouvoir créatif est un véritable capital et qu'on se priverait de beaucoup en l'enfermant dans une seule activité. On comprend mieux aussi que pour la mériter, on doit la solliciter continuellement, bien avant que les idées n'émergent dans la tête d'une personne ou d'un groupe, et bien après, jusqu'à celui où une innovation voit le jour et est adoptée par des utilisateurs ou des clients.

Les choses changent. Dans nos entreprises, on s'aperçoit que ce ne sont pas d'abord les ressources matérielles, la grande taille ou la puissance financière des concurrents qui peuvent le plus nous mettre en péril, mais leur créativité et leurs idées. Il n'est donc pas surprenant de constater l'engouement croissant pour la créativité et son expansion dans tous les domaines d'activité. Oui, la créativité prend une place grandissante, car on reconnaît maintenant qu'elle est directement liée à notre capacité de « créer » de la valeur.

Cependant, si le mot est de tous les discours, les moyens et changements concrets requis pour provoquer, nourrir et exploiter le potentiel créatif des employés apparaissent encore relativement peu intégrés dans la réalité du quotidien des organisations. De par nos fréquents contacts et collaborations avec des entrepreneurs, chefs d'entreprise, gestionnaires, employés et étudiants en gestion, nous avons constaté que la plupart de ces personnes sont effectivement maintenant convaincues de l'importance cruciale de la créativité dans et pour l'organisation. Par contre, plusieurs se demandent comment passer de manière réaliste du verbe à l'action, car il ne s'agit pas simplement d'un changement dans le discours ou d'un simple coup de baguette magique.

Comme nous le verrons, la créativité ne peut se concrétiser que par l'instauration d'un environnement de travail stimulant, par la création d'espaces de liberté et d'autonomie, ainsi que par le maintien d'un contexte permanent qui soutient et reconnaît les employés qui répondent à l'appel. Car la créativité a besoin d'espace et de temps. Et elle le rend généralement bien. Examinons nos façons de faire : clamons-nous haut et fort qu'il nous faut créer et innover en réclamant de la même voix la promesse de résultats immédiats ? Savons-nous transformer les échecs et les erreurs en apprentissage ? Cherchons-nous à vouloir tout prévoir et contrôler, sans tolérance pour une certaine ambiguïté inhérente aux projets nouveaux ? Préférons-nous l'inertie à un risque mesuré ? Le véritable appel à tous pour la créativité, c'est dans des gestes de parole qu'il doit se faire afin que les employés aient envie de s'y engager.

Le présent ouvrage ne prétend nullement proposer au gestionnaire ou à l'entrepreneur un concept « prêt à l'usage » pour instaurer dès demain une entreprise plus créative et innovante. Cela n'existe malheureusement pas ! Car pour en arriver à une véritable gestion de la créativité, il faut réussir à ouvrir de multiples portes à différents paliers de l'organisation. Il propose cependant un ensemble de quatre clés utiles pour comprendre et rassembler les éléments nécessaires à l'entreprise créative.

Clé 1. Les personnes

Le **premier chapitre** traite des liens étroits entre leadership et créativité, montrant comment la créativité se situe au cœur même du rôle du leader et de quelle façon cette créativité peut concrètement être articulée dans le quotidien pour soutenir l'organisation innovante. Dans ce chapitre, nous mettrons notamment en évidence les compétences et connaissances dont le leader a besoin pour bien jouer ce rôle stratégique et être en mesure d'inspirer l'élan nécessaire pour amener les employés à sortir de leur zone de confort et aller hors des sentiers battus. Le gestionnaire déterminé à promouvoir la créativité et l'innovation pourra s'en inspirer pour comprendre son propre style et travailler à l'amélioration de ses pratiques, tant à titre de leader de sa créativité que pour soutenir celle de son équipe. D'autres pourraient y trouver des pistes susceptibles de les aider à repérer des personnes capables d'instaurer de la créativité dans leur équipe ou leur unité.

Gérer la créativité implique évidemment de tenir compte de la personne comme employé. On se posera ainsi des questions essentielles susceptibles d'orienter un grand nombre de décisions, notamment relatives à la gestion des ressources humaines : certaines personnes sont-elles naturellement plus créatives que d'autres ? Les personnes intelligentes sont-elles nécessairement créatives ? La présence de traits de personnalité ou de facteurs motivationnels peut-elle permettre de prédire qui sera ou ne sera pas créatif ? Existe-t-il des tests permettant de détecter certaines attitudes ou habiletés propices à la créativité ? Est-il possible et souhaitable de recruter et de sélectionner des individus identifiés comme créatifs à qui on octroiera la responsabilité de la créativité ou à qui on confiera certaines tâches requérant de la créativité ? Ou encore est-il préférable de compter sur les énergies créatives d'un grand nombre de personnes ? Quels sont les multiples facteurs pouvant influencer négativement ou positivement l'actualisation d'un potentiel de créativité et la qualité de sa performance ? Voilà autant d'interrogations auxquelles le **chapitre 2** tente d'apporter des réponses à partir des nombreuses recherches s'intéressant aux caractéristiques et aux traits personnels de la personne créative.

Clé 2. Le contexte et les pratiques pour soutenir la créativité

Bien au-delà de sa personnalité ou de ses caractéristiques personnelles, on aura compris qu'une personne ne peut être véritablement créative que lorsqu'elle consent à des efforts en ce sens. Mais encore faut-il qu'elle soit enthousiaste ou tout au moins motivée à le faire. C'est dans cet esprit que le **chapitre 3** présente les facteurs essentiels à considérer par l'entreprise pour l'instauration de tâches et de fonctions stimulantes pour ses employés. Il traite également du développement d'un contexte organisationnel et de pratiques aptes à réduire les freins à la créativité et les irritants susceptibles de venir miner la motivation des employés. On explorera ainsi comment la mission, les structures et les pratiques, en étant stratégiquement alignées, viennent soutenir la cohérence des actions de l'organisation créative et contribuer à établir une véritable culture de créativité.

Le **chapitre 4** porte sur les programmes de suggestions, que certains appellent le *système de management des idées*. Il s'agit là d'une pratique participative particulièrement intéressante, car elle permet de faire appel à la créativité de tous, quel que soit leur position dans la hiérarchie ou le type de fonction qu'ils occupent. Un programme de suggestions peut simultanément répondre à un autre objectif important, qui est d'amener le plus d'employés et de partenaires à se sentir concernés par le développement et la performance de leur entreprise. Il peut être conçu pour faire éclore de multiples petites idées, comme c'est souvent le cas dans les entreprises s'étant dotées d'une politique d'amélioration continue. On peut aussi l'utiliser pour rechercher des innovations plus radicales ou encore cibler tous les types d'idées à la fois. Quel que soit le type de programme adopté, certains principes et règles doivent être appliqués pour en assurer la pérennité et la performance. La lecture de ce chapitre sera tout aussi utile pour ceux qui envisagent l'implantation d'un programme de suggestions qu'à ceux qui souhaitent améliorer celui qui est déjà en place.

Clé 3. Le processus et les outils de la créativité

Parmi les éléments clés susceptibles de soutenir efficacement l'organisation créative, l'utilisation d'un processus commun de résolution créative de problèmes peut constituer un véritable levier. Le **chapitre 5** présente un sommaire des processus les plus couramment rencontrés afin d'en présenter les caractéristiques et utilités particulières. En raison de sa versatilité, de son accessibilité et de la rigueur des recherches démontrant sa performance, le chapitre se penche ensuite plus particulièrement sur le processus de résolution créative de problème CPS (*creative problem solving*) développé originalement par Osborn. Après avoir expliqué en détail le fonctionnement du processus, un exemple concret d'application du CPS vient illustrer la démarche sur le plan pratique. Selon les étapes de ce processus «générique» – c'est-à-dire pouvant servir pour presque tous les types de problèmes complexes –, on verra comment y introduire différents outils et techniques et les utiliser en complémentarité pour cheminer d'une situation floue à une solution forte, nouvelle et utile.

Les chapitres 6 et 7 viennent approfondir (de façon différente des descriptions habituelles) le sujet des techniques et outils de la créativité, abordé ici sous un angle de gestion. Le **chapitre 6** permet de développer une vision globale et stratégique des techniques de créativité de divergence et de convergence afin de mieux guider les choix de techniques à privilégier dans l'action. On découvrira comment effectuer une sélection de technique appropriée en fonction de la nature du défi, du niveau de créativité recherché, de l'étape à laquelle on se situe dans le processus, des résultats visés, du potentiel exploratoire offert par la technique ainsi que des préférences et du style cognitif des personnes qui y participent.

Le **chapitre 7** constitue un complément au précédent. Pratico-pratique, il présente une sélection de 20 techniques particulièrement utiles – que nous nommons les essentielles – pour faire face à la plupart des problèmes opérationnels et défis stratégiques de l'organisation. Ces techniques génériques et spécialisées sont présentées en deux groupes distincts : le premier regroupe des techniques de divergence soutenant la production d'idées, et le second, des techniques de convergence permettant de les renforcer et de les sélectionner. Chacune des notices explique les objectifs, bénéfices et limites de la technique décrite, permettant de mieux anticiper les véritables avantages auxquels on peut s'attendre. On y suggère une démarche d'animation et plusieurs sont accompagnées d'une fiche de travail pour faciliter l'exercice.

Clé 4. La créativité en innovation

La créativité est partout présente et requise dans l'organisation. Son effet dans le cadre de projets formels d'innovation – que ce soit d'innovation de processus, de produits ou de modèles d'affaires – est particulièrement évident, notamment en raison des liens étroits établis en recherche avec la performance et la viabilité financière des entreprises. Les deux concepts requérant cependant des types de gestion différents, le **chapitre 8** permet d'établir les importantes distinctions existant entre gestion de la créativité et gestion de l'innovation. On y constate ainsi que la première n'est pas qu'un simple prélude à la seconde et, qu'au contraire, la créativité agit comme un carburant essentiel à l'innovation tout au long du parcours, jusqu'au moment de sa concrétisation. Ce chapitre se penche aussi sur la pertinence pour l'organisation d'établir une stratégie mixte d'innovation claire et sur l'apport de la créativité pour mieux atteindre un portfolio équilibré de projets.

En continuité avec le chapitre 8 et compte tenu de sa place grandissante comme meilleure pratique en innovation et au sein de nos organisations, le **chapitre 9** se consacre entièrement au processus de développement de nouveaux produits (PDNP). À travers les éléments qui y sont présentés, on constate que la créativité bien gérée et intelligemment intégrée à un processus de développement de nouveaux produits ouvre la voie à une meilleure recherche d'occasions et permet de poursuivre des projets qui autrement auraient pu être prématurément abandonnés. On y aborde comment, pour assurer une application rigoureuse d'un processus de développement de nouveaux produits, on adoptera une attitude véritablement créative à chacune des phases et non seulement au moment de la découverte du concept initial de produit. On y explique enfin, contrairement peut-être à certaines conceptions, pourquoi une créativité utilisée de façon appropriée et régulière peut aider à réduire les risques liés au projet de développement de nouveau produit.

Le **chapitre 10** traite des facteurs susceptibles de favoriser l'émergence et l'action d'entrepreneurs corporatifs, plus couramment appelés des intrapreneurs. Qu'il s'agisse d'idées de nouveaux projets ou de nouveaux produits identifiés par l'instauration de groupes créatifs ou d'une idée surgie spontanément dans l'esprit alerte d'une personne, l'entreprise aura besoin de l'intervention soutenue et enthousiaste d'un individu ou d'une équipe pour leur donner vie et les concrétiser dans l'entreprise ou sur le marché. Plus il s'agit d'une idée demandant une action importante ou différente, plus la nécessité de champions enthousiastes capables d'entreprendre ou de porter la responsabilité du développement sera accrue. Si leurs caractéristiques personnelles et leurs motivations sont assez proches de celles des individus qui entreprennent à leur propre compte, il en va tout autrement du contexte dans lequel ils doivent opérer. Conséquemment, l'entreprise doit être soucieuse de leur offrir un milieu, des conditions et une reconnaissance favorables. Ces éléments peuvent varier selon qu'il s'agit d'un projet préconisé par l'entreprise ou d'une innovation identifiée et proposée par l'intrapreneur lui-même. Ce chapitre propose également quelques dispositifs et approches structurées aidant à stimuler, encourager et soutenir l'intrapreneuriat au sein de l'organisation.

Avant d'entreprendre la lecture de ce livre

Afin d'alléger le texte et de le rendre plus dynamique, notamment dans le cadre de certains chapitres, nous avons opté pour une formulation active, par exemple « on fera », « la démarche consistera à... », ou « on ajoutera », etc. Ce choix d'un style direct ne se veut pas prescriptif ; nos propos ne traduisent en aucun cas des directives à suivre à tout prix. Les recettes sont rarement possibles en créativité et en innovation. Nous invitons donc le lecteur à remettre en question, explorer, expérimenter. Les façons de faire d'aujourd'hui ne sont que des tremplins pour demain.

Nous vous invitons maintenant à aborder cet ouvrage selon vos besoins, qu'ils soient *ad hoc* ou pour développer une vision globale de ce que représente une démarche de gestion de la créativité. Ainsi, malgré les liens étroits qui existent entre les différents sujets abordés, nous vous rassurons : il n'est pas nécessaire de lire les chapitres dans l'ordre où ils sont présentés. Un lecteur intéressé par un thème particulier pourra généralement trouver réponse à ses questions en allant directement au chapitre qui lui est consacré.

Enfin, et surtout, nous souhaitons que ce livre vous accompagne dans votre démarche vers l'organisation créative et vous conduise à des défis stimulants.

Leadership et créativité

Leadership. Leadership. Leadership. Mot à la mode depuis plusieurs années, le leadership demeure un incontournable en gestion. Les raisons de cet engouement sont multiples, mais c'est d'abord parce que les leaders sont au cœur du futur de nos sociétés et de nos organisations. Ils les aident à se fixer des buts, des directions et des trajectoires.

Compte tenu de la place stratégique que les leaders occupent, il devient essentiel de prendre un moment pour se recentrer sur l'essence même de leur rôle : pourquoi avons-nous fondamentalement besoin des leaders ? De toute évidence, c'est parce que nous espérons voir nos organisations croître ou grandir. Dans la mesure où nous en faisons un objectif ultime du leader, il devient justifié de se demander ce qui, justement, s'avère essentiel pour soutenir cette croissance. La créativité appliquée dans un contexte de gestion prend ici toute son importance et se révèle rapidement comme le centre nerveux de l'organisation qui évolue. Que l'on parle d'innovation de produit, de responsabilisation et d'autonomisation des employés ou encore de la capacité à collaborer face au changement, à saisir les occasions, à développer des alliances ou à rechercher du financement, tous ces défis organisationnels ont une exigence en commun : la créativité. L'application de réponses nouvelles et adaptées dans l'action constitue l'élément clé de la croissance.

Conséquemment, l'un des rôles cruciaux du leader réside dans sa capacité à favoriser une synergie productive et créative dans son organisation, pour agir là où réside la plus grande valeur ajoutée de développement potentiel. Une fois tous les efforts de rationalisation et de restructuration réalisés, la créativité apparaît clairement comme la voie la plus porteuse pour l'organisation (Kouzes et Posner, 2002, p. 28). Qui sont donc alors ces personnes capables de susciter chez les autres le désir d'aller plus loin et de créer ? D'oser penser différemment et, surtout, de faire autrement ? Quelles sont leurs compétences clés ? Et comment y parviennent-elles ? Est-il possible de reconnaître et de développer ces compétences supportant le leader dans son rôle stratégique de personne créative et de soutien créatif ?

Le présent chapitre apporte un certain nombre de réponses à ces questions. Il se penche sur les liens étroits qui existent entre leadership et créativité – démontrant comment la créativité se situe en fait au cœur même du rôle de leader – et de quelle façon cette créativité peut concrètement être articulée dans le quotidien pour soutenir l'organisation créative et innovante. Comme le rappellent Kouzes et Posner (2002, p. 28), « la contribution la plus significative des leaders n'est pas de simplement rencontrer les impératifs d'aujourd'hui : c'est le développement à long terme des personnes et des institutions en les amenant à s'adapter, changer, prospérer, grandir ». Bref, le véritable domaine du leader, c'est le futur !

Connaissance de soi, créativité et leadership

Au-delà des styles de leadership

Certains styles de leadership apparaissent au départ plus porteurs de créativité individuelle et organisationnelle. C'est le cas par exemple du leadership transformationnel. Mais existerait-il une seule approche qui puisse venir supporter la créativité des personnes et de l'organisation ?

Dans une vision holistique du leadership, il est sage de ne pas rejeter catégoriquement une approche ou un style, bien qu'on puisse avoir ses préférences ; il s'agit plutôt d'examiner l'utilité et le potentiel qui résident dans l'un ou l'autre des styles de leadership. Comme le suggère Northouse (2004), il est souhaitable d'adopter une perspective globale pour mieux comprendre ce qui est attendu du rôle de leader. Selon lui, le leader véritablement performant se distingue en démontrant, de manière combinée, trois compétences clés dans ses interventions ; elles s'avèrent si importantes qu'elles le seraient même davantage que certaines caractéristiques ou attributs personnels traditionnellement associés au profil du leader type (par exemple, sens de l'initiative). Ces compétences sont les suivantes :

1. une aptitude conceptuelle particulière, notamment l'habileté à jouer avec les idées et les concepts ;
2. une intelligence sociale développée ;
3. des connaissances techniques appropriées dans le domaine d'intervention.

Le tableau 1.1 illustre le parallèle évident entre les compétences associées au leadership par des spécialistes et chercheurs reconnus, et les facteurs associés à la créativité. On y constate que les deux notions y sont fortement liées.

Tableau 1.1

PARALLÈLE ENTRE LES COMPÉTENCES ASSOCIÉES AU LEADERSHIP ET LES FACTEURS ASSOCIÉS À LA CRÉATIVITÉ

	Compétences soutenant un leadership performant			Facteurs soutenant la performance créative individuelle	
	Selon Northouse (2004)	Selon Kouzes et Posner (2002)	Selon Mumford (2000 ; 2006)	Selon Amabile (1983)	Selon Noller (2003)[a]
				Selon le modèle componentiel	Selon la formule de la créativité où $C = fa(c, i, e)$
1. COMPÉTENCES LIÉES AU SAVOIR CRÉER Orientation vers le futur	Compétence en résolution de problème/anticipation	Capacité d'anticipation du futur, de rêve, de vision	1. Capacité d'anticipation des effets, occasions, synergies, sources d'information, etc. 2. Capacité à établir un équilibre entre planifier le futur et le rôle de gestionnaire	Compétences relatives à la créativité	Imagination (i)
2. COMPÉTENCES LIÉES AU SAVOIR *(souvent liée à la crédibilité du leader et facteur facilitateur pour les autres niveaux)*	Connaissances techniques/domaine	Compétences (techniques)	Compétences/forte expertise dans un domaine	Connaissances	Connaissances (c)
3. COMPÉTENCES LIÉES AU SAVOIR-ÊTRE Mobilisation/ Motivation vers un objectif ou une tâche	Intelligence sociale	Inspirant, confiant face à l'incertitude, capable de communiquer sa vision, de donner confiance dans la capacité à surmonter les défis, à donner un sens et espoir à son équipe pour faire face à l'ambiguïté et à la nouveauté. Être cohérent dans son engagement à poursuivre son rêve.	Se traduit d'abord dans la capacité du leader à transformer sa vision en étapes/missions concrètes, réalistes et intrinsèquement stimulantes pour les employés. Anticiper l'effet d'une vision sur les employés et sur la dynamique d'équipe.	Motivation pour la tâche	Capacité d'évaluation (é) (utilité, effet, nouveauté, adaptabilité, etc.) Pertinence du défi face aux intérêts des personnes

a   Ruth Noller, tel que cité dans Isaksen, S.G., Dorval, K.B. et Treffinger, D.J. (2003). *Résoudre les problèmes par la créativité. La méthode CPS*, Paris, Éditions d'Organisation, p. 6.

Robert J. Sternberg (2007) résume autrement ces trois mêmes dispositions du leader lorsque qu'il montre que leur combinaison, si elle est présente, permettra d'augmenter la flexibilité de l'organisation. C'est d'ailleurs sur cette base jugée comme pierre angulaire d'un leadership efficace – et avec l'objectif de mieux recruter et préparer les étudiants à affronter la diversité et «la vraie vie» comme citoyens et comme leaders – que le chercheur et doyen de l'Université Tufts et son équipe ont développé de nouveaux tests d'entrée. La démarche a été expérimentée avec succès, notamment dans les projets Rainbow et Kaleidoscope; ils ont constaté que ce cadre de référence avait permis une forte augmentation de la performance en leadership chez les étudiants admis. Voici comment Sternberg explique la démarche:

> Le cadre de travail que mes collègues et moi-même avons utilisé est celui que nous avons appelé la théorie de l'intelligence à succès (Sternberg, 1997). L'idée de base est que les gens dans à peu près n'importe quelle sphère d'activité ont besoin de *a*) la créativité pour générer de nouvelles et excitantes idées *b*) l'intelligence analytique pour évaluer si ces idées ou d'autres sont de bonnes idées et *c*) l'intelligence pratique pour exécuter leurs idées et persuader les autres de leur valeur. Selon cette théorie, ces habiletés sont modifiables, à un certain degré, plutôt que déterminées (2009, p. 279).

Malgré les limites inhérentes à toute étude, on peut certainement penser que tant les entreprises que les institutions scolaires auraient intérêt à s'inspirer de ces résultats afin de chercher à détecter et à renforcer chez les individus pressentis ou choisis pour des rôles de leader, les trois dispositions que sont la créativité, l'intelligence analytique et la sagesse nécessaire pour bien combiner les deux premières[1]. Ces trois compétences réunies et agissant en synergie apparaissent en effet de bons indicateurs pour mieux permettre de trouver, étudier et implanter des idées à la fois fortes et efficaces, tenant compte de l'ensemble de la complexité des effets générés, tant sur soi comme personne que sur les autres individus, sur l'organisation et dans le milieu. Le tableau 1.2 en fait une illustration synthèse.

Ces trois compétences que l'on peut résumer en *savoir*, *savoir-être* et *savoir-créer* doivent se trouver réunies chez le leader. Elles sont en effet devenues essentielles à la performance du leader, compte tenu de la complexité et de la nature souvent nouvelle et mal définie de la plupart des défis organisationnels auxquels il doit faire face. C'est aussi le constat d'une importante étude (Martin, 2005, p. 7-8) du réputé Center for Creative Leadership sur l'évolution du leadership, démontrant une nette augmentation dans la complexité et le nombre des défis critiques auxquels le leader a et aura à faire face. Toujours selon cette étude, près de 85% des défis que les gestionnaires auraient à relever dans le cadre de leur mandat exigent qu'ils y consacrent de six mois à plus de deux ans. Cela démontrerait, dit le chercheur, les failles importantes dans les solutions actuellement mises en place pour tenter de les relever et laisse présager que le type de problèmes rencontrés a vraisemblablement évolué, passant d'une nature plus technique à

---

1. Cette approche sera plus longuement abordée au chapitre suivant.

Tableau 1.2

LES COMPÉTENCES EN LEADERSHIP AU SERVICE DE LA CRÉATIVITÉ

Compétences clés	Contribution à un leadership efficace
Compétence en résolution de problèmes/compétences conceptuelles	– être en mesure de jouer avec les concepts, les idées ; – avoir sa propre perspective face aux défis de l'organisation ; – être habile à faire face à la nouveauté ; – développer une meilleure qualité de solutions ; – développer des solutions à des défis plus complexes ou mal définis ; – être capable d'en anticiper les effets ; – planifier l'implantation de nouvelles solutions.
Connaissances techniques/ connaissances	– soutenir la réflexion relative à la résolution de problème ; – prioriser, sélectionner les meilleures options – celles qui valent la peine d'être poursuivies ; – transformer les idées en solutions réalistes et adaptées.
Intelligence sociale/ jugement social	– développer une vision ; – développer des «missions» motivant les employés pour l'atteinte des objectifs ; – être en mesure d'adapter ses idées à celles des autres ; – travailler de concert avec les autres dans le cadre de défis complexes ; – favoriser la résolution de problèmes chez les autres ; – être en mesure d'accéder à la perspective des autres sur les défis de l'organisation.

des problèmes davantage d'adaptation (référant à un problème systémique et exigeant une solution nouvelle) et même critiques (référant à un changement de fond et requérant une solution immédiate). Les besoins sont donc loin d'être comblés et la résolution de problèmes se doit d'être beaucoup plus créative pour répondre à ces nouveaux types de défis. L'ultime résultante d'un leadership efficace résiderait donc essentiellement dans cette capacité à résoudre créativement des problèmes (adapté de Mumford, Zaccaro, Harding, Jacobs et Fleishman, 2000, p. 11).

Sternberg rappelle que «dans une large mesure, les gens décident d'être créatifs». Il en va de même pour le leader qui peut, lui aussi, décider ou non d'être créatif et de soutenir la créativité à l'intérieur de la sphère dans laquelle il exerce son influence.

Le leader et sa relation à la créativité

Une organisation non créative est vouée à l'échec à plus ou moins longue échéance. Par conséquent, la créativité doit être considérée comme une condition essentielle du succès de l'entreprise... cela tout en sachant qu'elle ne le garantit pas ! Partant de là, il apparaît primordial que le leader scrute de près la relation qu'il entretient avec la créativité, et comment il s'entoure. Un examen attentif de ces aspects devrait lui permettre de déceler les valeurs et croyances profondes qui l'animent à cet égard et qui conditionnent son action. Car l'influence du leader sur le climat et sur son équipe ne peut être remise en question : une organisation peut difficilement être plus créative que ce que le permettent ses leaders. Il est donc essentiel que le leader soit conscient de l'effet de sa perception de la créativité dans son organisation sur ses actions au quotidien, sur ses décisions, sur le choix de ses employés ou collaborateurs, sur ses stratégies et même sur sa gestion du risque.

Et si votre C. A. était composé à 80 % de gestionnaires de style adaptateur ?

Certaines publications d'affaires ou sondages frôlant le sensationnalisme se font les champions de l'idée que la créativité n'est pas essentielle à un leadership efficace. Pourtant, comme nous avons pu le constater, les recherches démontrent le contraire. Cette fausse perception qui prévaut dans certains milieux vient peut-être du fait que les leaders sont susceptibles d'avoir des styles cognitifs différents qui les amènent à préférer adapter ce qui existe déjà ou au contraire innover plus radicalement*.

Ainsi, le leader au style « adaptateur » ne se comportera pas de la même manière que celui de style « innovateur », même si les deux pourront faire preuve de créativité. Par exemple, ils ne choisiront pas les mêmes projets. Autre exemple : imaginons l'effet d'un conseil d'administration ou d'une équipe de haute direction composé à 80 % de personnes de style « adaptateur », et où le groupe est appelé à prendre une décision stratégique exigeant un virage important ou un type de réponse totalement différent des avenues habituellement privilégiées. L'équation est simple : les chances qu'une idée très novatrice – aussi exceptionnelle, adaptée ou à valeur ajoutée soit-elle – puisse être acceptée demeurent extrêmement faibles.

Il semble que, dans bien des organisations, on retrouve un nombre souvent plus élevé de gestionnaires ayant un style davantage adaptateur, avec des conséquences qu'on connaît mal. Les enjeux sont pourtant de taille. Si cette compétence créative d'abord axée sur l'amélioration constante des produits de l'entreprise est essentielle, il devient particulièrement important pour les leaders impliqués de comprendre l'influence de leurs préférences sur cette orientation vers l'adaptation et, par conséquent, de prendre conscience de la nécessité de faire une place réelle dans la prise de décision aux idées davantage « innovatrices ». Le défi du leader – qu'il soit du type adaptateur ou innovateur – sera donc d'identifier son style « réflexe » et, idéalement, celui des membres du conseil d'administration, pour mieux équilibrer les décisions.

---

* Cette théorie des styles cognitifs de Michael J. Kirton renvoie au style personnel habituel d'un individu, soit plus adaptateur ou plus innovateur. Elle désigne en quelque sorte sa façon préférée d'aborder ou même de choisir un problème. Cette théorie sera plus largement discutée au chapitre suivant.

Pour tenter de mieux cerner son style personnel, certains outils psychométriques tels que le KAI, développé par Kirton (2003), permettront au gestionnaire d'obtenir un meilleur éclairage sur certaines préférences ou réflexes qui entrent en ligne de compte au moment de prendre des décisions. Ces outils peuvent le guider dans un sens ou dans l'autre : faire plus de place à une créativité permettant de sortir des sentiers habituels ou au contraire mettre un frein à une créativité débridée ou énergivore. Un équilibre doit être recherché pour juger des meilleures façons de faire face à un défi particulier. Tous ne demandent pas le même niveau de créativité. Ainsi, le leader devrait mieux réussir à éviter certains pièges, notamment celui très réel de la préférence pour le *statu quo*, qui conduit à éviter d'oser une action plus risquée quand il serait pourtant pertinent de miser sur une occasion. Comme le soulignent Hamel et Breen (2007) :

> [...] les managers gérant des entreprises établies ont rarement à défendre les risques stratégiques qu'ils font prendre à leur organisation quand ils s'emparent de «bon argent» pour investir soit dans des modèles d'affaires tombant lentement en désuétude ou soutenir financièrement des activités qui produisent déjà des retours moindres (p. 47-48).

Cette recherche de compréhension des écarts – et du type de solution véritablement nécessaire – est une compétence particulièrement attendue du leader. Celle-ci prendrait d'ailleurs une importance accrue, considérant que maintenant près de 10% (Martin, 2005, p. 7-8) des situations critiques vécues dans l'entreprise – une donnée en constante évolution – requièrent des solutions totalement différentes des mesures utilisées auparavant et une rapidité accrue d'intervention. Peu importe son style personnel ou ses préférences, le leader désirant améliorer sa propre performance doit tenir compte de tels changements et s'assurer qu'il fait le meilleur choix entre l'option pour une solution traditionnelle et une autre requérant audace et prise de risque. Il en va de la qualité même de la prise de décision stratégique. Il ne s'agit pas d'un exercice de réflexion banal : il s'agit plutôt de faire les choix qui orienteront positivement la destinée de l'organisation. Sternberg a répertorié huit niveaux de préférences (voir tableau 1.3) qui influenceront les actions du leader.

Une étude intéressante (Gebauer, Krempl et Fleisch, 2008), sur le rôle des perceptions des leaders dans la prise de décision, a montré à quel point leurs choix et leurs décisions face au changement et à l'innovation étaient directement influencés par leurs paradigmes, c'est-à-dire dans ce cas-ci leurs croyances personnelles relativement à ce que devrait être leur cadre de travail – avec une incidence non négligeable sur la pertinence des orientations prises par l'entreprise. Dans cette recherche effectuée auprès de huit organisations axées sur la production et la vente de produits manufacturés, on proposait aux gestionnaires responsables de les soutenir pour les aider à explorer et éventuellement exploiter le haut potentiel financier d'une offre axée sur des services connexes, dépassant la vision traditionnelle de soutien à la clientèle. Ainsi, on désirait étendre l'offre actuellement concentrée vers des services liés directement au maintien des produits vendus, à d'autres services dérivés à haute valeur ajoutée, par exemple de la formation ou tout autre service susceptible d'optimiser l'efficacité du produit acheté par le client. Les leaders étaient donc en mesure de constater la faisabilité du projet et de s'assurer que l'orientation présentée offrirait vraisemblablement un important retour financier. Malgré tout, la moitié des leaders concernés par l'étude ont échoué dans leur tentative de réaliser le projet potentiellement fort

Tableau 1.3

ADAPTATION DE LA TYPOLOGIE
DES ACTIONS DU LEADER CRÉATIF DE STERNBERG

Préférence pour un type de produits créatif	Définition	Type de créativité
Tendance vers un maintien de paradigme		Créativité d'adaptation
Reproduction de l'idée/concept	Création au service de la continuité	
Redéfinition		
Amélioration continue		
Amélioration continue avancée		
Tendance vers un changement de paradigme		
Redirection	Créativité au service du changement de la direction prise originalement	
Reconstruction		
Réinitiation	Bifurcation – remise à zéro pour permettre de prendre une nouvelle avenue	
Synthèse	Fusion de deux idées à première vue incompatibles	Créativité radicale

Source : Adaptation et synthèse de Sternberg, R.J. (2007). « A systems model of leadership », *American Psychologist, 62* (1), 34-42.

lucratif, en raison de leurs paradigmes initiaux les empêchant de bien considérer le potentiel de vente réel de services en complément aux produits manufacturés traditionnels. Quatre principaux biais ont été identifiés dans cette étude :

a) la non-croyance dans le potentiel financier ;

b) l'aversion au risque ;

c) la détermination d'objectifs trop ambitieux ;

d) l'erreur fondamentale d'attribution (par exemple, on limite les efforts pour développer un axe de services à la clientèle en misant sur l'initiative des employés, sans la création de structures et des processus nécessaires pour soutenir adéquatement le projet).

Les leaders capables de contourner ces principaux biais, parfois avec un soutien externe, ont par contre tous réussi, démontrant la faisabilité réelle du projet. Il ne s'agit pas ici d'une étude généralisable tous azimuts. Cependant, le cas illustre bien que si le leader prend conscience du rôle de ses biais personnels face à la nouveauté et à la créativité, il en viendra à mieux comprendre comment ses perceptions influencent la qualité de ses décisions. L'exploration de ces quelques biais s'avère un excellent point de départ pour une introspection permettant d'identifier des obstacles inconscients limitant son pouvoir de décision et d'action. Il est fort possible qu'il arrive, par cette seule prise de conscience, à mieux naviguer à l'intérieur du processus créatif et à se donner de plus grandes chances de succès. Ainsi, il pourra conserver une véritable ouverture face aux occasions d'affaires (incluant aussi celles déjà détectées), compétence ne pouvant que le soutenir dans sa capacité comme leader performant.

Ce sujet des «perceptions du leader sur la créativité» ne peut se discuter sans que l'on s'interroge sur le système d'éducation dont il est issu : si l'évolution du rôle de leader l'amène à devoir de plus en plus intégrer la créativité, la formation qu'il a reçue lui a-t-elle permis de développer les connaissances et les compétences requises pour ce faire ? Une récente étude de Vardis et Seldon (2008) sur les moyens mis en place pour faire face aux défis liés à l'innovation dans des entreprises américaines a montré que les compétences réelles des leaders ne répondaient généralement pas aux attentes et aux besoins de l'organisation. Citant notamment les résultats d'une recherche effectuée par le Coles College pour expliquer les causes de cette situation, il semble que seulement 30 % des programmes de MBA nord-américains incluaient une formation d'au moins deux heures sur l'innovation. Résultat : si 70 % des programmes ne contiennent aucun des éléments essentiels à la préparation des futurs gestionnaires en ce qui a trait à la créativité et l'innovation organisationnelle, il est fort probable que ces derniers ne soient pas en mesure... de donner leur pleine mesure. Cela est d'autant plus troublant pour Vardis et Seldon (2008) car, selon eux :

> Il semble bien que l'innovation soit d'abord une question d'attitude. Elle implique la volonté de prendre des risques, d'explorer de nouvelles idées qui seront cohérentes avec le modèle d'affaires et qui sont acceptées par la haute direction. Dit autrement, l'innovation prend place uniquement quand le management est prêt à modifier ses façons de faire pour capitaliser sur de nouvelles idées, parce qu'il croit qu'elles doivent être implantées.

Paradoxalement, les organisations misent pourtant presque intuitivement sur la capacité personnelle du gestionnaire liée à la résolution créative de problèmes. Ainsi, on exigera de lui qu'il soit capable de vision (et même de visions répétées et renouvelées), qu'il soutienne la résolution de problème, qu'il démontre sa capacité d'anticipation, de développement de scénarios et d'alternatives potentielles. Au-delà de ces compétences, déjà fort exigeantes, on lui demandera de soutenir la créativité des autres et de développer une culture forte de créativité et d'innovation dans l'organisation !

Il n'est pas si surprenant que le leadership performant – le leadership de celui qui sait faire preuve de compétence créative et notamment de cette capacité d'anticipation jugée si essentielle – ne soit pas aussi fréquemment manifesté (Mumford, 2008). Il faut en effet considérer le très haut niveau de connaissances et de développement de compétences que l'effort demande, tout cela dans une perspective où la formation reçue n'a pas nécessairement permis de s'y préparer.

À la fin d'un tel exercice d'introspection, il se peut que le leader ressente le besoin de formation ou même de procéder à un recadrage de ses croyances face à la créativité pour se sentir plus apte à la porter sur le plan de l'organisation. En effet, on peut très bien croire qu'il importe de donner une place à la créativité, mais est-on véritablement prêt à agir dans cette direction, surtout quand l'effet de cette décision viendra mettre à l'épreuve sa propre tolérance au risque et à l'ambiguïté ? Heureusement, il apparaît que ces deux compétences phares, qui font partie des principales attitudes et connaissances identifiées comme étant étroitement reliées à la performance créative du leader, peuvent être délibérément développées (Torrance, 1979) et soutenues, comme nous le verrons dans la section suivante.

Attitudes et compétences créatives du leader

Puccio, Murdock et Mance (2007), du International Center for Creative Leadership de Buffalo (SUNY), ont établi une corrélation particulièrement intéressante entre les compétences de pensée du leader et sa capacité à mener à bien une réflexion créative complète. Le tableau 1.4 présente une adaptation des liens proposés par les auteurs entre le processus créatif CPS (voir chapitre 5) et les compétences de pensée. Il illustre comment certaines compétences plus particulières de pensée sont impliquées et agissent de façon complémentaire.

Tableau 1.4
LIENS ENTRE PROCESSUS CRÉATIF CPS ET LES COMPÉTENCES DE PENSÉE

Étape CPS	Compétence de pensée	Exemples d'actions
Position permanente	Pensée diagnostique	Métaposition permettant en tout temps l'analyse de la situation et favorisant une prise de décision éclairée. Exemple : entrer dans le processus créatif, valider si l'information en main est suffisante pour poursuivre à une autre étape, mettre fin au processus, etc.
Clarifier le défi	Pensée visionnaire	Articuler la vision et ainsi donner une direction à l'exploration créative et aux actions qui suivront.
	Pensée stratégique	Articuler la vision et la formuler sous forme de défi pertinent, offrant ainsi une porte d'entrée potentiellement utile pour explorer le problème.
Produire des idées	Pensée d'idéation	Explorer et générer des idées ou options afin de disposer d'un éventail de choix potentiels.
	Pensée d'évaluation	Sélectionner et formuler les idées et options potentielles pour en dégager une ou des solutions adaptées, réalistes et utiles.
Planifier l'implantation	Pensée contextuelle	Identifier des idées et solutions pour atténuer les résistances et augmenter les appuis, susciter l'adhésion, tenir compte de l'environnement et de la complexité des intérêts, etc.
	Pensée tactique	Anticiper les étapes et ressources nécessaires pour une implantation à succès. Exemple : actions, indicateurs de succès, responsabilités, échéancier, délais, etc.

Source : Adapté de Puccio, G.J., Murdock, M.C. et Mance, M. (2007). *Creative Leadership. Skills that Drive Change*, Thousand Oaks, Sage Publications, p. 50-52.

On comprend que toute action de pensée stratégique exigera un haut niveau d'analyse, et demandera du leader qu'il réussisse à se positionner au-dessus même du processus pour mieux le diriger. Indiscutablement, ce rôle de penseur diagnostique actif qui doit se déployer tout au long de la démarche permettra de réaliser adéquatement chacune des étapes charnières identifiées ci-dessous par Zaccaro, Mumford, Connelly, Marks et Gilbert (2000) pour ainsi réussir un processus créatif complet et performant :

1. la construction ou la définition du défi ;

2. la recherche et la classification des informations ;

3. l'identification des caractéristiques des catégories d'information ;

4. la capacité de combinaisons et réorganisation de l'information ;

5. l'évaluation des idées ;

6. le développement de la solution/planification de l'implantation ;

7. le suivi de l'implantation de la solution.

Le débat entre «leader inné» et «leader apprenant» a considérablement diminué d'intensité depuis de nombreuses années. Une des raisons soutenant cette évolution est que les études ont permis de démontrer que, bien que des traits existent, il est aussi possible de développer ses compétences de leader. Parmi celles-ci, dix compétences clés (présentées dans le tableau 1.5) ont été identifiées comme étant particulièrement soutenantes.

Comme l'illustrent bien Kouzes et Posner, «les situations et les gens semblent conspirer pour faire de nos leaders des bureaucrates» (Kouzes et Posner, 2002, p. 189). Ces compétences apportent une perspective essentielle sur les valeurs et les émotions que la créativité peut susciter. Par exemple, lorsque l'on parle de créativité, la notion de risque, souvent citée comme un obstacle à la créativité, est l'un des éléments que l'on doit prendre en compte. L'incertitude liée à l'exercice de la créativité appliquée peut en effet susciter de la réticence, particulièrement chez le leader. Ne lui a-t-on pas appris qu'il a l'obligation d'assurer la stabilité et la cohérence de l'entreprise ? Or, comment la saine gestion d'un climat ouvert à l'exercice de la créativité peut-elle se concilier avec ces impératifs ? C'est là l'un des grands défis du leader, en plus de toute la tolérance au risque et à l'ambiguïté que cela requiert.

Cela rappelle que l'une des idées préconçues les plus souvent mentionnées est la croyance que la personne créative prend nécessairement des risques élevés. Cette conception prend parfois une ampleur démesurée, d'autant plus que cette croyance va à l'encontre de ce que les études nous apprennent. En fait, la personne créative, incluant le leader créatif, est beaucoup plus réfléchie qu'on ne le croit ! Bien sûr, on la décrit comme une personne capable de prendre certains risques, mais il s'agit rarement de risques inconsidérés. On parle plutôt de risques intelligemment calculés.

Tableau 1.5

10 COMPÉTENCES OU ATTITUDES SOUTENANT LA CRÉATIVITÉ

	Compétences créatives	Description sommaire
1	Ouverture à la nouveauté	Habileté de maintenir des idées qui semblent au préalable bizarres ou risquées.
2	Tolérance à l'ambiguïté	Capacité de composer avec l'incertitude en évitant de sauter aux conclusions.
3	Tolérance à la complexité	Habileté à rester ouvert et à persévérer sans se sentir dépassé par de larges quantités d'information, des situations complexes et interreliées et des perspectives opposées.
4	Curiosité	Désir de connaître, d'apprendre, de questionner.
5	Capacité de rêver	Aptitude à voir les désirs et les rêves comme des possibilités.
6	Sensibilité aux écarts	Conscience des écarts entre la situation actuelle et celle qui serait voulue ou requise.
7	Appréciation du jeu	Capacité et plaisir à jouer avec les idées.
8	Résistance aux conclusions prématurées	Résistance à la tentation de décisions trop rapides.
9	Sensibilité à l'environnement	Bon degré de conscience face à l'environnement et l'entourage physique, psychologique.
10	Tolérance aux risques	Capacité à ne pas devenir paralysé ou intimidé en raison des risques ou des difficultés anticipés.

Source: Adapté de Puccio, G.J., Murdock, M.C. et Mance, M. (2007). *Creative Leadership. Skills that Drive Change*, Thousand Oaks, Sage Publications.

Le leader créatif n'est ni un héros, ni un génie désorganisé et imprévisible. Au contraire, c'est fréquemment cette capacité à prendre de plus grands risques perçus, ou encore à proposer une tangente différente de celle d'autres membres de l'organisation, qui amèneront les autres à qualifier ce gestionnaire créatif de leader... mais il prête flan du même coup à la critique. On peut donc imaginer le niveau de tension – la flexibilité et l'équilibre requis entre accepter de se faire influencer et d'influencer les autres – que le leader créatif doit supporter pour soutenir efficacement son organisation et transformer le futur, tout en conservant sa crédibilité et son pouvoir d'influence pour faire avancer les choses.

Leadership et relations interpersonnelles

Les interrelations entre le leader en autorité et les autres membres du personnel constituent à elles seules tout un domaine d'études, et le cadre du présent volume ne permet pas de faire le tour de la question. Cependant, avoir conscience du rôle stratégique des relations interpersonnelles dans une relation d'influence est de première importance, surtout dans une entreprise qui désire être innovante. Le leader doit comprendre l'effet de son comportement et de ses relations avec les autres sur la productivité créative des individus et des équipes. En cohérence avec plusieurs des études déjà citées, nous décrivons le rôle du leader comme le cœur d'un engrenage dont il est un rouage essentiel : ses compétences en relations humaines sont cruciales pour tirer profit de la diversité des personnes et des idées et créer une véritable synergie créative.

La perception du leader de son équipe

Le leader a nécessairement une grande influence sur la créativité des groupes. La plupart des études sur le sujet prennent l'angle de l'employé ou des collaborateurs comme point de départ : comment peut-on les soutenir et quelles sont leurs motivations ? On laisse ainsi tomber tout un pan de la réalité, en particulier celui qui concerne la perception qu'a le leader de son équipe et des règles et procédures formelles déjà présentes dans l'organisation.

La confiance du leader envers son équipe peut être définie à partir de deux dimensions (Wang et Casimir, 2007) : sa perception de leur fiabilité (les personnes à qui il donne sa confiance sont-elles à même de livrer les résultats attendus) et de leur loyauté (ces individus resteront-ils loyaux malgré toute la latitude dont ils disposeront ou s'en serviront-ils contre lui ?). La quasi-certitude que ses employés auront un comportement consistant et prévisible à cet égard est une assurance permettant au leader d'avoir plus facilement tendance à rechercher la créativité de son équipe et à lui faire une place adéquate. Rappelons ici qu'il s'agit de perception. Le leader aura tout intérêt à évaluer de la façon la plus objective possible le degré réel de risque encouru pour mieux s'engager dans la construction d'un climat de confiance susceptible de l'aider à bien gérer cet aspect de sa relation avec son équipe. Car l'inverse est fort probablement vrai : un leader n'ayant pas confiance en son équipe lui livrera vraisemblablement un message en ce sens, la conséquence probable étant la réduction de la capacité de ses employés à prendre des risques et des initiatives.

Avez-vous confiance dans le potentiel créatif de vos employés ?

Martin Forest, du Groupe Forest, désirant savoir si un chef d'entreprise québécois avait confiance dans le potentiel de ses collaborateurs pour le soutenir dans la création du futur désiré pour son entreprise, lui a demandé ce qu'il attendait de son équipe. La réponse immédiate fut : «Rien de particulier». «Eh bien, monsieur, imaginez-vous que cela se sait !»

Source : Martin Forest, Groupe Forest, tiré du film *La gestion de la créativité*, Effervescence (2005).

Ce n'est souvent que sur la base d'une confiance construite au fil du temps que le leader se sentira capable de faire place à la créativité des autres, ce qui pourra amener des changements suffisamment substantiels pour l'entreprise, permettant même de questionner ou modifier le *statu quo*. Elle exige donc une bonne dose d'ouverture et de confiance en soi. Le risque est réel pour le leader lui-même, et il espérera évidemment tirer de la créativité des gains avantageux !

L'introspection du gestionnaire peut cependant conduire à un résultat tout à fait inattendu : dans certains cas, elle permettra de constater que le cœur du problème n'est pas un manque de confiance envers les employés, mais simplement un manque d'initiative ou de clarté des défis devant être initiés par le leader lui-même, qui constitue le principal frein à la créativité de son équipe.

Enfin, une gestion de la créativité mieux définie aidera le gestionnaire à être plus sensible aux préférences et talents particuliers de son équipe et, ainsi, tirer profit de leur diversité.

La diversité des individus peut s'articuler de plusieurs manières en lien avec la créativité. Kirton[2], tel que nous l'avons déjà mentionné, distingue deux grandes catégories de personnes en fonction de l'orientation créative privilégiée : les adaptateurs et les innovateurs. Il définit l'adaptateur comme une personne qui a tendance à utiliser l'information dans le cadre d'un domaine bien cerné, à accepter les problèmes tels qu'ils sont déjà définis et à générer des idées qui respectent les conventions établies. À l'autre bout du continuum, l'innovateur démontrera plutôt un style de pensée le poussant à chercher et à intégrer des informations diverses, à redéfinir les problèmes et à générer des idées très nouvelles (Tierney, Farmer et Graen, 1999). Clairement, l'adaptateur est plus à l'aise pour créer dans un cadre préexistant. Le leader qui veut amener une personne ou un groupe ayant un tel profil à mettre sa créativité au profit de l'organisation doit préserver des normes et une structure organisationnelle qui vont intégrer dans le fonctionnement même de l'organisation une attente prescrite de comportement créatif (aussi paradoxal cela puisse-t-il sembler). Puisque ces personnes créent mieux dans un cadre bien défini, si le cadre « demande » de penser autrement, elles accepteront de s'exécuter plus simplement pour se conformer à cette exigence.

Le profil innovateur a par contre une tendance innée à défier le *statu quo*, à sortir des cadres établis et à émettre de nombreuses idées différentes. Il a besoin pour cela d'un climat propice à cette liberté d'expression et à l'autonomie. Étrangement, un encadrement trop étroit de la part du leader pourra être perçu par ces individus ou ce groupe comme une pression indue qui inhibe leur créativité. Un constat s'impose : le doigté du leader pour gérer simultanément des employés avec des profils diamétralement opposés est de la plus haute importance et influencera directement la créativité de son organisation.

---

2. Tel qu'il a été rappelé précédemment, cette théorie du style cognitif sera plus longuement traitée dans le chapitre 2.

La porception de l'équipe de son leader

Une forte individualisation – que l'on peut définir sommairement par la capacité d'une personne à s'approprier sa vie et à assumer sa différence et ses choix – permet au leader d'entreprendre des actions dont il est le seul porteur. En en prenant tout le leadership, il manifeste sa différence. Cette capacité d'assumer son individualité est un des grands traits du « leader reconnu par les autres » (Whitney, Sagrestano et Maslach, 1994).

Parce qu'il sait assumer sa différence, généralement soutenue par une forte personnalité, le leader accepte d'initier le changement, même dans les conditions les plus difficiles et malgré la nécessité d'aller à l'encontre des façons habituelles pour résoudre les problèmes. Par son attitude d'ouverture au changement, il se permet d'explorer de nouvelles idées et sait les vendre. En effet, « le rôle du leader est différent du rôle de disciple en ce qu'il doit se distinguer des autres pour guider le groupe dans de nouvelles avenues et pour initier le changement » (*idem*, p. 1142). La forte individualisation du leader lui permet donc d'influencer son équipe de par sa capacité à :

a) apporter ses propres solutions aux problèmes à résoudre ;

b) reconnaître les solutions apportées par les autres ;

c) agir comme facilitateur dans le processus de résolution de problèmes.

Comprendre sa propre différence et l'accepter n'aide pas nécessairement le leader à comprendre et à accepter celle des autres, et parallèlement, leurs idées. La prise de conscience que les solutions possibles peuvent émerger de n'importe lequel des membres de l'équipe, y compris le leader, est cependant cruciale. Le leader ne sera généralement apprécié pour son rôle de facilitateur, et donc de leader, que dans la mesure où il évitera d'imposer ses propres solutions pour véritablement écouter celles des autres. Ainsi, non seulement sera-t-il perçu comme un agent d'influence en raison de sa capacité à contribuer à la résolution créative de problèmes, mais il sera aussi reconnu comme leader grâce à sa capacité d'agir comme agent facilitateur pour structurer, clarifier les défis avec son équipe.

La gestion du changement et l'accès à l'information stratégique

La gestion du changement et la complexité sont peut-être les termes les plus englobants pour parler de la dynamique dans laquelle évolue constamment l'organisation. Dans un tel contexte, la créativité *ad hoc* est insuffisante et l'effort de tous est requis en permanence. Le leader doit donc lui-même adopter et encourager de nouveaux comportements, alignés avec ces nouvelles obligations ou orientations de l'entreprise. Ainsi, en agissant comme modèle, il devient plus en mesure d'inciter les individus de son équipe à prendre des risques, à oser des comportements nouveaux, à dépasser les façons de faire habituelles et à s'engager dans de nouvelles avenues malgré l'inconfort possiblement généré. La perception de confiance et de latitude réelle du groupe de travail influencera évidemment le niveau de risques qui sera pris par l'équipe. Les compétences interpersonnelles du leader sont ici essentielles pour soutenir efficacement un climat psychologique ouvert et sur lequel une gestion du changement efficiente pourra miser. Cinq éléments clés (Azadegan, Bush et Dooley, 2008, p. 644) ont été identifiés pour favoriser un tel climat favorable à la compréhension, à l'adhésion et à l'implication du personnel en contexte de changement:

- une ouverture au risque et une capacité à briser le *statu quo*;
- le développement d'un sentiment de confiance et de sécurité préalable à la prise de risques, une condition aussi nécessaire pour l'acceptation des idées et initiatives;
- l'autonomie dans l'application des solutions sur le plan opérationnel;
- l'ouverture à la communication pour permettre de nommer les préoccupations;
- le développement des compétences.

Les compétences du leader doivent aussi l'amener à organiser son entreprise afin qu'elle puisse profiter au maximum des occasions latentes et lui permettre de détecter le potentiel contenu dans les signaux faibles, c'est-à-dire de l'information stratégique obtenue généralement par des relations ou des réseaux particuliers. L'ouverture, la sensibilité aux écarts et occasions ainsi que la tolérance à la nouveauté du leader sont de mise: des études (Stasser et Birchmeier, 2003), démontrent l'apport particulier du leader pour permettre à une information faible d'être considérée et exploitée par les membres de son équipe. En effet, laissées à elles-mêmes, les équipes auraient tendance à soutenir les informations communes et reconnues crédibles plutôt que d'oser prendre le risque de se tromper.

Enfin, il faut savoir que le degré de difficulté perçu des défis auxquels le leader sera confronté varie généralement selon qu'il s'agit d'un jeune leader, à qui on donnera vraisemblablement des responsabilités l'amenant à relever des problèmes plus structurés, ou d'un leader d'expérience, ayant fait ses preuves face aux problèmes techniques et à qui on confie maintenant des mandats de nature beaucoup plus complexe. Cette évolution dans la teneur même du mandat de leader est ici très révélatrice des compétences attendues du leader expérimenté, qui devra démontrer sa capacité, dans l'action, à résoudre et à faire résoudre des défis de nature variée et de plus grande complexité. Cette capacité conceptuelle particulière lui permettra de développer une crédibilité qui lui sera particulièrement utile dans l'exercice de ses fonctions comme stratège et comme soutien à la créativité, comme nous le verrons dans la section suivante.

Si le leader ne se fait pas le porteur des signaux faibles, qui le fera? Par son pouvoir d'autorité ou son pouvoir d'influence, il joue un rôle primordial d'exploration et d'analyse de ces signaux faibles. Par surcroît, il doit se préoccuper de protéger les dissidents et les porteurs d'information nouvelle. L'attitude d'ouverture du leader face à de l'information nouvelle et différente est nécessaire pour assurer la transformation d'information stratégique en occasion pour l'organisation. Dans bien des cas, c'est ce qui permet de devenir un pionnier dans de nouvelles avenues porteuses.

Leadership, prise de décision et négociations créatives

Qu'il s'agisse de remplir un rôle de soutien à la créativité organisationnelle ou d'agir soi-même comme un leader créatif, la prise de décision doit intégrer une bonne exploration des choix possibles et une recherche de solutions optimales, cela pour éviter de s'en tenir à la première solution satisfaisante qui se présente.

Pour éviter de régler trop rapidement un problème ou de conclure prématurément une négociation, certains auteurs recommandent de débuter toute recherche de solution ou d'occasion par une exploration de ses propres intuitions (Kuhn et Kuhn, 1992, p. 73) ou par la consultation de non-experts, qui pourront offrir une ouverture à d'autres façons de relever le défi. C'est seulement après cette phase d'exploration et d'incubation que le leader devrait impliquer des experts du domaine dans l'évaluation de ces nouvelles pistes ou ouvrir la réflexion vers d'autres options. Cette compétence à différer son jugement, ne serait-ce que quelques instants, pour explorer et développer une qualité supérieure de solution, est une caractéristique essentielle du leader (voir le tableau 1.5 sur les compétences créatives).

L'utilisation d'un processus de résolution créative de problème (voir chapitre 5), et l'application de certaines techniques de convergence telles que Éloges d'abord (voir chapitre 7) outilleront aussi de façon particulièrement pratique cette ouverture de la part du leader. Une trop grande précipitation du leader pourrait entraîner de grands risques de fermeture aux autres options envisageables. Il faut laisser aux idéateurs le temps et l'espace nécessaires pour mettre leur talent à profit (Puccio, 2002).

Leadership et organisation créative

Distinguer leadership de la créativité de leadership créatif

Le rôle du gestionnaire et du leader a beaucoup évolué. Nous sommes passés du leader de type «héros» au leader sachant susciter la participation. Le lien de plus en plus étroit entre gestionnaire et leader, puis entre leadership et innovation et, enfin, entre leadership et créativité s'est accru au point de dire maintenant que ces deux derniers termes sont devenus indissociables. Il importe donc maintenant pour les leaders d'aujourd'hui d'identifier ce qui sera nécessaire pour les soutenir dans leurs rôles de «leader de la créativité» et de «leader créatif».

Deux rôles principaux du leader sont à distinguer pour la gestion de la créativité organisationnelle :

1. soutenir et structurer la créativité dans son organisation ;
2. faire preuve de créativité dans son leadership en devenant un modèle d'intégration de la créativité dans son propre comportement.

Dans l'organisation, ces rôles s'articulent autour d'une quantité d'objectifs, les uns assumés par le leader soutenant l'organisation, les autres par le leader agissant de manière créative dans l'organisation. Le tableau 1.6 présente quelques-uns de ces objectifs.

Tableau 1.6
LEADER DE LA CRÉATIVITÉ OU LEADER CRÉATIF ?

Leader soutenant la créativité dans l'organisation	Leader créatif en action dans l'organisation
Objectifs	Objectifs
Comprendre les composantes influençant la créativité organisationnelle (individus, climat, outils et processus) pour obtenir certains résultats ou produits, soit les 4P de la créativité.	Mettre sa propre créativité au service de l'organisation
Mettre à profit la créativité de son équipe	Devenir un modèle par sa capacité à prendre des risques calculés et à lancer des idées différentes
Soutenir un climat créatif	Détecter les occasions
Outiller l'organisation de systèmes de gestion de la créativité	Grâce à ses propres compétences, résoudre des problèmes complexes
Instaurer des indicateurs de performance	Développer sa propre vision de l'organisation
Former des équipes complémentaires pour en faire des équipes innovantes	Mettre à profit sa créativité personnelle et ses talents de stratège pour l'organisation
Soutenir publiquement les initiatives	Développer des stratégies innovantes
Favoriser le développement et l'implantation des idées émises	Devenir un modèle par sa capacité à différer le jugement
Favoriser les échanges et la communication entre les employés et à l'extérieur de l'organisation	Afficher l'ouverture nécessaire pour accepter les idées des autres
Connaître l'utilité des processus, outils et techniques de créativité disponibles	Devenir une source d'innovations
Faire appliquer la créativité à travers la mission, la vision, les objectifs, résultats attendus, etc.	Créer de la nouveauté, être le créateur d'idées nouvelles
Lancer des défis stimulants, mobilisants et favoriser la manifestation des compétences dites créatives (curiosité, tolérance au risque, etc.)	Faire montre des 10 compétences créatives
Considérer de nouvelles avenues	Être un modèle de comportement créatif
Reconnaître la valeur de la nouveauté et/ou non, décider de l'appliquer	Explorer de nouvelles avenues pour l'organisation
Être à l'écoute et savoir reconnaître les occasions signalées par les « précurseurs ou les changeurs de paradigmes » à l'interne/externe de l'organisation	Utiliser ses compétences pour mener à terme un processus de pensée, de l'idée floue à la solution implantable
Faire preuve d'écoute et d'attention aux idées nouvelles extérieures à soi	Devenir un identificateur des paradigmes paralysants et un précurseur dans leur transgression

Tableau 1.6

LEADER DE LA CRÉATIVITÉ OU LEADER CRÉATIF ? (*suite*)

Leader soutenant la créativité dans l'organisation	Leader créatif en action dans l'organisation
Objectifs	Objectifs
Favoriser les projets et une organisation du travail qui permettent les choix et la liberté d'action	Se donner la liberté de choix et d'action
Permettre des activités non routinières	Faire des activités non routinières
Permettre des prises de décisions créatives	Prendre des décisions créatives

Les deux types de contributions du leader à la créativité de l'organisation sont indissociables lorsqu'il s'agit d'instaurer un leadership performant dans une organisation innovante. On ne saurait imaginer un leader qui ne pourrait pas concilier le rôle de modèle et celui de soutien.

Jusqu'à présent, la plupart des définitions du leader incluaient un peu implicitement la nécessité qu'il manifeste une certaine créativité. La tendance qui semble vouloir se dessiner est maintenant de dire qu'il doit être capable de générer et de soutenir celle des autres. Certains en viennent donc à parler de «leadership total», faisant ainsi de la créativité une composante obligée de la compétence en leadership. Le leader actuel, qui est essentiellement un leader d'influence, verra son rôle se métamorphoser pour passer à un niveau différent. Il devra se montrer capable de gérer l'ambiguïté d'un leadership partagé et véritablement cocréatif. Il s'agit peut-être de l'émergence d'une autre génération de leaders, dans laquelle la créativité de plusieurs leaders pourra être exploitée en synergie. On pourrait croire que cette transformation du rôle du leader n'est qu'une simple reformulation du leadership tel que conçu aujourd'hui. Une analyse plus approfondie nous porte cependant à croire qu'il s'agit d'un changement de paradigme sur le plan de la gestion de nos organisations. La notion de leadership total donne sa pleine mesure à la force d'ensemble que représente la créativité de tous les membres actifs du groupe ; ici, le leadership ne consiste pas à «gérer la créativité» dans une vision de contrôle, mais plutôt à gérer *pour* la créativité (Amabile et Khaire, 2008), pour en exploiter tout le potentiel et la faire vivre de façon optimale.

Conclusion

Quand on demande à un leader de se servir d'états financiers pour analyser la performance de son entreprise, il accepte bien volontiers de le faire, puisqu'il s'agit d'une pratique traditionnellement acceptée. Pour un leader, la créativité doit devenir aussi concrète et révélatrice de la lecture des résultats financiers. Afin de se sentir à l'aise pour créer et faire créer, le leader doit rechercher et apprivoiser les moyens, outils, techniques, formations, politiques et structures à mettre en œuvre dans l'organisation. La créativité n'est pas l'œuvre du hasard. Ainsi, il verra à développer une compétence en créativité, non pas pour devenir un expert du domaine, mais pour posséder une compréhension suffisante de ce qui est nécessaire pour accompagner son équipe dans la recherche de créativité. À cette fin, il lui faudra à un moment ou un autre devenir familier avec :

- les processus et outils disponibles ;
- les systèmes de gestion requis ;
- les objectifs particuliers à déterminer par département, service, division ;
- la fréquence et la teneur des défis à déterminer ;
- les connaissances, compétences, capacités, motivations et préférences des membres de son équipe ;
- les meilleures pratiques stratégiques pour intégrer la créativité dans ses modèles de gestion et la façon de les adapter à la culture de l'entreprise.

Les traits, le style ou les préférences du leader influenceront vraisemblablement sa capacité à relever le défi de l'organisation créative, au-delà de l'organisation apprenante. Chaque leader dispose de forces particulières qui s'exerceront plus facilement dans le cadre de l'une ou l'autre étape de la démarche. Mais comme dans tous ses autres mandats, il lui faudra une bonne connaissance des défis particuliers relatifs au développement de l'organisation créative, et une grande motivation personnelle pour y parvenir. Un programme de formation pour soutenir le leader dans cette direction peut s'avérer nécessaire.

La démarche servant à structurer l'organisation créative n'est pas nécessairement longue ou pénible. Elle apporte même généralement des résultats concrets à très court terme. Mais elle doit être préparée. Cette démarche demande des ajustements, arrive souvent brusquement et exige parfois un changement de cap particulièrement draconien. Cette capacité ne peut se développer à la dernière minute et tous doivent être impliqués. Il serait irréaliste de s'attendre de la part d'employés dont on n'aurait jamais soutenu les initiatives qu'ils ou elles réagissent de façon appropriée lors d'un événement stratégique d'importance, sans qu'on les y ait jamais préparés.

La nécessité d'idées et d'initiatives créatives peut surgir à tout moment et de n'importe où, à l'intérieur ou à l'extérieur de l'organisation. Comme Kouzes et Posner (2002) l'ont constaté à maintes reprises, « une excellente façon de faire sombrer une organisation dans les turbulents océans du changement économique est de centraliser le contrôle des ressources » (p. 290). Tout comme il est possible d'apprendre à devenir un meilleur leader, il est possible d'apprendre aux employés à développer de bons réflexes créatifs. La condition *sine qua non* est cependant que ce contexte de travail et ces compétences aient existé *avant*. Et cela est, en bonne partie, la responsabilité des leaders en place.

2

Les individus perçus comme des génies créatifs
ne le sont pas devenus à force d'intelligence, d'intuition et d'expertise.
Ils le sont devenus parce qu'ils ont aussi
pris des risques et fait beaucoup d'erreurs.
Dean Keith Simonton (1995, p. 89)

Certaines personnes sont-elles plus créatives que d'autres ?

Pendant longtemps, nos organisations visaient à recruter des employés compétents dans leur domaine de spécialisation et sur qui on pouvait se fier pour bien accomplir ce qui leur était demandé. Les choses ont bien changé et plusieurs entreprises recherchent maintenant des personnes créatives, capables d'améliorer ce qui existe déjà et même d'imaginer comment on pourrait envisager de faire ce qu'on ne fait pas encore. Dans cette veine, la Fondation de l'entrepreneurship du Québec proposait récemment une conférence ayant pour objectif d'inspirer des entreprises et organismes dans l'identification des «Fred Pellerin et des Guy Laliberté» de leur organisation ou de leur région.

Au contraire de Gaston Lagaffe, qui gaspille temps et ressources pour développer des idées aussi surprenantes qu'improductives, ces grands créateurs fascinent, tant par l'originalité que par l'intérêt de ce qu'ils apportent. On peut toutefois se demander si on peut si facilement les reconnaître. Car contrairement à la croyance populaire, les gens très créatifs ne se distinguent généralement pas par une apparence originale et des manières hors du commun. Par ailleurs, les entreprises peuvent avoir besoin de différents degrés de créativité, selon la nature du travail à réaliser et le type de nouveauté recherché.

Différentes questions méritent alors d'être soulevées. Certains employés sont-ils naturellement plus créatifs que d'autres ? La présence de certains traits de personnalité ou facteurs motivationnels peut-elle permettre de prédire qui sera ou ne sera pas créatif ? Est-il possible et souhaitable de recruter des individus avec une personnalité propice à la créativité pour certaines tâches requérant plus d'inventivité ? Ou bien est-il préférable de plutôt compter sur les énergies créatives d'un grand nombre de personnes ? Existe-t-il des tests permettant de détecter certaines attitudes ou habiletés propices à la créativité ? Les personnes intelligentes sont-elles nécessairement créatives ? Le but du présent chapitre est de présenter un bilan des connaissances sur les caractéristiques personnelles, psychosociologiques et motivationnelles de la personne créative et d'apporter au gestionnaire des pistes de réflexion pour répondre aux questions qui précèdent.

L'intelligence : gage de créativité ?

Il est impossible de répondre à une telle interrogation sans d'abord considérer les habiletés cognitives généralement associées à l'intelligence. À quoi pense-t-on le plus spontanément lorsqu'on dit d'une personne qu'elle est fort intelligente ? Se base-t-on sur ses capacités à percevoir ce que d'autres ne voient pas, sur ses habiletés à trouver des solutions inattendues à des problèmes complexes ou sur son aptitude à transformer les questions posées de façon à générer des réponses originales ? Probablement pas. Il y a plus de chances que la personne soit jugée intelligente parce qu'elle excelle dans l'art de résoudre des problèmes relevant de la logique et de l'argumentation. Une bonne mémoire, la capacité de résoudre des problèmes selon le processus attendu ainsi que des habiletés analytiques ont tendance à être étroitement associées à des manifestations d'intelligence.

Une conception monodimensionnelle de l'intelligence

Le constat qui précède n'étonne guère. Pendant longtemps, une conception monodimensionnelle de l'intelligence a largement prédominé. Quand on examine la teneur des tests les plus utilisés pour qualifier le degré plus ou moins grand d'habiletés intellectuelles de l'individu, on s'aperçoit que cette vision traditionnelle occupe encore une place très importante dans nos systèmes sociaux et dans la tête de nos professeurs et dirigeants. Par exemple, le premier test du QI, développé par Binet au début des années 1900 pour évaluer les chances de réussite à l'école primaire, et la plupart des autres qui ont suivi s'appuyaient sur cette conception monodimensionnelle de l'intelligence. Le SAT[1], une version plus

---

1. Scholastic Assessment Test: un test utilisé dans de nombreuses universités dans le processus d'admission des étudiants.

perfectionnée du test de QI, est lui aussi encore très largement utilisé pour juger des capacités intellectuelles d'une personne mais tient peu compte des éléments associés à la créativité. On peut dire que presque tous les tests de classement de nos écoles et universités permettent de sélectionner les étudiants à partir de leurs compétences mathématiques, logiques et langagières.

Pourtant, les personnes douées pour décomposer des problèmes complexes, les analyser et les résoudre ne sont pas nécessairement les plus créatives. Il arrive qu'au contraire, elles aient développé l'habitude d'approcher la plupart des problèmes avec une conception logique et rationnelle, ce qui est certainement pertinent pour résoudre certains problèmes techniques, mathématiques ou bien structurés, mais peut s'avérer moins utile pour s'attaquer à des questions requérant une bonne dose d'exploration et d'intuition. Les enseignements dispensés dans nos institutions scolaires restent trop nombreux à être basés essentiellement sur cette conception limitative de l'intelligence. Comme le souligne Fauconnier (1996), la plupart de nos élites, nourries au biberon des mathématiques intensives, ont été élevées dans la certitude qu'à tout problème, il y a une solution et une seule. Comment s'étonner que ces forts en thème manquent souvent de créativité ?

D'autre part, certains chercheurs ont montré qu'un haut score à des tests de QI ou au SAT permet de prédire le succès éventuel d'une personne dans ses études, mais nous en dit peu sur ses capacités à avoir du succès dans la vie. En effet, l'intelligence dont il est question dans cette vision traditionnelle serait supposément la clé du succès dans la résolution de tous les types de problèmes, alors que les défis qui jalonnent une vie amènent l'individu à affronter des situations qui requièrent plus qu'un bon sens de l'analyse et une solide logique. Bien réussir sa vie et dans la vie exige en effet une palette de talents qui ne se limitent pas à des habiletés déductives et à des aptitudes aux sciences.

Cela ne veut pas dire pour autant que l'intelligence telle qu'elle est mesurée par le QI n'est pas nécessaire pour qu'une personne fasse preuve de créativité. En effet, une certaine intelligence est certainement cruciale pour amener une personne à produire de nouvelles combinaisons ou à associer ce qui ne l'a pas encore été (Simonton, 1997 ; Begley, 1993 ; Barron, 1968). Cependant, au-delà d'un certain seuil, ce type d'intelligence est loin d'être garant de performances créatives. Par exemple, les études de MacKinnon (1978) sur le niveau d'intelligence des architectes créatifs ont montré qu'ils étaient plus intelligents que des étudiants non diplômés du domaine. Mais lorsqu'ils ont été comparés entre eux en tant qu'individus créatifs, il n'y avait aucune corrélation entre un haut niveau de créativité et un haut niveau d'intelligence (au sens traditionnel du terme). Tout cela nous amène à considérer des conceptions nouvelles et élargies de l'intelligence...

Les intelligences multiples de Gardner[2]

Howard Gardner, un chercheur et professeur émérite de la Harvard Graduate School of Education, a montré qu'évaluer un individu sur quelques compétences prises isolément et hors contexte n'est plus acceptable, tant sur le plan scientifique que sociétal. Pour lui, l'intelligence réfère à des talents que l'individu utilise dans différentes sphères de sa vie. Il la décrit comme la faculté de résoudre des problèmes ou de produire des biens qui ont de la valeur dans une ou plusieurs collectivités. L'intelligence ne renverrait donc pas à une faculté globale et unitaire. Il n'y aurait pas une seule forme d'intelligence, mais plusieurs formes indépendantes, dont nous serions tous dotés, mais dans des proportions extrêmement variables.

Plus précisément, les recherches soutenues de Gardner l'ont conduit à identifier sept formes d'intelligence, présentées dans le tableau 2.1. Selon lui, les deux premières, l'intelligence langagière et l'intelligence logicomathématique, ne sont pas plus importantes que les autres, mais nos sociétés les ont placées sur un piédestal. Il suffit pour s'en assurer de constater que les tests de mesure de l'intelligence les plus largement utilisés encore aujourd'hui n'évaluent que ces deux types de compétences intellectuelles.

Tableau 2.1

LES SEPT FORMES D'INTELLIGENCE DE HOWARD GARDNER

- Intelligence musicale
- Intelligence kinesthésique
- Intelligence logicomathématique
- Intelligence langagière
- Intelligence spatiale
- Intelligence interpersonnelle
- Intelligence intrapersonnelle

L'intelligence spatiale est présentée par Gardner comme la capacité d'une personne à agir dans un univers spatial en s'en construisant une représentation mentale juste et utile. Il donne en exemples les marins, les ingénieurs, les chirurgiens, les sculpteurs et les peintres, qui ont généralement une intelligence spatiale hautement développée. L'intelligence musicale est la capacité à comprendre, traduire et même créer un univers dans lequel les sons sont au premier plan. Les

---

2. Les éléments de cette section sont inspirés de Gardner, H. (2004). *Les intelligences multiples. La théorie qui bouleverse nos idées reçues*, Paris, Retz.

musiciens renommés, qu'ils soient compositeurs ou interprètes, sont généralement bien dotés sur le plan de cette forme d'intelligence. Quant à l'intelligence kinesthésique, elle se traduit par une aptitude particulière de l'individu à s'attaquer à des problèmes ou à développer des produits ou des solutions en utilisant son corps. Les performances d'athlètes de haut niveau particulièrement habiles dans certains types d'exercices ou de mouvements, d'individus capables d'effectuer des opérations dans des conditions physiques inhabituelles ainsi que de danseurs et d'artistes agiles ne sont que quelques exemples de manifestations de ce type d'intelligence.

Une expérience intéressante...

Faites l'expérience de pensée suivante. Oubliez les idées habituelles sur ce qui constitue l'intelligence, et réfléchissez en toute liberté aux diverses capacités humaines – celles qui frapperaient un visiteur venu de Mars, par exemple.

Dans cet exercice, ceux qui vous viennent à l'esprit sont le brillant joueur d'échecs, le violoniste de renommée mondiale et l'athlète de haut niveau ; des talents aussi extraordinaires méritent une attention particulière. Cette expérience fait émerger une vision tout à fait différente de l'intelligence. Le joueur d'échecs, le virtuose ou l'athlète sont-ils intelligents ? S'ils le sont, pourquoi nos tests d'intelligence échouent-ils à déceler cette intelligence ? Et s'ils ne le sont pas, qu'est-ce qui leur permet d'accomplir des performances aussi étonnantes ? De façon générale, pourquoi l'acception contemporaine du mot intelligence laisse-t-elle de côté de si vastes domaines de l'activité humaine ?

Source : Gardner, H. (2004). *Les intelligences multiples. La théorie qui bouleverse nos idées reçues*, Paris, Retz, p. 36.

Les deux dernières formes d'intelligence identifiées par Gardner sont très proches de ce que Goleman (2003) a présenté comme l'intelligence émotionnelle si on la subdivise en sous-compétences. L'intelligence interpersonnelle amène une personne à bien comprendre les pensées, les sentiments et les motivations des autres, ce qui la rend capable d'interagir harmonieusement et efficacement avec eux. Ce type de compétences est particulièrement utile dans les professions où la qualité du contact avec l'autre est primordiale. À titre d'exemples, Gardner évoque les vendeurs, les enseignants, les politiciens, les cliniciens et les guides spirituels. Quant à l'intelligence intrapersonnelle, étroitement liée à la précédente, mais tournée cette fois vers l'intérieur, elle permet à une personne de bien se connaître, d'évaluer ce dont elle dispose et d'utiliser ses forces avec succès.

Selon cette théorie, nous avons tous développé plus d'une forme d'intelligence. Elles se manifestent à des degrés variés et dans des configurations différentes, selon nos talents naturels, apprentissages et expériences. Ainsi, un bon chirurgien pourrait avoir avantage à compter simultanément sur des intelligences variées, comme les intelligences spatiale, kinesthésique et interpersonnelle. Un ingénieur pourrait devoir faire appel aux intelligences logicodéductive, spatiale et langagière pour assurer le succès d'un projet. Et selon la nature même des interventions qui doivent être menées par ces professionnels, d'autres types d'intelligence pourraient se manifester ou s'avérer utiles.

Si l'on considère les intelligences multiples au regard de la créativité individuelle, il serait certainement impensable de déterminer quels types d'intelligence, ou quelles combinaisons de ceux-ci sont les plus susceptibles de favoriser les performances créatives d'une personne. Aucun type d'intelligence ne peut non plus être isolément associé à une plus grande créativité individuelle. Mais, en contexte de résolution créative de problèmes, il pourrait être avantageux de choisir des personnes ayant développé plusieurs formes d'intelligence. On ne mise alors plus sur une aptitude purement intellectuelle, mais sur la capacité d'une personne à changer de registre pour chercher une solution lorsqu'elle ne la trouve pas dans celui dans lequel le problème a été originellement posé.

Par ailleurs, si l'on se rappelle que pour Gardner, l'intelligence réfère à des talents que l'individu utilise pour résoudre des problèmes ou créer de la valeur dans différents domaines, on peut penser que le type de situation ou de problème requérant de la créativité va nécessairement influencer les types d'intelligence les plus susceptibles d'être utiles dans le cas concerné. Par exemple, si le défi est de trouver un nouveau nom pour un produit ou le thème d'une nouvelle campagne publicitaire, il pourrait être intéressant de faire appel à des personnes avec de bonnes compétences langagières, musicales et interpersonnelles. Dans différents contextes, une approche de résolution de problème créative peut requérir des habiletés variées : analyser, décrire, décortiquer, sentir, ressentir, écouter, traduire, situer. Selon la nature du problème à explorer ou à résoudre, les gestionnaires pourraient donc trouver avantage, lorsque c'est possible, à bien sélectionner les individus qui participeront au processus d'idéation concerné. Le chapitre 3 suggère également d'autres pistes pour la formation d'équipes créatives et performantes.

L'intelligence «à succès»

Certains d'entre vous connaissent peut-être l'histoire du professeur d'université et de l'entrepreneur qui sont tout à coup confrontés ensemble à un grave problème. On ne sait plus trop qui en est véritablement l'auteur, car elle a été racontée par plusieurs et avec de multiples variantes. Mais voici l'essentiel des faits qui y sont rapportés. Le professeur obtenait un score remarquable au test de SAT lorsqu'il était jeune étudiant, et il est devenu par la suite diplômé des meilleures universités. Aujourd'hui professeur de gestion dans une grande université, il est également un auteur à succès et un chercheur reconnu. Il a remporté de multiples prix. Tous ses étudiants et ses collègues le décrivent comme très intelligent. L'entrepreneur avait, quant à lui, des performances académiques moins reluisantes. Ses résultats scolaires étaient toujours restés moyens car, tout au long de ses études, il travaillait simultanément le soir et les fins de semaine au développement d'une petite entreprise qu'il avait lui-même créée. D'ailleurs, son score au SAT s'est avéré tout juste satisfaisant lorsqu'il a songé à poursuivre des études universitaires plus poussées. Dans la jeune trentaine, il est devenu un entrepreneur à succès et est déjà multimillionnaire. Il est lui aussi perçu comme très intelligent par ses pairs.

Ce professeur et cet entrepreneur se rencontrent à l'occasion pour échanger. Ils décident un bon matin d'aller marcher ensemble dans la forêt. Tout en se déplaçant, ils aperçoivent tout à coup au loin un grizzly, énorme et féroce, qui se dirige rapidement vers eux. Le professeur d'université, tout intelligent qu'il est, se met tout de suite à faire des calculs mentaux très élaborés. Il pense pouvoir estimer très justement la vitesse à laquelle l'ours se déplace, la distance qu'il lui reste à parcourir avant de les atteindre et, conséquemment, le temps dont ils disposent pour se protéger du danger. En son for intérieur, il se dit que l'entrepreneur est bien chanceux d'être avec lui, car il ne le pense pas capable de si savants calculs. S'apprêtant à lui faire part de ses réflexions, il regarde l'entrepreneur et s'aperçoit que ce dernier vient de finir d'enlever ses bottes de marche et est en train d'enfiler ses chaussures de course. Le professeur lui dit alors : «Tu dois être fou. Même avec tes *running shoes*, il n'y a aucune chance que tu puisses parvenir à courir assez vite pour fuir cet ours. » «C'est vrai, lui répondit l'entrepreneur. Mais tout ce que j'ai à faire c'est de courir plus vite que toi. »

De façon évidente, cette histoire illustre très bien la complexité de l'intelligence. On ne peut se réduire à la définir par des performances à des tests écrits mesurant presque uniquement des habiletés logiques utilisées hors contexte. Dans de multiples situations, il ne suffit pas d'avoir une bonne dose d'intelligence analytique et des connaissances scolaires. L'apprentissage n'est pas l'apanage de l'éducation et plusieurs spécialistes de la cognition ont montré que des individus peuvent très bien, de par leurs expériences de vie, avoir développé des connaissances tacites ou intuitives importantes sans qu'elles ne leur aient jamais été enseignées. Partant de plusieurs recherches faisant ressortir différentes manifestations de l'intelligence, Robert Sternberg (1997) est parvenu à en exprimer l'essence en développant le concept d'«intelligence à succès» (*successful intelligence*).

Il définit l'intelligence à succès comme la capacité d'une personne à se donner une vie réussie selon ses propres normes, et ce, en misant sur ses forces et en minimisant ou en compensant ses faiblesses. Dans certains cas, elle choisit un ou des environnements lui convenant, dans d'autres cas, elle s'y adapte ou tente de le modifier. Le succès se définit ici en termes d'atteinte de buts personnels. Cette intelligence à succès est présentée par Sternberg comme une combinaison de trois types d'intelligence, en l'occurrence analytique, créative et pratique (voir la figure 2.1). L'intelligence analytique est facilement mesurable par le test du QI. L'intelligence pratique se manifeste par la capacité de trouver des solutions concrètes partant de l'analyse d'un problème ou d'une situation. Quant à l'intelligence créative, elle est utilisée pour générer des idées originales, de qualité et appropriées à la situation concernée. Elle permet à l'individu de se distinguer de la masse, au sens où il parvient à voir le problème et ses solutions comme d'autres ne le voient pas.

Figure 2.1
L'INTELLIGENCE À SUCCÈS SELON STERNBERG

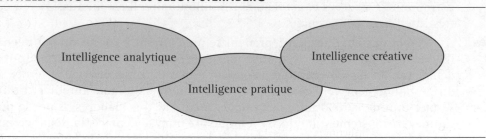

Pour Sternberg, l'intelligence à succès est le plus important type d'intelligence retrouvé chez les entrepreneurs (ou toute personne qui réussit d'une façon particulière)[3]. De plus en plus, les entrepreneurs sont caractérisés par leur capacité à identifier ou à développer des occasions, à les évaluer et à les exploiter. En ce sens, l'entrepreneur a besoin de l'intelligence créative pour générer de nouvelles idées porteuses, de l'intelligence analytique pour en évaluer l'utilité potentielle, la faisabilité et la rentabilité, ainsi que de l'intelligence pratique, qui l'aidera à trouver les mots pour convaincre d'éventuels financiers, partenaires ou clients.

Cette conception de l'intelligence à succès montre bien les grandes possibilités du cerveau humain et nous porte à croire que pour s'assurer d'une plus grande créativité, tant dans les équipes de travail que dans toute l'entreprise, l'organisation a avantage à rechercher des personnes ayant développé plus d'une de ces formes d'intelligence. Pourtant, les tests d'intelligence ne mesurent pas vraiment cette intelligence élargie, décrite par Gardner, Sternberg et d'autres. L'exemple du QI et du SAT illustre bien cette réalité, puisque les habiletés logiques et langagières continuent d'être abusivement considérées comme des prédicteurs de succès, pas seulement à l'école, mais dans de multiples sphères de la vie des individus. De plus, des chercheurs ont d'ailleurs montré que dans la majorité des processus de sélection, tant à l'école qu'au travail, les tests les plus utilisés permettent plus de faire ressortir les faiblesses de l'individu que de reconnaître ses points forts.

En somme, la créativité et l'intelligence sont des construits différents. Une personne avec une grande intelligence, du moins telle qu'elle est définie traditionnellement, peut ne pas manifester une grande créativité et l'inverse est tout aussi vrai. Selon Davis (2004), il faut certes un QI moyen d'environ 120 pour être créatif, mais au-delà de cette moyenne, la corrélation entre intelligence et créativité reste faible.

---

3. Pour une discussion sur l'utilité de ces trois types d'intelligence pour les entrepreneurs, voir Sternberg, 2004.

Peut-on dresser un profil type de la personne créative?

L'intérêt pour les «grandes personnalités» créatives

Parmi un grand nombre de chercheurs s'étant intéressés aux caractéristiques des personnes créatives, certains ont abordé cette question à partir de l'étude biographique de grandes personnalités créatives, c'est-à-dire des personnes s'étant illustrées dans différents domaines par l'originalité et la valeur de leur apport. Si la plupart de ces chercheurs s'en sont tenus à étudier un seul ou un petit nombre de quelques grands créateurs, il en va tout autrement de l'importante étude en profondeur menée par Mihaly Csikszentmihalyi (1996) auprès d'une centaine de grandes personnalités de divers domaines, reconnues par des experts du champ concerné. Plusieurs d'entre elles avaient même reçu un prix Nobel dans leur champ d'expertise pour l'originalité et l'importance de leur contribution. Comme Csikszentmihalyi le précise lui-même, c'est la créativité grand C qui l'intéresse, comparativement à la créativité du quotidien. Cette recherche avait plusieurs objectifs, dont celui de voir si on pouvait établir un profil type des traits de ces grandes personnalités créatives.

Pour Csikszentmihalyi, la créativité est un phénomène systémique. La personne qui crée s'avère bien sûr extrêmement importante dans ce système, mais son succès va généralement être corrélé avec sa connaissance et la maîtrise des règles du domaine, ainsi qu'avec un accord des experts du champ dans l'appréciation de son travail. Ainsi, un chercheur-chimiste qui veut proposer une de ses découvertes doit montrer qu'il a bien utilisé les règles de la chimie (donc qu'il connaît bien le domaine) mais, lorsqu'il proposera son travail, ce sont les pontes du champ qui décideront de donner leur aval ou non à la reconnaissance officielle de cette découverte. On pourrait trouver de tels exemples dans tous les domaines, par exemple des arts, de la philosophie, des affaires, de la médecine, des lettres, de la psychologie et de l'ingénierie, pour ne nommer que ceux-là.

L'étude de Csikszentmihalyi a fait ressortir que la plupart des créateurs ont vraisemblablement besoin d'une certaine prédisposition génétique pour un domaine donné; qu'ils sont curieux et passionnés par ce qu'ils font et ouverts à la nouveauté. Mais au-delà de ces quelques grands traits génériques, il n'est pas parvenu à identifier un ensemble de traits de personnalité qui permettrait clairement de les distinguer des autres personnes. Il qualifie leur personnalité de complexe. Contrairement à l'individu moyen, qui a tendance à penser et à agir selon des tendances assez stables sur différents aspects, les grands créateurs pensent et agissent en se situant facilement, selon la situation concernée, d'un extrême à un autre sur ces mêmes aspects. Et ce qui reste étonnant, c'est qu'ils le font avec une grande intensité et sans ressentir de conflit intérieur, ce qui serait normalement le cas chez l'individu moyen. Ces comportements se sont manifestés par rapport à dix dimensions. Pour mieux illustrer cette situation, dix paires de traits antithétiques sont présentées dans le tableau 2.2.

Tableau 2.2
DIX PAIRES DE TRAITS ANTITHÉTIQUES

Logique	Naïveté
Discipline	Jeu
Imagination	Réalisme
Extraversion	Introversion
Humilité	Fierté
Masculinité	Féminité
Conformité	Rébellion
Passion	Objectivité
Joie	Douleur
Énergie physique	Repos

Source : Inspiré de Csikszentmihalyi, M. (1996). *Creativity. Flow and the Psychology of Discovery and Invention*, New York, Harper Perennial.

Considérons quelques exemples pour mieux comprendre comment cela se manifeste. Les individus créatifs sont souvent intelligents (au sens le plus accepté du terme, cela veut dire ici «logiques») et naïfs en même temps. En d'autres termes, ils se montrent capables d'approcher les problèmes de façon rationnelle, en pensant de façon convergente, mais n'hésitent pas à penser de façon divergente pour apporter de la nouveauté. Normalement dotés d'une bonne énergie physique, ils travaillent comme des forcenés au développement de leur produit ou de leur création, mais ils se révèlent à d'autres moments plutôt indolents, comme s'ils savaient quand il leur faut se refaire des énergies. Ils peuvent simultanément faire preuve de beaucoup d'humilité (puisqu'ils sont conscients du travail colossal réalisé par d'autres avant eux dans leur domaine) et d'une grande fierté (qui se manifeste surtout aux moments où ils font des bonds majeurs dans leurs avancées).

Des comportements presque simultanés très différents des créateurs en ce qui concerne la dimension introversion/extraversion sont de ceux qui surprennent le plus. En effet, les recherches en psychologie montrent que la tendance à l'introversion ou à l'extraversion s'avère une des dimensions les plus stables et mesurables de la personnalité de l'individu. En effet, nos préférences à cet égard semblent se maintenir dans le temps autour d'un certain degré de réserve ou d'active communication sur le plan social. Certaines personnes sont naturellement plus réservées[4], alors que d'autres tendent à préférer des relations intenses

---

4. Il ne faut pas confondre la réserve personnelle avec la timidité. Une personne peut préférer ne pas échanger avec les autres pour des raisons fort différentes.

et nombreuses avec les autres. Il en va tout autrement pour les grands créateurs, qui sont capables d'être en alternance très introvertis et très extravertis. Comme ce qu'ils réalisent est d'une grande envergure, ils savent qu'ils doivent parfois s'isoler pour se concentrer et travailler intensément. En même temps, ils sont bien conscients que l'on ne crée pas à partir de rien et qu'il leur faut s'abreuver des pensées et des réalisations des autres pour bien apprécier et comprendre ce qui s'est fait et est en train de se faire dans leur domaine.

Cette approche de la personnalité complexe des grands créateurs est fascinante. Cependant, il faut se rappeler qu'elle concerne des créatifs de très grande envergure et que l'entreprise n'a pas nécessairement besoin de ces presque génies de la créativité. En effet, en contexte organisationnel, il est plus prometteur de miser sur une approche qui vise plus largement la production d'idées nouvelles et utiles par de nombreux employés, dans tous les départements de l'entreprise et à différents niveaux de la hiérarchie. Être créatif est tout aussi important sur la chaîne de production que dans les groupes de développement stratégique.

Malgré ces dernières considérations, une entreprise a quand même besoin de quelques grands créateurs, et l'approche de la personnalité complexe pourrait inspirer les hauts gestionnaires d'une entreprise quand il s'agit de savoir sur qui compter et miser pour l'identification et le développement d'innovations plus radicales. Par ailleurs, ces derniers doivent alors se montrer prêts à encourager et soutenir ces individus divergents afin de les protéger des attaques et critiques dont ils risquent de faire l'objet, en particulier aux premières étapes d'un projet ou d'une innovation.

Les facteurs personnels favorisant la créativité individuelle

Teresa Amabile est une véritable figure de proue dans la recherche s'intéressant non pas aux grandes personnalités créatives, mais plutôt aux différents éléments susceptibles d'influencer plus universellement la production d'idées nouvelles et intéressantes chez les employés. Une de ses recherches, réalisée conjointement avec Gryskiewicz (Amabile et Gryskiewicz, 1987) auprès d'un groupe d'individus exécutant des tâches requérant une bonne dose d'inventivité, a mis en évidence un certain nombre de facteurs individuels favorisant le développement de cette créativité. Le tableau 2.3 présente l'ensemble de ces facteurs.

Ainsi, les participants à cette étude ont identifié la présence de certains traits de personnalité comme le facteur explicatif le plus important (41%) de leur créativité, suivi de près par l'automotivation (40%). La présentation du premier facteur, les traits de personnalité, peut regrouper un grand nombre d'éléments, et ne permet toutefois pas de préciser les traits de personnalité auxquels les individus pensaient lorsqu'ils ont évoqué ces aspects comme un important déterminant de leur créativité au travail. Il en va de même pour le facteur «automotivation», considéré comme très important par les participants à l'étude.

Tableau 2.3
FACTEURS INDIVIDUELS FAVORISANT LA CRÉATIVITÉ

- Traits de personnalité (41 %)
- Automotivation (40 %)
- Habiletés cognitives (38 %)
- Goût du risque (34 %)
- Expérience dans le domaine (33 %)
- Qualité du groupe d'action (30 %)
- Diversité de l'expérience (18 %)
- Habiletés sociales (17 %)
- Intelligence (13 %)
- Naïveté (13 %)

Source : Traduit et adapté d'Amabile, T.M. (1988). « A model of creativity and innovation in organizations », *Research in Organizational Behavior*, 10, p. 128.

D'autres auteurs ont également proposé une liste plus précise des principaux traits qui seraient généralement associés à la créativité. Par exemple, Davis a analysé et inventorié tous les traits de personnalité repérables dans les recherches scientifiques sur le sujet et les a regroupés en 16 grandes catégories, qui sont présentées dans le tableau 2.4. Sans prétendre discuter chacune de ces catégories de traits, certaines méritent d'être précisées. Tout d'abord, la perception personnelle qu'a un individu de sa propre créativité s'avère cruciale. En effet, les personnes créatives savent qu'elles le sont, car elles ont pris l'habitude d'agir pour la provoquer et la stimuler. Par surcroît, elles sont contentes et fières de l'être, car cet atout est d'une grande importance pour elles. Comme le souligne Davis, il s'agit là d'une des premières caractéristiques qu'on peut stimuler et favoriser par le biais de l'expérience ou de la formation.

La créativité ne va généralement pas de pair avec le désir de plaire. Il est bien connu que, très souvent, les idées nouvelles ne sont pas acceptées facilement, ni rapidement, et plusieurs opposants se prononcent spontanément pour dénoncer leur impossibilité, leur inutilité ou encore leur irréalisme. On retrouve donc parmi les traits présentés dans le tableau l'indépendance d'esprit et l'ouverture d'esprit qui font en sorte que les personnes créatives n'ont pas tendance à adhérer aux règles ou aux idées reçues ; cela les amenant assez spontanément à explorer un problème ou une situation de façon plus créative. L'autonomie personnelle, souvent évoquée dans d'autres recherches, apparaît comme un corollaire des deux caractéristiques qui précèdent.

Tableau 2.4

TRAITS DE PERSONNALITÉ ASSOCIÉS À LA CRÉATIVITÉ

- Conscience de sa propre créativité
- Originalité
- Indépendance
- Capacité de prendre des risques
- Haut niveau d'énergie
- Curiosité
- Sens de l'humour
- Aptitude à la fantaisie
- Attrait pour la complexité et l'ambiguïté
- Sens artistique
- Ouverture d'esprit
- Engagement et persistance
- Besoin de périodes de solitude
- Intuition
- Émotivité
- Souci de l'éthique

Source : Davis, G.A. (2004). *Creativity is Forever*, Dubuque, Kendall/Hunt Publishing Company, p. 84.

Dans les premières phases donnant naissance à des idées originales, l'idéateur doit donc être capable de composer sereinement avec cette opposition. Il lui faut alors faire preuve de flexibilité pour dialoguer avec ses détracteurs, mais aussi de beaucoup de ténacité s'il est persuadé d'être dans la bonne voie. Et comme les bonnes idées apparaissent rarement dans toute leur splendeur dès les premiers stades d'exploration créative, cette persévérance doit s'accompagner de patience pour laisser ces idées mûrir et se transformer.

La curiosité est un autre trait identifié comme susceptible d'influencer positivement la créativité. La soif de savoir, d'avancer, d'aller plus loin sont de puissants carburants mentaux qui poussent la personne créative à ne pas se contenter de comprendre et observer ce qui existe déjà. Il semble en effet que les personnes créatives ne sont pas rebutées par les problèmes complexes. Bien au contraire, ces derniers sont plutôt vus comme des occasions de se dépasser. La personne créative ne se contente pas d'analyser rationnellement un problème ou une situation. Elle fait généralement confiance à son intuition et n'hésite pas à mettre tous ses sens en éveil pour traquer les occasions et les idées nouvelles ou porteuses. S'attaquer à des problèmes difficiles ou explorer de toutes nouvelles voies exige également une bonne tolérance à l'ambiguïté. D'ailleurs, la créativité réclame que l'on sache continuer de chercher, même lorsque les réponses se font attendre ou ne sont pas toujours faciles à décoder du premier coup. Comme le disait Bachelard, « celui qui trouve sans chercher est souvent celui qui a longtemps cherché sans trouver ». La patience et la persistance apparaissent donc tout aussi importantes que l'ouverture et la vigilance.

De nombreuses études ont aussi fait ressortir l'intérêt de la personne créative pour les situations l'amenant à entrer en contact avec les émotions des autres et à exprimer les siennes. Pour elle, le statut social ou la position dans l'organisation ne compte pas. Toute personne qui peut aider à faire évoluer une nouvelle idée a son importance. Enfin, notons que la personne créative semble souvent posséder une énergie physique remarquable. Elle peut travailler sans relâche pendant de nombreuses heures lorsqu'elle est passionnée par un problème à résoudre ou un projet à développer.

Ces recherches sur les traits de la personne créative sont certainement intéressantes, mais elles présentent des limites importantes. En tout premier lieu, il faut se rappeler que les traits en question doivent être considérés comme des éléments susceptibles de favoriser une plus grande créativité et non comme des éléments qui y conduisent assurément. De nombreuses personnes peuvent très bien faire preuve de ces qualités et ne pas les utiliser dans des contextes requérant de la créativité. Il devient donc ardu, voire impossible, de prétendre développer des tests de personnalité permettant de prédire avec certitude qui sera créatif et qui ne le sera pas. De nombreux chercheurs ont tenté sans succès de dresser un profil personnel type des entrepreneurs et des leaders et ont rencontré le même problème. L'acte créatif est nécessairement contextué. Ultimement, c'est toujours la personne qui décidera de manifester ou non sa créativité. Ses motivations face au défi concerné ont alors une grande influence sur ce type de décision. La prochaine section se consacre à l'examen des sources motivationnelles de la créativité individuelle.

Les motivations de la personne créative

Le modèle intégrateur de la créativité individuelle (*component model of creativity*) développé par Teresa Amabile est certainement un des plus connus et utilisés par les spécialistes de la créativité. Ce modèle, présenté dans la figure 2.2, montre que trois éléments sont nécessaires pour voir la créativité individuelle se manifester concrètement. En premier lieu, l'expertise représente les connaissances et les talents développés par la personne à travers l'éducation et la formation reçues, ainsi que par le biais des apprentissages réalisés au cours de ses expériences personnelles ou professionnelles. Viennent ensuite les habiletés créatives. Elles sont largement dépendantes de la présence de certains traits personnels identifiés comme favorisant la créativité et évoqués dans la section précédente. Enfin, la motivation pour la tâche constitue l'élément moteur, celui qui pousse ultimement la personne à penser et à agir créativement. La conjugaison des trois éléments reste essentielle et la créativité prend forme à la zone d'intersection des trois catégories d'éléments du modèle.

Figure 2.2
L'INTERSECTION CRÉATIVE D'AMABILE

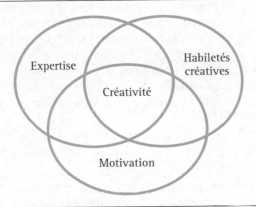

Source : Traduit de Amabile, T.M. (1997). « Motivating creativity in organization : On doing what you love and loving what you do », *California Management Review, 40* (11), p. 43.

Pour Amabile, si les deux premières composantes du modèle permettent de déterminer ce qu'une personne est capable de faire, c'est essentiellement sa motivation pour la tâche concernée qui conditionnera son degré d'engagement dans des activités créatives. La motivation pour une tâche peut être dite *intrinsèque* ou *extrinsèque*. Elle est intrinsèque lorsque le désir de performer d'une personne dans une tâche donnée est impulsé par des sentiments personnels tels que la curiosité et un intérêt marqué pour le travail à réaliser, le plaisir associé à cet exercice, le sentiment de défi suscité par la complexité des problèmes à résoudre ou encore la perception d'une occasion d'apprendre et de se développer.

La motivation est dite extrinsèque lorsque la personne est poussée à l'action et à l'effort par la présence de récompenses extérieures matérielles ou symboliques (par exemple, une rémunération avantageuse, la disponibilité de primes ou de bonus, une participation aux bénéfices, mise à l'honneur, éventualité d'une promotion, cadeaux, possibilités de voyager, pour ne nommer que celles-là). Cette motivation extrinsèque peut également provenir du désir d'éviter des sanctions ou des situations indésirables. L'approche du bâton ou de la carotte est très justement représentative de l'usage d'incitatifs externes pour pousser un individu à l'action. Bien que la présence combinée de récompenses de natures intrinsèque et extrinsèque soit monnaie courante dans les entreprises, il n'en reste pas moins qu'un type de motivation particulier sera habituellement prédominant chez l'individu en fonction de la tâche concernée.

Pour Amabile, ce sont d'abord et avant tout les motivations intrinsèques qui poussent l'individu à se montrer créatif. Certaines expériences cliniques ont permis de comparer la créativité démontrée par des groupes effectuant librement et dans le plaisir une tâche donnée et celle de groupes de personnes à qui l'on avait offert une prime pécuniaire en contrepartie de leur contribution. Ce sont les personnes motivées de l'intérieur qui ont fourni les réalisations les plus créatives. Jusqu'à un certain point, il semble même que des motivations intrinsèques très fortes pourraient compenser certaines faiblesses de l'individu sur le plan de l'expertise et des habiletés créatives innées. En effet, une personne très hautement motivée de l'intérieur acceptera en principe plus facilement d'élargir ses compétences à d'autres domaines ou de faire des efforts pour enrichir son portefeuille d'expertises. Ainsi, la personne qui manifeste un grand intérêt pour une tâche qui lui est confiée devient beaucoup plus susceptible d'éprouver du plaisir en la réalisant. Ce plaisir peut devenir un puissant moteur de la créativité, qui ne peut vraiment s'épanouir que si elle est librement exercée. Pour Amabile, le plaisir et la passion apparaissent comme les plus grandes motivations intrinsèques favorisant l'expression de la créativité individuelle.

D'autres études ont permis de mettre en évidence que le désir d'accomplissement et de réussite professionnelle, de même que la recherche de pouvoir, apparaissent comme des motivations fortement présentes chez les personnes créatives. De telles motivations viennent remettre en cause la croyance populaire qui voudrait que les personnes créatives soient mal adaptées à la vie organisationnelle. Bien au contraire, les gens créatifs seraient en moyenne plus orientés vers les résultats et plus avides de pouvoir que leurs collègues moins créatifs[5]. Cependant, leur goût pour la variété et leurs aspirations à l'autonomie de pensée et d'action sont souvent mal servis dans des contextes bureaucratiques marqués par la spécialisation des tâches et des fonctions, ainsi que par la séparation entre la planification et l'action.

Style cognitif et créativité

Comme on l'a vu précédemment, plusieurs recherches ont porté sur les caractéristiques personnelles permettant de distinguer les personnes créatives de celles qui le sont moins. Michael Kirton (1976) a proposé d'aborder la question sous un tout autre angle. Plutôt que d'essayer de déterminer l'intensité plus ou moins

---

5. C'est ce qui ressort des propos de Cameron Ford, qui a dressé un bilan très intéressant de l'ensemble des études ayant identifié les motivations, les attentes, les attitudes et les émotions associées à la créativité individuelle. Pour plus de détails, voir Ford, 1995.

grande de la créativité d'une personne, il suggère plutôt de s'intéresser à sa façon de l'exprimer selon son style cognitif. Le style cognitif réfère à la manière d'une personne d'aborder et de résoudre les problèmes et influence le type de créativité y étant déployé. Son approche permet de situer le style de créativité d'un individu sur un continuum qui va d'une orientation adaptative à une orientation innovatrice. Le tableau 2.5 présente un certain nombre des caractéristiques associées à chacun de ces derniers axes.

Tableau 2.5
**LA THÉORIE DU STYLE COGNITIF DE KIRTON :
CARACTÉRISTIQUES DES ADAPTATEURS ET DES INNOVATEURS**

L'adaptateur	L'innovateur
• Caractérisé par le goût de la précision, de la conformité, de la discipline et de l'efficience.	• Perçu comme indiscipliné, avec une façon de penser et d'aborder les tâches à partir d'angles inattendus.
• Intéressé à résoudre les problèmes résiduels de paradigmes actuels.	• Porté à chercher des problèmes et des solutions extérieurs aux paradigmes en présence.
• Cherche la solution à un problème qu'il énonce clairement.	• Questionne les convictions tenues pour acquises face au problème rencontré ; manipule le problème au besoin.
• Travaille aux problèmes dans une approche d'amélioration continue et le fait avec stabilité.	• Peu respectueux des consensus, impétueux et se montre facilement en désaccord avec ses pairs.
• Inspire des sentiments de confiance, de responsabilité, de fiabilité.	• Suscite parfois la méfiance ; n'hésite pas à choquer et à blesser ses opposants.
• Peu perméable à l'ennui, il peut maintenir des efforts soutenus dans des tâches exigeant une longue période de concentration.	• Capable de travail routinier pour de courtes périodes seulement.
• Il fait autorité dans des domaines et univers bien structurés.	• Tend à prendre facilement le contrôle dans des situations non structurées.
• Questionne rarement les règles ; s'il le fait, c'est très prudemment et en présence d'un appui fort.	• Défie fréquemment les règles, car il n'a pas de respect pour les traditions.
• Tend à douter facilement de ses idées ; vulnérable à la pression et à l'autorité, il peut devenir complaisant.	• Doute rarement de ses idées et n'a pas besoin de l'appui des autres pour persister dans leur développement.

Source : Adapté et synthétisé de Kirton, M.J. (1994). «A theory of cognitive style», dans M. Kirton (dir.), *Adaptors and Innovators. Styles of Creativity and Problem Solving*, New York, Routledge, p. 10.

Ces deux orientations, qui réfèrent aux stratégies cognitives privilégiées par des individus pour envisager le changement, vont engendrer des manifestations différentes de la créativité individuelle. Une personne avec un style adaptatif aborde généralement un problème avec circonspection et en tenant compte de ce qui s'est fait par le passé face à des situations analogues. Respectueuse des règles et procédures déjà établies, elle cherche des possibilités et des solutions qui tendent à supporter et même à renforcer les paradigmes existants. Patiente et persévérante, elle décortique et analyse les faits avec rigueur et recherche des solutions intéressantes ayant déjà fait leurs preuves dans des problèmes connexes ou encore des situations similaires, mais rencontrées dans d'autres domaines ou activités. Ce sont des adeptes de l'adage selon lequel il ne sert à rien de vouloir réinventer la roue.

Une personne dont le style cognitif est plutôt de type innovateur sera beaucoup moins systématique dans son approche. Elle n'hésite généralement pas à jouer mentalement avec un problème, à lui faire subir toutes sortes de transformations, ce qui la conduit souvent à le recadrer complètement, sans égard aux règles et aux types de démarches normalement sollicités pour faire face à ce type de situation. Elle peut même aller jusqu'à briser ces règles ou conventions, donc à sortir du paradigme existant. Ses capacités à aborder les problèmes sous des angles nouveaux et dont la pertinence reste à démontrer amènent souvent les autres à la percevoir comme indisciplinée et manquant de sérieux. Contrairement à la personne du style adaptateur, qui réagit à la pression et peut avoir tendance à douter d'elle-même en contexte de dissension, l'innovateur a confiance dans le potentiel de ses idées et sera peu affecté par les remarques de ses détracteurs.

Kirton a développé un instrument breveté permettant de mesurer avec fiabilité ces différences dans les styles de résolution de problèmes et de créativité. Il s'agit du KAI (Kirton Adaptation-Innovation Inventory), un test individuel amenant un individu à déterminer dans quelle mesure il possède certaines caractéristiques descriptives de ses attitudes et comportements. Selon les experts, les résultats de ce test permettent d'évaluer assez justement le style cognitif d'une personne et de prédire la façon dont elle fera usage de sa créativité. À première vue, les gestionnaires peuvent avoir l'impression que la concurrence et le fort besoin d'innovation qu'elle engendre devraient les conduire à sélectionner beaucoup plus d'employés manifestant des préférences cognitives fortes sur l'axe de l'innovation du KAI. Selon eux, les innovateurs seront forcément plus créatifs que les adaptateurs. C'est d'ailleurs ce que prônent sans vergogne certains prétendus gourous de la créativité. Et ce biais important consistant à surévaluer l'importance des apports du style innovateur par rapport à ceux des adaptateurs semble bien ancré dans la vision nord-américaine du management[6].

Il est important de nuancer la valeur de ces croyances. En effet, Kirton n'a jamais prétendu que son instrument permettait de déterminer qui serait créatif et qui ne le serait pas. Il fait plutôt ressortir l'idée que ces styles différents donnent

---

6. Puccio, Murdock et Mance (2007) déplorent ce biais et font état d'études, dont celles de Chimento (2001), Gonzales (2003) et Ramos (2005) démontrant sa prégnance aux États-Unis, en Argentine ainsi qu'à Singapour.

lieu à deux types de créativité ne produisant pas des résultats de même nature. Le style adaptatif va amener un employé à préférer améliorer ce qui existe déjà, tandis que le style innovateur conduit au contraire à envisager des façons très nouvelles de faire les choses.

Prenons l'exemple d'un gestionnaire de la production dans une entreprise manufacturière (Cummings et Oldham, 1997), dans laquelle il y aurait des problèmes de qualité du produit. Un gestionnaire ou un employé avec un style adaptatif pourrait avoir tendance à chercher à résoudre ce problème en identifiant les phases du processus ou les procédés eux-mêmes qui engendrent les erreurs de fabrication, cela dans le but de pouvoir améliorer ce processus et ces procédés. Une personne de style innovateur pourrait approcher différemment ce même problème de gestion de la qualité en suggérant plutôt une réorganisation radicale de la chaîne de production ou l'introduction de toutes nouvelles étapes dans le processus.

Malgré les différences de style personnel identifiées par Kirton, ce dernier a toujours soutenu que le potentiel de créativité est présent chez les représentants des deux styles. Les innovateurs ne seraient pas universellement plus créatifs que les adaptateurs. Simplement, les deux donnent naissance à des expressions distinctes de la créativité. Précisons également que les organisations ont besoin des efforts conjugués de personnes privilégiant l'un ou l'autre style. En effet, Kirton admet lui-même que l'approche innovatrice est certes impérative pour la survie et le développement des organisations affrontant une concurrence toujours en croissance. Mais ces dernières ont tout autant besoin d'adapter les pratiques qui ont fait leur succès, parvenant ainsi à se protéger des risques élevés qu'il y aurait à introduire trop fréquemment des changements très radicaux. L'entreprise a besoin de conserver un équilibre entre les idées qui améliorent les choses et celles qui les bouleversent.

Compte tenu de ce qui précède, on peut conclure que le KAI ne peut être utilisé pour identifier des employés plus créatifs que d'autres. Son utilisation doit être beaucoup plus nuancée. Par exemple, il peut être utile pour déterminer la composition des équipes de travail à différentes phases d'un projet ou de l'analyse d'un problème. Certaines phases peuvent nécessiter qu'un bon bilan des pratiques existantes et des possibilités émergeant de ce qu'on connaît déjà puisse être dressé. La contribution d'employés de style adaptateur s'avérera alors intéressante. À d'autres moments, une situation stagnante qui perdure ou le constat de l'inutilité de ce qui s'avère disponible prescrira plutôt l'appel à des personnes affichant un style plus innovateur. La nature des problèmes ou des situations à explorer peut aussi elle-même conditionner la nécessité de faire appel à des employés d'un style ou l'autre. Enfin, comme on le verra plus loin, la constitution des équipes de projet peut avoir une grande influence sur leur productivité créative, et les résultats du KAI peuvent aider à former des groupes présentant une variété fertile en matière de styles cognitifs.

Conclusion

Peut-on encore prétendre qu'une plus grande créativité organisationnelle pourrait être atteinte en sélectionnant des personnes avec un fort potentiel de créativité, puis en les embauchant en plus grand nombre? Pour répondre à cette question, il faut d'abord voir s'il existe des tests permettant d'identifier la présence de caractéristiques personnelles associées à la créativité; or, ils sont très peu nombreux et semblent avoir une validité prédictive plutôt faible. Et comme on l'a vu au tout début du présent chapitre, une personne obtenant un score élevé à des tests traditionnels d'intelligence n'aura pas nécessairement de bonnes performances dans des activités requérant de la créativité. La nature même de la créativité exige un décloisonnement et une extension des propriétés de l'intelligence qui dépassent radicalement les limites de l'intelligence rationnelle. Nos organisations doivent actuellement affronter des problèmes importants, nombreux et nouveaux qui imposent un recours à d'autres types d'intelligence. Il devient alors primordial de rechercher des personnes qui ont des talents leur permettant de dépasser la simple analyse logicodéductive d'un problème et qui seront capables de le visualiser, de le ressentir, de l'imaginer sous plusieurs formes, de le communiquer et de le partager ou encore de l'approcher à partir de la combinaison de certaines des capacités qui précèdent.

Bien sûr, il existe certains tests dont la visée est d'évaluer la présence de certains traits de personnalité associés à la créativité. Le Gough's Creative Personality Scale (GCPS) (Gough, 1979) est un des plus utilisés[7] parmi les tests de ce genre. Il s'agit d'un test qui amène les personnes à considérer un certain nombre d'adjectifs et à déterminer ceux qu'elles s'attribuent personnellement. Certains adjectifs associés à la personne créative dans ce test peuvent surprendre, par exemple le fait qu'elles seraient «scxy» ou encore qu'elles auraient un penchant pour le snobisme. Mais plus important encore, les études de validité de tels tests restent plutôt modérées et, par surcroît, la présence de ces qualités est loin de permettre de prédire des comportements créatifs effectifs. Finalement, s'il fallait utiliser ces tests avec des personnes qui posent leur candidature pour un emploi requérant beaucoup de créativité, elles seraient fortement tentées de s'attribuer les qualités recherchées pour le poste.

Le test de Torrance, à l'origine conçu pour un usage avec des enfants, reste probablement le plus connu des tests se targuant de mesurer la créativité individuelle. Il permet essentiellement de mesurer deux dimensions. La première est la fluidité (*fluency*) dans les idées. Placée devant un problème à résoudre ou une situation à explorer, jusqu'à quel point une personne est-elle capable d'émettre spontanément un très grand nombre d'idées ou de solutions différentes? Si, par exemple, il est demandé à des individus d'imaginer le plus de solutions possible à un problème donné, dans un temps déterminé, certains émettront beaucoup

---

7. Notons qu'il a rarement été utilisé en contexte organisationnel.

plus d'idées que les autres. On leur octroie donc un bon score sur le plan de la fluidité. Mais la fluidité seule ne suffit pas. Encore faut-il que les idées proposées soient originales et se distinguent de celles des autres sur un même problème. Cette originalité constitue la deuxième dimension mesurée par le test de Torrance.

Mais il est une dimension importante dont ce test ne se soucie pas et qui s'avère cruciale lorsque l'on recherche la créativité en contexte organisationnel. Il s'agit de la pertinence et de l'utilité potentielle des idées. Comme on l'a vu dans la section sur les définitions de la créativité organisationnelle, il s'agit essentiellement de la production d'idées nouvelles potentiellement utiles pour l'organisation. Un test de créativité conçu pour tous ne peut pas permettre de mesurer cette dernière dimension. De la même façon que la créativité d'une idée est toujours évaluée par d'autres dans un contexte donné, un test de créativité devrait pouvoir proposer à une personne la résolution de problèmes du même type et dans le même domaine que ceux que l'entreprise souhaite lui voir résoudre si elle est éventuellement embauchée. Une autre difficulté est la capacité d'un test à mesurer différents types de créativité. Certaines personnes sont douées pour résoudre des problèmes déjà identifiés, d'autres sont plus habiles pour changer le cadrage d'un problème, tandis que d'autres se montrent capables d'identifier des problèmes ou des occasions que personne n'avait encore évoqués dans l'entreprise.

Plutôt que de chercher à sélectionner des individus à haut potentiel créatif en les sélectionnant avec des tests dont on vient de constater la portée limitée, il est probablement beaucoup plus intéressant pour une entreprise de travailler à mieux exploiter les énergies créatives des employés dont elle dispose déjà. D'ailleurs, le mythe voulant qu'il y aurait des personnes très créatives et d'autres qui ne le seraient pas a depuis longtemps été dénoncé. La créativité dépend beaucoup plus des efforts qu'une personne fait pour l'être ou le devenir que d'un talent qui serait inné. En ce sens, comme on connaît assez bien l'importance des motivations intrinsèques au regard des manifestations de la créativité chez l'individu, l'entreprise aura plutôt avantage à miser sur l'instauration de tâches et de fonctions stimulantes pour ses employés, ainsi que sur le développement d'un contexte organisationnel et de pratiques de gestion qui vont réduire les freins à la créativité et les irritants susceptibles de venir miner la motivation des employés.

Comment travailler à l'émergence et au développement d'un tel contexte propice à la créativité ? Comme nous le verrons, plusieurs éléments interconnectés sont à prendre en compte pour réussir un tel défi. À cet égard, le gestionnaire intéressé à créer un milieu stimulant la créativité pourra s'inspirer du prochain chapitre pour revoir la culture, les structures et les façons de faire dans son équipe, son unité, son service ou même son entreprise.

3

En affaires, j'ai appris qu'une partie de mon succès
est due à notre capacité de créer rapidement des produits...
Louis Garneau

Pratiques de gestion
pour cultiver la créativité

Lorsqu'on se met à regarder attentivement comment évoluent les organisations et les entreprises autour de nous, mais aussi à l'échelle du monde, on est parfois surpris. Ainsi, on voit tomber des entreprises qui ont connu des succès retentissants depuis de nombreuses années et qu'on croyait capables de survivre aux turbulences des environnements d'affaires actuels; d'autant plus qu'elles disposaient en principe des ressources nécessaires pour réaligner le tir à temps. On découvre que ces géants, dont on ne soupçonnait pas les pieds d'argile, sont soudainement dépassés par des compétiteurs qui semblaient pourtant loin derrière. Ces géants sont fréquemment aussi étonnés que nous le sommes, persuadés que les recettes de succès développées antérieurement continueraient malgré tout de leur être profitables. Notre regard se pose aussi sur des entreprises possédant à peu près les mêmes ressources matérielles, humaines et financières. Certaines tirent leur épingle du jeu, même dans un contexte d'affaires très turbulent, alors que d'autres sont en difficulté et même en voie de disparaître. Pour de nombreuses entreprises, les recettes du succès sont à réinventer: ce qu'on ne sait pas encore devient plus important que ce que l'on connaît déjà si bien.

On peut donc se demander ce que sont les caractéristiques des entreprises qui continuent de se développer et de croître, malgré une concurrence accrue et une économie porteuse d'incertitude. En quoi se distinguent-elles de celles pour qui les temps sont devenus si difficiles ? Plus concrètement, que font-elles de différent ? Comment arrivent-elles à susciter l'engagement des troupes pour faire face aux nouveaux défis qui se posent ? Comment s'assurent-elles d'attirer des employés talentueux ? Comment parviennent-elles à trouver de nouvelles façons de fabriquer, de vendre, de transformer ou d'utiliser autrement leurs ressources ? Voilà autant de questions qui sont au cœur du présent chapitre. Sans prétendre que ce soit là le seul ingrédient de leurs succès, il est établi que les entreprises les plus performantes sont particulièrement créatives et innovantes. Certaines de ces entreprises créatives introduisent délibérément un certain chaos qu'on peut avoir tendance à associer au désordre ; Stanley Gryskiewicz (1999) qualifie ces entreprises d'« organisations en turbulence positive ». Selon lui, en introduisant délibérément la turbulence, les organisations créent en fait de la stabilité. Quand le management voit tôt les tendances, les considère dans son organisation et en tient compte dans ses actions, il évite de faire l'autruche. Parce que le gestionnaire sait ainsi anticiper ce qui sera important, il y aura moins de crises et de surprises. Le besoin pour des changements radicaux est éliminé et l'organisation atteint un équilibre.

Nous verrons un peu plus loin dans l'ouvrage les facteurs de succès de l'innovation, mais le présent chapitre se concentre sur les caractéristiques d'un environnement organisationnel propice à l'éclosion de la créativité des employés, quelle que soit la position qu'ils occupent dans l'organisation. La figure 3.1 présente un aperçu des éléments que nous considérons comme particulièrement importants pour la construction de cet environnement organisationnel. Elle permet aussi de visualiser et de mieux comprendre la logique ayant conduit à l'ordonnancement des éléments qui sont présentés dans les prochaines sections.

Figure 3.1

ENVIRONNEMENT ORGANISATIONNEL FAVORISANT LA CRÉATIVITÉ

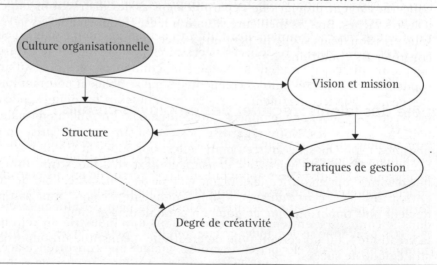

La culture organisationnelle renvoie au paradigme interne auquel adhèrent les gestionnaires d'une entreprise et qui découle directement de leurs grandes valeurs ainsi que de la conception du type d'environnement organisationnel interne qu'ils souhaitent privilégier. Elle influence donc forcément leur vision des grands buts qui seront priorisés par l'organisation et de la mission en découlant. Partant de ces deux premiers éléments, des choix stratégiques permettent alors de déterminer la structure et les pratiques de gestion les plus appropriées, tant pour respecter la culture organisationnelle que pour réaliser avec efficacité et efficience les objectifs poursuivis. Ces éléments culturels, stratégiques et opérationnels ont forcément un effet sur le niveau de créativité pouvant être atteint. La section suivante commence nécessairement par une meilleure appropriation du concept de culture organisationnelle et de la façon dont on peut s'en servir pour attiser la créativité.

Une culture organisationnelle propice à la créativité

Si la mise en œuvre et l'implantation des innovations peuvent être vues comme des processus de gestion relativement aisés à circonscrire, l'éclosion de la créativité dépend beaucoup plus de la disponibilité d'un environnement qui lui procure toutes les conditions pour bien se développer. En d'autres mots, à l'image d'une plante, la créativité doit être cultivée dans un terreau et un climat lui permettant de bien prendre racine. La culture organisationnelle peut être considérée comme un élément capital à cet égard.

Ce concept a pris énormément d'importance au cours des dernières années et, bien que l'on ne dispose pas encore d'une définition qui fasse l'unanimité chez les chercheurs du domaine de la gestion, on peut certainement dire que la culture organisationnelle est en quelque sorte révélatrice de la « personnalité » de l'entreprise. Ainsi, au Québec, nous connaissons tous Cascades, cette entreprise québécoise fondée par Bernard Lemaire et ses frères en 1964, et dont on évoque souvent l'originalité de sa culture organisationnelle comme un important facteur ayant contribué à son essor et à ses succès. Chez Cascades, ce sont d'abord les employés qui comptent. La structure hiérarchique compte relativement peu d'échelons, les portes sont ouvertes, on s'attend à ce que les ouvriers travaillent comme si l'entreprise était la leur et on va même jusqu'à partager les profits avec eux.

Chez Cascades comme ailleurs, la culture organisationnelle est constituée d'un système de croyances et de valeurs qui sont partagées par des individus ou des groupes, et qui sont entretenues et priorisées par l'ensemble. Lorsque la culture organisationnelle est forte et perceptible, elle devient une sorte de guide de comportement pour les membres de l'organisation, qui savent alors ce qui est important dans et pour leur entreprise. Plus familièrement, on pourrait même dire que la culture, qui se traduit par des règles formelles, mais aussi informelles, nous permet de décoder ce «qui se fait» ou «ce qui ne se fait pas» dans une entreprise ou un groupe donné. Par exemple, dans une entreprise comme Simons, qui place la satisfaction du client au centre des valeurs qui doivent guider les façons de transiger avec lui, on imagine mal qu'un des employés de cette organisation puisse se permettre d'ignorer les revendications d'un client ou avoir une attitude carrément irrespectueuse avec celui-ci sans que cela ne soit remarqué, voire blâmé par des confrères de travail ou même sanctionné par un patron.

Plusieurs spécialistes de la gestion sont persuadés que la culture organisationnelle véhiculée et entretenue dans une organisation a une énorme influence, tant sur le rendement que sur la satisfaction plus ou moins grande des personnes qui y travaillent. Et on s'intéresse de plus en plus aux caractéristiques de la culture organisationnelle favorables à l'éclosion de la créativité. Examinons donc les valeurs, croyances et principes importants à ce titre.

Valorisation et encouragement organisationnel

La valorisation de la créativité est de loin le facteur le plus souvent mentionné dans la littérature lorsqu'il est question de favoriser la génération et le développement de nouvelles idées[1]. Il peut s'agir d'un encouragement sur le plan de toute l'organisation, ou encore d'un encouragement de supervision au quotidien. Plusieurs aspects sont concernés. Le premier est l'incitation à la prise de risque et à la génération d'idées. Cela implique qu'une valorisation de l'innovation soit visible à tous les paliers et dans toutes les divisions ou tous les départements de l'organisation. Et cela ne peut que relever d'une confiance profonde des hauts dirigeants d'une organisation dans le potentiel créatif de leurs employés. Mieux encore, lorsque les dirigeants eux-mêmes se permettent de créer, ils deviennent des modèles qui montrent le chemin à l'ensemble des employés.

Les employés seront certainement plus enclins à produire des idées originales, inhabituelles et utiles s'ils sont plongés dans un climat soutenant la créativité ou s'ils reçoivent des messages explicites de la direction en ce sens. Malgré les propos de nombreux gestionnaires reconnaissant l'importance des nouvelles idées, il en va parfois autrement dans les faits, où encore trop d'entre eux valorisent de manière excessive l'ordre, la prévisibilité et la conformité. Ainsi, il y a des entreprises où le message transmis plus ou moins explicitement est «qu'ici, on s'assure de toujours respecter ce qui a été fait dans le passé» alors que dans d'autres milieux, le message est plutôt «ici, on peut imaginer, développer, innover et oser».

---

1. Ce constat a été fait par Amabile, Conti, Coon, Lazenby et Herron (1996), qui ont réalisé un important bilan analytique des nombreuses études menées sur le sujet. Le lecteur intéressé peut consulter l'article à partir de la référence complète fournie dans la bibliographie.

Chez Louis Garneau, le message est clair!

Lorsque nous avons rencontré Louis Garneau dans le cadre de la préparation de cet ouvrage, il a insisté pour que nous fassions d'abord une petite visite des lieux, question de nous imprégner de l'environnement et du climat général.

Que ce soit à la réception même de l'entreprise, où le slogan « Innover ou mourir » est bien mis en évidence ou ailleurs dans l'entreprise, nous avons tout de suite compris que le *statu quo* et la complaisance ne font pas partie des grandes valeurs privilégiées dans l'organisation. On retrouve un peu partout, dans les corridors menant d'un service à l'autre, une multitude de courtes exhortations ou simplement des mots tels que « intuition », « création », « imagination », etc., suspendus au plafond ou accrochés aux murs. Il est clair qu'ici on a le devoir de faire plus que de penser et analyser : il faut imaginer, explorer, développer, innover... Et le faire sans cesse.

La salle où les équipes de développement de nouveaux produits se réunissent est fascinante. S'y côtoient des œuvres d'art, des sculptures, des statues d'inspiration religieuse, des meubles de collection, le tout agencé avec goût, fantaisie et élégance. Même Tintin fait partie de la galerie. Au-delà des mots, cela peut être vu comme une autre façon d'interpeller les gens et de leur donner le goût d'être différents... et de faire différemment.

Le droit à l'erreur et à l'échec

Les idées porteuses qui amèneront éventuellement l'entreprise à faire des changements, innover et même se transformer considérablement apparaissent rarement au départ dans toute leur splendeur. Comme les chapitres 6 et 7 portant sur les techniques de créativité le montrent bien, il faut souvent s'y reprendre de différentes façons et en plusieurs étapes pour développer une idée et en exploiter tout le potentiel. Les entreprises qui réussissent à lancer un nouveau produit ou à développer un nouveau processus de fabrication ou de commercialisation ont souvent fait face à plusieurs échecs avant d'y parvenir. En examinant la littérature d'affaires, on trouve facilement une multitude de réussites qui ont d'abord pris naissance à la suite d'une erreur ou même d'un échec.

Gunsch (1991) a analysé et décrit le cas pour le moins étonnant d'une entreprise dont les hauts gestionnaires ont pris la décision d'instaurer un programme formel récompensant les échecs des employés, plutôt que seulement leurs réussites. Concrètement, on invite les gestionnaires à rapporter régulièrement à la haute direction une liste des échecs récents rencontrés par leur équipe ou leur département, ou même leurs propres échecs. Ces mêmes dirigeants sont par la suite conviés à participer au travail d'un comité, dont le mandat premier est d'évaluer la valeur potentielle ou le degré d'intérêt des échecs et erreurs rencontrés. Le but est simple : voir si ces derniers peuvent amener l'entreprise à reconsidérer les façons de faire ou leurs orientations et détecter les gains inattendus ou les occasions que ces échecs permettent d'entrevoir. L'« erreur » la plus prometteuse est alors récompensée par une prime pécuniaire remise à la personne ou à l'équipe qui l'a engendrée. Bien sûr, il ne s'agit pas de souhaiter que toutes les entreprises se mettent à récompenser les échecs, mais voilà certainement un exemple d'une entreprise qui a pris conscience des occasions d'apprentissage liées aux échecs et qui manifeste concrètement cette conviction à travers un tel programme. Sans entrer dans une analyse approfondie de ce cas, on peut imaginer en parallèle à quel point le niveau de confiance des employés doit être élevé pour se plier à un tel exercice, qui pourrait aisément se retourner contre eux dans une culture différente.

Il est peut-être temps de réhabiliter l'échec, plutôt que de l'accueillir négativement, et de reconnaître que les échecs sont presque toujours une précieuse occasion de remise en question ou de réajustement, à condition bien sûr que ceux et celles qui ont contribué à le faire apparaître soient encouragés à prendre le temps d'analyser pourquoi les résultats escomptés ne se sont pas concrétisés. Les hauts dirigeants ont donc la responsabilité de mandater les gestionnaires de s'assurer d'un accueil positif des nouvelles idées, qu'elles semblent bonnes ou non de prime abord. Dans un premier temps, l'important est de reconnaître que «de générer et partager ses idées» témoignent d'une intention positive de l'employé. Ce ne sera donc que dans un second temps – et en différant un jugement trop rapide – que l'on verra si l'idée peut être développée ou non, si elle s'avère en cohérence avec la stratégie de l'organisation, et ce qu'elle peut nous apprendre très exactement.

Des études (Amabile, Goldfarb et Brackfield, 1990) ont en effet clairement montré que des attentes des employés à l'effet d'avoir éventuellement à subir des évaluations très critiques et même menaçantes minent leur créativité. Dans le tableau 3.1, on constate d'ailleurs que la peur excessive de l'échec apparaît parmi les facteurs les plus susceptibles d'empêcher une personne de laisser libre cours à sa créativité.

D'une culture de la bonne réponse à une culture de la bonne question

Parmi les attitudes freinant la créativité présentées dans le tableau 3.1, la recherche presque obsessionnelle de la bonne réponse constitue une des plus puissantes et nuisibles. Un des défis majeurs de l'entreprise est de contrer cette attitude que bon nombre de ses gestionnaires et employés risquent d'adopter. Une telle attitude découle largement du type d'éducation que nous avons reçue. En effet, «tout notre système éducatif a presque toujours été conçu de manière à amener les gens à rechercher "la" bonne réponse. À la fin de ses études, l'individu moyen aura passé plus de 2000 tests et examens dans lesquels il faut trouver **une** bonne réponse» (Carrier, 2000, p. 151).

Le niveau d'éducation reçue peut également influencer la créativité, parfois même négativement. Cette dernière possibilité a été démontrée par Simonton (1976, p. 224), qui a réalisé des études sur les personnes manifestant une grande créativité. Ses recherches ont montré une diminution notable du nombre d'idées créatives dans les cas où une personne avait fait des études excédant le niveau d'une maîtrise universitaire. Ainsi, si la connaissance permet d'abord de mieux créer, une trop grande spécialisation semble mener graduellement vers une plus grande difficulté à «penser autrement». Nos expériences en formation et en consultation nous ont amenées à constater que les personnes possédant l'expertise la plus poussée dans un domaine étaient souvent en même temps celles qui étaient le moins prêtes à considérer l'appel à d'autres approches que la leur pour analyser un problème se situant à l'intérieur de leur sphère d'expertise et concevoir des solutions ou même à réfléchir à de nouvelles voies de développement. Beaucoup de problèmes ou de défis sont impossibles à résoudre ou à affronter avec les solutions et les moyens disponibles dans un domaine, mais cela peut devenir possible en changeant de cadre et en faisant appel à des connaissances issues d'un autre domaine.

Tableau 3.1
SEPT ATTITUDES INHIBANT LA CRÉATIVITÉ

1	La survalorisation de la logique et de la rationalité.
2	Le culte de la spécialisation.
3	L'obsession de «la» bonne réponse.
4	La peur excessive de l'échec.
5	La dévalorisation du jeu et de la fantaisie.
6	Une conception limitative de l'intelligence.
7	Le respect inconditionnel de la règle.

Source: tiré de Carrier, C. (1997). *De la créativité à l'intrapreneuriat*, Québec, Presses de l'Université du Québec, p. 16, coll. «PME et entrepreneuriat».

La recherche de la bonne réponse peut s'avérer appropriée pour résoudre certains problèmes d'ordre logistique ou mathématique moins soumis à l'influence de la réalité, mais pour les questions plus complexes qui se posent stratégiquement, mais aussi quotidiennement dans nos entreprises, le vrai défi se révèle souvent dans la capacité de développer de nombreuses bonnes réponses possibles. Stratégiquement, il faut en effet presque systématiquement chercher une deuxième, une troisième, une quatrième et une cinquième bonne réponse. Comme l'affirmait le grand philosophe Émile Chartier, «il n'y a rien de plus dangereux qu'une idée quand c'est la seule que vous avez». Dans la plupart des organisations qui décident d'instaurer une culture de la créativité et de valoriser les idées des employés, aussi simples soient-elles, il peut être nécessaire de revoir le rôle des gestionnaires intermédiaires et de premier niveau. La relation entre leurs employés et eux risque en effet d'être affectée. Dans les cas de gestionnaires se sentant responsables de trouver les bonnes réponses, ces derniers doivent pouvoir se transformer en accompagnateur, en chevalier des idées relayeur de meilleures pratiques. On peut imaginer l'effort de communication et d'adaptation requis pour que l'ensemble des personnes concernées puisse faire face, dans le quotidien, à ce nouveau contexte.

Dans le contexte d'affaires très concurrentiel et incertain qui prévaut actuellement, l'entreprise doit donc clairement accepter de soutenir, encourager et même former ses gestionnaires et ses employés à apprendre, quand il le faut, à abandonner cette recherche de la seule et unique bonne réponse. Plus encore, l'entreprise doit parfois favoriser l'adoption d'un paradigme différent, centré cette fois-ci sur la recherche de nouvelles questions. En effet, l'énoncé initial d'une problématique ou d'une question est en lui-même crucial, car il conditionne en grande partie la nature et le type de réponses qu'on envisagera pour résoudre la situation. L'encadré qui suit en fournit un bon exemple.

Von Oach rapporte une anecdote qui illustre très bien l'importance cruciale de l'énoncé initial d'un problème. Lors d'une épidémie de peste qui sévit dans un village de Lituanie il y a plusieurs siècles, les gens tombaient dans un coma très profond et mouraient généralement très rapidement. On s'aperçut toutefois qu'on avait enterré des gens encore vivants. Le problème fut confié à deux comités différents. L'un d'entre eux suggéra qu'on place de la nourriture et de l'eau dans le cercueil et de relier celui-ci à la surface par un conduit d'aération. L'autre comité suggéra plutôt que l'on fixe un pieu à l'intérieur du couvercle de chaque cercueil, juste au-dessus du cœur de la victime. Celle-ci, dans un coma profond, ne souffrirait donc pas et mourrait au moment où l'on refermerait le cercueil si elle n'était pas déjà morte. Ce qui différenciait les deux solutions, c'était la question que s'étaient posée les deux groupes. Le premier groupe s'était demandé : «Que faire si quelqu'un est enterré vivant ?» tandis que le deuxième groupe s'était plutôt demandé : «Comment s'assurer que tous ceux que l'on enterre sont bien morts ?»

Source : Von Oach, R. (1986). *Créatif de choc ! Innovez pour gagner !*, Paris, Presses Pocket.

Cette histoire suggère de manière un peu brutale que lorsqu'on ne parvient pas à trouver une solution à un problème, il faut parfois changer notre façon de l'aborder. Dans une culture propice à la créativité, la haute direction d'une entreprise doit éviter de constamment placer ses gestionnaires et employés dans des situations où il faut trouver une bonne réponse et le plus rapidement possible. Nous en avons déjà traité précédemment : la créativité ne produit pas de résultats instantanés et des contextes de pression indue pour identifier le bon problème ou la bonne réponse laissent peu de temps aux personnes pour véritablement explorer la ou les situations et peuvent sérieusement miner la créativité de ces dernières.

Ces grandes valeurs et croyances dans le potentiel créatif des personnes devraient normalement avoir une influence sur le type de vision stratégique adoptée par l'organisation et la guider dans la formulation d'une mission capable de susciter de l'enthousiasme. La prochaine section nous amène au cœur de cet important facteur stratégique qu'est l'énoncé de mission.

Figure 3.2

ENVIRONNEMENT ORGANISATIONNEL FAVORISANT LA CRÉATIVITÉ

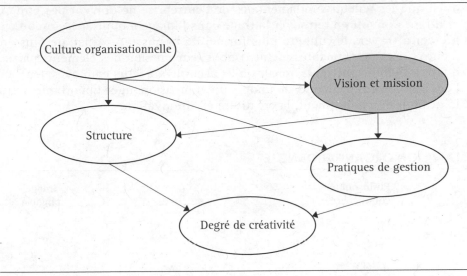

Une vision et une mission inspirantes

La création d'un énoncé de vision inspirant pourrait aussi être considérée comme la première pratique de gestion à maîtriser. Mais compte tenu de son importance et de sa prépondérance sur un large ensemble de pratiques, il paraît plus approprié de la voir comme un préalable aux autres éléments du schéma. La plupart des gestionnaires performants sont devenus conscients de l'importance de bien comprendre les forces et les faiblesses de leur organisation, compte tenu du contexte concurrentiel dans lequel elle évolue. Mais ils sont aussi de plus en plus nombreux à mesurer l'importance d'avoir une vision claire de la trajectoire qu'ils veulent que leur entreprise emprunte. On réfère ici au concept de vision stratégique, c'est-à-dire la capacité des gestionnaires de visualiser assez claire-ment les défis à venir ainsi que les moyens et mesures qui devront être adoptés pour bien y faire face. En d'autres termes, où voient-ils leur entreprise ou leur organisation dans deux ans, dans cinq ans, dans dix ans et quel est le plan de match envisagé pour y parvenir ?

Selon Collins et Porras (1991), cette vision organisationnelle est composée de deux grandes dimensions : la première correspond à une philosophie de gestion comprenant un ensemble de croyances, de valeurs importantes et d'un but fonda-mental de l'entreprise. Cette première dimension découle donc directement de la culture organisationnelle, ce dont nous avons traité dans la section précédente. Quant à la seconde, il s'agit d'une image inspirante qui se concrétise par l'élabo-ration de la mission. Un énoncé clair et évocateur permet de partager cette vision avec tous les membres de l'organisation et peut servir de guide d'une génération de gestionnaires à une autre. Comme le suggère la figure 3.3, les grands buts ainsi que les valeurs fondamentales de l'entreprise ne doivent pas être oubliés et il faut pouvoir en retrouver la trace dans l'image mobilisatrice qu'on cherche à créer à travers le contenu plus formel de la mission. Ainsi, de plus en plus d'entreprises performantes incluent dans leur mission des éléments particuliers quant à l'importance et la valeur qu'ils accordent à leurs employés, leurs clients, l'environnement, l'éthique, ou toute autre dimension jugée importante, y compris la gestion du changement, la créativité et l'innovation.

Figure 3.3

LA VISION ORGANISATIONNELLE

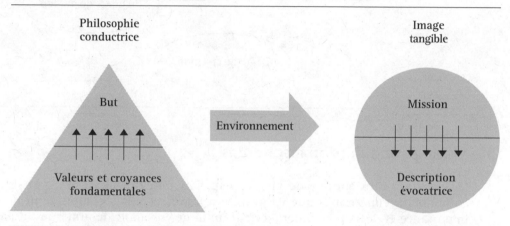

Source : Traduit de Collins, J.C. et Porras, J.I. (1991). «Organizational vision and visionary organizations», *California Management Review, 43* (1), p. 34.

De très nombreuses entreprises conservent un énoncé de mission qui échoue lamentablement à transmettre une vision riche de leur raison d'être. Dans plusieurs cas, cet énoncé de mission ne reste qu'une description simple et banale de l'entreprise ; au bout d'un certain temps, il reste confiné dans un guide de gestion interne, un rapport annuel ou des documents conçus dans le but de présenter ou de promouvoir l'entreprise. Et, il faut bien le dire, bon nombre de ces énoncés se limitent à décrire ce que fait l'entreprise, pourquoi elle le fait, pour qui, sur quel territoire géographique et dans quel secteur. Une telle démonstration des opérations d'une entreprise est tout simplement ennuyeuse pour la plupart des gens et ne produit pas les effets escomptés. En fait, trop souvent, la formulation de ces énoncés montre que ceux qui les ont conçus ont malheureusement oublié le but fondamental visé, celui de guider les troupes, de les stimuler et de les engager à participer au devenir d'une entreprise.

Une mission doit être capable de concentrer l'attention, de susciter l'engagement, d'inspirer et de guider les actions. Plus familièrement, on pourrait dire qu'elle doit être excitante ! Et pour soulever l'enthousiasme, quoi de mieux que de s'assurer que la mission comporte un défi intéressant et mobilisant. On évoque ici le grand but de l'entreprise en fonction de ce qu'elle veut être, devenir ou réaliser.

Collins et Porras (1991), qui ont étudié les missions de centaines d'entreprises les plus performantes et innovatrices, constatent que les stratégies les plus efficaces peuvent être regroupées en quatre grandes approches. La première, qu'on pourrait qualifier de ciblage, consiste à énoncer clairement le but que l'on souhaite atteindre, allant même dans certains cas jusqu'à préciser la période de temps à l'intérieur de laquelle il devra se concrétiser. C'est une vision tournée vers l'avenir : on fait connaître la destination et la trajectoire poursuivies. Un exemple frappant de ce type de vision fourni par les auteurs est celui de Ford (Lacey, 1986), un fabricant d'automobiles que nous connaissons tous. Dès les premières années d'existence de l'entreprise, Henry Ford affirmait clairement que la mission fondamentale qu'il se donnait était de démocratiser l'automobile. Le but poursuivi était de réussir à développer une automobile à un coût, donc à un prix, qui permettrait à l'ensemble des personnes disposant d'un revenu moyen de s'en procurer une. Selon Ford, il pourrait dire qu'il y était parvenu lorsque les chevaux disparaîtraient des routes, que tout le monde aurait les moyens d'acheter un véhicule, et que l'entreprise produirait tellement d'automobiles que cela créerait plus d'emplois avec de bons salaires. Avec l'évolution de l'entreprise, tentons d'imaginer ce qui aurait pu advenir de différent si cette mission était demeurée le cœur même de la vision. Peut-être serait-ce même Ford qui aurait développé la voiture à 3 000 $ produite récemment par BYD, une entreprise chinoise[2].

Une deuxième approche consiste à identifier clairement dans l'énoncé de mission un ennemi important qu'on se donne pour but de vaincre. Collins et Porras soulignent par exemple que la mission de Pepsi a longtemps été de battre Coca-Cola. Les études sur la cohésion des groupes ont montré que la perception d'avoir un ennemi commun à combattre contribue à unir les employés. On comprend ici que l'objectif devient non seulement accessible – puisqu'il est atteint par le concurrent –, mais qu'il permet d'illustrer concrètement la cible à atteindre. La troisième grande approche consiste à imiter, même à égaler une autre entreprise, qu'on considère comme modèle, mais dans un autre secteur que celui dans lequel on opère. Par exemple, le but d'une entreprise qui fabrique des vélos pourrait être de devenir dans son propre secteur ce que représente Honda dans le domaine des motocyclettes.

---

2. Cataloguée comme une des moins chères au monde, la BYD F1 a fait sa première apparition au Salon de l'automobile de Guangzhou (Canton) en 2007 et est sur le marché depuis 2008.

Enfin, la quatrième approche en est une de transformation interne. Elle est aussi tournée vers l'avenir, puisqu'elle décrit l'évolution et les changements à prévoir à plus long terme. Cette mission de transformation est particulièrement efficace dans le cadre de vieilles organisations qui n'ont pas changé significativement leurs façons de faire au fil des évolutions dans le marché. Elles ont alors besoin de se transformer de manière assez radicale pour rester compétitives, et quelquefois même, seulement pour se maintenir à flots. L'Université Stanford est un bon exemple d'organisation ayant ressenti le besoin de se transformer considérablement. En 1990, ils se sont donné pour mission de créer d'ici 2010 une combinaison unique de recherche et d'enseignement permettant une grande convergence entre les forces de ces deux grands champs d'activité.

Les questions suivantes peuvent aider les gestionnaires à jeter un regard critique sur l'énoncé de mission de leur organisation afin de valider, à l'aide de facteurs particuliers, si cet énoncé est susceptible de favoriser l'engagement et la créativité des individus et des groupes :

1. Où pouvez-vous retrouver la mission de l'entreprise ? La mission est-elle connue de tous dans l'organisation ? Est-elle régulièrement rappelée et discutée ?

2. L'énoncé de mission inclut-il des éléments traitant de la place ou de l'importance que l'entreprise accorde à ses employés ? Il a en effet été établi que l'entreprise créative croit fermement dans le potentiel de ces derniers.

3. Telle qu'elle est formulée, la mission présente-t-elle un ensemble de valeurs auxquelles doivent adhérer tous les membres de l'organisation ?

4. Quelles sont ces valeurs ? Sont-elles de nature à promouvoir ou à inhiber la créativité ?

5. D'autres préoccupations clés, telles que la recherche d'améliorations constantes, d'inventivité, de renouvellement, d'innovation ou de transformation y sont-elles explicitement véhiculées ? L'une de ces préoccupations est-elle dominante ? Une culture davantage axée sur la créativité et une autre sur l'amélioration continue peuvent suggérer des chemins parfois différents. En d'autres mots, la mission transmet-elle aux personnes et aux équipes le goût de se dépasser dans le sens voulu par l'organisation ?

6. La mission est-elle essentiellement centrée sur le maintien de la bonne marche et du succès actuel de l'entreprise ? Ou, pire encore, se contente-t-elle de préciser quels sont les produits, services ou activités de l'entreprise ainsi que les clients auxquels ils sont destinés ?

7. La mission est-elle au contraire de ce qui précède, tournée vers l'avenir et descriptive d'un nouvel état désirable ou en devenir ?

8. La mission traduit-elle clairement les grands buts de l'organisation ou la trajectoire que celle-ci veut emprunter ?

9. Ces buts sont-ils ainsi formulés que des services ou des unités de l'entreprise seront en mesure d'identifier sur quoi devraient porter leurs propres efforts et ce qu'ils devraient chercher à créer ou à développer ?

10. L'énoncé de mission comporte-t-il des défis stimulants ? Et si oui, ces défis sont-ils formulés de façon à amener les membres d'une organisation à s'y identifier ?

Rappelons en terminant que si l'on a longtemps pensé que les hauts gestionnaires d'une organisation devaient absolument énoncer eux-mêmes une vision et une mission à transmettre aux échelons inférieurs, cela est de moins en moins vrai aujourd'hui. Les employés peuvent apporter une contribution intéressante à ce titre et seront conséquemment plus engagés à y adhérer s'ils ont participé ou été consultés lors de son développement ou de sa transformation.

Les valeurs, croyances, buts et ambitions de l'entreprise présentés dans son énoncé de mission doivent nécessairement se révéler d'abord dans les principes de gestion identifiés comme porteurs, puis dans les stratégies poursuivies par l'entreprise, les structures mises en place pour les réaliser et les pratiques de gestion pour y parvenir, y compris celles susceptibles de stimuler la créativité des employés. Les stratégies et les pratiques doivent évidemment être cohérentes avec la mission.

L'encadré intitulé «Les 10 commandements de l'entreprise créative» illustre comment il est possible de rendre «visibles» et «applicables» certaines valeurs clés pouvant soutenir un contexte favorable à la créativité. La prochaine section présente justement des voies concrètes pour stimuler la créativité et vivre au quotidien ces valeurs, à travers la structure même de l'entreprise et les pratiques de gestion.

Figure 3.4
ENVIRONNEMENT ORGANISATIONNEL FAVORISANT LA CRÉATIVITÉ

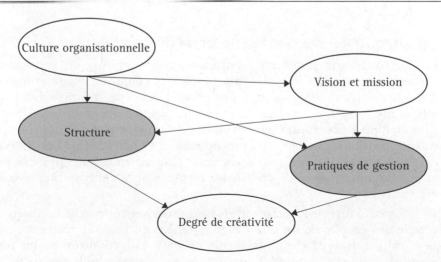

Structures et pratiques de gestion supportant la créativité

Une recherche d'Amabile et Gryskiewicz (1987), réalisée auprès d'un groupe d'individus exécutant des tâches requérant une bonne dose d'inventivité, a mis en évidence un certain nombre de conditions et de facteurs organisationnels favorisant le développement de la créativité (voir tableau 3.2). La présente section vise à montrer comment les plus importants de ces facteurs peuvent être concrètement intégrés dans les structures et les pratiques organisationnelles.

Tableau 3.2
FACTEURS ORGANISATIONNELS FAVORISANT LA CRÉATIVITÉ

- Liberté et autonomie (74%)
- Présence d'un leader enthousiaste (65%)
- Ressources suffisantes (52%)
- Climat stimulant (47%)
- Diverses caractéristiques structurelles (42%)
- Valorisation des individus et groupes créatifs (35%)
- Temps d'exploration suffisant (33%)
- Présence de défis stimulants (22%)
- Pression et sentiment d'urgence (12%)

Source : Traduit et adapté de Amabile, T.M. (1988). «A model of creativity and innovation in organizations», *Research in Organizational Behavior*, 10, p. 128.

Une structure favorable à la liberté et à l'autonomie

La liberté et l'autonomie viennent au tout premier rang des réponses fournies lorsqu'on demande à des personnes créatives ce qui les incite et les encourage à la créativité. Plusieurs autres études sont venues confirmer que la créativité augmente lorsque les individus et les équipes ont une autonomie relativement grande dans l'exécution de leurs tâches quotidiennes et ont la perception qu'ils ont un bon contrôle sur leur propre travail et leurs idées. Les individus sont non seulement plus créatifs, mais aussi plus satisfaits, lorsqu'ils se perçoivent comme ayant le choix de choisir les façons d'accomplir les tâches qui leur ont été confiées.

La structure de l'organisation peut favoriser fortement la liberté et l'autonomie des employés. En effet, bien qu'elle n'ait pas une influence directe sur la manifestation de comportements créatifs, elle conditionne les possibilités d'éclosion de ces derniers. La structure constitue en quelque sorte l'environnement organisationnel dans lequel évoluent les individus et différentes unités de l'entreprise. Elle détermine par exemple le type de spécialisation préconisée, les responsabilités des différentes unités de l'organisation et les interrelations entre elles, ainsi que les relations qui seront entretenues entre les personnes.

Toutes les structures d'entreprise n'ont pas nécessairement le même effet sur l'efficacité de pratiques visant à cultiver des comportements créatifs. On peut penser que certains types de structures soient plus adaptés au soutien de la démarche créative. Par exemple, il est loisible de croire que le management par projets ou tout au moins un fonctionnement structurel de type organique soit plus susceptible de permettre la créativité que des structures fonctionnelles traditionnelles en raison de la diversité des expertises et de la communication qu'ils provoquent. Comme il n'est pas possible de prédéterminer le comportement plus ou moins créatif à partir d'un type unique de structure, une analyse plus fine s'impose.

Les dix commandements de l'entreprise créative

1. Notre structure est simple, flexible et conçue pour permettre aux gestionnaires et employés de faire connaître, partager et discuter leurs idées. Nos règles sont régulièrement remises en question.

2. Chez nous, le créatif est tout aussi important que le spécialiste ; mieux encore, on s'attend à ce que le spécialiste le soit ou le devienne lui aussi.

3. Nous valorisons les employés qui dépassent nos attentes et fournissent à l'organisation des idées nouvelles et utiles.

4. Nos employés savent que leur intuition est une ressource sur laquelle nous comptons.

5. L'employé qui remet en cause nos façons de faire est un allié dont les propositions méritent d'être considérées.

6. La hiérarchie est un mal nécessaire, dont il faut bien doser les effets.

7. Nous cherchons des employés capables de prendre des risques et de sortir des sentiers battus. Pour ce faire, nous traquons les talents !

8. Chez nous, le gestionnaire est membre à part entière de son équipe.

9. Nous préférons demander « pourquoi pas ? » plutôt que « pourquoi ? ».

10. Dans le contexte très incertain qui prévaut actuellement, nous préférons des gestionnaires et des employés qui cherchent et apprennent plutôt que ceux qui croient déjà savoir ce qui doit être fait et comment.

Inspiré et adapté de Carrier, C. (1997). *De la créativité à l'intrapreneuriat*, Québec, Presses de l'Université du Québec, p. 18, coll. « PME et entrepreneuriat ».

Favoriser le décloisonnement

Bardin (2006) suggère de s'intéresser non pas à la structure dans son ensemble, mais plutôt à certaines de ses composantes, sachant qu'elles peuvent parfois générer des effets complexes sur la créativité des personnes et des groupes. Pour ce faire, trois grands facteurs doivent être considérés selon lui. En premier lieu, il s'agit d'évaluer le caractère plus ou moins cloisonnant ou isolationniste de la structure. En d'autres termes, le défi est de voir dans quelle mesure la structure a pour effet de confiner les individus et les groupes dans un espace fermé et dont les frontières avec les autres unités sont plus ou moins étanches. Plus l'effet isolationniste de la structure est fort, plus les contraintes à la créativité se font sentir et à l'inverse, plus cet effet est faible, plus il devient facile de mettre en œuvre les différents incitatifs à la créativité, dont il est question dans les sections qui suivent.

Relativiser le besoin de spécialisation

En deuxième lieu, Bardin propose de considérer le degré de spécialisation du travail en vigueur dans une entreprise. Cette spécialisation peut être horizontale ou verticale. Plus elle est poussée, plus les freins potentiels à la créativité sont élevés. Rappelons ici les études de Simonton (1976), qui a constaté chez des personnes très créatives une baisse notable des idées créatives après un certain niveau d'études avancées. Bien que certaines connaissances soient généralement nécessaires pour créer et innover, il peut être réducteur de compter de façon trop importante sur les spécialistes pour résoudre certains problèmes ou parvenir à voir les choses avec de nouvelles perspectives. D'ailleurs, il a été démontré qu'en de multiples situations, des personnes extérieures au domaine ont réussi à identifier des problèmes ou des occasions que des spécialistes n'étaient pas parvenus à voir. Mais il faut relativiser cette position, car une forte spécialisation pourrait aussi permettre davantage de différenciation, par exemple dans les cas où cela permet à l'entreprise de caractériser davantage son produit ou son service et parvient ainsi à mieux se distinguer de ses concurrents.

Favoriser les échanges et la communication

En troisième lieu, il est opportun de considérer les caractéristiques relationnelles engendrées par la structure. Plus la structure favorise une communication horizontale et verticale, plus il y est facile aux individus et aux groupes de laisser s'exprimer leur créativité. *A contrario*, l'effet est inverse. Comme nous l'avons déjà précisé, les idées profitables apparaissent rarement dans toute leur splendeur dès qu'elles émergent. En effet, si les bonnes idées naissent toujours dans la tête des personnes, ce n'est que dans les échanges et la communication qu'elles peuvent être développées ou plus avantageusement mises en perspective. Tel qu'on le soulignait précédemment, il arrive fréquemment que des individus aient des idées porteuses ou qui outrepassent leurs fonctions ou responsabilités habituelles. La structure doit donc favoriser une communication bidirectionnelle et fluide.

Des défis stimulants et une organisation du travail permettant des tâches riches et intéressantes

De façon générale, les valeurs des travailleurs ont énormément changé. Les employés d'aujourd'hui ne sont généralement plus prêts à travailler seulement pour satisfaire leurs besoins de base. Ils sont de plus en plus nombreux à vouloir évoluer dans une organisation vivante et à l'intérieur de laquelle on leur donne l'occasion de mettre à profit leurs connaissances, leurs habiletés et leurs talents, et même d'en développer de nouveaux. La génération actuelle de salariés, beaucoup plus scolarisée, est devenue plus riche en connaissances scientifiques et techniques, ce qui constitue un atout dont l'entreprise doit savoir profiter. Il n'est pas étonnant que dans un tel contexte, le taylorisme ait cessé d'être un modèle de gestion à imiter.

Les théories plus modernes du management montrent que la façon dont le travail est organisé affecte la performance des employés : quand leur travail est riche, ils sont à la fois plus motivés, plus satisfaits de leur condition et plus productifs (Hackman, Oldham, Janson et Purdy, 1985). Selon Cummings et Oldham (1997), cela est d'autant plus vrai pour les employés à fort potentiel créatif. Leurs études sur la performance créative ont montré que l'entreprise pouvait, bien sûr, avoir avantage à recruter des employés présentant des aptitudes à la créativité, mais qu'il était nécessaire de les soumettre à un environnement présentant certaines caractéristiques. Comme on l'a vu dans le chapitre 2, ces personnes potentiellement créatives ont tendance à apprécier une certaine complexité dans les tâches qui leur sont confiées et à rechercher un travail comportant des zones importantes de défi. Il s'agit donc de leur fournir ce que Cummings et Oldham appellent des tâches complexes.

Pour être qualifiées de « complexes », ces tâches doivent d'abord être conçues de façon à permettre à l'employé d'utiliser une assez grande variété de talents et d'habiletés. Ces talents et habiletés peuvent provenir de différents domaines ou champs de spécialisation. Par exemple, une personne pourrait avoir pour mission de diriger une équipe de R-D, une fonction lui permettant de faire appel simultanément à ses connaissances techniques, académiques, commerciales et relationnelles. De plus, il est préférable de confier à ces employés des tâches précises dont ils sont responsables du début à la fin, et de leur laisser toute la liberté de déterminer eux-mêmes les façons de procéder ainsi que l'échéancier pour mener le tout à terme. Bien sûr, cette dernière recommandation de Cummings et Oldham concerne surtout les employés à fort potentiel de créativité. Cependant, on peut penser que la plupart des personnes apprécieront assumer des responsabilités tout en gardant une bonne marge de manœuvre. Enfin, une tâche dite complexe doit permettre à l'employé d'être au fait de l'utilité et de l'importance de ce qu'il fait, ainsi que de ses relations avec ce que l'ensemble des autres individus ou groupes doit réaliser pour le bon fonctionnement et le succès de l'entreprise.

Un leader enthousiaste et un groupe stimulant

Plusieurs études ont montré que le rôle joué par le directeur de projet ou le supérieur immédiat est important lorsqu'il s'agit d'amener les gens à être créatifs. Ce thème a d'ailleurs été largement développé dans le chapitre 1, qui portait sur le leadership créatif. Rappelons simplement ici que ce gestionnaire doit être capable de fournir aux personnes et aux groupes qu'il dirige des buts clairs, réalistes, mais en même temps stimulants. Il peut également les faire participer à l'établissement d'un objectif plus précis. Il doit aussi manifester de l'ouverture pour des interactions libres et ouvertes entre lui et ses subordonnés et savoir montrer des réactions d'encouragement et de support lorsque de nouvelles idées sont émises.

L'encouragement à la créativité peut aussi se faire par le groupe lui-même. La diversité des membres, leur ouverture mutuelle aux idées des autres, leur capacité de s'attaquer collectivement à de nouveaux défis ou à la remise en cause d'idées, et un engagement partagé dans le projet ou la mission de l'équipe peuvent contribuer à stimuler la créativité. La diversité expose en effet les individus à un plus grand nombre d'idées inhabituelles. Le défi constructif et l'engagement influencent la motivation intrinsèque, puisque deux éléments fondamentaux à la base de celle-ci sont la perception d'un défi stimulant et l'attention au travail lui-même.

La composition elle-même d'un groupe, particulièrement en ce qui a trait à l'expertise, la personnalité, le style d'apprentissage ou le style cognitif de chacun de ses membres s'avère un facteur contextuel pouvant influencer significativement le degré de créativité des individus. Selon la théorie cognitive de l'imitation sociale de Bandura (1986), une personne qui observe un comportement qu'elle valorise ou croit désirable aura tendance à adopter le même type de comportement, ce que Bandura désigne comme l'apprentissage par observation (*modeling*). Ainsi, on peut penser que des personnes qui côtoient professionnellement des collègues démontrant un comportement hautement créatif et pour qui elles ont de l'estime ou encore des collègues dont le comportement créatif paraît valorisé dans l'équipe ou même dans toute l'entreprise, sont susceptibles d'envisager elles-mêmes de développer et mettre à l'épreuve leur propre créativité. Cela sera malheureusement aussi vrai – sinon davantage – pour un comportement non ouvert à la créativité et aux idées nouvelles si cela provient d'une figure d'autorité comme un supérieur! Comme le souligne Nemeth (1997), les gens n'ont pas tendance à défier les idées de personnes d'un statut supérieur au leur. Le professeur Warren Bennis (2003) a estimé qu'au moins sept travailleurs américains sur dix se taisent lorsque leurs opinions sont en désaccord avec celles de leurs supérieurs.

Se basant sur une théorie importante et reconnue dans le domaine de l'influence sociale, Zhou (2003) a développé et validé l'hypothèse que l'attitude plus ou moins contrôlante d'un superviseur combinée avec la présence de collègues créatifs dans un groupe affectera sensiblement la créativité de l'ensemble du groupe. Selon lui, moins le superviseur a tendance à être directif ou contrôlant, plus le groupe comporte des collègues exemplaires sur le plan de la créativité, plus nombreux seront les employés désireux de développer eux aussi ces types de comportements. En somme, on pourrait dire que les compétences à la créativité peuvent être transmises par de la formation, mais qu'elles peuvent aussi se développer par contagion, les plus créatifs entraînant les autres.

L'équipe à cerveau total : l'approche de Herrmann[3]

Les deux hémisphères du cerveau ont des fonctions différentes, mais tout aussi importantes l'une que l'autre et complémentaires[4]. L'hémisphère gauche est le centre de la parole. Il privilégie l'écriture, la logique, l'abstraction et s'intéresse aux détails. L'hémisphère droit concerne plutôt la pensée sans langage, le rêve, l'imagination et l'émotion : l'ensemble y est privilégié au détriment des détails.

Partant de ces connaissances, Ned Herrmann[5] a subdivisé le cerveau en quatre quadrants, qui constituent des zones de spécialisations et d'aptitudes différentes. Selon lui, chacun de nous a appris à se servir d'une de ces quatre zones de façon particulière et en arrive par conséquent à développer des « préférences » cérébrales particulières, d'où l'expression « dominance cérébrale ». La figure 3.5 présente un bref aperçu de ces préférences cérébrales par quadrant.

Comme on peut le constater, chacun des quadrants présente un ensemble d'intérêts bien ciblé. L'individu qui a une préférence cérébrale pour le quadrant A privilégie entre autres l'abstrait, les théories, les informations factuelles et l'analyse des données. Il préconise d'abord une pensée logique. L'individu du quadrant B aura pour sa part tendance à centrer son intérêt sur l'aspect pratique des choses. Il aime ordonnancer les éléments, établir des procédures et planifier ou organiser un processus donné. Quant à l'individu du quadrant C, il est plutôt intéressé par tous les aspects liés aux relations interpersonnelles et, plus généralement, à la sensibilité, à l'émotivité et à l'intuition. Il « ressent » les choses. Enfin, l'individu du quadrant D s'inscrit dans une perspective beaucoup plus intuitive, visualisatrice et conceptuelle. Il s'intéresse plus aux possibilités qu'aux faits et aux théories.

---

3. Cette sous-section est une version améliorée de Carrier, C. (1997). *De la créativité à l'intrapreneuriat*, Québec, Presses de l'Université du Québec, coll. «Entrepreneuriat et PME».
4. Cette théorie a été développée grâce aux recherches du professeur Sperry sur le fonctionnement bilatéral du cerveau. Ces recherches lui ont valu un prix Nobel en 1981.
5. Ned Herrmann (1992) a conçu un modèle pour expliquer l'influence de nos préférences cérébrales sur nos choix d'activités professionnelles et notre créativité dans l'exercice de nos fonctions.

Figure 3.5

LES PRÉFÉRENCES CÉRÉBRALES DES INDIVIDUS PAR QUADRANT

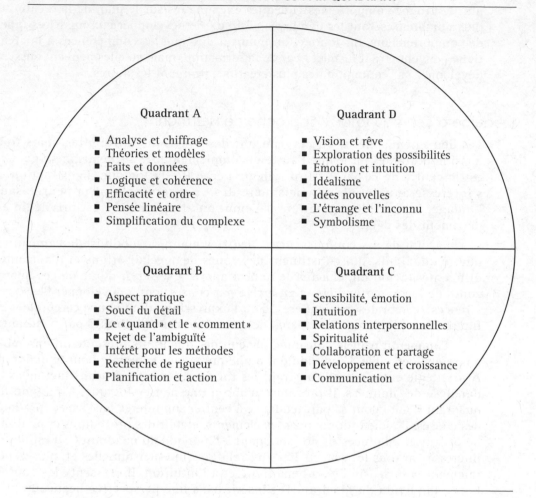

Quadrant A
- Analyse et chiffrage
- Théories et modèles
- Faits et données
- Logique et cohérence
- Efficacité et ordre
- Pensée linéaire
- Simplification du complexe

Quadrant D
- Vision et rêve
- Exploration des possibilités
- Émotion et intuition
- Idéalisme
- Idées nouvelles
- L'étrange et l'inconnu
- Symbolisme

Quadrant B
- Aspect pratique
- Souci du détail
- Le «quand» et le «comment»
- Rejet de l'ambiguïté
- Intérêt pour les méthodes
- Recherche de rigueur
- Planification et action

Quadrant C
- Sensibilité, émotion
- Intuition
- Relations interpersonnelles
- Spiritualité
- Collaboration et partage
- Développement et croissance
- Communication

Quoi qu'il en soit, ce sont les implications de ce type d'approche qui nous intéressent ici. Rappelons d'abord que le processus de créativité comporte quatre grandes étapes : la préparation, l'incubation, l'illumination et la vérification. On peut établir une relation intéressante entre ces étapes et l'approche de Herrmann (voir figure 3.6). En effet, on peut avancer l'hypothèse que les individus ayant des préférences cérébrales dans les quadrants A et B seront plus productifs et plus utiles à la première et à la dernière étape du processus, soit la préparation et la vérification. En effet, ce sont des étapes où la logique ainsi que les éléments factuels ou procéduraux sont particulièrement importants. Il faut recueillir de l'information, effectuer des comparaisons, ordonnancer d'une certaine façon les activités.

Figure 3.6

APPORT DES DIFFÉRENTS QUADRANTS AU PROCESSUS DE CRÉATIVITÉ

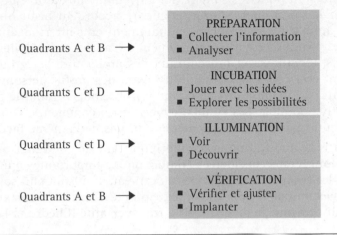

Quant aux étapes de l'incubation et de l'illumination, qui sont difficilement séparables l'une de l'autre, elles pourraient être confiées à une équipe composée principalement d'individus des quadrants C et D, à laquelle on intégrerait quelques individus ayant participé aux étapes précédentes, pour assurer un suivi. Leur tâche serait d'utiliser les informations et les données recueillies pour examiner les possibilités qu'elles suggèrent et déboucher sur une proposition concrète de nouveaux produits à mettre au point ultérieurement. Enfin, en ce qui concerne l'étape finale de vérification ou d'application de l'idée, il est évident qu'elle ne peut que gagner à être confiée à des individus du quadrant B. S'intéressant d'abord aux processus, au fonctionnement des choses et au « comment », ils seront probablement motivés à exercer leur créativité dans ce type de préoccupations.

Cependant, procéder ainsi dans certaines circonstances ne doit pas faire oublier que les groupes trop homogènes ne sont habituellement pas souhaitables. Il faut généralement éviter que chacune des équipes soit composée exclusivement d'individus d'un même quadrant. Si les groupes ne sont pas homogènes, les uns auront besoin d'être invités à l'occasion à s'éloigner des faits bruts pour élargir leur perspective, tandis que les autres auront plutôt besoin qu'on les empêche de se perdre dans l'infini des possibilités et qu'on les ramène les pieds sur terre. L'idée est en fait de placer dans chacune des équipes un plus grand nombre d'individus d'un quadrant donné, selon l'étape à laquelle on se trouve dans le processus.

Mieux encore, l'entreprise peut même avoir avantage à varier la composition des équipes chargées de défis exigeant une bonne dose de créativité. Certains individus accordent beaucoup d'importance aux faits, à ce qui existe déjà, tandis que d'autres sont plus stimulés par l'exploration de ce qui pourrait être. Et lorsque les premiers seront tentés de réexaminer les données et les faits relatifs à un problème ou à une situation, les derniers auront plutôt tendance à se demander s'il n'y aurait pas d'autres possibilités. Dans le même ordre d'idées, certaines personnes sont portées à s'intéresser au «comment», alors que d'autres préfèrent explorer le «pourquoi». Certains encore accordent beaucoup d'importance à l'aspect humain d'un problème, notamment en s'interrogeant sur les réactions possibles à un processus, contrairement à d'autres, qui privilégieront les aspects matériels, techniques et procéduraux des problèmes. Les groupes et les équipes devraient être composés d'individus ayant des profils personnels et des intérêts différents, de façon à ce que chaque problème soit abordé avec la plus large perspective possible. Les «quoi», «avec qui», «comment», «où» doivent pouvoir être discutés par des gens qui ne pensent pas de la même façon.

En terminant, il nous semble important de souligner que mêmes si elles ont été longtemps considérées comme moins importantes que celles du cerveau gauche, les compétences associées au cerveau droit sont plus sollicitées que jamais chez le gestionnaire, dans un contexte où prévalent la complexité, l'incertitude, le multiculturalisme, la diversité et la transversalité (Chédru et Le Méhauté, 2009).

Valorisation des individus et des groupes créatifs

Comment peut-on récompenser les personnes ou les groupes lorsqu'ils se montrent créatifs? D'entrée de jeu, force est d'admettre que les spécialistes de la créativité organisationnelle ont des positions variées et même parfois contradictoires sur ce point. Comme le soulignent Sternberg et Lubart (1995), récompenser la créativité apparaît comme un impératif incontournable, mais ils déplorent que ce soit en même temps une route encore trop peu empruntée. Plusieurs spécialistes de la créativité s'inspirent des études d'Amabile pour prendre position par rapport aux formes de reconnaissances et de récompenses à privilégier. Comme nous l'avons vu dans un chapitre précédent, ce sont d'abord et avant tout les motivations intrinsèques qui poussent l'individu à se montrer créatif (Amabile, 1997). Certaines expériences cliniques ont permis de comparer la créativité démontrée par des groupes effectuant librement et dans le plaisir une tâche donnée et celle de groupes de personnes s'étant vus offrir une prime pécuniaire en contrepartie de leur contribution. Ce sont les personnes motivées par la nature de la tâche elle-même qui ont fourni les réalisations les plus créatives.

Doit-on en conclure que la récompense accordée à l'individu n'est à la limite pas du tout utile ou nécessaire? Répondre à cette question exige de réfléchir aux différentes formes possibles de récompenses. En premier lieu, évoquons la récompense monétaire. Un très grand nombre d'organisations sont convaincues qu'il faut donner des récompenses à caractère financier aux travailleurs particulièrement créatifs. Dans cette veine, nombreuses sont les grandes entreprises qui prévoient des primes substantielles dans le cas d'idées particulièrement porteuses. Pourtant, Amabile a montré dans d'autres études cliniques que le fait de s'engager dans une activité *seulement* en contrepartie d'une promesse de rémunération financière ou d'une rétribution sous-contractuelle pouvait aller jusqu'à inhiber la créativité[6].

Forts de ce type de considérations, Robinson et Stern (2000) ont de leur côté montré que les systèmes Kaizen Teian ont été conçus pour stimuler la créativité des employés à partir d'une motivation intrinsèque plutôt qu'extrinsèque. Selon eux, les récompenses pécuniaires peuvent alors être complètement éliminées, ou du moins être minimes, en respectant certaines conditions. Dans ce cas, l'idée est de récompenser le maximum d'idées. On peut certainement concevoir qu'une telle position puisse avoir du sens lorsque la créativité attendue se situe dans le cadre d'une politique systématique d'amélioration continue, à l'intérieur de laquelle même les plus petites améliorations sont recherchées et appréciées. Les employés deviennent alors plus susceptibles d'être davantage motivés par le sentiment que leur idée est utile à l'entreprise que par une récompense pécuniaire. Par ailleurs, lorsque les idées procurent à l'entreprise des revenus ou des avantages très importants, l'employé ayant généré cette idée pourrait se sentir exploité par l'entreprise s'il juge que sa contribution mériterait plus.

Selon Amabile, la récompense pécuniaire n'est pas nécessairement à éliminer, comme le laissent entendre parfois certaines interprétations. Selon elle, une récompense pécuniaire prenant la forme d'un petit bonus pourrait parfois être considérée par un individu comme une confirmation de sa compétence personnelle, ou encore comme entrouvrant la possibilité éventuelle de faire encore mieux le travail actuel ou un travail plus intéressant. D'autres chercheurs (Eisenberger, 1992 ; Eisenberger et Armeli, 1997) sont beaucoup plus ouverts aux récompenses pécuniaires, arguant même qu'elles peuvent avoir une valeur informationnelle sur l'importance accordée par l'entreprise à la créativité et qu'elles reconnaissent en quelque sorte certaines compétences personnelles d'un employé.

De fait, Amabile ne proscrit pas l'usage de récompenses extrinsèques, même lorsqu'il s'agit de récompenses financières et, à son avis, on ne peut affirmer qu'une incitation extrinsèque a forcément pour effet de miner la motivation intrinsèque. En effet, selon elle, trois facteurs peuvent déterminer dans quelle mesure l'usage de la première n'affecte pas la deuxième. D'abord, il semble que les personnes passionnées et intéressées par leur travail soient moins susceptibles de voir diminuer leur motivation lorsque des récompenses extérieures sont présentes. À l'inverse, pour une personne déjà faiblement motivée, la récompense extrinsèque risque d'avoir un effet négatif sur sa créativité.

---

6. Ce genre d'études reste assez rare. Notons cependant qu'une étude menée par Eisenberger et Rhoades (2001) a infirmé ces résultats. Leur recherche a montré que des étudiants à qui on avait promis une rémunération pour performer dans une tâche créative avaient performé plus que d'autres n'ayant pas eu cette opportunité.

Ensuite, le type de motivation extrinsèque utilisé peut avoir différents effets. Il faut bien voir que les incitatifs extrinsèques ne sont pas nécessairement d'ordre financier. Certains d'entre eux, tels que la reconnaissance symbolique, la rétroaction positive, les marques d'appréciation, les félicitations lors de cérémonies, la communication des succès auprès de l'ensemble des employés, une formation ou une occasion d'apprentissage supplémentaire peuvent agir en synergie avec les facteurs motivationnels intrinsèques. Enfin, le moment où les incitatifs extrinsèques sont activés peut avoir un effet important sur l'efficacité de cette synergie. En effet, le processus créatif comporte plusieurs phases dans lesquelles il faut d'abord développer des idées à haut degré d'originalité ou de nouveauté puis ensuite valider ou expérimenter la solution ou l'alternative envisagée. Les incitatifs extrinsèques auront un effet plus appréciable, lorsqu'ils sont utilisés dans des phases assez avancées du processus.

Des ressources suffisantes et du temps pour imaginer

Des études ont montré que l'allocation plus grande de ressources à des projets est directement liée au plan de créativité des groupes de projet. Évoquons tout d'abord les ressources financières, informationnelles et matérielles. Bien sûr, on se doute que l'insuffisance de ces ressources impose de grandes limites aux groupes. Mais, surtout, le fait de se voir allouer une quantité de ressources plus ou moins grande peut influencer la croyance des individus quant à la valeur et à l'importance accordée par l'entreprise au projet qu'ils ont à réaliser. Leur perception à cet égard est très importante. Les gestes de l'entreprise doivent concorder avec les messages transmis.

Le *temps* constitue une autre ressource importante. Dans un milieu qui se veut propice à la créativité, il peut être approprié de donner aux employés concernés du temps pour penser créativement et aussi faire avancer, développer et tester des idées. Ainsi, on trouve un certain nombre d'organisations qui permettent à des individus ou à des groupes d'utiliser un certain pourcentage de leur temps de travail à produire de nouvelles idées ou à travailler sur des projets pour lesquels ils se passionnent, peu importe que ces projets soient reliés ou non à leurs responsabilités habituelles. La compagnie 3M (Dally, 2002) est certainement un des exemples les plus souvent évoqués. En effet, cette entreprise est connue pour encourager ses employés à créer en leur donnant la possibilité de prendre des risques et en leur permettant d'utiliser 15 % du temps de travail pour développer de nouvelles idées et les mettre à l'épreuve.

Nous sommes nombreux à croire que les meilleures idées sont fréquemment produites sous la pression du temps. N'entend-on pas souvent l'adage qui veut que la nécessité soit la mère de l'invention ? Comme professeures, nous entendons régulièrement des étudiants raconter des expériences dans lesquelles, forcés de rédiger un travail en retard, ils ont soudainement vu beaucoup d'idées se bousculer dans leur tête ! Malheureusement, ces idées ne sont alors généralement pas très créatives ou originales. Dans la même veine, il arrive que des gestionnaires aient la perception qu'en soumettant leurs employés à de fortes pressions, ils deviendront plus créatifs et performants. Une étude d'Amabile, Hadley et Kramer (2002) a récemment montré que ces croyances ne sont pas fondées. Comme ils le soulignent, même si la littérature d'affaires regorge d'exemples où la pression extrême a conduit à des idées ou à des innovations porteuses, leur recherche invite à apporter beaucoup de nuances à de tels présupposés.

L'étude d'Amabile, Hadley et Kramer a montré que la pression de temps affecte la créativité de différentes façons, mais que cet effet dépend en grande partie du degré avec lequel une organisation permet aux employés de se consacrer uniquement à leur tâche, de la capacité du gestionnaire à juger du moment où l'urgence est vraiment importante et justifiée, ainsi que du fait qu'elle stimule la créativité d'autres manières. Ainsi, bien que des pressions extrêmes aient géné-ralement pour effet de miner la créativité, des pressions plus légères peuvent avoir une influence si elles sont perçues comme relevant d'une véritable urgence (on sait que dans plusieurs entreprises, le mot d'ordre est que tout est considéré comme urgent, peu importe le degré de priorité réel) ou si le problème lui-même constitue un défi stimulant.

On peut identifier deux formes de pressions : la charge excessive de travail et le défi, le premier ayant une influence négative et le deuxième une influence positive sur les employés. Si la pression vient du peu de temps disponible, il est possible que cela augmente le sentiment de défi, qui sera alors corrélé positivement avec la motivation intrinsèque et la créativité. Le sentiment de défi peut être créé à certaines conditions : il faut que les employés concernés aient véritablement la perception d'être chargés d'une mission importante, que l'urgence leur paraisse légitime et inévitable et que, finalement, les employés concernés soient protégés de l'éparpillement et des distractions engendrés par d'autres tâches. Bref, la meilleure situation n'est certainement pas la « créativité » sous pression. Mais si elle ne peut être évitée, on peut certainement essayer d'en contrôler les conditions.

La quête des talents : recruter des employés créatifs ?

Comme nous en avons traité, certains spécialistes de la créativité, dont Cummings et Oldham évoqués précédemment, pensent qu'il faut privilégier le recrutement de personnes créatives en s'appuyant sur la recherche de profils personnels parti-culiers ou présentant un style d'apprentissage innovateur. Nous croyons qu'il faut fortement nuancer cette prétention. Ainsi, cela peut certainement être efficace dans le contexte d'entreprises évoluant dans une industrie au sein de laquelle la créativité – ou un certain type de créativité – constitue un important facteur stratégique de succès.

C'est le cas, par exemple, de NetGenesis (Mauzy et Harriman, 2003), une firme qui se spécialise dans le développement et le support d'outils marketing pour les entreprises dans le domaine du e-commerce. Un tel type d'activité demande un niveau constant de créativité. Comme le soulignent Mauzy et Harriman, «les dirigeants de cette organisation sont constamment à la recherche des personnes les plus brillantes et créatives, bref de talents jugés remarquables. Selon eux, un climat de créativité se perpétue nécessairement par le biais de personnes créatives qui en entraînent d'autres et se stimulent mutuellement. Les gens qu'ils recrutent sont les plus doués, les plus expérimentés, les plus ambitieux et les plus créatifs dans cette industrie. Ainsi, ils ont réussi à tailler leur place dans une industrie où l'entreprise croît ou meurt à partir de sa créativité, et furent ainsi capables de dénicher et recruter une force créative d'importance, dès les débuts de l'entreprise» (p. 29).

La passion: un must pour Louis Garneau!

Cet entrepreneur québécois connaît bien l'importance de la passion, pour la vivre lui-même quotidiennement depuis qu'il est tout jeune. Ce sculpteur-peintre aussi champion cycliste à l'origine a utilisé ses talents en art et ses expériences de vie en compétition pour créer une entreprise aujourd'hui présente un peu partout dans le monde.

Ses critères pour recruter ses chefs de produits? La plupart d'entre eux sont des athlètes passionnés de sport et ont par surcroît une formation en *design*. Il faut qu'ils aiment le produit qu'ils contribuent à développer et à faire évoluer. Selon Louis Garneau, ces développeurs ont tout comme lui appris l'importance de la discipline nécessaire pour exceller dans le sport d'élite et, quand on allie cet atout avec une solide formation en design et une passion pour le produit, cela donne des créateurs de premier ordre.

«Quand on vient de développer quelque chose de nouveau et de bon, nous a-t-il dit, on est souvent plusieurs autour à admirer notre nouveau produit, à s'exciter ensemble en examinant ou en découvrant différents aspects ou ses performances particulières... Pour travailler ici, il faut aimer le cyclisme!»

On ne peut cependant pas généraliser de telles approches dites «à succès» à l'ensemble des entreprises. Dans le cas précédent, les gestionnaires sont allés chercher parmi les plus expérimentés dans l'industrie, et donc étaient à même d'avoir déjà pu constater les autres caractéristiques recherchées lors du recrutement. Comme nous en avons traité dans le chapitre 2, la créativité est presque toujours contextuée. Nous ne sommes pas toujours créatifs: cela dépend des types de situations, problèmes ou activités auxquels nous sommes confrontés. Dans la plupart des cas, il n'est pas possible de savoir avec certitude si la personne recrutée saura se montrer créative dans le contexte où elle sera plongée. Même l'usage de tests prétendant évaluer le potentiel créatif risque d'avoir un faible effet prédictif. Il a été démontré que la passion et le plaisir pour une fonction donnée sont les éléments les plus marquants pour favoriser la créativité, dans la mesure où les conditions organisationnelles sont aussi favorables. Nous sommes rarement très créatifs dans des domaines ou des activités où nous ne ressentons pas beaucoup de plaisir ou de satisfaction.

Robinson et Stern (2000) affirment que de trop nombreuses entreprises commettent l'erreur de tomber dans le piège de l'«erreur fondamentale d'attribution[7]». Elles accordent ainsi trop de crédit aux individus pour les succès qu'ils obtiennent ou elles les blâment à l'excès pour leur manque de créativité ; l'influence des conditions ou du contexte est ignorée. Selon eux, cette erreur permet d'expliquer la théorie qui sous-tend la stratégie de recherche de créativité la plus répandue dans les entreprises. En suivant cette théorie, il suffit d'identifier les postes jugés comme requérant plus de créativité et de sélectionner pour ces postes des personnes considérées comme créatives. Comme les auteurs le mentionnent, «il existe certes des personnes capables d'être plus créatives que d'autres. Mais il ne faut pas déduire pour autant que la voie à emprunter pour augmenter la créativité de l'entreprise passe par des tentatives de recrutement des créatifs ou le remplacement de salariés moins créatifs par d'autres dont on pense qu'ils le seront davantage. En fait, une telle approche condamne une entreprise à de faibles niveaux de créativité car, en dépit de vastes recherches sur la créativité individuelle, aucun indicateur fiable n'a encore émergé, qui permettrait à une entreprise de distinguer les personnes qui, dans le futur, seront créatives» (p. 37).

On peut toutefois penser que de chercher à recruter des leaders capables de stimuler la créativité de leurs troupes pourrait s'avérer plus profitable à moyen et à long terme. Ces personnes talentueuses peuvent apporter de grands bénéfices à l'organisation et une entreprise doit donc chercher à être plus accueillante pour les personnes atypiques qui ont aussi des idées inhabituelles. L'exemple de Sony est une bonne illustration de ce type de stratégie (Leavy, 2005). Pendant qu'il dirigeait l'entreprise, Akio Morita était sans cesse à la recherche de ce type de personnes et c'est dans cette veine qu'il a recruté Noria Ogha, qui lui a succédé éventuellement à la direction de Sony. Étudiant sous-gradué s'entraînant pour devenir chanteur d'opéra, Ogha avait impressionné les gestionnaires de l'entreprise par son habileté inhabituelle à critiquer la précision et la qualité du son du matériel d'enregistrement que l'entreprise tentait de vendre à l'Université de Tokyo. Durant les 13 années du règne d'Ogha, les revenus de Sony sont passés de 15 à 45 milliards de dollars.

Enfin, il existe différents outils pour sonder le climat créatif de l'organisation et bien cerner les priorités d'action. Les études approfondies de Goran Ekvall (1996) lui ont permis d'identifier dix dimensions clés permettant au gestionnaire de mieux évaluer le climat créatif de son entreprise. L'audit sommaire sur le climat proposé en fin de chapitre est directement inspiré de l'échelle conçue par le chercheur suédois. L'inventaire KEYS de Amabile *et al.* (1996) demeure aussi un classique, dont les fondements solides permettront d'appuyer leur démarche vers l'organisation créative.

---

7. Pour une explication intéressante de cette théorie, Robinson et Stern suggèrent l'article de Bartunek (1981).

Conclusion

On entend fréquemment parler de gestion de l'innovation. Mais il est peut-être plus difficile de prétendre gérer la créativité. Par essence, la créativité est nécessairement imprévisible, du moins jusqu'à un certain point. Mais on peut la cultiver, et le présent chapitre visait à présenter un ensemble de considérations à prendre en compte lorsqu'une entreprise décide qu'elle veut être un terreau propice à l'éclosion de nouvelles idées et un soutien aux personnes créatives. Comme nous l'avons vu, toute initiative en ce sens ne peut débuter que par l'instauration d'une culture promouvant l'importance de la créativité dans l'entreprise et exprimant la confiance dans la capacité des employés à devenir plus créatifs. La communication, l'instauration d'un climat de confiance, la tolérance à l'ambiguïté, l'acceptation de l'erreur et de l'échec ainsi qu'une ouverture à la diversité constituent d'autres valeurs d'un milieu qui se veut porteur de créativité. Cette culture ne peut être limitée au seul discours. Elle doit transparaître dans les façons de concevoir le contexte organisationnel, la mise en place de structures et les pratiques de gestion qui seront mobilisées à cet égard.

Le lecteur a sans doute constaté que les recherches ne font pas nécessairement l'unanimité sur un certain nombre de ces facteurs et pratiques. Il n'existe malheureusement pas de guide d'emploi assurant que les individus et les groupes manifesteront de la créativité. Il importe que chaque entreprise considère les facteurs contingents à certains de ces éléments et tienne compte des caractéristiques de son environnement, de ses ressources et de ses employés. La créativité des gestionnaires doit elle-même être mobilisée pour faire un diagnostic éclairé de la situation de l'entreprise et travailler à la construction d'un milieu où le cerveau et l'intelligence de chacun pourront être mis à contribution.

EN PRATIQUE...

AUDIT SUR LE CLIMAT ORGANISATIONNEL

L'échelle d'Ekvall (1996) a permis d'identifier 10 dimensions soutenant un climat favorable à la créativité. Partant de ces critères, nous vous proposons l'audit sommaire suivant. L'objectif est de cerner les zones d'amélioration et les priorités d'action pour entretenir un climat favorable à la créativité. Des outils plus élaborés comme le KEYS (Amabile *et al.*, 1996) peuvent ultérieurement, au besoin, permettre une analyse plus détaillée du climat organisationnel.

Pour réaliser l'exercice, nous vous conseillons de prendre quelques minutes pour vous remémorer certaines réunions de travail et échanges où vous avez vous-même eu des idées ou entendu des idées des autres. Ces idées vous semblaient-elles différentes ?

Quel accueil ont-elles reçu ? Quelle était l'ambiance au sein du groupe ? Soyez à l'affût des souvenirs et émotions suscités par ces rencontres. Complétez ensuite l'évaluation des 10 dimensions sur la base de votre perception, où 0 représente un faible score et 10 une situation parfaite.

1. *La confiance/ouverture* : dans notre organisation nos employés ont le sentiment qu'il est possible de contribuer créativement sans craindre de conséquences négatives.	0	1	2	3	4	5	6	7	8	9	10
2. *Le jeu/humour* : sentiment de facilité, d'atmosphère détendue, de spontanéité.	0	1	2	3	4	5	6	7	8	9	10
3. *Les conflits* : degré de tension négative émotionnelle et personnelle entre les gens et les groupes.	0	1	2	3	4	5	6	7	8	9	10
4. *Le dynamisme/vie* : degré d'excitation en raison de nouvelles activités, projets, façons de faire dans l'organisation.	0	1	2	3	4	5	6	7	8	9	10
5. *Du temps pour les idées* : le temps alloué délibérément aux employés pour générer et développer de nouvelles idées.	0	1	2	3	4	5	6	7	8	9	10
6. *Le soutien aux idées* : la manière dont les idées sont reçues, critiquées et traitées.	0	1	2	3	4	5	6	7	8	9	10
7. *Le défi* : le degré d'implication émotive ou d'intérêt des employés face aux objectifs de l'organisation.	0	1	2	3	4	5	6	7	8	9	10
8. *La liberté* : le degré d'autonomie et d'initiative que les employés peuvent démontrer dans leur travail.	0	1	2	3	4	5	6	7	8	9	10
9. *Les débats* : le nombre d'échanges de fond et d'angles différents possibles sur les idées.	0	1	2	3	4	5	6	7	8	9	10
10. *La prise de risque* : la tolérance face à l'incertitude, la capacité à prendre des décisions rapides, à prendre avantage des occasions et à explorer.	0	1	2	3	4	5	6	7	8	9	10

QUE VOUS INDIQUENT CES RÉPONSES ?

Quelles pistes de réflexion ou même d'actions suggèrent-elles ?

Pour un exercice plus complet – bien que toujours intuitif – reprenez le questionnaire, en prenant cette fois des positions perceptuelles différentes : mettez-vous à la place des membres de votre équipe. Auraient-ils répondu de la même manière ? Existe-t-il des écarts aussi dans la perception avec la haute direction ? Selon vous, comment serait-il possible de réduire ces écarts et de mieux soutenir le climat créatif ?

4

Le désir d'être créatif étant déjà présent chez la plupart des individus,
les entreprises n'ont plus qu'à le déclencher.

Une entreprise appliquant pour la première fois un système
efficace pour des actes créatifs imprévus,
peut toujours s'attendre à une avalanche d'idées.

Robinson et Stern, 2000, p. 173 et 182

Les programmes de suggestions

Il fut un temps où les entreprises qui disposaient de ressources financières, matérielles et humaines considérables et qui savaient les gérer efficacement figuraient parmi les plus performantes et les plus capables de se développer et de croître. Mais les choses ont bien changé. À l'heure où le changement est devenu une constante et où les bonnes idées des concurrents sont devenues plus menaçantes que leurs ressources matérielles et financières, la créativité est aujourd'hui un impératif incontournable pour l'entreprise qui veut se démarquer et conserver une bonne position concurrentielle.

L'entreprise doit miser sur le principe de «l'intelligence ajoutée» en utilisant au maximum les connaissances, l'expertise, l'intelligence et l'imagination de ses ressources humaines. Après tout, ce sont les employés qui, encore plus et mieux que les gestionnaires, exécutent quotidiennement le travail. Ils sont à même de voir ce qui pourrait être amélioré dans leur environnement (par exemple, les modes de production ou de service, la sécurité, l'aménagement des lieux de travail), ce qui entraîne du gaspillage, ce qui frustre les clients ou ce qui pourrait conduire à une réduction des coûts ou des délais ; bref, ils sont susceptibles de percevoir mieux encore que tout consultant, si avisé soit-il, la majorité des améliorations possibles.

Ce constat sur l'importance des idées des employés est loin d'être nouveau. En effet, Getz et Robinson (2003) racontent qu'ils ont l'habitude d'amorcer l'animation d'un séminaire sur la créativité en proposant aux participants la lecture d'un texte d'une entreprise sur le sujet, les invitant à deviner l'époque où il a été produit et qui en est l'auteur. Il semble que peu de leurs participants parviennent à deviner que ce texte a été publié en 1933 dans un numéro de la revue *Prospérité* de Michelin, consacré aux suggestions des employés de la manufacture. Voici ce texte, tiré de ce numéro et tel qu'il est présenté par Getz et Robinson (2003, p. 2) :

> Faire des suggestions dans un service conforte le personnel dans l'idée suivante : il faut que nous fassions des progrès. Cela facilite singulièrement l'action du chef dont c'est le métier de faire des progrès et qui sait qu'il sera jugé sur ceux qu'aura réalisés son service.
>
> C'est donc une partie importante du travail du chef que de pousser au développement des suggestions. Un chef est généralement très absorbé par de grosses questions de production et de qualité. Il n'a pas le temps matériel de surveiller, autant qu'il le voudrait, tous les détails de son équipe ou de son service. L'exécutant qui fait des suggestions comble, au moins en partie, cette lacune.
>
> Quelle que soit sa compétence, le chef ne peut passer que 5 minutes sur un point que l'ouvrier a 8 heures par jour sous les yeux. Rien d'étonnant donc que l'ouvrier voie parfois mieux que le chef ce qui ne va pas ou ce qui pourrait être fait plus économiquement.

Malgré l'importance et l'évidence de la réalité décrite dans les propos qui précèdent, il semble malheureusement que plusieurs entreprises aient encore de la difficulté à favoriser, reconnaître et exploiter les bonnes idées de leurs employés. Dans un ouvrage récent, Robinson et Schroeder lancent un message percutant à cet égard : «Que penseront les générations futures de notre pratique de la gestion ? Que considéreront-elles comme notre plus remarquable échec ? Nous sommes convaincus qu'elles nous accuseront d'avoir gaspillé l'une des ressources les plus importantes disponibles : les idées des employés.» (Robinson et Schroeder, 2006, p. 11.)

Effectivement, dans encore trop d'entreprises, on confine les employés dans un rôle de simples exécutants ; ils doivent alors regarder avec impuissance et en silence leur entreprise qui rate des occasions, perd des clients ou gaspille ses ressources. Au Québec, lors de fermetures d'usines ne parvenant plus à rester concurrentielles, il est arrivé à maintes reprises que des employés remerciés – parfois cavalièrement – après plusieurs années de loyaux services témoignent du fait qu'ils savaient qu'il y avait des problèmes avec le produit ou le processus, mais qu'ils n'ont jamais eu l'occasion de le dire. Certains ont même affirmé avoir pris les devants pour tenter d'améliorer les choses, mais on ne les a pas écoutés. On peut penser que plusieurs gestionnaires réagissant de cette façon ont considéré que les employés doivent se limiter à bien faire ce qui leur est demandé.

Quand on sait que dans les organisations qui utilisent les systèmes de management des idées, près de 80% des idées nouvelles proviennent des employés en contact avec l'extérieur de l'organisation (par exemple des employés du service à la clientèle, des vendeurs, téléphonistes et des réparateurs), on peut aisément imaginer l'effet significatif que chacune de ces informations et idées – prises à temps – aurait pu avoir pour améliorer la productivité et soutenir la viabilité de l'entreprise. Isaac Getz nous rappelle à quel point il est important pour le gestionnaire de bien s'ancrer dans cette conviction qu'il existe un gain réel pour l'organisation à aller chercher les bonnes idées des employés.

Fort heureusement, de plus en plus d'entreprises réalisent toute la richesse contenue dans le cerveau de leurs travailleurs. On peut croire que le problème n'est plus de les convaincre de la valeur des idées de leurs employés, mais plutôt de les aider à identifier des moyens concrets pour les stimuler et les faire émerger, de façon à en exploiter toutes les possibilités. Les chercheurs et les spécialistes de la gestion s'intéressent de plus en plus au management des idées. Certaines approches à cet égard visent certaines catégories particulières d'employés, tandis que d'autres se soucient tout autant des idées des gestionnaires que de celles des employés. Il apparaît cependant que plusieurs de ces approches ont d'abord pour but l'amélioration continue, tant sur le plan des produits que des processus. La mise en œuvre d'un programme de suggestions constitue justement l'un des moyens les plus utilisés pour solliciter les nouvelles idées ou suggestions d'amélioration des employés. Le présent chapitre se concentre sur ces programmes de suggestions et examine différents aspects reliés à leur mise sur pied et à leur succès.

D'hier à aujourd'hui...

Contrairement à ce que l'on pourrait penser, le mécanisme d'appel aux suggestions des employés est loin d'être une approche de gestion inspirée par la turbulence croissante dans les environnements d'affaires. Tous ne s'entendent pas pour déterminer l'origine exacte de la mise en place de ces programmes. D'après Sekiou *et al.* (1992), l'idée de mettre à profit la créativité des salariés par le biais de collecte de suggestions remonterait au XIXᵉ siècle et ce serait la société Kodak qui, dès 1896, aurait fait œuvre de pionnier à cet égard.

Robinson et Stern (2000) pensent même que leur origine remonte un peu plus loin. Selon eux, le premier système de suggestions connu aurait été mis en application en 1880 par le constructeur naval écossais William Denny and Brothers. On rapporte que cette entreprise était alors l'une des plus admirées au pays et que, par la suite, plusieurs entreprises britanniques et américaines ont emboîté le pas et instauré des programmes semblables. Il semble que quelques années après la mort de Denny, John Patterson[1], le fondateur mythique de la société informatique NCR, fut impressionné par les possibilités offertes par un tel programme et entra lui aussi dans la quête d'une plus grande créativité en

---

1. Patterson a acquis, à la fin des années 1800, les droits d'exploiter la caisse enregistreuse, une invention qui apparaissait fort prometteuse à ce moment-là, et qui a effectivement connu par la suite un grand succès.

implantant ce système dans son entreprise. Pour reprendre les termes de Robinson et Stern : «Patterson était un personnage fantasque qui, grâce à une succession de circonstances étranges, allait déclencher pratiquement à lui tout seul, un enthousiasme mondial pour le système de suggestions.» (Robinson et Stern, 2000).

Il faut bien voir cependant que cette première génération de mesures visant à faire émerger des idées intéressantes chez les employés ne mérite peut-être pas l'appellation de «programmes de suggestions». En effet, à cette époque, le système de management des idées se limitait souvent à la mise en place de boîtes à idées, fixées sur un mur ou placées dans un local fréquenté par l'ensemble des travailleurs. Et dans les cas où des programmes plus formels étaient avancés, leurs limites restaient grandes. En effet, ils misaient d'abord et avant tout sur l'effet de récompenses pour stimuler l'inventivité de leurs employés. Pire encore, la pensée dominante à l'époque était encore trop centrée sur l'idée que les gestionnaires sont là pour penser et les employés pour exécuter. Malgré la bonne volonté ayant inspiré ces actions, il semble donc que l'approche de «collecte des suggestions» sans une culture et des pratiques organisationnelles alignées pour en favoriser l'animation et l'exploitation ait engendré des résultats plutôt décevants. Il n'est pas étonnant qu'ils se soient considérablement transformés au fil du temps.

La plupart des programmes de suggestions présentement utilisés dans les entreprises manufacturières, dont on pourrait dire qu'ils sont de deuxième génération, se sont grandement inspirés de la philosophie de qualité totale (approche Kaizen), une avenue empruntée par Toyota, qui a réussi à amener ses employés à améliorer continuellement ses processus et ses produits. Ainsi, on a cherché à identifier systématiquement les sources d'erreurs, les pistes pour économiser et celles pour accélérer les processus, dans une véritable démarche rigoureuse, capable de mobiliser les employés vers la recherche d'idées d'amélioration, de les évaluer et les implanter. On comprend ici que les idées recherchées sont des idées simples, directement liées au travail en cours, dans un esprit de consolidation et de maintien des façons de faire considérer comme de bonnes ou meilleures pratiques.

Une conception renouvelée du programme de suggestions

Pendant longtemps, Ekvall (1971) a été l'un des rares chercheurs à s'intéresser au fonctionnement des systèmes de suggestions et fut l'un des premiers à fournir une définition plus formalisée de ces programmes. Pour lui, il s'agissait d'une procédure administrative pour recueillir, évaluer et récompenser les idées. Ses recherches sur le sujet ont été menées dans un certain nombre de grandes entreprises suédoises et leurs résultats ont clairement démontré qu'il ne suffit pas de mettre sur pied et implanter un tel processus pour que les idées porteuses foisonnent. En effet, il a mis en évidence le fait que plus de 60% des employés qui avaient de bonnes idées n'étaient malheureusement pas portés à les communiquer par le biais du programme de suggestions de leur entreprise.

Concrètement, un programme formel de suggestions invite les employés ou des groupes d'employés à soumettre toute idée susceptible d'améliorer quelque aspect que ce soit des activités de l'entreprise, d'engendrer des économies ou des bénéfices supplémentaires ou, mieux encore, d'amener l'entreprise à innover en lien avec son produit ou son service. Les idées soumises sont par la suite évaluées par une personne ou un comité formé à cette fin et les idées jugées les meilleures sont mises en œuvre. Dans la majorité des cas, ces dernières font l'objet d'une récompense à leur auteur.

Comme gestionnaire, il est bon d'aller à l'essence même des bénéfices sous-jacents à une telle approche. Un premier grand avantage du programme de suggestions est qu'il lance un appel à tous. En effet, dans la majorité des cas, tous les employés, quelle que soit leur fonction dans l'organisation, sont invités à faire connaître une ou des idées de toute nature pouvant amener l'entreprise à améliorer divers éléments sur l'ensemble de sa chaîne de valeur. Ainsi, on ne se limite plus à croire qu'il y a çà et là dans l'entreprise quelques champions ou employés plus doués que les autres, souvent difficiles à repérer, qu'on pourra éventuellement repérer ou qui un bon matin vont offrir une idée géniale !

La gestion des idées de l'organisation prend alors une direction globale, ce qui s'avère stratégiquement déterminant et constitue le second grand bénéfice du programme de suggestions : une compétitivité sur des aspects autant non visibles que ceux visibles de l'extérieur. En effet, ce qui est le plus susceptible d'aider une entreprise à se démarquer résulte souvent d'une combinaison réussie d'une foule de petites améliorations en synergie les unes avec les autres. Cela favorise ainsi non pas la *grande* innovation, mais plutôt ce que Julien et Carrier (2005) appellent l'innovation globale, où les améliorations menées sur de multiples fronts à la fois permettent à l'entreprise de devenir graduellement plus performante, mais aussi de plus en plus difficile à imiter par ses concurrents.

Cela nous ramène au fait qu'une plus grande compétitivité sera issue d'organisations qui ne sont pas créatives seulement sur les plans du produit ou des processus de fabrication. Il faut en effet réussir à se démarquer aussi sur le plan stratégique, dans la conception de modèles d'affaires porteurs, dans le choix des partenaires, dans les façons de commercialiser le produit, de susciter la collaboration entre employés, etc. De nombreuses recherches montrent d'ailleurs que cette innovation globale profite grandement aux entreprises qui savent la développer. Le programme de suggestions semble être une des voies pour y parvenir, bien que la forme du programme reste encore à explorer et à améliorer.

On parle beaucoup de l'importance et des avantages supposés de ces programmes de suggestions dans les volumes de gestion des ressources humaines. Pourtant, il existe très peu d'études empiriques permettant de connaître les objectifs réels de ces programmes, les exigences reliées à leur implantation et à leur développement, les types de résultats auxquels ils conduisent, leurs avantages et inconvénients ainsi que le degré de satisfaction des entreprises à l'égard de cette approche.

Qu'en est-il dans nos entreprises ?

Pour combler cette lacune et mieux comprendre ce qui se passe dans nos entreprises québécoises à cet égard, une étude a été menée auprès d'entreprises manufacturières québécoises ayant mis sur pied des programmes de suggestions (Carrier, 1998, 2006). Il est intéressant de noter que la recherche a été menée tant auprès de PME que de grandes entreprises, ce qui a permis d'établir certaines comparaisons entre les résultats et pratiques des unes et des autres. Au cours des dernières années, d'autres recherches plus approfondies ont également permis d'enrichir les résultats d'un certain nombre de changements intervenus dans ces programmes au cours des dernières années. Pour être en mesure de constater la nature et l'importance des résultats obtenus par le biais de ces programmes, seules des entreprises les ayant mis sur pied depuis plusieurs années ont été considérées. Il est en effet nécessaire de pouvoir observer des entreprises qui ont expérimenté le programme sur une période assez longue pour être en mesure de voir ce qu'il implique et mesurer ses résultats.

Une donnée se démarque particulièrement : tant les PME que les grandes entreprises ayant participé à l'étude se sont montrées très satisfaites des résultats obtenus par le biais de ces programmes. En effet, dans plus de 70 % des cas, on estime le degré de participation des employés au programme comme excellent et allant même bien au-delà des attentes initiales.

On constate aussi que la plupart des idées soumises concernent les opérations de production ou les processus de travail. La très grande majorité des améliorations proposées qui ont été retenues et mises en œuvre ont eu pour résultat de diminuer certains coûts d'opération, de réduire les temps de production, de raffiner ou d'améliorer les procédés et de résorber les taux d'accident de travail ou les risques de bris. Parmi tous les types d'idées émises par les employés, ce sont les suggestions concernant l'amélioration de la santé et de la sécurité au travail qui ont fourni les résultats considérés comme les plus positifs et jugés comme les plus importants par les gestionnaires participant à l'étude. Par exemple, une des entreprises ayant participé à l'étude a réussi à l'aide d'idées de ce type à réduire le nombre d'accidents de travail de 50 % au cours d'une même année. Une autre, une PME manufacturière, a réussi à économiser plus de 200 000 $ en diminuant le nombre d'accidents, qui était auparavant très élevé. Quant au pourcentage d'idées qui ont été retenues et primées, on a observé que plus de 30 % le sont dans la grande entreprise, alors que dans le cas des PME, c'est près de 50 % des idées soumises qui ont reçu une reconnaissance. Comme on le verra plus loin, le montant des primes rattachées à des récompenses est considérablement moins élevé dans la PME que dans la grande entreprise, ce qui pourrait expliquer cet écart, du moins en partie.

Ce pourcentage d'idées retenues peut sembler élevé à première vue. Cependant, les bonnes idées émises sont souvent relativement faciles à implanter et leur mise en œuvre ne requiert généralement pas d'investissement majeur dans l'entreprise, ce qui en facilite d'autant l'acceptation. De plus, dans plusieurs cas, l'employé qui fait la suggestion possède aussi les compétences pour participer activement à son développement ; il est alors responsable de sa mise en œuvre ou est invité à y travailler avec d'autres au besoin, ce qui semble généralement très apprécié par l'employé. Dans le cas des PME, les dirigeants interrogés expliquent ce haut taux d'acceptation par les coûts assez faibles qu'ils doivent assumer relativement aux récompenses reliées aux idées retenues.

Des différences entre les pratiques et résultats des PME et des plus grandes entreprises

Soulignons tout d'abord que les grandes entreprises et les PME ayant participé à l'étude ont instauré ces programmes avec des objectifs fort différents. En effet, dans la grande entreprise, on vise d'abord la réduction des coûts. Plus précisément, on recherche l'amélioration des méthodes, des équipements et de leur utilisation, de même que celle des processus, y compris des procédures administratives. Dans le cas des PME étudiées, les objectifs se veulent très différents. La plus grande motivation évoquée réside dans le désir des dirigeants concernés de favoriser la responsabilisation et l'engagement organisationnel chez les employés. On veut que les employés sentent qu'on en appelle à leur expérience de leur travail, à leur imagination et à leurs talents. La plupart de ces dirigeants des PME avaient aussi le souci de soutenir ainsi une politique d'innovation affirmée et dynamisante.

Les grandes entreprises et les PME se rejoignent cependant dans le sens où on ne recherche pas la grande idée qui va mener à une innovation majeure, mais plutôt de nombreuses idées conduisant à de multiples améliorations sur une base continue. Et, comme on l'a vu précédemment, on semble obtenir justement ce que l'on cherche. L'étude a de plus permis de dégager que sur le plan des récompenses offertes aux auteurs des meilleures idées, les contributions sont reconnues symboliquement autant dans la grande entreprise que dans la PME.

Comme le tableau 4.1 permet de le constater, ces reconnaissances symboliques peuvent prendre différentes formes, l'essentiel demeurant que les idéateurs soient reconnus pour leur contribution. Ils sont félicités par leur supérieur ou publiquement, devant leurs pairs. Ceux dont la contribution est remarquable, soit parce que l'idée procure un apport important ou parce que la fréquence de leur participation au programme se démarque de celle des autres, font l'objet d'une reconnaissance plus officielle, lors d'une cérémonie ou d'un évènement permettant de souligner leur contribution. De plus, les gestionnaires de ces programmes estiment généralement qu'il est essentiel que l'ensemble des employés soit informé du succès obtenu par leurs collègues ayant soumis ces idées. Selon eux, cela peut créer une certaine émulation et amener d'autres employés à vouloir les imiter. La créativité peut en effet devenir contagieuse...

Tableau 4.1
LES RÉCOMPENSES OFFERTES

Récompenses matérielles	Récompenses symboliques
• Dans la grande entreprise : – primes variant entre 500 $ et 10 000 $ • Dans la PME : – primes variant entre 50 $ et 500 $ – points et cadeaux	– tableau d'honneur – article dans journal interne (GE) – cérémonies, célébrations diverses – félicitations formelles de la direction – participation à l'implantation de l'idée

Quelques précisions peuvent aider à interpréter ce tableau : dans le cas des grandes entreprises, la prime a été le plus souvent fixée à 15 % des économies ou bénéfices supplémentaires nets, calculés sur un an, que la suggestion permet de réaliser. Bien que le tableau indique une valeur maximale de 10 000 $, dans un cas, elle a été de 25 000 $. En ce qui concerne la PME, la valeur des primes paraît évaluée de façon beaucoup plus intuitive, à partir du jugement porté sur l'importance de l'idée, de son effet perçu sur la productivité ou encore des avantages de tous ordres qu'elle procure. Quoi qu'il en soit, les idées soumises n'ont pas été considérées comme meilleures dans les grandes entreprises que dans les PME. En ce sens, notre étude a permis de conclure que le programme de suggestions semble plus rentable pour les PME en termes de retour sur l'investissement, compte tenu de ce qu'elles ont engagé dans la gestion de ces programmes.

Cette étude a été réalisée il y a quelques années. Des recherches entamées plus récemment montrent que bon nombre d'entreprises repensent actuellement leurs systèmes de suggestions. Entre autres, on remarque que dans le cas des programmes dédiés à la poursuite de l'amélioration continue, la tendance semble amener des remises en question de fond, tant dans l'approche elle-même que dans les mécanismes d'appréciation et de reconnaissance des idées. Ainsi, comme on le verra plus loin, les entreprises sont aujourd'hui de plus en plus nombreuses à remettre en cause la pertinence d'attribuer d'importantes récompenses pécuniaires.

La section qui suit propose un exemple d'application du programme de suggestions à travers lequel on constate effectivement une importante évolution dans les principes et pratiques mobilisés pour améliorer la performance du programme.

Un cas exemplaire en contexte d'amélioration continue : l'Usine Philips-Canlyte de Lachine

Canlyte inc. est le plus important manufacturier et fournisseur de luminaires et de services d'éclairage au Canada, et il est récemment devenu une marque du Groupe Philips. Elle compte trois usines, dont deux en Ontario, à Cornwall et Cambridge, et une au Québec, à Lachine. L'entreprise a opté depuis plusieurs années pour un programme amenant le plus d'employés possible à proposer des solutions[2] pour améliorer tout ce qui est susceptible de l'être. Grâce à l'importante collaboration de Daniel Ravary[3], coordonnateur de l'assurance qualité chez Canlyte et grand responsable du Programme Mégawatt Plus, nous avons pu réaliser une étude plus approfondie de l'évolution et du fonctionnement de ce programme de suggestions à l'usine de Lachine.

Une première version du programme de suggestions a vu le jour chez Canlyte au début des années 1980, mais son application a alors généré des résultats décrits comme décevants. Selon des gestionnaires actuels du programme, cette piètre performance était directement reliée à la façon dont il avait été conçu et mis en pratique. En premier lieu, le grand objectif de ce programme initial était essentiellement de réduire considérablement et de façon constante les coûts de production et de matières premières. Pour juger de l'importance réelle de cette réduction de coûts, les responsables du programme ont procédé à une évaluation détaillée des améliorations proposées et ont fait, pour chacune d'elles, une estimation de son apport sur le plan financier. Dans un tel contexte, plus une idée permettait une grande économie, plus elle était valorisée. Conséquemment, il semblait approprié de rechercher les grandes idées, celles susceptibles de générer des économies considérables. On ignorait donc ainsi *de facto* les idées vues comme moins importantes.

En deuxième lieu, notons aussi que la valeur des récompenses accordées était, à ce moment-là, en relation directe avec le total des économies rendues possibles par l'idée retenue. C'est pourquoi il était important de prévoir de manière approfondie toutes les réductions de coût potentielles rattachées aux idées proposées. Cependant, il était difficile pour le responsable, généralement occupé à de multiples autres tâches, d'analyser avec précision les quelques dizaines d'idées proposées annuellement. Certaines idées ne passaient pas la rampe, simplement parce qu'on manquait d'informations ou de moyens pour en estimer la valeur et parfois même de temps. Par ailleurs, certains craignaient de perdre le gain pécuniaire rattaché à leur idée au profit d'un chef d'équipe ou d'autres personnes. Cet ensemble de conditions moins favorables semble avoir miné la motivation des employés, qui avaient alors peu tendance à participer au programme.

En 1998, des changements importants sont apportés aux règles régissant le programme. Les économies ne sont plus le but premier recherché par l'entreprise. Ce qui compte maintenant, c'est de responsabiliser les employés, de les amener à participer et à s'engager quotidiennement dans la recherche de meilleures façons de faire. Pour stimuler cette mobilisation, il ne suffit plus d'identifier quelques

---

2. Chez Canlyte, on ne parle plus d'un programme de suggestions, mais plutôt d'un programme dédié à la recherche de solutions.

3. À titre de chercheures, nous désirons remercier de façon particulière Daniel Ravary, qui a accepté avec enthousiasme de collaborer à la recherche et n'a ménagé ni ses efforts ni son temps pour répondre à toutes nos interrogations et nous fournir des résultats détaillés de leur programme de suggestions/solutions.

grandes idées susceptibles d'avoir un effet significatif. Bien au contraire, on recherche un très grand nombre de petites idées/solutions, ce qui est conforme à l'idée maintenant admise que l'innovation diffuse s'avère généralement très payante pour une organisation. Comme le mentionne Daniel Ravary, « chez Toyota, chacun des 58 000 employés en Amérique du Nord implante 36 idées par an. Ils prennent 16 heures à construire une voiture par rapport à 23 heures, chez GM » (Dauray, 2008, p. 8). Dans la plupart des cas, ce sont de petites idées, mais comme on le constate, elles peuvent faire toute la différence.

Cette orientation vers la mobilisation du personnel pour les amener à développer une multitude de petites idées simples à réaliser s'accompagne aussi d'un changement radical dans la façon de remercier les idéateurs. En effet, on élimine complètement les incitatifs financiers et on décide du même coup d'offrir un petit déjeuner gratuit à la cafétéria de l'entreprise à chaque employé qui fait une suggestion/solution, que son idée soit refusée ou mise en œuvre. Au début, plusieurs idées ont été soumises et implantées, mais, en quelques années, la participation s'est de nouveau mise à décliner. On décide alors de transformer encore le programme.

En 2004, on instaure une nouvelle approche pour reconnaître les bonnes idées. Désormais, tous les employés qui soumettent des idées reçoivent des points qu'ils peuvent accumuler et éventuellement utiliser pour se procurer divers articles, tous à l'effigie de l'entreprise[4] et exclusifs au programme de suggestions. Ils peuvent également se servir de ces points pour participer à des concours, tirages ou promotions spéciales proposant des prix d'une valeur plus importante. Selon le programme Mégawatt, chaque idée émise vaut immédiatement quelques points à son auteur, que celle-ci soit acceptée ou refusée (il faut s'assurer qu'on encourage les idéateurs à procéder par essais et erreurs et les encourager à récidiver). Lorsque l'idée est implantée, son auteur reçoit un coupon de participation pour un tirage mensuel auquel participent tous ceux dont l'idée a aussi été retenue. Le programme, qui jusque-là avait été destiné exclusivement aux travailleurs de l'usine, est maintenant proposé aux employés administratifs et commerciaux. Le processus de présentation des idées est aussi simplifié, de même que celui soutenant leur évaluation. Dans ce dernier cas, dix coordonnateurs, également chargés de l'animation du programme dans leur secteur, peuvent rapidement procéder directement à l'évaluation des idées soumises. Comme le tableau 4.2 permet de le constater, cette approche revue et améliorée s'avérera gagnante.

Ces résultats parlent d'eux-mêmes. Même avec un nombre peu élevé d'employés, le nombre d'idées soumises s'est élevé à plus de 1000 par année depuis 2005 et ce nombre d'idées est en constante progression. Le nombre d'idées mises en œuvre est également conséquent de l'esprit du programme, qui veut que

---

4. Les articles sont diversifiés : par exemple, il peut s'agir d'une chemise, d'un sac de sport, d'une tasse, d'un blouson de cuir, d'un polo, etc. Le catalogue est régulièrement renouvelé afin d'offrir de nouveaux articles. Selon le responsable du programme, cela peut également favoriser le sentiment d'appartenance à l'entreprise.

toute idée acceptable soit appuyée, l'idée étant de favoriser ainsi une plus grande mobilisation des employés. Les employés sachant maintenant que chaque solution qu'ils soumettent leur mérite un ou quelques points d'appréciation, ils n'hésitent pas à prendre le temps de le faire. Malgré le fait que les économies aient cessé depuis longtemps d'être l'objectif premier de l'approche, elles se maintiennent à un niveau très élevé. Et ici, on ne parle que des économies « comptabilisables », alors qu'on sait très bien que bon nombre des avantages ou économies découlant des idées implantées ne sont pas évaluables quantitativement ou financièrement. Le PDG de Canlyte affirmait d'ailleurs[5] : « Toutes les économies ne sont pas calculées. Par exemple, on n'a pas chiffré les améliorations que l'on a apportées à la production, aux façons de faire. À mon avis, on atteint facilement le million pour 2006 » (Gril, 2007, p. 13). Cette estimation tend vers la même direction que les chiffres soutenus par le praticien de renommée internationale, Bernie Sanders, dont les évaluations de retour sur l'investissement sont d'une moyenne de près de 2 000 $ par idée simple implantée.

Tableau 4.2
RÉSULTATS DU PROGRAMME MÉGAWATT PLUS (USINE DE LACHINE)

	2004	2005	2006	2007	2008	2009
Nombre d'employés	225	245	245	240	244	235
Employés ayant réalisé au moins une idée « Mégawatt »	162	204	226	217	205	206
Taux de participation	72 %	83 %	92 %	90 %	84 %	88 %
Nombre d'idées implantées	842	1 104	1 253	1 243	1 340	1 610
Nombre total d'idées soumises	923	1 202	1 364	1 385	1 470	1 723
Économies comptabilisables	86 217 $	132 763 $	98 582 $	115 524 $	136 823 $	353 070 $

Rappelons cependant ici que la présentation de l'approche de Canlyte n'a surtout pas comme finalité de présenter ce programme comme un modèle dont devraient s'inspirer *toutes* les entreprises qui songent à instaurer un programme de suggestions. Il s'agit d'une façon de faire qui apparaît plus susceptible de donner de bons résultats lorsqu'elle est mise en œuvre dans une entreprise manufacturière[6] et dans une perspective d'amélioration continue, basée sur un cumul d'idées simples. Elle fait partie des approches porteuses, en ce sens qu'elle contribue en tant que système de progrès permanent, caractéristique des organisations à succès s'étant assurées de la collaboration de leurs employés au succès

---

5. Dans l'affirmation qui suit, le PDG évoque probablement des économies réalisées dans les trois usines de Canlyte.
6. Notons que cette approche est quand même utilisée avec succès dans des entreprises de services.

de leur entreprise et misé sur l'innovation globale pour mieux se démarquer de la concurrence. Tous les facteurs ayant contribué au succès de ce programme ne sont pas présentés ici ; ils ont été intégrés et seront discutés dans la section qui suit.

Facteurs critiques de succès

Partant de l'étude auprès d'entreprises québécoises évoquée dans la première partie du chapitre et de l'expérience particulière de Canlyte, mais aussi en s'inspirant de nombreuses lectures faisant état des programmes de suggestions développés dans des entreprises étrangères, il est possible de dégager un certain nombre de facteurs critiques de succès ou de questions à prendre en considération pour la réussite de tels programmes.

Conditions préalables : implication de la haute direction dans l'orientation et la gestion du programme

L'implantation d'un programme de suggestions ne s'improvise pas. Elle réclame d'abord préparation et engagement de la haute direction, qui doit y croire et être prête à investir toutes les ressources nécessaires à son bon fonctionnement, y compris à démontrer une véritable persistance dans le temps pour soutenir le projet. Un recul dans ce type de projet pourrait affecter directement la confiance des employés envers le programme et une des dernières choses que l'on voudra sera de créer l'impression qu'il n'est qu'une « mode passagère », une lubie de gestionnaires !

Avant même toute décision d'implanter un programme de suggestions, les hauts dirigeants doivent réfléchir sérieusement à la pertinence d'opter pour un type particulier de programmes, et de l'adapter en tenant compte des pratiques déjà en vigueur et de la culture de leur organisation. Par exemple, il serait inconcevable de faire cohabiter dans une même entreprise ou dans une même unité un programme dans lequel ce sont des individus qui proposent des idées et des cercles de qualité dans lesquels ce sont des équipes qui sont plutôt mobilisées pour proposer des améliorations ; cela pourrait néanmoins être envisageable dans le cas où les différents cercles de qualité ont, comme les employés, la possibilité de participer à des programmes collectifs faisant appel à des idées émises par différents groupes. En effet, dans les études évoquées précédemment, plusieurs employés semblaient réticents à donner leurs idées dans leur groupe de travail ou d'autres groupes dédiés à l'amélioration continue, préférant les soumettre dans le cadre d'un programme récompensant des initiatives individuelles. Dans un souci d'être véritablement arrimés à la culture de l'entreprise, plusieurs gestionnaires impliqueront rapidement dans cette réflexion certains des employés potentiellement concernés ou intéressés. Il n'existe pas de recette magique et, bien que l'on puisse grandement s'inspirer de certaines meilleures pratiques, il serait dangereux de croire que l'on peut faire du « copier/coller » à 100 %.

Il serait inopportun de décrire ici l'ensemble des éléments culturels et structuraux favorisant la créativité et l'innovation, puisqu'ils ont déjà été discutés dans le chapitre précédent. Pour l'instant, contentons-nous de rappeler que le succès d'un tel programme ne peut être envisagé sans qu'il s'inscrive dans une stratégie plus large d'innovation, ce qui assure qu'il pourra profiter de conditions organisationnelles et d'un climat propices à sa réussite. Plus fondamentalement encore, l'orientation stratégique d'une entreprise peut l'amener à adopter différentes perspectives et modalités pour développer et opérer un tel programme. Il n'y a pas de meilleur type de programme, mais la littérature d'affaires présente de multiples cas dont on peut s'inspirer.

Pour un programme de suggestions à succès

- **Conditions préalables**
  - Implication de la haute direction
  - Estimation des types d'idées recherchés
  - Réflexion sur les incitatifs au programme et son fonctionnement
  - Détermination de mesures de performance
- **Lancement et gestion du programme**
  - Choix et formation d'un animateur dynamique
  - Choix de ses collaborateurs
  - Stratégies et outils de communication
  - Temps et ressources nécessaires
  - Accessibilité du programme
  - Incitatifs stimulants
  - Reconnaître ou récompenser les idées
  - Support de la haute direction
  - Animation et suivi à chaque étape
  - Évaluation des résultats et améliorations

À titre d'exemple, Van Dijk et Van den Ende (2002) ont étudié un certain nombre de programmes de suggestions et ont montré que les pratiques de KPN, Xerox Venray et Shell à cet égard généraient des résultats remarquables (en termes de degré de participation, de pourcentage d'idées implantées, d'économies ou de bénéfices réalisés) comparativement à la moyenne[7]. À la suite de cette première étude, ils ont réalisé une analyse plus approfondie de ces trois programmes et ont constaté que certains éléments étaient présents dans les trois cas (par exemple une grande accessibilité au programme pour les employés et beaucoup d'attention accordée à l'évaluation du potentiel des idées soumises). Cependant, ils notaient des différences importantes, tant dans les types d'idées recherchées que dans les stratégies et tactiques utilisées pour

---

7. Ils les qualifient même de trois *Best practices*, ce avec quoi nous ne sommes pas vraiment d'accord, car l'éventail des combinaisons stratégiques gagnantes peut difficilement se limiter à ces trois modèles.

stimuler la génération d'idées, accueillir ces idées et en assurer le suivi. Leur modèle de transformation des idées en réalisations concrètes pourrait certainement servir de base aux réflexions de gestionnaires songeant à instaurer ou à améliorer un programme de suggestions.

Ce modèle (voir figure 4.1) comporte trois phases : l'extraction des idées, l'atterrissage ou prise en compte de celles-ci et les suites menant à leur concrétisation. Au sujet de la première phase, leur modèle suggère que l'entreprise se pose des questions en rapport avec les mécanismes d'encouragement et d'incitation à favoriser, ainsi que sur les types d'idées qu'elle souhaite susciter, compte tenu des activités de l'entreprise et des catégories d'employés visés par le programme. Quant à la deuxième phase, elle exige que l'entreprise prévoie des mécanismes pour s'assurer que l'employé puisse facilement participer au programme et que ses idées soient toujours favorablement accueillies et rapidement traitées, qu'elles soient retenues ou non à terme. Enfin, la troisième phase incite à répertorier différentes approches pour procéder à l'évaluation des idées, à explorer et à identifier les formes de reconnaissance rattachées à celles qui sont sélectionnées, ainsi qu'à déterminer quels processus de suivi s'avèrent les plus susceptibles de conduire à l'application de ces idées.

Figure 4.1

LES PHASES DANS LE TRANSFERT DE LA CRÉATIVITÉ EN IDÉES RÉALISABLES

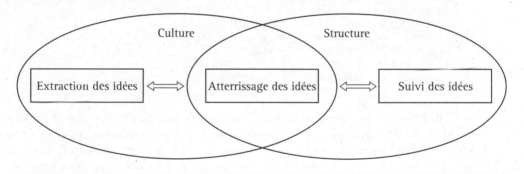

Source : Van Dijk, C. et Van den Ende, J. (2002). «Suggestion systems : Transferring employee creativity into practicable ideas», *R&D Management, 32* (5), p. 389.

Une fois ces orientations prises et des gestionnaires mandatés pour les mettre en œuvre, la haute direction doit mettre à leur disposition le temps et les ressources nécessaires pour mener à bien ce défi. L'objectif : mettre sur pied un système accessible, dans un environnement propice et impliquant chacun. À cette étape, on procédera à l'élaboration des structures nécessaires, aux politiques à implanter, aux outils de collecte des idées, virtuels ou non, à utiliser, à l'appui requis par les autres services, etc. Par exemple, comment soutiendra-t-on nos gestionnaires dans leur rôle de gestionnaires d'idées ? De quelle formation en créativité et leadership auraient-ils besoin ? On verra aussi à cerner l'apport et les façons de procéder avec les autres départements : comment les communications viendront-elles contribuer au fonctionnement du programme ? Comment les experts pourront-ils soutenir le développement des idées, leur raffinement, l'évaluation des coûts ? Toujours sur le plan opérationnel, les hauts dirigeants devront également se rendre disponibles pour féliciter formellement des personnes qui se seront distinguées par la grande importance et l'effet des idées qu'elles ont soumises et, dans bien des cas, qui seront implantées. Cette reconnaissance officielle peut prendre différentes formes : lettre de remerciements personnelle à l'idéateur, présence du gestionnaire pour en témoigner dans une cérémonie ou une fête, article dans le journal de l'entreprise, remise de certificat devant les pairs, etc.

Planifier le lancement et l'animation du programme

Le nom du programme

La communication concernant l'existence du programme, de ses objectifs et de son fonctionnement est certainement un point de départ important. Il est en effet nécessaire que tous les employés sachent qu'il existe et en comprennent bien l'essence. Plusieurs conseillent de lui donner un nom évocateur, stimulant et adapté aux objectifs poursuivis par l'entreprise en le mettant sur pied. Ainsi, dans l'étude que nous avons réalisée au Québec, le nom choisi pour un des programmes étudiés, «Idée payante : Question de survie !», suggérait que l'organisation avait crucialement besoin des idées de ses employés pour rester compétitive. Tel qu'il a été mentionné précédemment, Canlyte utilise le vocable de Club Mégawatt Plus, ce qui suggère l'idée d'une intelligence vive et à l'affût.

Dans une autre entreprise québécoise qui assemble des camions, PACCAR, on a instauré le programme ÉCLAIR – un acronyme, si on le lit à l'envers, de Reconnaissance immédiate de l'idée de chaque employé – (Dauray, 2008, p. 8), dont l'objectif est de permettre aux employés d'améliorer leur environnement de travail. Comme on le constate ici, l'immédiateté de la reconnaissance de l'idée est au cœur de l'esprit du programme. En 2008, il semble que l'effet escompté était atteint, puisqu'on dénombrait 17 000 idées concrétisées. Il n'y a pas de règles claires pour parvenir à donner au programme une identité qui favorise l'action, mais il vaut probablement la peine que plusieurs personnes (gestionnaires, employés, fournisseurs, et même des clients) combinent leurs efforts pour trouver un nom qui traduit bien l'esprit et le cœur du programme, en même temps qu'il est attrayant et suscite la participation.

Le choix et la formation du responsable du programme

Le responsable ne doit pas être choisi au hasard. Une fois le programme lancé, il doit être animé par un champion zélé et enthousiaste convaincu de l'utilité du programme, qui croit en la participation des employés et qui est accepté par ces derniers. Plusieurs spécialistes affirment en effet que le meilleur système ne mènera à aucun résultat si les actions et comportements recherchés de la part des employés ne sont pas constamment rappelés, provoqués, stimulés et... remarqués. Par exemple, selon Matthias Koch, directeur régional d'Air France Mexique, qui a mis sur pied le programme de suggestions IDEAF, «l'animation de ce programme est une condition primordiale à son succès. Un système de management des idées sans animation est voué à l'échec. L'animation doit être présente à chaque étape du processus. Nous avons prévu trois types d'animation (en plus du programme de reconnaissance par points) : l'animation par un réseau de correspondants, l'animation par le management de proximité et l'animation par événements» (Koch, 2006). Ce qu'une telle approche suggère et que l'on retrouve dans plusieurs entreprises, c'est un management partagé du système. Une personne est ultimement responsable de l'animation, mais elle doit être assistée par des collaborateurs relais à différents niveaux. Par exemple, le gestionnaire principal d'un programme pourrait être supporté par l'action de chefs d'équipes ou de contremaîtres chargés de souligner régulièrement à leurs employés l'importance du programme de suggestions et de les encourager à y participer.

Des contacts avec des gestionnaires de différentes organisations, impliqués dans la gestion de tels programmes, nous indiquent que quelques organisations envisagent même une rupture complète d'avec les façons de faire en cours, cherchant à éliminer totalement les systèmes «organisés», pour miser sur une culture où les idées pourront être implantées directement par les employés et soutenues par leur supérieur hiérarchique, sur la base du «gros bon sens». Leur but : faire de la créativité une activité aussi naturelle et intégrée que possible au travail de tout employé. Sachant que les systèmes fonctionnent mieux lorsqu'ils sont animés, les nouvelles façons de faire devront vraisemblablement tenir compte de l'importance de cet apport pour en optimiser le fonctionnement.

Une manière efficace de s'assurer qu'une organisation a vraiment à cœur le succès de son programme de suggestions, c'est de voir si elle se préoccupe de la formation des personnes impliquées, soit le responsable et ses collaborateurs. Andrew Wood (2003), consultant international, affirme pourtant être souvent sidéré de voir encore autant d'organisations qui introduisent le programme, puis s'attendent à ce que les idées fusent naturellement et que les superviseurs sachent automatiquement comment encourager les employés à y participer. Comme il s'agit d'une responsabilité cruciale, les caractéristiques personnelles de l'animateur efficient ont été identifiées par St-Péron (2006). Ces compétences sont présentées dans le tableau 4.3. Plusieurs d'entre elles doivent aussi se retrouver chez les collaborateurs associés au programme. Un examen de ces caractéristiques peut aider l'entreprise à déterminer si elle dispose des ressources compétentes pour animer le programme ou sur quels éléments elle doit les former au besoin.

Insistons à nouveau sur un point essentiel : un programme de suggestions qui obtient du succès requiert la collaboration d'une équipe. Le programme doit être régulièrement rappelé aux employés, tant par son responsable que par les chefs d'équipe, contremaîtres, superviseurs ou coordonnateurs. Ces collaborateurs au programme sont plus à même d'intégrer dans leurs pratiques quotidiennes des façons de faire qui stimulent le développement d'idées.

Tableau 4.3
LES CARACTÉRISTIQUES DE L'ANIMATEUR EFFICIENT

▪ Ouverture d'esprit
▪ Aptitudes à la communication
▪ Capacité d'écoute
▪ Habileté à gérer des idées complexes
▪ Volontariat, intérêt pour le projet
▪ Bonne connaissance de l'organisation
▪ Disponibilité de temps
▪ Habileté à développer et à entretenir des liens avec tous les niveaux de gestionnaires et les employés
▪ Capacité à faire respecter les règles
▪ Crédibilité personnelle comme promoteur de l'innovation

Source : St-Péron, R. (2006). <http://www.creativesystem.fr>.

L'identification des types d'idées recherchées

Plusieurs stratégies peuvent être utilisées pour favoriser une plus grande participation des employés au programme. En tout premier lieu, il faut s'assurer qu'ils connaissent bien le type d'idées attendu par le biais du programme. Pour y parvenir, certaines entreprises fournissent à leur personnel une liste des catégories d'idées susceptibles d'être jugées intéressantes. Sans en dresser une liste exhaustive, mentionnons à titre d'exemples l'amélioration de la sécurité au travail, la réduction du temps, une plus grande qualité du produit, l'élimination du gaspillage, l'économie de matières premières, le design du produit, la mise en marché, une innovation dans les procédés administratifs et le développement durable.

Tout en devant préciser une orientation, le spectre possible de types d'idées valorisées ne doit cependant pas être trop restrictif. Par exemple, si on demande aux employés de trouver essentiellement des idées qui permettent d'effectuer des économies, ils se centrent alors uniquement sur ce type de problèmes, sans permettre à leur esprit d'explorer d'autres idées plus fertiles en occasions de développement. Dans bien des cas d'entreprises ayant implanté avec succès un programme de suggestions et rapportés dans la documentation d'affaires, on dit avoir réalisé que l'importance d'une idée, ce n'est pas d'abord ce qu'elle permet d'économiser ou de gagner, mais bien ce qu'elle permet à l'entreprise de devenir ou de transformer. De plus en plus, on constate que les entreprises cherchent des moyens pour associer les employés au développement d'idées pouvant mener à l'exploitation d'occasions d'affaires beaucoup plus importantes, mais il faut alors dépasser l'approche traditionnelle du programme de suggestions.

Pour garder la présence du programme à l'esprit des employés tout en dirigeant la recherche d'idées vers un objectif particulier, des concours peuvent être orientés vers un type de défi en particulier. Par exemple, « comment améliorer nos procédés », « comment devenir une entreprise plus verte ? », « comment mieux servir nos clients ? », « comment économiser de l'énergie ? ». Une telle stratégie peut aider à maintenir l'intérêt des employés et à soutenir leur motivation à y participer régulièrement. Des concours ou des tirages organisés à différentes périodes de l'année peuvent ainsi soutenir l'intérêt des employés, en particulier dans les cas où les idées sont reconnues par des points qu'accumule l'employé et qu'il peut utiliser non seulement pour se procurer des avantages ou des articles matériels, mais aussi pour participer à ces tirages. Dans le cadre du programme de Canlyte dont nous avons parlé précédemment, cette stratégie est mise à profit plus d'une fois par année.

Tout ce processus d'animation n'est pas terminé avec la stimulation de nouvelles idées. Il devra se poursuivre aussi activement, mais autrement lorsque les idées devront être évaluées et reconnues. Enfin, rappelons ici que tous ces efforts donneront des résultats seulement si le processus pour soumettre une idée reste simple et à la portée de tous.

La détermination de mesures de performance

Comme on devra éventuellement procéder à l'évaluation du programme, il est préférable de prévoir à l'avance ce que seront les critères de mesure de sa performance. Pour ce faire, des membres de la haute direction et les personnes qui seront responsables de l'animation et de la gestion du programme devront déterminer un certain nombre d'indicateurs qui permettront de procéder à l'évaluation des résultats obtenus sur une base annuelle (ou plus courte si nécessaire). Ces indicateurs aideront aussi à mieux déterminer les objectifs à atteindre lors de l'instauration du système et de son maintien. Nous proposons ici une liste d'indicateurs quantitatifs importants qui sont parmi les plus utilisés :

- le nombre d'idées soumises sur une période prédéterminée ;
- le nombre d'idées soumises par employé ;
- le nombre d'employés ayant soumis des idées ;
- le type d'idées émises (améliorations, innovations, activités ou fonctions concernées par ces idées, renforcement de la qualité, accroissement de la sécurité au travail, etc.) ;
- le pourcentage ou le nombre de ces idées ayant été implantées ;
- le pourcentage d'idées émises et implantées qui correspondent aux objectifs poursuivis par le programme ;
- le nombre d'idées ayant profité à plus d'un département ou d'une unité ;
- le taux de participation des employés ;
- les économies ou gains comptabilisables ;
- la diminution des coûts reliés aux accidents de travail ;

- le temps requis pour procéder à l'évaluation des idées ;
- le délai moyen pour donner une rétroaction aux idéateurs ;
- la comparaison des coûts reliés au programme par rapport aux économies ou aux gains réalisés.

D'autres indicateurs plus difficilement quantifiables peuvent également être retenus. Par exemple, on peut vouloir rendre compte d'avantages dont la valeur précise est plus difficile à déterminer, dont l'amélioration du respect de l'environnement, l'augmentation de la mobilisation ou de la satisfaction du personnel, une plus grande qualité des processus, du produit ou du service et l'accroissement précis de la sécurité au travail. Il n'est pas possible de dresser une liste exhaustive de tous les indicateurs possibles et il revient à chaque entreprise d'évaluer son système à partir de ses propres objectifs.

Accueillir les idées, les évaluer rapidement et en supporter la concrétisation

Lorsqu'un employé investit de l'énergie et du temps pour faire une suggestion, il doit tout d'abord recevoir le signal que son geste est apprécié, peu importe que son idée soit retenue ou pas. Mais plus encore, la rapidité avec laquelle on considère la faisabilité ou la valeur potentielle de cette idée témoigne de l'intérêt qu'on lui porte et permet de la mettre en œuvre le plus rapidement possible dans le cas où elle est retenue. Un programme de suggestions dans lequel les idées ne sont évaluées qu'épisodiquement ou à des intervalles de temps plutôt éloignés lance au contraire le message qu'elles ont peu d'importance, ce qui démotive grandement les employés à continuer d'y participer.

Alors qu'on a longtemps parlé de délais d'évaluation des idées se comptant en semaines et même en mois, ces derniers sont aujourd'hui de plus en plus courts. Pour permettre cette rapidité de réaction, on a, dans la plupart des programmes d'amélioration continue, éliminé les systèmes dans lesquels il faut que les idées soient évaluées par un comité formel unique, le plus souvent composé par du personnel d'encadrement, des membres du syndicat ou des responsables du programme. On cherche maintenant à ce que ce soient les personnes le plus près de la situation concernée par l'idée qui décident de sa mise en œuvre, de son rejet ou encore de son report pour un enrichissement éventuel.

Cette évaluation des idées au plus près de la base explique la vitesse étonnante avec laquelle certaines entreprises parviennent actuellement à relever ce défi. Des entreprises réussissent même à le faire à un rythme qui défie parfois l'entendement. Robinson et Shroeder (2006) en donnent des exemples percutants dans leur dernier ouvrage :

Milliken a une politique 24/72. Chaque idée est reconnue dans les 24 heures, et la décision prise dans les 72 heures (la décision pouvant être d'approfondir l'examen de l'idée). Idéalement, c'est à ceux qui font des suggestions que devrait généralement revenir la décision relative à leurs propres idées. Chez Dana, par exemple, la politique de l'entreprise est de considérer que chaque employé est le meilleur expert de la société pour les 2,30 m² où il travaille. À ce titre, c'est à lui de prendre les décisions qui s'imposent. Les employés ont l'autorité pour dépenser jusqu'à 50 $ par amélioration, et ce, sans requérir l'approbation de la direction. Toyota et Wainwright mettent eux aussi l'accent sur l'action plutôt que sur les idées ; ils s'attendent à ce que la plupart des idées ne soient transmises au système formel qu'après leur mise en œuvre (p. 134).

Le leitmotiv apparaît ici clairement. Le but est de susciter le plus grand nombre d'idées, d'en accepter le plus grand nombre possible et de permettre aux idéateurs de réaliser eux-mêmes leur idée chaque fois qu'ils ont l'expertise nécessaire pour le faire et l'intérêt pour le faire.

Dans bon nombre d'entreprises, on ne va pas aussi loin, bien qu'on s'en rapproche. Ainsi, il est fréquent que les supérieurs immédiats ou encore les collaborateurs de l'animateur responsable (par exemple, des coordonnateurs de secteurs, des responsables de groupe, etc.) se voient confier l'importante responsabilité d'évaluer l'intérêt et la faisabilité des idées proposées et d'en autoriser ou non la concrétisation, dans la mesure où cela n'engage pas de ressources financières considérables. Ils peuvent alors rendre leur décision dans un délai très court, souvent entre 24 heures et quelques jours. Mais leur rôle ne se limite pas à l'évaluation comme telle. Ils doivent également aider certains à reformuler ou à améliorer leurs idées, ou encore les soutenir dans la réalisation de ces idées et leur fournir les ressources nécessaires au besoin (temps, ressources financières, équipement, collaboration de collègues, accès à certains équipements ou technologies, etc.). Une bonne idée n'a aucune valeur en elle-même et ne vaut que par ce qu'elle permet de faire en plus ou en mieux.

Malgré ce qui précède, la nature ou l'importance stratégique ou potentielle de certaines idées – dépassant les frontières du service ou ayant une teneur stratégique plus élaborée – exige que des comités plus formels soient prévus pour les étudier davantage et en percevoir plus justement les effets, le potentiel et les conditions d'opérationnalisation, s'il y a lieu. Cela suppose que l'animateur responsable du programme tienne un suivi détaillé de toutes les idées appliquées ou non et s'assure que celles qui n'ont pas été retenues ne soient pas abandonnées prématurément. Il appartiendra à un autre comité formé à cette fin de juger du sort éventuel réservé à ces idées rejetées. Cet autre comité pourrait se situer à un haut niveau dans l'entreprise s'il s'agit d'un développement pouvant impliquer des transformations, des changements et des investissements importants pour l'entreprise.

Récompenser ou reconnaître les bonnes idées ?

On a vu que les initiateurs des premières générations de programmes de suggestions avaient tendance à présumer que des récompenses financières les plus importantes possible étaient susceptibles de motiver les employés à se montrer plus créatifs et qu'ainsi, il en résulterait des idées meilleures et plus nombreuses. Pourtant, il semble bien qu'un tel postulat soit fort contestable, du moins dans la plupart des contextes, même si on continue de trouver encore des récompenses assez élevées dans bon nombre de programmes de suggestions actuellement en usage dans les organisations. Cette façon de voir les choses traduit une vision du travailleur comme étant un être essentiellement économique, une vision héritée du taylorisme et dont les effets pervers sont depuis longtemps dénoncés.

En effet, pour Amabile (1983, 1988, 1997), une éminente chercheure dans le domaine de la créativité, l'être humain est d'abord motivé par des récompenses intrinsèques. Dans une de ses nombreuses expérimentations visant à vérifier cet état de fait, deux groupes d'étudiants se sont vus donner la tâche de résoudre autant d'énigmes qu'ils le pouvaient à l'intérieur d'une période de temps donnée. Seul un des deux groupes s'était vu promettre une récompense pour chaque énigme résolue. Entre les périodes de vérification des résultats, les deux groupes pouvaient prendre de courtes pauses. Cependant, on leur avait dit que les résultats obtenus par le travail durant ces pauses ne seraient pas pris en considération. L'expérience a démontré que seuls les étudiants intrinsèquement motivés[8] avaient poursuivi le travail durant ces pauses.

Selon Amabile, l'usage abusif d'incitatifs extrinsèques tels que de grosses récompenses financières peut même inhiber la créativité des individus. Bien qu'elle ne croie aucunement en l'influence d'une promesse de récompense financière importante sur la motivation d'un individu, elle ne prétend pas pour autant qu'il faille éliminer tous les incitatifs d'ordre extrinsèque. Au contraire, il peut exister selon elle une synergie entre les motivations intrinsèques et extrinsèques, dans la mesure où ce sont les premières qui prévalent et où les deux sont intelligemment combinées. Par exemple, l'usage de récompenses extrinsèques telles que des rétroactions positives et régulières, des félicitations, l'allocation de ressources ou encore des récompenses qui peuvent être pécuniaires, mais ayant une valeur plus symbolique que matérielle peuvent avoir un effet positif lorsqu'une personne est d'abord motivée de l'intérieur.

D'autres études affirment plus clairement qu'il n'y a pas de corrélation entre l'importance des récompenses financières offertes et la créativité effective engendrée par l'usage de ce type d'incitatifs. Parmi celles-ci, la recherche de Robinson et Stern (2000) mérite qu'on la souligne. Ils ont analysé et comparé les résultats de deux enquêtes portant sur les résultats des programmes de suggestions réalisées en 1995 aux États-Unis et au Japon. Voici leurs principaux constats :

> En 1995, le salarié japonais moyen a proposé dix-huit idées à son patron. En supposant encore une année comptant 250 jours d'activité, cela représente environ une idée toutes les 3 semaines. En revanche, les résultats des entreprises américaines sont décevants : une suggestion par six salariés dans l'année. Autrement dit, le salarié américain moyen n'a proposé qu'une seule idée en six ans. En outre, si dans les entreprises japonaises, 90 % des idées ont été adoptées, seulement 38 % l'ont été

---

8. Une motivation intrinsèque est celle qui vient de l'accomplissement même d'une tâche. Par exemple, le plaisir, l'intérêt, l'excitation ou le sentiment de réalisation personnelle lié à un travail.

dans des entreprises américaines. Les taux de participation des deux pays diffèrent également de façon spectaculaire : 74 % au Japon contre 11 % aux États-Unis. Un salarié est considéré comme ayant participé au système de suggestions s'il a soumis une idée dans l'année (2000, p. 77).

Ces différences étonnent encore plus quand on tient compte du fait qu'en dépit des piètres performances de leurs systèmes de gestion des idées, la récompense moyenne offerte par les entreprises américaines pour les idées retenues était plus de 100 fois supérieure à celle offerte par les entreprises japonaises.

Faut-il pour autant remettre radicalement en cause l'usage de récompenses financières attribuées aux idées adoptées par l'entreprise ? Les opinions sont partagées à cet effet. Certains pensent qu'il faut effectivement éliminer la dépendance aux récompenses financières et ne miser que sur des facteurs relatifs à la satisfaction des besoins intrinsèques et des attentes des travailleurs. Robinson et Stern (2000) fournissent à cet égard un exemple percutant, celui d'Idemitsu Kosan, une des plus importantes compagnies pétrolières du Japon. Après avoir débuté un programme de suggestions qui ne comportait que de modestes récompenses financières, Idemitsu a progressivement éliminé complètement les incitatifs financiers. Les conséquences sont étonnantes : le nombre d'idées soumises a doublé et tous les employés ont finalement participé activement au programme.

Il en va de même un peu plus près de nous, puisqu'un bon nombre de PME ayant participé à notre étude ne proposaient à leurs employés que des bons-cadeaux ou des participations à certains tirages en échange de leurs bonnes idées. Et, comme on l'a vu précédemment, malgré des récompenses généralement moindres, les idées amenées ne se sont pas pour autant avérées moins profitables ou utiles que celles qui sont récompensées ailleurs par des primes ou des bonus essentiellement basés sur un pourcentage d'économies ou de bénéfices réalisés grâce à l'idée. L'exemple de Canlyte montre aussi qu'il est possible de miser sur des incitatifs autres que pécuniaires. Comme on l'a vu, le fait de remettre quelques points par idée et un peu plus si elle est réalisée n'amène pas l'employé à percevoir qu'on le **paie** pour son idée. Il saisit surtout qu'elle a été reçue... et reconnue.

Tout cela peut nous ramener à l'esprit l'importance des récompenses symboliques. Bien sûr, elles sont extrinsèques, mais elles peuvent avoir plusieurs effets bénéfiques sur le maintien de la motivation d'un employé à être inventif. À ce titre, des reconnaissances simples, par exemple celles qui sont actionnables dans le quotidien, peuvent se traduire par des mots d'encouragement, des félicitations directes ou une rétroaction positive. Ces appréciations font sentir à l'employé que son travail est remarqué et apprécié. Les marques d'appréciation d'un supérieur ainsi que la possibilité d'avoir accès à des avantages ou à des ressources supplémentaires ne sont certes pas négligeables.

On n'oubliera pas non plus les reconnaissances professionnelles, mettant en relief l'expertise de la personne qui a émis l'idée. Enfin, nous retrouvons les reconnaissances plus officielles : par exemple, promouvoir les meilleures idées sur un tableau d'honneur, faire connaître celles qui sont réalisées par le biais du journal de l'entreprise ou de son intranet, ou encore des reconnaissances honorifiques venant notamment de la haute direction ou encore celles remises lors de cérémonies prévues à cette fin.

Il faut également rappeler que toutes les personnes participant à la réalisation d'une idée devraient être en tout temps reconnues. Chez Canlyte, dont nous avons traité précédemment, des points sont non seulement remis aux porteurs des idées, mais aussi à tous ceux qui ont contribué à son émergence ou à sa mise en œuvre. Ainsi, pour chaque idée réalisée, des points sont remis à l'idéateur lui-même et au coordonnateur de la section dans laquelle il a émis l'idée, de même qu'aux personnes dont l'aide est requise pour implanter l'idée lorsque son auteur n'a pas toutes les compétences pour agir seul. Si la créativité est essentiellement individuelle (les idées viennent de la tête d'une personne), elle devient nécessairement une œuvre collective lorsqu'elle mène à une ou à des innovations plus importantes.

Célébrer les succès obtenus par le programme de suggestions peut apparaître tout autant comme une récompense que comme un moyen de stimuler encore davantage la participation des personnes. Lors d'une conférence[9] prononcée par Antoine Héron à Québec, alors qu'il était président de l'Association Innov' acteurs et responsable du programme «Initiative et créativité» chez Renault France, ce dernier a expliqué que dans le cadre du programme de gestion de l'innovation participative de Renault, on organisait chaque année une grande fête des idées. D'autres prônent l'organisation de journées créatives, agissant comme des initiatives permettant d'explorer des thèmes et des objectifs particuliers. Ainsi, on peut aussi réaliser un processus accéléré de stimulation, d'analyse et de sélection des idées. D'autres entreprises font aussi d'une pierre deux coups : on proposera par exemple un voyage de formation ou une visite d'étalonnage dans une entreprise à l'extérieur du pays, permettant ainsi de poursuivre indirectement la démarche d'amélioration et de créativité. Il s'agit là de modèles fort stimulants !

Finalement, il ne faut certainement pas conclure que les récompenses pécuniaires sont à bannir. En effet, toutes les idées n'ont pas la même valeur ni la même importance stratégique. Et il serait légitime qu'un employé ayant soumis une idée engendrant une forte valeur ajoutée s'attende à profiter des économies ou des bénéfices éventuels engendrés par la mise en œuvre de son idée. Cela est encore plus vrai dans la mesure où il participe lui-même activement à sa réalisation. Il ne faut pas oublier que ce dernier doit avoir la perception que ce qu'il reçoit en contrepartie de ce qu'il donne est équitable. Il peut aussi exister des cas très particuliers où les personnes, y compris celles ayant un profil entrepreneurial fort, soient plus intéressées par des reconnaissances financières, des actions ou d'autres incitatifs extrinsèques. Rappelons donc simplement ici qu'un tel cas peut

---

9. Cette conférence, à laquelle prenait aussi part l'une des auteures du présent ouvrage, a eu lieu le 29 octobre 2005 à Québec. Elle se situait dans le cadre de la série de conférences des Visionnaires, sous l'égide de IDE Conseil.

aussi être géré à l'extérieur d'un système de suggestions qui lui, sera généralement doté d'une politique de reconnaissance claire et simple, s'adressant à la majorité et permettant de mettre des balises fermes reconnues par tous.

Conclusion

Les exemples présentés dans le présent chapitre permettent de constater que le programme de suggestions peut augmenter la satisfaction personnelle, l'engagement et le sentiment d'appartenance de l'employé en même temps qu'il donne lieu à de multiples améliorations ou changements, dont certains peuvent à terme s'avérer fort rentables. On l'a bien vu : les entreprises qui ont instauré ces programmes en visant d'abord la réalisation d'économies et les réductions de coûts obtiennent des résultats plus mitigés que ceux d'entreprises dont les visées restent plus humanistes.

Nombreuses sont les entreprises qui songent à instaurer de tels programmes et, bien au-delà des stratégies qui ont été exposées ici, le succès d'une telle entreprise requiert d'abord des gestionnaires qui croient dans le potentiel des autres, qui ne pensent pas qu'il leur appartient de trouver toutes les solutions et qui sont prêts à partager le développement de l'entreprise avec ceux et celles qu'ils dirigent ou plus précisément avec ceux et celles qu'ils accompagnent dans cette nouvelle vision de l'innovation.

Pour conclure ce chapitre, il importe certainement de rappeler que de tels programmes ne s'improvisent pas, bien qu'ils aient par nature des structures généralement simples. Ils nécessitent une bonne réflexion préalable et doivent pouvoir s'intégrer dans la culture et les pratiques en cours d'une organisation. Enfin, une fois le système en place, il est clair que le travail ne fait que débuter. Il sera aussi requis, vraisemblablement, d'apprendre au fur et à mesure de l'expérience, pour améliorer ce qui fonctionne et modifier ce qui ne donne pas les résultats espérés. Le fait est que, comme gestionnaire, nous devons nous rappeler que les systèmes de suggestions fonctionnent et donnent des gains autant en termes qualitatifs que financiers non négligeables. Et ils s'intègrent clairement comme outils de progrès stratégique.

Nous proposons en terminant quinze questions qui peuvent aider un groupe de gestionnaires considérant la possibilité d'implanter un tel programme à dresser un état des forces et des faiblesses de leur entreprise à cet égard.

EN PRATIQUE...

Votre entreprise : un terrain fertile pour l'implantation d'un programme de suggestions ?

Quinze questions pour alimenter la réflexion !

1. Par rapport au type de développement poursuivi par votre entreprise, un programme de suggestions pourrait-il apporter des types d'idées susceptibles de le soutenir ?

2. La culture et les pratiques de gestion passées et actuelles incitent-elles déjà les employés à se montrer créatifs ?

3. Quels seraient les objectifs d'un programme de suggestions dans votre entreprise ?

4. Quels pourraient être les freins au succès d'un tel programme dans l'entreprise ?

5. L'instauration d'un programme de suggestions pourrait-elle être en conflit avec d'autres pratiques actuelles de l'entreprise ? (par exemple, la présence de cercles de qualité)

6. Croyez-vous qu'un tel programme peut favoriser une plus grande mobilisation des employés ?

7. La haute direction de l'entreprise est-elle convaincue du potentiel de ces programmes ?

8. L'amélioration continue figure-t-elle parmi les objectifs priorisés par l'entreprise ?

9. L'entreprise est-elle disposée à allouer toutes les ressources, financières et humaines, pour créer et animer un tel programme ?

10. L'entreprise est-elle disposée à former adéquatement l'animateur éventuel d'un tel programme et ses collaborateurs ?

11. Les gestionnaires ont-ils confiance dans le potentiel de créativité des employés ?

12. L'entreprise dispose-t-elle d'un gestionnaire intéressé et formé pour opérer avec succès un tel programme ?

13. D'autres collègues pourraient-il être intéressés à coanimer le programme avec le responsable éventuel ?

14. L'entreprise est-elle intéressée à poursuivre ce type de programme à long terme ?

15. Le responsable du programme et ses collaborateurs ont normalement d'autres fonctions et tâches dans l'entreprise. Seront-ils véritablement en mesure d'évaluer rapidement les idées soumises ?

5

*Pour libérer votre créativité et améliorer dramatiquement votre performance
ainsi que celle de votre organisation, vous devez relever trois grands défis.
Le premier est d'apprendre le processus créatif et de l'utiliser. Le second est
d'apprendre les compétences de pensée critique nécessaires pour implanter
efficacement ce processus de créativité au niveau organisationnel.
Le troisième est de diriger votre organisation en utilisant
ce processus et ces compétences.*

Min Basadur, 2001, p. 22

Le processus créatif
Clé de la créativité délibérée

Combien de fois par année, par mois ou même parfois par jour devons-nous réagir à des situations imprévues et trouver la réponse la plus appropriée possible ? Pour les dirigeants d'une entreprise, des questions stratégiques se posent régulièrement : travaillons-nous sur le bon défi ? Où en sommes-nous ? Où désirons-nous aller ? Quelle serait la prochaine étape pour s'y rendre ? Quel sera l'effet potentiel de nos choix ? Avons-nous des alternatives intéressantes ? Avons-nous établi les bonnes priorités ? Comment réagissons-nous ensemble face au changement ?

Nous n'avons plus vraiment à convaincre les leaders de ce monde de l'importance de savoir créer des solutions nouvelles et d'innover. D'autre part, de plus en plus de recherches démontrent que la créativité apporte des avantages concurrentiels notables, qu'elle soutient la capacité d'innovation et favorise des décisions stratégiques supérieures pour l'organisation. Ford, Sharfman et Dean (2008), dans une importante étude longitudinale terrain, estiment à cet effet qu'elle permettrait même d'améliorer jusqu'à 10 % l'efficacité de la prise de décision. Imaginons, ne serait-ce qu'un instant, l'effet d'une série de décisions cumulées de 10 % supérieures et de l'effet d'agrégation dans le temps pour l'organisation. Si un grand nombre de gestionnaires savent que la compétence créative n'est pas l'apanage des artistes ou de quelques génies et qu'elle est un atout pour l'organisation, le défi est, pour plusieurs, d'identifier les moyens d'y parvenir concrètement.

Parmi les éléments clés à considérer pour soutenir la performance de l'organisation créative, on retrouve en place de choix l'utilisation d'un processus commun de résolution créative de problèmes. Les entreprises désireuses d'exploiter efficacement leur capital créatif doivent en effet non seulement croire au potentiel des personnes qui composent leur équipe, mais s'assureront d'optimiser leur capacité à poser les bonnes questions, explorer différentes voies possibles et raffiner leurs idées, cela tant sur le plan individuel qu'en groupe. En se dotant d'un processus créatif clair avec des étapes bien délimitées, il devient davantage possible de soutenir une telle démarche visant à augmenter la qualité des voies qui sont empruntées par l'entreprise.

Le présent chapitre a pour but de présenter différents types de processus créatifs, les avantages de chacun ainsi que les principes liés à leur utilisation dans l'entreprise. Ces éléments aideront à guider le ou les choix de processus de résolution créative de problèmes susceptibles d'être intégrés dans les façons de faire de l'organisation. Cela paraît particulièrement important en contexte stratégique : tout comme nous n'allons pas en vacances vers une destination nouvelle sans un minimum d'informations et de bagages, il est essentiel de se munir des bons outils et équipements dans l'exploration d'avenues nouvelles et de solutions inédites.

Distinguer résolution de problème et résolution *créative* de problèmes

Plusieurs ont déjà été en contact avec un processus de résolution de problèmes. Quel est donc alors l'intérêt d'ajouter à leur «boîte à outils» un processus de résolution *créative* de problèmes? Voyons d'abord l'objectif principal de chacun et leur contribution particulière, avant d'examiner de façon plus détaillée quelques-uns d'entre eux. Il en existe une bonne diversité, chacun comportant des possibilités et des limitations : connaître ces distinctions aidera vraisemblablement à faire des choix plus judicieux.

Les processus traditionnels de résolution de problèmes

La plupart des *processus de résolution de problèmes*, dont celui développé par Kepner et Tregoe[1], couramment utilisé en affaires et en ingénierie, peuvent être catégorisés dans ce que l'on appelle des processus de pensée rationnels. Ils

---

1. Pour plus d'information, voir <http://www.kepner-tregoe.com>.

visent principalement à résoudre des problèmes par une approche déductive dans laquelle on expliquera la plupart des déviations et difficultés par un ou quelques facteurs déterminants (McPherson, 1968). Dit autrement, une de leurs utilités particulières est d'aider à identifier des séquences ou des répétitions désirables (*patterns*) et d'enrayer ce qui limite la capacité à les reproduire. Par exemple, on l'utilisera pour optimiser une ligne de montage en évitant les erreurs et le temps perdu, ou encore pour tenter de revenir à taux de rejet zéro advenant une recrudescence soudaine d'erreurs. Il aidera ainsi à identifier un goulot d'étranglement dans un processus, à cerner un maillon défaillant, etc. En suivant un processus rationnel, la résolution de problème vise à prendre la décision la plus objective possible. Dans ces processus, on pose généralement d'abord les questions nécessaires pour établir un diagnostic, on organise ensuite les nombreuses informations récoltées, on fixe des critères permettant de découvrir la cause principale d'un problème et on choisit la solution appropriée.

Ce type d'analyse permet de trouver une solution optimale parmi plusieurs ou encore aide à catégoriser des choix et à prioriser des options. De tels processus de résolution de problèmes conduisent surtout à des solutions s'inscrivant dans une perspective de maintenance ou d'amélioration continue et se situant à l'intérieur des paradigmes actuels, c'est-à-dire des façons de faire habituelles de l'entreprise. L'utilisation de techniques de créativité dans un tel cadre sert alors surtout à lister un certain nombre d'options et amène rarement l'entreprise à sortir des sentiers battus. Comme le soulignent Ford *et al.* (1996) avec beaucoup d'à-propos, «il est peu probable que des décisions créatives puissent émerger en se limitant à l'utilisation des processus traditionnels de prise de décision» (p. 173).

Les processus de résolution créative de problèmes

La résolution *créative* de problèmes vise plutôt la production d'une solution nouvelle à un problème souvent complexe et pour lequel il est difficile de trouver une réponse – ou une jugée satisfaisante – en s'inspirant des façons de faire habituelles. Dans une telle perspective, le problème n'a déjà plus la même signification : on parle aussi d'objectif, de rêve, de souhait ou d'occasion. Elle requiert d'aller plus loin et de développer des voies qui n'existent pas encore, difficilement identifiables par une réflexion «rationnelle». Elle aidera ainsi à éviter l'impasse ou la solution unique. D'autre part, bien au-delà de la simple réponse nouvelle, le processus de résolution créative de problèmes mène souvent à des solutions procurant des avantages supplémentaires. Pour parvenir à ce type de résultats, la démarche prévoira systématiquement des moments de réflexion divergente, le plus souvent à l'aide de techniques de créativité. Ainsi, on accepte de remettre en question les paradigmes, coutumes et modes de fonctionnement.

C'est seulement après cette démarche délibérée d'exploration que le processus de résolution créative de problèmes recherchera la convergence. Encore là, le terme convergence prend un sens différent de celui qu'on lui donne dans le processus traditionnel de résolution de problème. On ne cherche pas à diriger l'entonnoir réflexif vers des solutions simplement utiles ou satisfaisantes ; on vise plutôt à découvrir et à développer une solution ou un ensemble de solutions et alternatives offrant des qualités distinctives en termes de nouveauté et de valeur ajoutée. De façon sommaire, on peut évaluer le résultat final du processus de résolution créative de problèmes en se posant la question suivante : Est-ce que la solution créée offre une réponse adéquate, idéalement optimale et distinctive ou, mieux encore, transforme ce qui était un problème initial en occasion ?

Il est difficile de parler de processus créatifs sans évoquer le nom de Graham Wallas (Parnes, 1992, p. 1), à qui revient l'honneur d'avoir été l'un des premiers à poser deux questions essentielles : avons-nous un pouvoir sur notre pensée créative et, si oui, quelles sont les étapes du processus de pensée qui mènent les individus de l'identification d'un problème à une solution novatrice ? Wallas a ainsi identifié quatre grandes phases du processus cognitif permettant la recherche créative de solutions : la préparation, l'incubation, l'illumination et la vérification. Cette nouvelle compréhension du processus de créativité – que l'on attribuait auparavant davantage à un éclair de génie – a permis à de nombreux chercheurs et praticiens de se pencher sur les moyens permettant de reproduire ce processus cognitif pour en faire un processus opérationnel, structuré et délibéré, et ainsi mieux maîtriser la recherche de nouvelles solutions.

De nos jours, plusieurs processus de résolution créative de problèmes existent, chacun offrant des avantages particuliers. La prochaine section en explore quatre parmi les plus utilisés ou connus : la synectique, Triz, les Six Chapeaux et le CPS. Leur apport particulier et le contexte dans lequel ils sont plus généralement utilisés y sont précisés. Parce qu'il est un des plus documentés scientifiquement pour sa performance et un des plus accessibles, le processus CPS sera présenté plus en détail dans ce chapitre.

Distinction et particularités des processus créatifs

La synectique

L'approche de la synectique, commercialisée sous le nom de Synectics[MD] (Gordon, 1961), désigne un processus de résolution de problème qui vise « la grande exploration créative ». Utilisant la force de l'analogie (voir le chapitre 6 présentant les techniques de créativité), la démarche – telle qu'elle a été formulée par les pères de l'approche, Gordon et Prince – consiste à « rendre le familier étrange, puis l'étrange familier » (Isaksen, Dorval et Treffinger, 2003, p. 28). Concrètement, cela signifie explorer un univers éloigné ou étranger à celui concerné par le problème à résoudre, et dans lequel un problème semblable a pu être résolu.

L'analyse initiale du problème sert de plateforme pour mieux le comprendre et se délester des solutions infructueuses déjà envisagées. On formule d'abord le problème sous forme de question pour identifier une analogie au problème rencontré et qui puisse évoquer une solution potentielle dans le but de mieux se détacher de la situation actuelle. On se demandera : « Dans quel autre univers ou milieu un problème similaire semble-t-il réglé ? » Par exemple, si on cherche à résoudre un problème de mobilité pour permettre à une structure sans tonus de se déplacer, on pourrait vouloir explorer l'analogie des lombrics ou de la méduse. Une tell analogie sort le problème de son contexte habituel et permet de voir comment le problème est résolu « ailleurs ». L'analogie vient ensuite aider à reformuler le problème sous un angle totalement nouveau. Dans l'exemple précédent, on pourrait explorer « comment pourrions-nous intégrer un système de microventouses ? » ou « comment serait-il possible de doter la structure d'une épine dorsale comme celle des calmars ? ». En travaillant à partir du défi maintenant formulé autrement, on cherchera une solution potentiellement adaptable au problème initialement posé.

La synectique est une approche très puissante pour parvenir à « penser autrement ». Cependant, pour atteindre de bons résultats, elle requiert une expertise particulière, surtout pour s'assurer que la phase de convergence mènera à un résultat tangible et applicable. L'effort d'abstraction requis est considérable et exige de la part des participants beaucoup de fantaisie et d'audace : on doit se donner le droit d'explorer des analogies véritablement étrangères au problème étudié et établir des liens inhabituels. Fréquemment, il est requis de reprendre l'exercice avec plusieurs analogies avant d'atteindre un résultat satisfaisant. Notons que les voyages analogiques, s'ils sont une spécialité du processus de la synectique, peuvent également être utilisés en complémentarité avec tout autre processus créatif.

TRIZ (*Theory of Inventive Problem Solving*)

Parmi les processus de résolution créative de problèmes les plus couramment utilisés et jugés efficaces, il y a TRIZ (Altshuller, 2004), un acronyme du nom russe original traduit en anglais par *Theory of Inventive Problem Solving*. Regroupant une série d'outils, il s'agit d'une approche relativement complexe particulièrement appropriée pour résoudre des problèmes de nature technique, bien qu'elle soit de plus en plus appliquée à d'autres types de problèmes (Hentschel, 2009 ; Glaser et Miecznik, 2009). Nous en abordons ici sommairement les avantages et les caractéristiques, mais le lecteur intéressé aura besoin de consulter certaines études spécialisées pour en apprécier toute la richesse et en intégrer la logique (Belski, 2009 ; Hentschel, 2009).

La méthode a été développée par Genrich Altshuller, ingénieur russe emprisonné durant près de 25 ans sous le règne de Staline. Son esprit à la fois scientifique et pratique le classe dans une catégorie à part. Fondamentalement, TRIZ est le résultat d'une analyse fine et rationnelle d'un très grand nombre d'inventions brevetées, réalisée dans le but d'en comprendre les principes de fonctionnement et lois sous-jacentes. Aznar (2005) fait une synthèse éloquente du travail colossal réalisé par Altshuller :

> C'est ainsi qu'après avoir considéré 200 000 brevets d'invention et en avoir approfondi 40 000 en cherchant à détecter quels mécanismes avait utilisés l'inventeur, Altshuller a observé que 95 % des inventions exprimées par des brevets avaient des points communs, des caractéristiques communes (p. 198).

Se basant non pas sur les aspects cognitifs de la démarche créative, mais sur les résultats obtenus, l'ingénieur a ainsi regroupé 40 principes de base et huit lois d'évolution des systèmes techniques. Les principes représentent des mécanismes, que l'on pourrait qualifier d'analogies techniques – génériques et transférables pour aider à résoudre d'autres problèmes – servant à imaginer et à résoudre systématiquement des contradictions similaires dans le cadre d'autres défis techniques. Quant aux lois, elles renvoient à ce qui régit de façon incontournable tout système technique. On s'en inspirera donc en permanence pour optimiser le ou les processus, que l'on veut le plus efficace et requérant le moins de ressources possible.

Comme le souligne Antoine Héron, cofondateur de l'Association Innov'Acteurs, la méthode TRIZ guide la personne (ou l'équipe) qui fait face à une contradiction difficile à résoudre, en l'amenant vers des situations analogues où des solutions ont été trouvées, ce qui vient stimuler et orienter efficacement le processus d'innovation. À titre d'illustration, une contradiction sera clarifiée de façon à être dirigée vers la source même du problème technique : par exemple, faire avancer plus vite, *mais* avec moins de carburant ; faire passer une substance, *mais* en retenir d'autres ; construire un pilier solide, *mais* flexible. Face à ces défis apparemment contradictoires, l'utilisation de TRIZ visera non pas à faire un compromis dans la recherche d'une solution, mais tendra vers un système idéal, une des lois de la théorie. Un système idéal se définit comme une situation où les coûts sont nuls, ne consommant aucune énergie, n'exigeant aucune maintenance, etc. (Altshuller, 2004, p. 18).

Pour réaliser la démarche, les contradictions ou paramètres sont présentés dans une grille matricielle, dans laquelle les problèmes sont croisés et pointent directement vers les principes particuliers pouvant aider à résoudre le défi. La théorie n'apporte cependant pas la solution finale sur un plateau d'argent : si elle mène vers des principes directeurs, il importe de les arrimer au défi particulier. L'utilisation de différentes techniques de créativité viendra aider à y parvenir et à transformer le principe en solution concrète, adaptée au problème concerné.

Les Six Chapeaux de De Bono

L'approche des Six Chapeaux[MD] de Edward de Bono est couramment utilisée dans les organisations, y compris en milieu scolaire. Qualifiée par son auteur d'outil de pensée parallèle, elle permet de canaliser l'attention des membres d'un groupe vers une même situation ou une même problématique, mais en les amenant à y réfléchir avec des logiques différentes, que ce soit en groupe, ou individuellement. Elle soutient ainsi des échanges plus constructifs en amenant les participants à prendre, en même temps, des angles de réflexion particuliers : analyser, créer, partager ses émotions, critiquer, etc. On évite de cette façon les écueils fréquemment rencontrés lors des réunions réalisées sur le mode habituel, au cours desquelles on met parfois davantage l'accent sur la confrontation des idées que sur leur partage et sur l'élaboration de nouvelles idées. De Bono évoque ainsi les avantages de l'approche :

> Il y a deux raisons principales pour utiliser l'approche des Six Chapeaux : la première est qu'elle simplifie la pensée en permettant au penseur de se concentrer sur un seul aspect à la fois. Au lieu d'avoir à se préoccuper simultanément des émotions, de la logique, de l'information, des espoirs et de la créativité, le penseur est invité à les considérer séparément... Le second avantage des Six Chapeaux est qu'il peut permettre de changer la dynamique de pensée dans un groupe. Par exemple, si une personne est négative de façon persistante dans un groupe de travail, l'animateur peut lui demander de mettre de côté son chapeau noir. Cela devient une invitation directe à adopter une attitude positive (De Bono, 1999, p. 172).

Chaque chapeau, de couleur différente, représente une position à partir de laquelle la personne ou le groupe orientera ses réflexions. Ainsi, on utilisera :

- le chapeau bleu pour diriger la démarche ;
- le chapeau blanc lors de la recherche de faits et de données ;
- le chapeau rouge pour évoquer les émotions, intuitions, impressions ;
- le chapeau vert pour favoriser la pensée créative ;
- le chapeau jaune pour rechercher la valeur des idées ou de la situation ;
- le chapeau noir afin d'évaluer par une critique positive les risques, problèmes potentiels, difficultés, obstacles.

Voir la vie en couleurs avec les six chapeaux !

Relativement facile d'application, la méthode des Six Chapeaux peut soutenir une simple discussion où on désire aborder créativement un sujet. À titre d'illustration, voici un modèle de déroulement type simplifié et où on retrouve l'extrait d'un échange d'un groupe cherchant à découvrir une stratégie pour faire connaître une nouvelle ligne de produits alimentaires végétariens sous vide.

Le responsable du groupe invite d'abord les personnes présentes à commencer la réflexion créative, annonçant ainsi qu'il porte le chapeau bleu : nous vous avons présenté le sujet sur lequel nous aimerions prendre quelques instants pour réfléchir créativement. Je vous inviterais à mettre votre chapeau blanc pour faire un tour d'horizon de la situation... Le groupe, sous les règles du chapeau blanc, suggère ainsi des faits connus sur la situation : nous offrons les seuls produits sans germe de blé ; la texture de nos aliments est presque parfaitement identique à celle de la viande et au poisson ; notre inspiration est purement japonaise ; il n'y a aucune gamme de produits japonais préparés sur le plan national.

> Poursuivant sur cette information, le dernier participant propose : ne serait-ce pas pertinent de se positionner particulièrement dans cette niche ? Annonçant qu'il porte maintenant un chapeau bleu, un membre du groupe prend à son tour la parole : attention ici de s'en tenir pour l'instant aux faits !
>
> L'animateur poursuit : serions-nous donc prêts à passer au chapeau vert ? Quelles seraient les idées pour lancer la nouvelle gamme d'aliments ? Le groupe lance des suggestions : on pourrait faire parvenir des bentos de sushis aux lentilles aux journalistes ; ou encore inviter en grandes pompes un chef japonais réputé qui viendrait cautionner la qualité de nos produits. Cela serait aussi intéressant d'offrir une dégustation gratuite de pâté à la viande de tofu près des comptoirs de charcuteries...
>
> Un participant, soucieux des coûts engendrés et de la logistique nécessaire, interrompt : je mets mon chapeau rouge ! J'ai bien peur que cela coûtera beaucoup trop cher ! L'animateur, reprenant le chapeau bleu, clarifie : avant de faire part de nos préoccupations et d'aborder le sujet des problèmes potentiels, prenons d'abord le temps de mettre notre chapeau jaune et de voir où nous en sommes, et ce qu'il y a d'intéressant dans les idées émises jusqu'à présent...

En raison de sa simplicité et de l'utilisation d'une métaphore facile à intégrer dans l'action, la méthode peut rapidement apporter beaucoup de cohérence à la démarche créative. L'approche des Six Chapeaux[MD] ne constitue pas en elle-même un processus complet de résolution de problèmes, puisqu'elle ne fait pas systématiquement un effet entonnoir menant vers une solution. Elle peut cependant, avec une certaine expérience, être menée en ce sens.

Le processus CPS (*Creative Problem Solving*)

Le processus CPS fut élaboré dans les années 1950 par Alexander Osborn (1953), homme d'affaires américain et associé principal de Batten, Barton, Durstine & Osborn (BBDO), une entreprise en publicité d'ailleurs toujours prospère et récipiendaire de plusieurs prix sur le plan international. Considéré comme le père du remue-méninges (*brainstorming*), Alex Osborn avait comme objectif d'aider ses équipes de travail dans la génération d'idées nouvelles et originales. S'inspirant notamment des travaux de Wallas, Osborn tenta de reproduire le processus pour le rendre plus explicite. Rappelons qu'à cette époque, il était courant de croire que la créativité était le lot de seulement quelques génies particuliers. Osborn développa donc sa propre approche comportant six étapes, depuis abondamment étudiée, et notamment enseignée par l'International Center for Creative Studies de Buffalo (Université d'État de New York). L'apport de ce processus structuré et délibéré est très bien illustré par Aznar (2005) :

> L'idée n'est rien si elle n'est pas suivie par un lent travail d'évaluation, de raffinage, si elle n'est pas encadrée – en amont et en aval – par un processus méthodique de maturation, par exemple celui du Creative Problem Solving Institute. L'idée n'est qu'une phase du processus d'innovation, à la fois décisive et dérisoire (Aznar, 2005, p. 1-2).

Libre de droits d'utilisation, l'approche de résolution créative de problèmes CPS est aujourd'hui reconnue comme l'un des processus les plus performants pour soutenir concrètement la résolution de problèmes complexes. Différentes études sur la performance du CPS[2] illustrent la diversité des effets positifs (à court et à long terme) d'une formation sur le processus de résolution créative de problèmes sur 1) l'attitude des personnes face à la créativité ; 2) la qualité de leur idéation ; et 3) leur fonctionnement en équipe. Une bonne utilisation du processus CPS augmente donc de façon significative la capacité des individus et des équipes :

- à identifier les problèmes, défis ou occasions ;
- à générer un plus grand nombre et une qualité supérieure d'options ou de solutions ;
- à détecter ou à reconnaître les meilleures solutions ;
- à réduire les jugements hâtifs et prématurés sur les idées ;
- à soutenir une confiance mutuelle et un esprit de collaboration ;
- à démontrer une plus grande flexibilité ;
- à mieux surmonter certaines craintes et certains risques lors de la recherche et de l'implantation de solutions.

Tout comme le processus CPS a lui-même évolué, il existe maintenant des variantes très intéressantes issues de cette même famille, notamment la méthode *Simplex* (Basadur, 1999), mise au point par Min Basadur, un ingénieur et chercheur canadien de renommée internationale. La particularité de Simplex, son nom l'indique, est que le processus a été ramené à une forme plus aérée et simplifiée. Le processus suit sensiblement les mêmes étapes que le CPS, mais il inclut l'usage de techniques de créativité prédéterminées. Alors que le CPS distingue clairement processus et techniques, donnant ainsi à l'animateur ou à l'animatrice la liberté de choisir les techniques qu'il utilisera à chaque étape selon le défi et les caractéristiques du groupe, *Simplex* propose quant à lui un cadre plus mécaniste. Il est cependant possible d'introduire d'autres techniques pour l'enrichir. Au final, le CPS et Simplex sont très similaires et les études rendant compte de leur performance ne les différencient pas.

L'évolution du CPS se poursuit et on l'étudie toujours très activement. Par exemple, une récente étude de Larach et Cabra (2010) en collaboration avec IBM a permis l'expérimentation d'un processus CPS réalisé virtuellement avec des avatars. Cette recherche fascinante laisse déjà entrevoir de nouvelles avenues pour faciliter la tenue de séances de collaboration créative à distance. De telles possibilités sont très prometteuses dans un contexte où les entreprises s'associent de plus en plus avec des gens à l'extérieur de l'entreprise pour créer et innover et que les ressources compétentes sont parfois éparses.

---

2. Le processus a été raffiné et étudié par plusieurs chercheurs et spécialistes de la créativité, entre autres Basadur (1999 ; 2001), Puccio, Murdock et Mance (2007), Isaksen, Dorval et Treffinger (2003), Puccio, Firestien, Coyle et Masucci (2006) et Davis (2004).

Compte tenu de la valeur éprouvée du CPS, de sa relative simplicité et de son accessibilité, la section suivante en fournit une description plus complète en vue d'en faciliter l'utilisation. Avant d'aborder les aspects plus pratiques du processus CPS, précisons deux contextes où il est pertinent de l'utiliser : pour fournir en quelque sorte une carte routière à l'entreprise et pour faciliter la collaboration en équipe.

Le processus CPS comme carte routière ou menu à la carte

Plusieurs personnes pensent spontanément à des techniques comme le remue-méninges ou la carte mentale (*mind mapping*) lorsqu'il est question de créativité. Bien qu'elles soient utiles en elles-mêmes, elles restent des outils dont la richesse s'accroît souvent considérablement lorsqu'elles sont utilisées dans le cadre d'un processus délibérément conçu pour favoriser la créativité. La compréhension de l'apport exceptionnel d'un processus créatif tel que le CPS peut ainsi devenir une véritable révélation. En effet, si on parle souvent des techniques comme étant des « outils » de la créativité, on peut poursuivre la métaphore en disant qu'un bon processus créatif EST la boîte contenant les outils et servant à les organiser.

En créativité appliquée, le processus utilisé doit permettre le passage d'un défi ou d'un problème – même flou ou mal défini – à une solution véritablement utile : il doit agir comme un entonnoir. À cet égard, rappelons ici l'équation de la créativité de Ruth Noller (*C= fa (C, I, E)*), montrant qu'elle est fonction de la connaissance, de l'imagination et de l'évaluation, trois éléments indissociables pour permettre la réalisation d'un processus créatif performant.

Processus générique s'il en est un, le CPS est adapté pour une utilisation dans plusieurs situations : par exemple, pour relever des défis importants touchant la gestion des ressources humaines, le développement de nouveaux produits, l'élaboration d'une stratégie de vente, la diversification des sources de financement et autres. Il propose une route bien tracée pour faire avancer la réflexion vers des solutions nouvelles, à teneur créative. Réalisé de A à Z dans le respect des phases proposées (la clarification, la transformation et l'implantation) et de ses six étapes, il devient ainsi une sorte de carte routière bien définie.

Le processus ne doit cependant pas devenir une prison ; nul ne doit se sentir contraint par la séquence proposée. On reste libre de débuter la démarche là où cela apparaît le plus pertinent et on peut passer plus rapidement sur certaines étapes si on estime qu'il est approprié de le faire. De plus, il est toujours possible de revenir à une étape précédente : par exemple, dans le cas d'un manque d'information, d'un trop grand flou du défi ou du problème, d'une insuffisance d'options viables et réalisables ou du besoin de développer une argumentation forte pour bien vendre le projet. Le processus se présente comme un menu dont on choisit les composantes selon les besoins. Le respect de la chronologie proposée, de par sa cohérence, permettra toutefois plus facilement aux non-initiés de s'assurer de la logique de leur démarche et de bien la compléter. Ils pourront par la suite utiliser le processus d'une manière plus intuitive. La figure 5.1 présente les étapes et phases du processus CPS, expliquées plus en détail un peu plus loin.

Figure 5.1
MODÈLE DU PROCESSUS CRÉATIF CPS (*CREATIVE PROBLEM SOLVING PROCESS*)

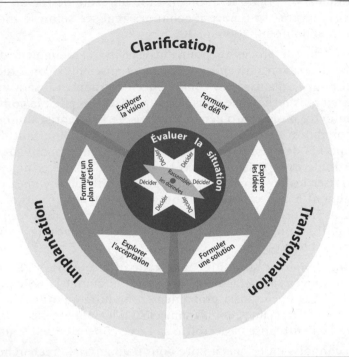

Source : Traduit et reproduit avec autorisation de Puccio, G.J., Murdock, M.C. et Mance, M. (2007). *Creative Leadership. Skills that Drive Change*, Thousand Oaks, Sage Publications.

Un des grands avantages du processus est de permettre de bien identifier où on est rendu et d'orienter les efforts pour parvenir à une solution forte et distinctive.

Le processus CPS comme outil de collaboration

Notre société valorise les gens d'action, ce qui comporte à la fois des avantages et des pièges. Combien de fois sommes-nous tentés de passer à l'implantation rapide d'une idée sans avoir au préalable exploré plus d'une solution ou consulté d'autres personnes ? Combien de fois avons-nous planifié une rencontre d'idéation qui s'est avérée décevante ? Combien de fois avons-nous procédé par essais et erreurs pour tenter de résoudre un problème et avons-nous dû rebrousser chemin pour reprendre au tout début ? D'où originent donc ces impasses dans lesquelles nous nous sommes enlisés ? La réponse se situe souvent dans le manque de rigueur dans la démarche créative. Le respect d'une procédure permettant aux membres du groupe de travail de remettre en question les informations et les idées de façon structurée telle que celle proposée par le CPS peut en effet aider à soutenir la performance de l'équipe. Comme le soulignent Johnson et Johnson, « dans des conditions appropriées, le CPS constitue un cadre de travail généralement plus efficace que grand nombre d'échanges réalisés selon le mode traditionnel » (Johnson et Johnson, 2006, p. 20).

Maîtriser le processus pour l'utiliser individuellement ou, mieux encore, maîtriser le « savoir réfléchir créativement ensemble » constitue un atout exceptionnel pour l'organisation, compétence de groupe qui sera vraisemblablement de plus en plus recherchée dans les entreprises. En effet, la complexité croissante de nombreux projets, problèmes ou défis de l'entreprise augmente le besoin de faire collaborer un grand nombre de ressources, apportant des connaissances et des points de vue différents. Par ailleurs, il arrive souvent que les moments d'incertitude et de tension générés par des problèmes critiques aient pour effet de polariser les positions ou d'amener une inflexibilité chez certains individus qui tiennent à leur propre solution. Dans de telles conditions, l'utilisation du processus de résolution créative de problèmes aidera à transformer en débat constructif ce qui pourrait en d'autres circonstances devenir des oppositions irréconciliables et même des conflits.

Une démarche structurée telle celle offerte par le CPS permet une exploration des idées sans jugements précipités et élargit la réflexion à de nouvelles possibilités. On peut aussi probablement induire qu'utiliser ainsi différemment ses ressources humaines pourra vraisemblablement améliorer la compétence distinctive de l'entreprise et accroître sa force concurrentielle, notamment en :

- reconnaissant les pas à faire pour poursuivre la recherche systématique de solutions ;
- identifiant dans quelle partie du processus le goulot d'étranglement peut se situer et où la réflexion sur un problème donné peut stagner ;
- augmentant le nombre et la qualité des solutions.

Autre contribution clé du processus CPS pour soutenir une collaboration efficace : la démarche favorise un fonctionnement du groupe sur la base du respect mutuel, d'abord en dépersonnalisant le problème, puis en le transformant en défi d'équipe. Axé sur la recherche véritable de solutions, le mouvement engage presque naturellement la personne à entrer en mode solution, sollicite son intelligence et valorise son effort. En allant à l'essence de ce qui est utile dans les idées, les participants ont généralement le sentiment que tous ont contribué à la bonne marche du processus. Les choix finaux feront souvent consensus, sinon à tout le moins compris par les membres du groupe. C'est notamment pour ces motifs que l'on propose d'ailleurs le processus de résolution de problème CPS comme un excellent outil de gestion du changement. Par surcroît, le processus

CPS deviendra non seulement une compétence professionnelle, mais sera transférable d'un service à un autre ou d'un projet à un autre. Les individus pourront donc l'appliquer même dans leur vie personnelle.

En utilisant le CPS, l'équipe sera plus à même d'apprécier la contribution de chacun dans la recherche de solution, les compétences et actions requises à chacune des étapes du processus étant clairement distinctes et complémentaires. Enfin, dans un contexte où la satisfaction au travail est particulièrement importante pour les individus, le sentiment de participer véritablement aux réflexions et aux décisions qui les concernent est susceptible de soutenir leur motivation et leur engagement.

Mettre les agendas cachés à l'agenda ?

Plusieurs défis auxquels une entreprise doit faire face peuvent se révéler stimulants et les solutions proposées s'avérer enthousiasmantes pour ceux qui y participent. Malheureusement, le processus n'est pas toujours amorcé du bon pied et orienté véritablement vers la recherche d'une solution.

Pour éviter de telles situations, de nombreux praticiens et spécialistes prônent l'importance de «dénoncer» ou «mettre sur la table» dès le départ, les agendas cachés susceptibles de pervertir la rencontre créative et, par conséquent, de nuire aux résultats. On n'a qu'à penser à certains conflits ou guerres (par exemple, laisser croire qu'on veut la paix, mais se montrer insatisfait de toute solution, sachant que les délais épuiseront l'adversaire), à des situations où l'une des parties trouvera un gain personnel en évitant certaines pistes de solutions (par exemple, espérer une promotion si une autre personne quitte) ou encore à des problèmes importants liés à l'éthique et aux droits de la personne (violence, drogue, harcèlement, etc.). Ces agendas cachés, poursuivant rarement l'intérêt commun, peuvent nuire considérablement au processus ou faire en sorte que les solutions envisagées ne soient pas implantées ou qu'elles ne le soient pas de façon adéquate.

S'il n'y a pas d'unanimité ou de recette toute faite sur la façon d'aborder de telles situations, il apparaît primordial d'en tenir compte dans la pratique.

Fonctionnement et animation du CPS

La taille d'un groupe en résolution créative de problèmes se situe généralement entre cinq et douze personnes. Un tel groupe permet de réunir les compétences et connaissances requises pour réfléchir créativement et de façon pertinente sur un sujet particulier. Il est bien sûr possible d'effectuer le processus en deçà de ce nombre ; on peut même l'utiliser individuellement. Cependant, la capacité à produire un grand nombre d'idées en sera probablement affectée. Inversement, si le groupe compte plus de douze personnes, il peut devenir plus difficile de gérer efficacement la contribution de chacun. Un animateur expérimenté sera généralement capable d'identifier les façons de faire plus appropriées aux grands groupes. La durée d'un processus variera selon la nature du défi – allant de moins d'une heure à plusieurs jours consécutifs ou en alternance – et selon la complexité du problème ou du projet.

À l'intérieur du groupe, les membres participants auront des rôles et mandats différents :

- le client est la personne qui requiert les services du groupe. Il ne s'agit donc pas nécessairement du client payeur, mais bien de celui qui désire résoudre un problème ou affronter un défi et qui en a la responsabilité. Il soumet le problème ou explique le défi aux participants et aide à réaligner les directions du groupe en cours de route si les orientations s'éloignaient trop ou trop longtemps des objectifs visés ;
- l'animateur interne ou externe, qui maîtrise le processus de résolution créative de problèmes et s'assurera du bon déroulement de l'activité ;
- l'équipe ressource, qui agit comme soutien et accepte d'être au service du problème ou du défi du client. Le groupe n'est pas un simple rassemblement d'experts. En collaboration avec l'animateur, le client identifie les personnes clés devant participer en fonction de leurs connaissances, intérêts, profils et de leur apport potentiel à la résolution créative du problème. Certains outils psychométriques peuvent aider à constituer une équipe équilibrée optimisant la compétence à la créativité. Les experts participeront au groupe au même titre que les autres membres.

Tel qu'il a été spécifié, l'animation du processus CPS se réalisera en trois grandes phases : la clarification, la transformation et l'implantation. Chacune de celles-ci sera divisée en deux étapes distinctes, pour un total de six étapes (voir tableau 5.1).

La préoccupation constante de respecter les temps de divergence (génération d'idées) et de convergence (recentrage des idées) à toutes les étapes est peut-être ce qui distingue le plus le CPS des autres processus de résolution créative de problèmes. Selon les spécialistes, c'est même ce qui explique en grande partie la performance et les succès de la démarche. Le jugement hâtif, même au moment de lister des faits ou de faire des choix finaux, constitue en effet dans bien des cas le plus important obstacle à la créativité. En fait, notre souci de critiquer, justifier ou classer vient souvent freiner la capacité à penser autrement, même en fin de parcours créatif.

Cette danse entre divergence et convergence réalisée à chacune des étapes produit un effet entonnoir face à la nouveauté. C'est elle qui permet au processus d'en arriver, au final, à une prise de décision créative. En d'autres mots, puisque la démarche maintient l'équilibre entre la divergence et la convergence[3] à chacune des étapes, elle constitue le chemin **délibéré** qui permet d'oser penser, explorer puis préserver des idées différentes.

---

3. Les règles et les techniques de divergence et de convergence sont présentées au chapitre 6.

Tableau 5.1

PHASES, ÉTAPES ET TEMPS DU CPS

TROIS PHASES	SIX ÉTAPES	DEUX TEMPS
CLARIFICATION	Explorer la vision (problème/souhait/objectif)	Divergence
		Convergence
	Formuler le défi	Divergence
		Convergence
TRANSFORMATION	Explorer les idées	Divergence
		Convergence
	Formuler une solution	Divergence
		Convergence
IMPLANTATION	Explorer l'acceptation de la solution	Divergence
		Convergence
	Formuler un plan d'action	Divergence
		Convergence

Illustration de la méthode CPS en action

Afin de passer d'un problème, d'un but ou d'un objectif à une solution concrète et distinctive, il importe de se poser les bonnes questions. Chacune des étapes du processus de résolution créative de problèmes vise donc des objectifs particuliers : en premier lieu, la formulation adéquate du problème en défi, puis la génération d'options et, enfin, la planification de l'implantation de la solution identifiée.

Le modèle de réflexion qui suit, ainsi que l'exemple-synthèse d'application présenté à fin du chapitre[4], illustrent la procédure CPS appliquée à des défis d'entreprise et montrent comment le fait de se poser « les bonnes questions » peut mener à une exploration créative stimulante, proactive et éventuellement porteuse d'innovation utile et rentable. L'exemple présenté est orienté vers la promotion d'un nouveau service, mais le processus pourra être utilisé dans la plupart sinon tous les cas exigeant une réponse créative.

Une note importante avant de débuter : le processus CPS ne sera performant que dans la mesure où la personne en autorité décisionnelle, souvent en collaboration avec l'animateur ou l'animatrice, sache « se placer au-dessus » de la réflexion pour s'assurer que le groupe travaille au bon endroit. En d'autres termes, elle devra être capable de prendre suffisamment de distance critique pour évaluer

---

4. Comme il s'agit d'un exemple assez développé, il a été placé à seule fin d'en faciliter la présentation.

et réévaluer la situation en tout temps. Cela aidera notamment à décider de la prochaine étape à compléter ou encore de revenir en arrière pour colliger de nouvelles données nécessaires pour enrichir la réflexion. Cette évaluation de la situation constitue selon plusieurs chercheurs et praticiens la métaposition décisionnelle essentielle pour diriger efficacement le processus.

Phase I – La clarification

Un problème bien formulé est à moitié solutionné, nous rappelle le dicton. Ainsi, avant même de s'aventurer dans la recherche de solution, il est essentiel de savoir précisément sur quel défi nous devons travailler. La phase de clarification permettra d'explorer les problèmes, écarts, souhaits ou objectifs pouvant être considérés afin de sélectionner le défi le plus pertinent.

Peut-être la vision est-elle claire et sait-on exactement ce sur quoi on désire travailler? Il est alors suggéré de plutôt débuter à la phase II du processus, soit la génération d'idées. L'expérience nous apprend cependant que, bien souvent, malgré notre perception d'avoir bien cerné le défi à relever, le véritable problème ou la vraie priorité se situe ailleurs ou à un autre niveau. Pour cette raison, plusieurs recommandent de faire de la phase de clarification «un passage obligé». Si le défi est effectivement bien identifié, la démarche nécessitera généralement peu de temps et confirmera l'orientation prise. Par ailleurs, si aucune solution satisfaisante n'émerge malgré tous les efforts pour produire des idées, la phase de clarification du défi aura probablement avantage à être reprise. Il n'est pas rare en effet que les impasses se trouvent intimement liées à une formulation inadéquate de ce dernier. Il est alors possible de revenir à la phase I pour analyser de nouveau les informations et données disponibles et, au besoin, d'en rechercher d'autres.

Étape 1. Explorer la vision (problème/souhait/objectif)

TEMPS 1. DIVERGENCE

L'étape 1 de la phase de clarification a pour but d'orienter les efforts créatifs afin de dresser un portrait des différents «écarts» (problèmes, souhaits et objectifs) à combler ou buts à poursuivre, que ce soit en raison de leur importance stratégique, d'une volonté de changer les choses pour le futur, d'occasions à créer, etc. Ce sera ce qu'on appelle la vision. Souvent utilisée de façon proactive, la démarche met en perspective un vaste éventail de sujets sur lesquels il serait possible de se pencher. Lesquels doivent être priorisés? Quels sont les problèmes rencontrés récemment et qu'on aimerait ne pas voir se répéter? Ceux qui pourraient survenir dans le futur? Les pistes d'amélioration que nous retardons toujours? Les occasions que nous aimerions créer? Les partenaires de qui nous aimerions nous rapprocher? On formulera de façon positive chacun des problèmes ou buts identifiés en énoncés de vision en utilisant des amorces telles que «Nous aimerions...» ou «Je souhaiterais...». Les règles de la pensée divergente s'appliquent (ouverture, formulation du plus grand nombre possible d'énoncés de vision), etc.

TEMPS 2. CONVERGENCE

Une fois les différents énoncés de vision identifiés, on choisit celui qui représente le mieux les priorités et mérite qu'on s'y penche. Cette convergence stratégique s'effectue en révisant l'ensemble des énoncés de vision afin soit d'en choisir un seul ou soit encore d'en reformuler un nouveau à partir de la compréhension de la situation apportée par l'exercice. L'étape se termine par le choix d'un seul énoncé de vision, jugé le plus intéressant ou prioritaire et pour lequel on est prêt à s'investir.

Indicateur 1
Une vision bien identifiée

Le but de l'étape 1 est de déterminer une vision claire ou dit autrement, de l'écart que l'on désire combler ou du résultat espéré que l'on désire créer. Selon Isaksen, Dorval et Treffinger (2003), trois critères sont requis pour reconnaître un problème – une difficulté, un souhait ou un objectif – pouvant bénéficier du processus CPS. On doit ainsi :

– en avoir *la propriété ou l'autorité décisionnelle pour assumer les décisions néces-saires pour y parvenir*. En apparence simple, l'exercice révèle parfois que le problème auquel on désire s'attaquer n'est pas de notre ressort. Un manque de pouvoir sur une situation risque de conduire à un échec ;

– avoir une *motivation* à faire quelque chose dans un délai assez court. On peut avoir plusieurs problèmes, souhaits ou objectifs que l'on désire relever. En choisir un pour lequel il existe de la motivation à agir permettra d'aider à passer à l'action puis à maintenir le cap lors de tourmente ou de grands vents ;

– se trouver devant un problème qui *demande de l'imagination pour pouvoir être réalisé* (c'est-à-dire pour lequel la solution n'est pas évidente).

Étape 2. Formuler le défi

TEMPS 1. DIVERGENCE

Une fois l'énoncé de vision identifié, la prochaine étape vise à élargir la réflexion à partir du plus grand nombre possible de perspectives pour mieux l'aborder. Le but n'est donc pas encore de chercher immédiatement la solution au problème, mais plutôt d'explorer le problème lui-même (bien qu'apparaissent souvent des solutions et pistes de solutions fort pertinentes dès cette étape). Cela aidera à avoir une prise plus solide pour soutenir une recherche efficace de solution dans une étape ultérieure. On se posera des questions pour « creuser » le sujet, telles que « Quels sont les obstacles qui nous empêchent d'accéder à cette vision ? » ; « Pourquoi aimerions-nous atteindre cet objectif ? »

En suivant les règles de la divergence, on s'inspirera ainsi de l'énoncé de vision choisi pour le transformer en de multiples formulations de défis différentes. Afin de se positionner en mode solution, on utilisera des amorces de questions débutant par : « comment pourrais-je… » (CPJ), « comment pourrions-nous… » (CPN) ou encore, « quelles seraient toutes les façons de… » (QSTLF). Certaines techniques de créativité sont particulièrement efficaces à cette étape de reformulation de la vision sous forme de défis, notamment l'échelle d'abstraction ou les «5 Pourquoi» (voir chapitres 6 et 7). On disposera ainsi de plusieurs angles à partir desquels il serait possible d'aborder le défi.

TEMPS 2. CONVERGENCE

Les différents angles trouvés lors de la formulation en défis permettent maintenant de considérer la vision sous une multitude de facettes et de perspectives. Il s'agit ensuite de sélectionner lequel de ces énoncés de défi vient le mieux préciser les attentes. Cet exercice de convergence aide aussi non seulement à identifier la formulation de défi qui semble la plus pertinente ou proche du défi à relever, mais par conséquent aussi celle qui apparaît la plus prometteuse pour entrer avec force dans la phase de transformation et la recherche d'idées. Par exemple, au lieu de dire «comment pourrions-nous éviter la fuite de la nappe de pétrole», on formulera plutôt par «comment pourrions-nous assurer la protection de l'environnement lors du pompage». Cette deuxième formulation viendra éventuellement permettre, au moment de la recherche d'idée, d'inclure non seulement des solutions pour aider à prévenir les fuites, mais ouvrira les horizons de façon beaucoup plus large pour étendre la recherche à plusieurs autres pistes d'idées, comme celle de prévoir une voie alternative d'écoulement ou de développer une entente de partenariat avec un consortium d'entreprises compétitrices pour le développement d'un système sophistiqué de prévention.

Indicateur 2
Un défi bien formulé

La seconde étape marque la fin de la phase de clarification. On vise à avoir en main un défi avec lequel il sera possible de rechercher efficacement des idées en raison de l'angle pertinent qu'il offre pour l'aborder. Ainsi, on le reconnaîtra comme étant une formulation du défi représentant de façon «particulièrement appropriée» l'axe à partir duquel on doit se pencher sur celui-ci ou même «comme le véritable défi».

Miller, Vehar et Firestein (2004) décrivent un défi bien formulé comme étant concis, clair et suffisamment large pour faire place à l'imagination. Enfin, il ne contiendra pas de critères limitatifs afin de faciliter l'ouverture sur tous les possibles et sera articulé positivement pour se concentrer sur ce qui doit être accompli et non sur ce qui doit être évité.

Phase II – La transformation
Étape 3. Explorer les idées

À cette étape, il s'agit d'émettre le plus grand nombre d'idées possibles pour résoudre le défi, puis de sélectionner les plus prometteuses. Encore ici, les temps de divergence et de convergence sont nécessaires.

TEMPS 1. DIVERGENCE

C'est l'étape que la plupart des gens associent généralement à la créativité, la réflexion étant maintenant orientée directement vers la recherche d'actions pouvant aider à résoudre le défi. C'est durant la période de divergence de la phase de transformation que plusieurs des techniques plus connues de la créativité telles que le remue-méninges, le voyage analogique, les connexions forcées ou le CAMPEUR trouveront leur utilité (voir chapitres 6 et 7), parfois en combinaison les unes avec les autres. Ces idées seront directement formulées sous forme d'actions et débuteront par des verbes : faire, engager, identifier, etc. Encore une fois, le respect des règles de la divergence est essentiel pour tirer le maximum de l'exercice.

TEMPS 2. CONVERGENCE

À cette étape, on procède à une convergence quand les idées sont jugées en nombre et en qualité suffisante et semblent pouvoir permettre l'accès à des solutions potentielles. Au moment de sélectionner les meilleures idées, plusieurs techniques de créativité peuvent à nouveau aider. Comme on le verra au chapitre 6, bon nombre de ces techniques ont été développées pour soutenir efficacement cette période de convergence, dont la grille de sélection et les coups de cœur. On cherche ici à favoriser une sélection à la fois réaliste et utile et, idéalement, la plus distinctive possible.

Indicateur 3
Une production d'idées et d'options diversifiées

On aura réussi l'étape de l'exploration des idées quand la recherche apparaît suffisamment large et complète, en ce sens qu'elle aura permis de jouer et d'explorer différentes directions et d'ouvrir la réflexion à divers types d'idées.

Un des indices que l'exercice a atteint cet objectif est qu'on aura vraisemblablement le sentiment qu'on a su dépasser les idées toutes faites et surmonter les barrières initiales qui limitaient notre pensée. Cela se traduit indirectement – étant en mode de divergence – aussi par la qualité potentielle, par exemple en termes d'adéquation, et de nouveauté ou d'originalité des pistes offertes par certaines idées.

Étape 4. Formuler une solution

TEMPS 1. DIVERGENCE

Nous disposons d'une sélection d'idées susceptibles de pouvoir répondre au défi ou de faire partie de la solution. Généralement encore imparfaites, nous voudrons vraisemblablement les améliorer avant de les évaluer de façon finale. Comment ? Une des bonnes manières est d'en explorer d'abord systématiquement tous les aspects positifs. Avec des techniques comme Éloges d'abord[5], on poussera même

---

5. Souvent considérée comme une technique de convergence, Éloges d'abord est en fait une technique hybride, une sorte de processus court, avec de nombreux va-et-vient en alternance entre les deux temps de divergence et de convergence.

l'exercice en imaginant tout le potentiel latent de l'idée si celle-ci fonctionnait particulièrement bien. On se posera alors des questions telles que : «Qu'est-ce qui serait rendu possible advenant un immense succès ?» Ce premier temps favorise une prise de conscience de la valeur ajoutée potentielle apportée par une idée unique, mais dont la faisabilité ou l'intérêt n'est pas encore établi. Après avoir mis en évidence les «plus» des idées présélectionnées, on prendra soin de les critiquer constructivement. On exprimera alors les préoccupations qu'elles suscitent, critiques qui sont maintenant bienvenues dans la mesure où elles seront exprimées positivement et sous forme de questions. Ce moment charnière aidera non seulement à identifier les obstacles ou faiblesses devant être réduits, contournés ou éliminés, mais aussi à entrer immédiatement en mode «solution» pour effectuer un renforcement des idées.

TEMPS 2. CONVERGENCE

Les principales préoccupations ayant été exprimées et répondues, et les idées pouvant être considérées comme pleinement développées, on sélectionne celles qui pourront venir composer la solution. L'amorce généralement utilisée à cette étape est : «*Ce que je me vois/nous nous voyons faire, c'est...*», et à laquelle on intègre la ou les idées retenues. La solution complète, qui vient souvent répondre à un défi complexe, peut être reformulée de façon très détaillée, en un ou plusieurs paragraphes. Des outils comme la *matrice d'évaluation* (voir chapitre 7) peuvent être utilisés pour la sélection de la ou des idées susceptibles de former la solution.

Indicateur 4
Une solution nouvelle, utile et réaliste

À la fin de l'étape 4, on devrait détenir une solution à la fois nouvelle, utile et réaliste. On aura été en mesure de comparer les différentes options pour ne retenir que celles que l'on désire conserver pour faire partie de la solution. Cette dernière sera souvent formulée à partir de plusieurs des idées choisies sur la base de critères de sélection clairs.

La solution identifiée sera non seulement jugée intéressante et adaptée pour résoudre le défi, mais, idéalement, offrira même une valeur ajoutée ou des gains supplémentaires. En d'autres termes, l'étape a fait émerger une solution pertinente (voire percutante) et qui, si elle est implantée avec succès, constituera vraisemblablement une réponse au défi et même un avantage unique.

Phase III – L'implantation
Étape 5. Explorer l'acceptation de l'idée

Si la solution proposée est pertinente en termes d'utilité, de nouveauté et de faisabilité, on doit aussi tenir compte de son effet lors de son implantation. On verra alors comment il sera possible de mobiliser les alliés potentiels et d'éviter les erreurs de moment, d'endroit, etc., ou tout autre obstacle prévisible. Cette étape vient ainsi raffiner la nouvelle solution, en soutenir les chances de succès et en réduire les risques.

TEMPS 1. DIVERGENCE

Nous avons maintenant entre les mains une solution pertinente. Quel effet celle-ci aura-t-elle sur les personnes? Qui y adhèrera? Pourquoi? Qui pourrait devenir un allié? À qui cette solution pourrait-elle déplaire? Pour quelles raisons? Quels endroits sont les plus favorables à son implantation? Ce type de questions aidera à imaginer diverses sources d'appui et de résistance à la solution et permettra de la renforcer, notamment pour en assurer l'acceptation par les individus, son momentum, la meilleure localisation, etc. Par exemple, les appuis pourraient éventuellement être sollicités pour faire partie du projet. Dans la même veine, les préoccupations de personnes clés pourraient servir à améliorer encore davantage la solution ou à adapter un argumentaire destiné à vendre le projet.

TEMPS 2. CONVERGENCE

On poursuivra avec une période de convergence afin d'identifier, de tous ces facteurs, acteurs ou éléments susceptibles d'influencer le succès de la solution, lesquels doivent être tenus en ligne de compte et doivent compléter la solution proposée. L'énoncé de solution pourra ainsi être reformulé sous la forme «Ce que je me vois maintenant faire...». Il sera ainsi amélioré pour inclure ces idées complémentaires choisies en fonction de leur capacité à favoriser l'adhésion au projet ou sa réalisation dans le milieu. L'objectif final de cette étape 5 peut être résumé comme suit: obtenir une stratégie d'action particulière pour soulever l'enthousiasme et réduire les préoccupations.

Indicateur 5
Une solution adaptée aux personnes et au contexte

Tenir compte de la complexité implique aussi de rester conscient que la solution nouvelle constitue un changement pour les personnes concernées, et qu'elle s'inscrit dans un contexte et dans un milieu particuliers. La solution peut être considérée comme adaptée dans la mesure où:

1. on a identifié les parties prenantes du projet de solution et suffisamment bien compris leur position pour ajuster le projet en conséquence;

2. on a envisagé tous les aspects susceptibles d'influencer le succès de l'implantation du projet: la stratégie de mobilisation envisagée, le moment choisi, les alliés disponibles ou désirés, etc. On aura permis des rectificatifs, améliorations et transformations requises, et prévu des idées et plans alternatifs pour renforcer la solution et faire face à de potentiels imprévus.

Étape 6. Formuler un plan d'action

TEMPS 1. DIVERGENCE

L'étape 6 vise à préparer le passage à l'action. Pour ce faire, le processus créatif requiert de procéder à un exercice de divergence pour identifier toutes les actions possibles permettant de concrétiser la solution. Par exemple, quelles sont les actions à prendre dans les prochains jours pour débuter la stratégie ? Qui devons-nous contacter ? Quels résultats doit-on avoir en main pour passer à la suite du plan d'action ? Qui doit faire partie de l'équipe ? De quelle expertise aurons-nous besoin ? Quels réseaux d'influence devons-nous contacter ? Quelle rencontre devons-nous convoquer ? La divergence permettra ici non seulement de lister et de préciser davantage les actions nécessaires à l'implantation de la solution, mais aussi d'élargir la réflexion pour tenter de sortir des sentiers battus et, au besoin, même d'anticiper des plans B, C, et D pour augmenter les chances de réussite face à certains aspects plus délicats ou incertains d'un plan d'action.

Temps 2. Convergence

De toutes les actions identifiées, on sélectionne celles qui sont jugées utiles et nécessaires pour soutenir la réalisation à succès de la solution, ainsi que celles pouvant aider à rendre le projet distinctif. En utilisant la chronologie des court, moyen et long termes, il s'agit ensuite de déterminer l'échéance appropriée pour chacune des actions. Ce plan d'action deviendra une référence pour effectuer le suivi du projet et en assurer l'atteinte. On planifiera aussi généralement des périodes d'ajustement et des moments de réflexion créatifs complémentaires pour mieux agir en fonction de l'information nouvelle qui vient généralement alimenter la réflexion en cours de route.

Indicateur 6
Une solution identifiant les étapes nécessaires pour y parvenir

Une solution forte requiert généralement qu'on pose toute une série d'actions en vue de sa réalisation. On aura atteint l'objectif lié à l'étape 6 – la dernière du processus – quand on aura dressé un portrait suffisamment précis de la démarche complète à réaliser pour réussir la concrétisation de la solution.

On doit ainsi regrouper de façon cohérente l'ensemble des actions nécessaires pour une implantation efficace, indiquant les délais et tenant compte des ressources, des responsabilités et des échéances. L'ensemble doit mener à une planification logique où tous les éléments importants ont été anticipés et où la logique – et parfois même l'originalité – des actions soutient la réalisation de la solution.

Cette étape est réussie lorsque chacun sait et comprend précisément ce qu'il a à faire pour contribuer au développement et à la mise en œuvre de la solution. Un suivi des actions viendra assurer une évaluation régulière de l'évolution du projet et ajuster celles-ci au besoin.

Incubation et processus créatif CPS

Pour le gestionnaire, il est intéressant de noter que la refonte récente du modèle CPS a permis de réintroduire la notion d'incubation. Souvent négligée, l'incubation est considérée comme la carte cachée du processus créatif. Elle renvoie au travail qui s'effectuerait sur le plan de l'inconscient ou qui, selon certaines recherches, serait le résultat d'une période de pause au cours de la réflexion sur un défi. En mettant ainsi le problème de côté pour un temps, on s'éloigne des obstacles actuels ou de la tendance naturelle à privilégier certaines solutions habituelles qui bloquent la réflexion. Que ce soit pour l'une ou l'autre de ces raisons, l'incubation peut effectivement conduire à l'apparition de solutions aussi pratiques qu'inattendues. Cette période d'incubation, encore peu documentée, est souvent sous-estimée, notamment dans un monde du travail où les attentes quant à l'atteinte de résultats immédiats et démontrant des liens de causalité évidents sont souvent très élevées.

Conclusion

L'usage d'un processus créatif tel que le CPS aide à distinguer le « contenant » du « contenu », ce qui constitue une de ses forces principales. Il s'avère pertinent autant en contexte opérationnel que stratégique, et aide à solutionner des défis de nature très diversifiée, tels que :

- la gestion d'un conflit interne ;
- la mobilisation ou le recrutement de personnel ;
- la recherche d'une stratégie de financement ;
- le développement de nouveaux produits ;
- la création d'une démarche d'exportation ;
- la résolution d'une impasse dans un défi d'ingénierie ;
- ou même... la recherche de la prochaine destination vacances pour la famille !

Toutes les situations ne requièrent pas de faire appel à un processus – partiel ou complet – de résolution créative de problèmes. Parfois, le recours à un processus plus traditionnel suffira, la réponse à un problème pouvant être trouvée par une approche rationnelle. En d'autres occasions, se contenter d'utiliser une seule technique de créativité, de divergence ou de convergence, conduira à une solution très acceptable pour satisfaire un besoin particulier. Cependant, dans nombre de cas de figure, un processus de résolution créative de problèmes structuré tel le CPS fournira un cadre clair pour savoir où, quand et comment la réflexion doit se poursuivre.

Certaines qualités ou particularités aideront dans la sélection d'un tel outil. On recherchera notamment un processus qui :

- constitue une démarche complète permettant de passer d'un point A à un point B, sans laisser de zones floues ou d'ambiguïté quant à la séquence des étapes à respecter ;

- est pragmatique, simple et peut être reproduit ;
- utilise les différentes connaissances, compétences et intérêts de chacun ;
- est stimulant pour les utilisateurs et favorise des échanges constructifs ;
- peut être conjugué aux autres processus utilisés dans l'organisation ;
- procure un langage commun pour faire face aux défis de l'organisation.

On a pu constater dans ce chapitre que la créativité « appliquée » est finalement beaucoup plus systématique et accessible que la perception populaire du terme peut parfois le laisser croire. Il apparaît aussi clairement que de choisir un processus de résolution créative de problèmes sur le plan organisationnel peut être considéré comme une décision stratégique pouvant contribuer à la capacité globale de l'entreprise. Compte tenu du rapport gains/investissements et des impératifs liés à un monde de plus en plus concurrentiel, il est en fait permis de se demander s'il serait vraiment rationnel de s'en passer !

EN PRATIQUE...

Un exemple-synthèse d'application du CPS :

VISION-ÈRE inc., Coopérative de formation en développement durable

PHASE I – LA CLARIFICATION
Étape 1. Explorer la vision (problème objectif, souhait)
Position diagnostique préalable   *Exemple de question clé pour décider d'entrer dans le processus, de le poursuivre ou de passer à une autre étape :*   Avons-nous des défis à prioriser et sur lesquels nous désirons agir de façon proactive ?   *Exemples de questions clés pour soutenir la recherche de données afin d'explorer la vision :*   Avons-nous des problèmes non résolus ? Des améliorations à apporter ? Des désirs de développement ? Des insatisfactions ? Qui pouvons-nous aider, quelle devrait être notre clientèle prioritaire ? Quelles sont les pistes d'idées suggérées par nos clients lors des formations offertes ?
TEMPS 1A – DIVERGENCE   *À l'aide de techniques de divergence, Vision-Ère dressé l'éventail de défis sur lesquels l'organisation pourrait se pencher, en les formulant avec l'amorce « Nous aimerions... ».*   • *Nous aimerions...* engager du personnel d'expérience pour la formation en entreprise.   • *Nous aimerions...* améliorer les aspects participatifs des formations.   • *Nous aimerions...* développer du matériel de formation novateur et distinctif.   • *Nous aimerions...* diversifier nos produits.   • *Nous aimerions...* soutenir la formation continue de haut niveau à l'équipe de formateurs.   • *Nous aimerions...* développer de nouveaux réseaux de partenaires.   • *Nous aimerions...* ouvrir de nouveaux marchés.   • *Nous aimerions...* nous rapprocher du milieu académique.   • *Nous aimerions...* être informés en permanence des nouveautés.   • *Nous aimerions...* créer un nouveau produit motivant pour l'équipe.

PHASE I – LA CLARIFICATION (*suite*)

TEMPS 1B – CONVERGENCE

À l'aide de techniques de convergence, l'équipe de Vision-Ère fait une sélection du défi qui lui semble le plus intéressant ou prioritaire à explorer.

- *Nous aimerions...* développer du matériel de formation novateur et distinctif.

Étape 2. Formuler le problème

POSITION DIAGNOSTIQUE PRÉALABLE

Exemples de questions clés pour décider d'entrer dans cette étape du processus :
Avons-nous suffisamment exploré les défis auxquels nous devrions faire face ? Sommes-nous prêts à investir du temps pour explorer ce défi ?

Exemples de questions clés pour soutenir la recherche de données :
Que savons-nous sur le défi ? Quelle information pouvons-nous rassembler ? Quel est l'état actuel de la situation ? La situation idéale ?

TEMPS 2A – DIVERGENCE

Vision-Ère a choisi un défi. À l'aide de techniques de divergence, l'équipe voit maintenant à le reformuler afin de cerner la porte d'entrée la plus prometteuse pour l'affronter, en débutant la formulation de défi avec l'amorce de question « Comment pourrions-nous... ? ».

- *Comment pourrions-nous...* faire une association avec une firme européenne en développement durable ?

- *Comment pourrions-nous...* acheter un film sur l'environnement ?

- *Comment pourrions-nous...* créer une nouvelle formation sur le développement durable ?

- *Comment pourrions-nous...* développer de nouveaux jeux de rôle ?

- *Comment pourrions-nous...* faire un film démontrant l'expertise de Vision-Ère en développement durable ?

- *Comment pourrions-nous...* nous associer des conférenciers invités en développement durable ?

Temps 2B – CONVERGENCE

À l'aide de techniques de convergence, Vision-Ère choisit la formulation de défi qui semble la plus pertinente ou, comme il est possible de le faire dans ce cas-ci, utilise quelques idées pour formuler un énoncé de défi qui semble particulièrement porteur.

Comment pourrions-nous faire un film Vision-Ère sur les programmes organisationnels en développement durable ?

PHASE II – LA TRANSFORMATION

Étape 3. Explorer les idées

POSITION DIAGNOSTIQUE PRÉALABLE

Exemples de questions clés pour décider d'entrer dans cette étape du processus :
Avons-nous suffisamment exploré les formulations différentes du défi sur lequel nous aimerions travailler ? Sommes-nous satisfaits de l'orientation particulière offerte par cette formulation du défi ?

Exemples de questions clés pour soutenir la recherche de données :
Que savons-nous sur le défi ? Quelle information pouvons-nous rassembler ? Quel est l'état actuel de la situation ? La situation idéale ? Quels seraient les avantages particuliers si ce défi était relevé ? Quels sont les alliés potentiels ?

PHASE II – LA TRANSFORMATION (*suite*)

TEMPS 3A – DIVERGENCE

Avec l'aide de techniques de divergence appropriées, Vision-Ère inc. recherche des idées pour résoudre le problème ou le défi tel qu'il a été identifié durant la phase de clarification, soit : «Comment pourrions-nous faire un film sur les programmes organisationnels en développement durable ?» Les idées pour tenter de répondre à ce défi sont formulées directement sous forme active, donc débutant par un verbe :

– acheter un film sur les programmes européens en développement durable ;

– collaborer à un événement européen dans le domaine où nous pourrions faire un constat de la situation en Amérique du Nord ;

– devenir membre d'un réseau international pour faire de l'étalonnage de programmes organisationnels en développement durable ;

– faire un film comparatif sur des pratiques des entreprises québécoises et françaises en gestion du développement durable ;

– interviewer des chercheurs et spécialistes ;

– inviter un conférencier européen sur le sujet et le filmer.

TEMPS 3B – CONVERGENCE

À l'aide de techniques de convergence, l'équipe de Vision-Ère inc. choisit une idée ou plutôt – comme dans la plupart des cas complexes – une sélection d'idées composant une solution potentiellement utile et nouvelle pour l'organisation. La tolérance à l'ambiguïté est de mise : on retient pour l'étape suivante toutes les préoccupations et critiques que peut soulever l'idée, celle-ci devant justement servir à renforcer la solution. On formule cette sélection d'idées sous forme de solution, avec l'amorce d'énoncé suivante : Ce que nous nous voyons faire est de... Ainsi, Vision-Ère inc. opte pour la formulation suivante :

Ce que nous nous voyons faire est de...   réaliser un film comparatif sur les pratiques des entreprises québécoises et françaises sur les programmes de développement durable.

Étape 4. Formuler les idées en solution (renforcer, sélectionner et formuler)

POSITION DIAGNOSTIQUE PRÉALABLE

Exemples de questions clés pour décider d'entrer dans cette étape du processus :
Avons-nous suffisamment exploré les idées pour solutionner le défi ? Avons-nous identifié une diversité de moyens et une qualité d'actions intéressantes ?

Exemples de questions clés pour soutenir la recherche de données :
Qu'avons-nous déjà à notre disposition pour réaliser ce défi ? De quelles alliances, outils, compétences aurons-nous vraisemblablement besoin ?

PHASE II – LA TRANSFORMATION (*suite*)

TEMPS 4A – DIVERGENCE

Vision-Ère inc. doit envisager autant les « pour » que les « contre » de la solution envisagée afin de travailler à éliminer ou réduire ses risques et faiblesses. L'équipe réfléchit d'abord à toutes les raisons motivant une réalisation du projet, puis seulement dans un second temps, identifie toutes celles pouvant rendre difficile de porter le projet à terme avec succès. On formulera ces éléments d'information en affirmations et les préoccupations en questions auxquelles on veillera à trouver des solutions particulières, pour mieux formuler la solution finale envisagée.

Avantages
- Nous disposons d'un réseau d'entreprises partenaires qui seraient intéressées à partager cette information avec d'autres.
- Nous pourrons ainsi démontrer notre expertise unique.
- Nous pourrons avoir des animations dynamiques.
- Nous pourrons en profiter pour avoir des questions sur d'autres sujets afin d'améliorer nos autres formations.
- Nous pourrions développer le réseau européen sur une base permanente.
- Nous pourrions par la suite en faire un outil extraordinaire de promotion du développement durable dans d'autres milieux.

Préoccupations principales
- Nous n'avons pas les moyens financiers pour faire un film professionnel : comment pourrions-nous avoir les moyens financiers pour faire le film ?
- Nous ne disposons pas de ressources pour le faire : comment pourrions-nous disposer des ressources pour réaliser le projet ?

Solutions particulières envisageables
- Rechercher une subvention en éducation relative à l'environnement.
- Apprendre à filmer et créer des scénarios.
- Acheter du matériel usagé ou semi-professionnel.
- Prendre nos vacances et en profiter pour coordonner une série de rencontres en Europe.
- Engager un stagiaire en multimédia pour faire le montage.

TEMPS 4B – CONVERGENCE

Avec l'aide de techniques de convergence appropriées, la coopérative voit à reformuler ce qui constitue une solution plus complète et est ainsi en mesure de mieux évaluer l'intérêt réel de la solution.

Ce que nous nous voyons faire est de... réaliser un film comparatif sur des pratiques des entreprises québécoises et françaises, sur les programmes de développement durable, en utilisant notre budget de formation et une partie de nos déplacements prévus au cours des prochains mois pour réaliser des entrevues auprès d'entreprises et chercheurs québécois et français. En parallèle, nous prévoyons rechercher des subventions et des partenaires qui pourraient soutenir financièrement un tel projet. Ensuite, nous approcherons une institution scolaire en graphisme et multimédia pour engager un stagiaire pouvant réaliser le montage, l'animation informatisée et le matériel de formation imprimé accompagnant le film.

PHASE III – L'IMPLANTATION

Étape 5. Explorer l'acception de l'idée

POSITION DIAGNOSTIQUE PRÉALABLE

Exemples de questions clés pour décider d'entrer dans cette étape du processus :

Avons-nous suffisamment exploré les idées pour renforcer la solution ? Avons-nous identifié une diversité de moyens et une qualité d'actions intéressantes ? Y aurait-il des éléments à ajouter ? Omis et dont nous devons tenir compte ? Est-il pertinent à ce moment-ci de poursuivre à une autre étape d'analyse pour en estimer l'effet sur nous, les autres, le milieu ?

Exemples de questions clés pour soutenir la recherche de données :

Comment nous voyons-nous mettre en branle le projet ? Qui doit y participer ? Quelles entreprises, organisations ou personnes seront touchées ? Y a-t-il un momentum dont on doive profiter ? Est-ce le bon moment ? Des événements concurrentiels sont-ils à prévoir ? Quelle sera la réaction de nos clients ? Actionnaires ?

TEMPS 5A – DIVERGENCE

La solution envisagée semble appropriée et réaliste pour l'entreprise. Reste à en explorer l'effet dans le milieu, auprès des parties prenantes, etc. L'équipe de Vision-Ère inc. anticipe cet effet à partir de nombreuses informations (faits, scénarios potentiels, temps et endroits appropriés, etc.)

Personnes, organisations, etc.

– Nos clients locaux collaboreront avec joie au film : ces premières signatures d'ententes pour le film pourront leur permettre de démontrer leur véritable implication en développement durable et deviendront des cautions pour démarcher des vis-à-vis européens.

– Une association française dans le secteur pourrait nous référer à ses membres pour cautionner la démarche : en contrepartie, nous pourrions leur donner les droits d'utilisation du film auprès de leurs membres.

– La qualité des personnes à interviewer et des entreprises disposant d'un programme en Europe est déterminante.

– Nous devons nous associer à un établissement scolaire comptant une chaire en environnement ou en développement durable. Ces derniers bénéficieraient du film pour leurs formations au baccalauréat et au MBA et cautionneraient le projet comme un projet éducatif.

– Pour les compétences en multimédia, nous pourrions disposer d'un programme d'aide à l'emploi et plutôt engager un finissant ou encore associer une firme de relations publiques au projet.

– Nous aurons vraisemblablement à planifier des contrats d'entente individuels et particuliers selon les types de partenariat.

Temps et endroits, etc.

– Nous pourrions lancer le tout à l'automne, dans un an et demi, pour lancer la nouvelle programmation.

– Nous pourrions aussi lancer le film en début d'année, car il se passe peu de choses en janvier et cela donnerait plus de temps pour le faire.

– Un lancement en milieu universitaire serait approprié et nous rapprocherait de ce milieu et des gens qui nous auront appuyés.

– Un sommet sur le sujet a lieu dans un an et demi.

PHASE III – L'IMPLANTATION (*suite*)

TEMPS 5B – CONVERGENCE

Avec l'aide de techniques de convergence appropriées, Vision-Ère reformule ce qui constitue une solution encore plus complète pour finaliser l'évaluation de la solution, dont l'intérêt et la faisabilité ont été déjà analysés, et maintenant en tenant compte du contexte et des personnes qui seront touchées ou doivent être impliquées.

Pour assurer la bonne marche du projet, nous prévoyons... réaliser pour janvier 2012 un film comparatif sur des pratiques des entreprises québécoises et françaises et sur les programmes de développement durable. Pour y parvenir, nous utiliserons notre budget de formation et une partie de nos déplacements prévus au cours des prochains mois pour réaliser des entrevues auprès d'entreprises et chercheurs québécois et français. En parallèle, nous prévoyons rechercher des subventions et des partenaires qui pourraient soutenir financièrement un tel projet. Nous démarcherons rapidement auprès de nos proches clients pour confirmer leur participation au film et rencontrerons un des responsables de la Chaire à l'université locale pour mesurer leur intérêt à devenir partenaires. Ensuite, nous approcherons une institution scolaire en graphisme et multimédia pour identifier un finissant qu'il nous serait possible d'engager par un programme d'aide à l'emploi pouvant réaliser le montage, l'animation informatisée et le matériel de formation imprimé accompagnant le film.

Étape 6. Formuler un plan d'action

POSITION DIAGNOSTIQUE PRÉALABLE

Exemples de questions clés pour décider d'entrer dans cette étape du processus:

Avons-nous suffisamment exploré les effets des idées pour renforcer la solution? Avons-nous identifié plusieurs moyens et actions intéressants? Y aurait-il des éléments à ajouter? Omis et dont nous devons tenir compte? Est-il pertinent à ce moment-ci de poursuivre à une autre étape d'analyse pour en estimer l'effet sur nous, les autres, le milieu?

Exemples de questions clés pour soutenir la recherche de données:

Comment nous voyons-nous mettre en branle le projet? Qui doit y participer? Quelles entreprises, organisations seront touchées?

PHASE III – L'IMPLANTATION (*suite*)

TEMPS 6A – DIVERGENCE

À cette étape, et sur la base de la divergence, l'équipe de Vision-Ère inc. voit quelles sont toutes les actions devant être réalisées pour mener à terme le projet.

– Préparer un scénario de film

– Planifier un budget

– Préparer un agenda pour la réalisation du film

– Obtenir des rencontres avec les entreprises européennes et canadiennes

– Rencontrer la chaire en développement durable, etc.

TEMPS 6B – CONVERGENCE

À l'aide d'outils de convergence appropriés, Vision-Ère inc. en arrive maintenant à sélectionner ainsi toutes les actions pertinentes pour parvenir à une réalisation concrète de la solution en solution implantée avec succès. On pourra ensuite les classer en ordre chronologique, par exemple avec des indicateurs précis de temps et livrables attendus, responsabilités, etc.

Court terme

– Planifier une ébauche de projet : responsable Gisèle ; date de livraison 16 avril

– Réaliser un synopsis du film : responsable Gilles ; date de livraison 26 avril

– Explorer les possibilités de financement : responsable Luc ; date de livraison 26 avril

Moyen terme

– Élaborer un budget prévisionnel : responsable Luc ; date de livraison 5 mai

– Évaluer un partenariat avec l'université locale : date de livraison 15 mai

– Obtenir la collaboration de 5 de nos clients privilégiés : responsable Gisèle ; date de livraison 15 juin

Long terme

– Coordonner la tournée européenne : responsable Gilles ; date de livraison 15 septembre

– Démarcher une tribune pour le colloque : responsable Gisèle ; date de livraison 15 septembre

– Engager un spécialiste en graphisme et multimédia : mai (an prochain)

– Montage du film : graphiste sous la supervision de Gisèle, été prochain

– Lancement du film : octobre (an prochain) dans le cadre du sommet sur X, etc.

Utilisés systématiquement et avec rigueur, les outils de la créativité permettent de générer de nouvelles idées. La réussite dépend à l'évidence de la pratique : l'habileté à manier ces outils s'acquiert d'abord par un usage répété. Elle varie, bien sûr, en fonction du talent individuel, certaines personnes faisant preuve de plus de dextérité que d'autres. Mais ceci vaut pour n'importe quelle technique. Quoi qu'il en soit, chacun peut parvenir à un niveau de créativité honorable pour peu qu'il s'en donne la peine.

Edward de Bono, 1992, p. 32-33

Les outils de la créativité
Penser autrement et choisir différemment !

De l'argent, c'est de l'argent. On constate rapidement qu'une telle affirmation est un peu réductrice... Comme cadre, gestionnaire, parent ou autre, on le sait très bien : l'argent peut évoquer une marge de manœuvre, un investissement, un achat, une dette, une carte de crédit, un contrat de vente, mais aussi une bonne cause, un repas, une vacance, etc. L'argent peut donc servir à plusieurs fins. Il en va de même pour les techniques de créativité, qui se présentent sous de multiples formes et visent des buts variés. Pour créer une culture de la créativité, il est essentiel de connaître et de comprendre les différentes techniques et leur utilité stratégique.

Quel est votre souhait ? Sortir d'une impasse avec un mauvais payeur ? Avoir des fournisseurs plus fiables ? Attirer des employés qualifiés ? Trouver un concept de produit «WOW» ? Clarifier ce qui vous empêche d'atteindre les résultats espérés ? Planifier en détail votre grande stratégie ? Tirer profit d'une belle occasion sans trop risquer dans l'aventure ? Améliorer vos processus ? Pour mieux réaliser votre rêve, quelle sera la technique ou l'ensemble de techniques les plus susceptibles d'agir comme leviers ? Savoir choisir et utiliser la ou les techniques les plus appropriées constitue un geste d'importance. Tout comme on ne peut pas généraliser en disant «de l'argent c'est de l'argent», on ne peut pas dire «toutes les techniques de créativité se ressemblent».

Les techniques de créativité sont particulièrement utiles pour explorer une piste distinctive à valeur ajoutée ou pour faire face à une impasse. Elles soutiennent la génération d'idées qui ont le potentiel d'ouvrir un nouveau sentier ou de découvrir le germe d'une nouvelle solution ; ces idées pourront par la suite être raffinées ou renforcées dans le cadre d'un processus créatif plus complet. Ces techniques aident à contourner les limites du mode de pensée spontané. Nous avons traditionnellement été formés à aborder les problèmes avec une pensée logique faisant le lien entre des causes et des effets. C'est utile et suffisant pour affronter de nombreux défis, mais il peut en être tout autrement pour des problèmes plus complexes. En effet, nous avons tendance à négliger le potentiel immense qui réside dans le fait de pouvoir «penser autrement», dans une perspective où les liens entre les choses ne sont pas aussi directs, linéaires ou évidents.

Qui accepterait d'investir tout son avoir dans un seul type d'actions, disons les télécommunications ? Aussi porteur ce secteur soit-il, on conviendra rapidement qu'un portfolio d'actions diversifié donnera à long terme de bien meilleurs résultats. Il en va de même avec les idées que nous générons et sélectionnons grâce à l'emploi de différentes techniques de créativité.

Le présent chapitre met en évidence le rôle et la nature des principales familles et techniques de créativité. Il démystifie et illustre leur utilisation, plus particulièrement en contexte de gestion.

Facteurs favorables et obstacles à une bonne utilisation des techniques de créativité

Avant de présenter les techniques elles-mêmes, voyons d'abord ce que cette notion signifie. La plupart d'entre nous connaissent certaines techniques de créativité, mais les apprécions-nous vraiment ? Il est pertinent de se poser la question : ne croyons-nous pas que nous pouvons arriver aux mêmes résultats de façon toute naturelle, en réunion ordinaire de travail par exemple ? D'ailleurs, n'a-t-on pas à notre actif une feuille de route déjà bien remplie de réalisations créatives, personnelles et professionnelles ? Peut-on dire que les techniques de créativité nous ont vraiment aidés jusqu'à présent à mieux faire ?

Il peut parfois en effet apparaître difficile de mesurer l'apport et la performance des techniques de créativité. De plus, malheureusement, il arrive que des expériences passées qui n'ont pas donné les résultats escomptés nous amènent à nous forger une opinion négative sur l'efficacité des techniques de créativité. Ces premières impressions rendent le recours à des activités de créativité structurées moins attrayant, cela bien que l'on se doute bien que la créativité EST utile. D'autres éléments clés à la source d'une perception défavorable de l'efficacité des techniques de créativité peuvent aussi être mis en relief. Cinq d'entre eux nous apparaissent particulièrement récurrents dans la pratique (voir tableau 6.1).

Tableau 6.1

CINQ ÉLÉMENTS INFLUENÇANT NÉGATIVEMENT LA PERCEPTION DE L'EFFICACITÉ DES TECHNIQUES DE CRÉATIVITÉ

1. Un choix non pertinent de la ou des techniques sélectionnées.

2. L'incompétence de l'animateur ou le manque de préparation des participants pour réaliser ce type d'exercice.

3. Un état d'esprit *junk creativity* (recherche de solutions miracles en quelques minutes).

4. La non-utilisation d'une technique de convergence après la génération d'idées, c'est-à-dire l'incapacité à respecter rigoureusement les deux temps de la créativité (génération et sélection d'idées).

5. Une incompréhension des rôles plutôt circonscrits et particuliers des techniques et du besoin fréquent de faire appel à leur complémentarité (notamment la difficulté à distinguer tout le cheminement nécessaire pour atteindre une solution complète qui n'émergera généralement qu'à la fin d'un processus créatif plus complet).

D'autres facteurs ont une incidence sur les résultats obtenus à l'aide des techniques de créativité. Par exemple, une impression de perte de temps, ou encore la perception que la créativité est un talent réservé à quelques individus. Comme gestionnaire, il est intéressant de souligner que plusieurs scientifiques reconnaissent les études démontrant l'efficacité de l'entraînement à la créativité (Davis, 2004 ; Torrance, 1979 ; Basadur, Pringle et Kirkland, 2002) et que dans plusieurs cas, il est estimé que les résultats positifs apparaissent relativement rapidement. De plus, malgré les différences importantes existant entre les individus, il est généralement reconnu que toute personne normalement constituée dispose d'un certain potentiel de créativité.

Le premier investissement que le gestionnaire aura à faire n'est pas financier ; il s'agit plutôt pour lui d'avoir la détermination de s'investir lui-même dans l'exploration de son potentiel de créativité et de celui de son équipe. Toute démarche en ce sens doit être vue dans une perspective de personne et d'équipe apprenantes. L'introduction graduelle et bien dosée de techniques de créativité dans les rencontres de travail (ou même de façon individuelle) peut habituellement porter fruit assez rapidement. Il peut être rassurant de savoir que l'exercice créatif délibéré devient plus enrichissant après un nombre assez restreint de pratiques, ce qui permet généralement à court terme de pouvoir valider la pertinence de l'investissement. Pour parvenir à un tel résultat, il faut cependant d'abord justement savoir reconnaître le potentiel des différentes techniques et les exigences liées à leur emploi, comme nous allons maintenant le voir.

Divergence et convergence : deux temps essentiels

De façon générale, les techniques de créativité peuvent être classées en deux grandes catégories : les techniques de divergence et les techniques de convergence. Savoir alterner l'usage de techniques de divergence – pour explorer les idées – et de techniques de divergence – pour mieux les choisir – est un apprentissage incontournable pour le gestionnaire soucieux de développer sa performance en créativité.

Pourquoi ces deux temps sont-ils si essentiels à la créativité ? La démarche créative n'est-elle pas « naturelle » ? Si elle l'est, il importe de mettre en relief dans quel contexte physiologique et culturel nous créons. Plusieurs facteurs influencent notre accès aux « autres possibilités » et de nombreux obstacles doivent parfois être surmontés pour qu'une personne accède à tout son potentiel de créativité. Sans en faire ici une liste exhaustive, certains éléments relatifs aux processus cognitifs généralement privilégiés et à la suite de l'éducation que nous avons reçue méritent d'être soulignés :

1. Les études sur le fonctionnement du cerveau démontrent que l'humain tend à créer des *patterns*, des modèles simples auxquels il lui sera facile de se référer, particulièrement en cas de danger ou de difficulté. Par exemple, il tend à classer l'information, les connaissances et les émotions de façon binaire : bon pas bon, noir ou blanc, sécurité ou danger, notamment afin d'accéder rapidement à de l'information potentiellement vitale. Cela permet bien sûr de ne pas avoir à refaire continuellement le monde et libère ainsi du temps pour construire et apprendre. Cependant, ainsi, on consolide ce que l'on sait déjà et le passé devient la référence. Si l'on n'y prend pas garde, on en arrive graduellement à sous-estimer, voire à ignorer les informations nouvelles qui ne vont pas dans le sens de ce qu'on connaît déjà bien ou celles qui ne nous paraissent pas immédiatement utiles. Bien que ce ne soient pas les seules raisons expliquant la situation, il n'est donc pas étonnant que les idées qui n'ont pas encore fait leurs preuves soient souvent négligées ou écartées prématurément, ou même que le poids du groupe soit aussi présent lors de la prise de décision, au moment de la convergence notamment.

2. Le savoir est très valorisé dans notre société. Pour l'approfondir, nous cumulons les connaissances en prenant aussi pour base ce qui est déjà connu. Se fonder sur le passé pour travailler sur l'avenir peut être approprié, voire essentiel dans la plupart des cas, mais cela à condition que cette connaissance ne sclérose pas notre ouverture d'esprit et ne soit pas le seul fondement pour avancer. Pour accéder à d'autres sources de possibilités et d'occasions, il faut savoir remettre en question les certitudes. La valorisation encore trop souvent excessive des experts est un bon exemple de l'importance particulière donnée à ceux qui sont censés « tout » connaître dans un domaine donné. Si les temps de divergence et de convergence seront grandement servis par de telles expertises, le savoir doit aussi permettre de s'ouvrir à la connaissance nouvelle.

3. Nous gardons une vision très individualiste de l'intelligence. Les études sur l'intelligence collective sont encore limitées, mais constituent un domaine porteur (McKelvey, 2001), particulièrement en ce qui a trait à

la gestion des ressources humaines. Plusieurs chercheurs ont commencé à s'intéresser à l'apprentissage organisationnel, à parler d'entreprise intelligente et d'organisation créative. Ces thèmes d'intervention et de recherche vont éventuellement permettre de comprendre encore mieux les pouvoirs de la pensée collective. Une ouverture en ce sens pourra probablement influencer la capacité des équipes dans lesquelles les opinions individuelles et la confrontation pourront être remplacées par le «penser ensemble».

Heureusement, les techniques de créativité nous aident à nous éloigner de nos routines de pensée, à explorer et choisir autrement. Elles constituent même souvent des stratégies nécessaires pour contourner nos *a priori* et nos façons de voir, cristallisées par l'habitude. Cela est vrai lors de la génération d'idées mais aussi lors de leur sélection pour résoudre un problème ou développer une occasion. Pour déjouer nos premiers réflexes et parvenir à dépasser nos paradigmes, une règle simple mais cruciale est de mise : il faut bien distinguer le temps consacré à l'exploration des idées et celui devant être accordé à leur sélection. Ces temps de divergence et de convergence sont deux étapes distinctes à ne pas confondre. Formulé autrement, nous pourrions dire : il est préférable de laisser agir l'artiste avant que le juge n'intervienne. Examinons chacun de ces deux moments ou temps de la créativité en fonction des règles qui les définissent.

Les règles de la divergence

La divergence est cette capacité à ouvrir notre esprit créatif dans toutes les directions, pour atteindre éventuellement des idées originales. Souvent associée par les entreprises à la technique du remue-méninges, cela donne parfois lieu, malheureusement, à des performances si décevantes qu'on en arrive à remettre en question son utilité. Pour éviter de tels écueils, le respect des règles de divergence est incontournable. Ces règles fournissent un cadre précis qu'il importe d'appliquer. Il apparaît, si ce n'est impératif ou du moins extrêmement utile, qu'elles soient clairement expliquées et rappelées régulièrement par l'animateur (Paulus, Nakui, Putman et Brown, 2006) de la séance de créativité. Voici quatre règles fondamentales qui soutiennent un exercice de divergence efficace :

1. *éviter tout jugement* sur ses propres idées comme sur celles des autres. Il devient très difficile d'émettre des idées si le jugement et la critique sont omniprésents. Plusieurs exercices préparatoires sont parfois nécessaires pour créer le climat de confiance qui permettra au non-jugement d'être vraiment appliqué ;

2. *viser la quantité,* car il existe une certaine corrélation entre les probabilités d'obtenir une idée différente et distinctive et un nombre élevé d'idées. Un blocage dans le flot d'idées ? Il est possible que ce soit parce que la tentation de critiquer se révèle trop forte ou qu'on essaie d'améliorer nos idées avant même de les articuler ;

3. *construire sur les idées des autres* est une excellente source d'idées parfois sous-utilisée, par peur de paraître «copier» ou de ne pas savoir se démarquer. Les idées inspirées de celles des autres sont souvent d'une richesse et d'une utilité toutes particulières, ouvrant aux autres et à soi-même la voie vers d'autres idées et potentiellement, vers une meilleure idée;

4. *valoriser les idées différentes, intrigantes ou folles* peut être très utile si on veut aller plus loin, briser les limites de nos paradigmes, explorer autrement et plus largement. La peur d'être jugé, encore ici, peut venir limiter ces idées originales, pourtant recherchées par l'exercice (Miller, Vehar et Firestein, 2004, p. 22).

Dans certains cas, *la rapidité de l'exercice* peut aussi contribuer à la qualité de la divergence, notamment en soutenant la personne ou le groupe dans sa capacité à ne pas juger durant cette période de temps, à viser la quantité, à utiliser les idées des autres et à oser des idées différentes.

Fréquemment, on constate qu'après quelques instants passés dans une démarche de divergence, les idées nouvelles deviennent plus rares. Ce moment en est souvent un de transition entre ce qui est connu et immédiatement accessible à la pensée, et la véritable exploration créative. Certains appellent cette première phase la «purge», qui se représente sur le plan graphique dans une séquence d'idées ressemblant à la lettre M, dont le creux rappelle l'absence d'idées survenant à mi-chemin d'une séance d'idéation. C'est cependant en surmontant ce creux que commencent généralement à émerger des idées à forte valeur distinctive. Il ne faut donc pas craindre ces moments, mais plutôt préparer le groupe à y faire face: dans la plupart des cas, ils signifient simplement que l'on traverse une transition fréquemment rencontrée durant la phase de génération d'idées. L'animateur verra alors à soutenir l'exploration du problème à l'aide de techniques complémentaires ou même différentes pour stimuler un second souffle à l'exercice de divergence. Le temps accordé à cette période de divergence variera selon les techniques, mais n'excédera pas, dans la plupart des cas, une vingtaine de minutes.

Les règles de la convergence

Souvent ignoré ou négligé dans la pratique, le temps de la convergence fait pourtant partie intégrale d'une démarche créative de qualité. En effet, à quoi bon générer des centaines d'idées s'il est impossible de saisir leur potentiel et de discerner les plus porteuses? Comment faire les bons choix devant un très grand nombre de possibilités? Car la convergence efficace ne consiste pas simplement à choisir les idées qui semblent les plus faciles ou réalisables de prime abord. Un effort supplémentaire est requis pour développer et conserver les idées distinctives. Même dans ce moment de sélection, comment donc se donner encore le droit d'oser et d'aller plus loin, pour saisir l'essence de ce qui peut devenir une véritable valeur ajoutée? C'est ici que les règles de la convergence viennent supporter la recherche des idées les plus prometteuses parmi un grand nombre de possibilités. Les praticiens utilisent généralement cinq principales règles de convergence ou de recentrage :

1. *demeurer positif :* La créativité exige de voir l'essence de ce qui est bon dans une idée, *sa différence, sa contribution, sa valeur ajoutée.* L'analyse des idées débute donc par un examen des avantages particuliers de chacune, pour mieux en évaluer le potentiel ou pour rediriger l'effort créatif ;

2. *avoir une attitude d'ouverture :* Il est parfois tentant de rejeter prématurément des idées qui sortent de notre zone de confort, et ce, même s'il s'agit d'un des buts de l'exercice. Même en période de convergence, il faut mettre ses idées toutes faites et ses préjugés de côté ;

3. *valider les orientations et objectifs :* Il peut arriver que la quantité d'options ou certaines tangentes prises semblent nous éloigner de notre but. Il est essentiel alors de se recentrer sur l'objectif de l'exercice pour discerner une direction plus prometteuse. Il ne s'agit pas ici de voir cet écart comme une erreur, mais bien comme une démarche faisant partie de l'exploration ;

4. *améliorer/renforcer les idées :* Un grand nombre d'idées seront émises, alors que peu seront retenues. Même celles qui ont été sélectionnées devront généralement être améliorées ou enrichies. Chaque idée considérée comme intéressante aura donc avantage à être revue avec l'objectif de la rendre encore meilleure avant de faire le choix final de la retenir ou de la mettre de côté ;

5. *considérer la nouveauté :* dans toute idée différente, il y a un brin de folie. La nouveauté offre souvent un haut potentiel de rentabilité dans la mesure où elle est aussi utile. Un adage dit « *il est plus facile de dompter un lion que de rendre dangereux un chaton* ». De la même façon, il est plus réaliste de rendre possible une idée puissante et nouvelle à l'aide d'une technique de convergence comme Éloges d'abord, que de travailler une idée sans relief pour essayer de la rendre forte et attrayante. Les spécialistes en publicité ou en marketing en font quotidiennement l'expérience ! (Miller, Vehar et Firestein, 2004, p. 23).

Étrange mais rassurant, il n'est pas rare de constater qu'après quelques instants passés à explorer diverses solutions particulièrement bizarres (pour renforcer une idée ou pour en préserver la valeur distinctive), les obstacles initiaux tombent d'eux-mêmes. Souvent, quelques minutes de réflexions supplémentaires sur les règles de la convergence permettront de découvrir une véritable piste de solution. D'un point de vue stratégique, il semble que l'on gagne beaucoup à respecter les règles de la convergence.

La maîtrise des techniques de créativité en fonction de l'un ou l'autre des deux temps de la créativité soutient la performance créative et favorise l'éclosion d'idées à valeur ajoutée. C'est dans un tango alternant entre techniques de

divergence et de convergence qu'on obtiendra une démarche véritablement créative et un effet «entonnoir» débouchant sur des résultats distinctifs et applicables.
Choisir les techniques selon le temps de créativité en cause est donc primordial.
D'autres éléments, comme il est abordé dans la section suivante, viendront aider
à faire de meilleurs choix quant aux techniques à privilégier.

Mieux vivre avec le remue-méninges!

Le remue-méninges. Qui de nous n'a pas déjà participé à une activité de recherche
d'idées, pour se retrouver déçu des résultats, tant les siens que ceux des autres, et
de la dynamique de groupe elle-même? Une telle expérience peut s'avérer démobi-
lisante, voire ôter le goût de recommencer!

Certaines études ne démontrent-elles pas d'ailleurs que le *remue-méninges* ne
donne généralement pas les idées de génie que l'on espérait? Certaines concluent
même que l'activité réalisée en groupe serait moins productive que lorsque l'exercice
est fait individuellement. Quel serait alors l'intérêt de réunir, parfois à grands frais,
des personnes de qualité pour jeter sur papier des centaines d'idées ayant peu de
lien avec le problème et d'une qualité douteuses? On comprend que, dans un tel
état d'esprit, le gestionnaire considérera l'exercice comme une perte de temps ou un
investissement qui n'en vaut pas la peine.

Considéré par certains comme le père des techniques de créativité, le remue-
méninges a traversé et traverse toujours de rudes épreuves de crédibilité. Malmené,
scruté sous tous ses angles, tant par des praticiens expérimentés que des néophytes
de la méthode, il semble que le remue-méninges ne donne pas aussi souvent qu'on le
souhaite les résultats escomptés. On le mettra même, dans certains cas, allègrement
en compétition avec d'autres approches davantage axées sur la capacité des individus à créer seuls, ou sur l'utilisation d'outils préservant l'anonymat – par exemple
le groupe nominal.

Pourquoi une technique aussi simple fait-elle l'objet de tant de controverse alors
que dans notre pratique, nous constatons qu'elle porte souvent fruit et que nombre
d'autres études soulignent sa performance? Différents facteurs semblent concourir
à cet état de choses dont, pour n'en nommer que quelques-uns: les affinités personnelles avec la technique, un besoin de se distancer de la surutilisation ou la mauvaise
presse liée à la technique, l'attente de certains types de résultats difficiles à produire
par la technique, la dynamique et la composition du groupe présent, l'expérience en
créativité et le contexte dans lequel l'activité se déroule, etc. Aussi, remarquablement,
dans une importante majorité d'équipes que nous avons animées, le simple fait d'utiliser
la technique dans les règles de l'art a littéralement changé la dynamique et la performance, au dire des participants.

Nous rencontrons aussi régulièrement trois grands obstacles au succès du remue-
méninges. D'abord, il apparaît effectivement difficile pour plusieurs personnes de
réellement lâcher prise d'avec le problème et d'émettre des idées différentes, surtout
si l'exercice et le groupe n'ont pas été suffisamment préparés. En deuxième lieu, nous
constatons qu'il est rarement conduit par un animateur expérimenté qui connaît
bien les règles de la divergence et qui s'assure de leur respect. Troisièmement, on s'y

▶

cantonne souvent, sans le compléter par des techniques de soutien, par exemple les connexions visuelles et le CAMPEUR*, qui aident à diversifier les pistes d'exploration ou soutiennent la réflexion lors les périodes d'essoufflement.

Enfin, au moins aussi important, il arrive fréquemment que le remue-méninges ne soit pas suivi par un exercice de convergence efficace et que le groupe oriente ses choix non pas en fonction de la valeur distinctive d'une idée, mais d'un vote issu de la majorité.

Une étude (Sutton et Hargadon, 1996, p. 707) sur la renommée firme étasunienne de design IDEO a aussi permis d'identifier d'importants avantages indirects au remue-méninges. Bien que l'on y précise que celui-ci n'est pas toujours la meilleure technique à utiliser pour une génération d'idées efficace, on a constaté que les activités de remue-méninges avaient contribué de façon notable :

– au développement de la mémoire organisationnelle liée aux solutions ;
– à la diversité des compétences en recherche de solutions ;
– au soutien d'une attitude de sagesse durant et en dehors des sessions de remue-méninges ;
– à une perception de dynamisme et de climat positif de l'entreprise de la part des clients ;
– à l'intention des clients de collaborer avec l'équipe IDEO à long terme.

Toutes ces recherches sur le terrain viennent enrichir notre connaissance des limites et des avantages du remue-méninges et soutiennent notre habileté à l'utiliser adéquatement et dans les contextes appropriés.

---

* Ces deux techniques seront présentées plus en détail dans le prochain chapitre.

Comment choisir la bonne technique ?

Pourquoi et à quel moment devons-nous avoir recours à une technique de créativité ? Et tout aussi important, laquelle parmi plusieurs devons-nous utiliser et laquelle de ses variations ? Comme nous l'avons vu précédemment, il importe d'abord d'examiner laquelle des catégories de techniques (de divergence ou de convergence) constitue le meilleur point de départ pour entamer ou poursuivre la démarche. On choisit aussi une technique en fonction :

- de l'étape du processus créatif reflétant le mieux où se situe la réflexion ;
- de la nature du défi ou du problème lui-même ;
- du niveau de créativité requis par le défi ;
- du potentiel de spécialisation ou d'exploration offert par la technique ;
- des styles et préférences personnelles face aux techniques elles-mêmes.

Un bagage relativement restreint de techniques et dont l'apprentissage peut se réaliser dans un court laps de temps permet généralement d'atteindre les objectifs recherchés.

Choisir une technique de divergence

Avant de décrire comment effectuer un choix judicieux parmi les techniques de divergence, il apparaît pertinent d'abord de mettre en relief le fait que celles-ci seront soutenues (notamment) par quatre grandes habiletés de pensée. Ces habiletés, telles qu'elles ont été identifiées par Guilford (adapté de Rose et Lin, 1984) et utilisées dans le populaire Torrance Test of Creative Thinking (Davis, 2004, p. 247), sont la fluidité, la flexibilité, l'élaboration et l'originalité :

- *la fluidité* : l'habileté à produire un grand *nombre* d'idées dans une catégorie donnée ;
- *la flexibilité* : l'habileté à produire des idées de *catégories* différentes, ou d'utiliser *une variété de stratégies* différentes ;
- *l'élaboration* : l'habileté à produire des idées pour *préciser* une idée, la développer, la raffiner ;
- *l'originalité* : produire des idées *rares*, loin des évidences ou du banal[2].

Bien qu'il s'agisse d'une dimension séparée, l'originalité sera vraisemblablement soutenue par les trois autres habiletés. Le degré d'originalité recherché variera aussi selon les besoins. Avoir conscience de ces dimensions et les rechercher peut soutenir une meilleure performance dans l'utilisation des techniques et atteindre la qualité d'idée désirée.

Choisir la technique en fonction du niveau de créativité requis par le défi

Recherche-t-on une idée simple ou complexe ? A-t-on déjà exploré certaines avenues sans succès ? Désire-t-on une rupture totale avec les idées habituelles ? Peut-on vivre avec un certain niveau de continuité ? Il existe différents types de techniques menant l'exploration créative vers des directions plus ou moins déterminées, partant plus ou moins près du défi et créant ainsi des zones d'exploration plus propices à certaines catégories de résultats qu'à d'autres. Une des façons les plus pratiques pour classifier les outils et techniques de créativité est en fonction de leur tendance soit à rechercher une différence importante d'avec les solutions actuelles, soit à maintenir le type de solution habituel. On peut ainsi identifier deux pôles de départ des techniques de divergence :

- celles qui partent immédiatement du problème ou défi pour identifier une solution (partir du connu pour aller vers l'inconnu). C'est le cas par exemple du remue-méninges ;

---

2. Note des auteures : De nombreuses études rigoureuses démontrent la pertinence des tests de Torrance. D'autre part, Torrance lui-même a pris soin de clairement clarifier qu'un simple outil ne pouvait prétendre mesurer la créativité. Il est cependant intéressant de mentionner que certaines critiques relativisent la performance des mesures de ces habiletés et introduisent de nouvelles pistes de réflexion, à valider, susceptibles de mieux tenir compte de la complexité de telles mesures. Voir à ce sujet Almeida, Prieto et Ferrando, 2008.

- celles qui vont rapidement se diriger vers l'inconnu pour échapper à la prise du problème tel qu'il est compris, pour se libérer de l'emprise des solutions habituelles ou d'une compréhension limitative du problème à résoudre. C'est le cas par exemple du voyage analogique.

Selon Miller, Vehar et Firestein (2004, p. 75), ces outils venant de l'un ou l'autre de ces deux pôles proposent des avantages et des inconvénients qui leur sont particuliers. La première exige une bonne dose de capacité de divergence pour s'éloigner véritablement des idées toutes faites et de ses paradigmes. Par contre, ses avantages seront généralement plus immédiats : elle est souvent plus rapide et donne des résultats plus sûrs. La deuxième requiert une très grande compétence à converger en identifiant les parallèles utiles avec la réalité. Les résultats seront souvent très distinctifs bien que plus difficiles à atteindre. Une classification en ce sens est proposée par McFadzean (1998), et où les techniques de divergence ont été catégorisées en fonction du résultat attendu soit le maintien du paradigme, un étirement ou une rupture totale d'avec celui-ci (voir tableau 6.2). Nous pouvons définir ces trois catégories de la façon suivante :

- *Les techniques soutenant des solutions davantage orientées vers le maintien du paradigme actuel :* dans cette catégorie, les techniques ont l'avantage de partir du connu et d'utiliser les schémas habituels de pensée. Elles ont souvent un effet rassurant sur les participants, notamment ceux pour qui l'exploration créative est toute nouvelle ou qui sont moins enclins à participer à de tels processus. Le défi, pour l'animateur et pour les participants, est d'aller plus loin que les idées très accessibles qui viennent immédiatement à l'esprit. Un effort supplémentaire important doit être fourni pour être capable de considérer par la suite des idées ou des solutions plus insolites. Les techniques de cette catégorie sont perçues comme accessibles à un plus grand nombre et plus faciles à utiliser. Parallèlement, il ne faut pas s'étonner qu'elles amènent davantage d'idées d'amélioration continue, ou qu'elles déçoivent si elle n'apportent pas les idées révolutionnaires désirées.

- *Les techniques favorisant un étirement du paradigme actuel :* ces techniques génèrent des idées souvent situées à mi-chemin entre le maintien et la rupture d'avec le paradigme initial, dans lequel le problème serait habituellement traité. On introduit ici des techniques forçant l'appel à des éléments nouveaux ou à des angles d'exploration du défi à partir d'un point de départ différent. Mais le problème tel qu'il a été défini au départ reste toujours présent.

- *Les techniques favorisant une rupture totale avec le paradigme actuel :* elles peuvent agir de deux façons pour briser les chaînes d'avec la perception de départ du problème ou du défi : soit elles permettent de reformuler le défi ou le problème d'une toute nouvelle façon ou encore qu'elles visent à identifier une piste radicalement différente pour l'affronter ou le résoudre. Les deux voies mènent à une solution en rupture avec le type de solutions qui aurait été autrement envisagé. Cette approche ne convient pas à tous les problèmes ou défis, mais certains exigent ce passage obligé pour une exploration plus radicale. Par exemple, cela peut être le cas lorsqu'on est dans une impasse, qu'on souhaite explorer des voies d'expansion totalement nouvelles ou qu'on veut remettre en question ses façons de faire ou ses produits, ou encore chercher des façons différentes de se distinguer.

Tableau 6.2

CLASSIFICATION DES TECHNIQUES DE CRÉATIVITÉ

	Maintien du paradigme ⟷		Rupture d'avec le paradigme
Spectre d'exploration large/aléatoire	• Remue-méninges et ses versions virtuelles, Post-it^(MD) et écrites	• Métaphores et analogies simples	• Voyage imaginaire/ analogique
	• Carte mentale/heuristique	• Connexions forcées	
Spectre d'exploration étroit ou pré-identifié	• Analyse des champs de force	• CAMPEURS/ concassage	
	• Matrices morphologiques	• Rêve idéal/ *wishful thinking*	

Source : Adapté de McFadzean, E. (1998). « The creativity continuum : Towards a new classification of problem solving techniques », *Creativity and Innovation Management, 7* (3), p. 131-139 et de Miller, B., Vehar, J. et Firestein, R. (2004). *La créativité libérée : une introduction à la démarche créative,* 4ᵉ éd., Evanston, Thinc Communication, p. 75.

Trois questions clés aideront à mieux cerner le degré de nouveauté requis en fonction des besoins de l'organisation :

- *De quoi disposons-nous comme ressources ?* Les techniques amenant des idées plus radicales exigent plus de temps, de diversité de compétences et de vues, et génèrent des solutions susceptibles d'avoir un effet plus profond sur les façons de faire de l'organisation ;
- *Que pouvons-nous nous permettre de perdre ?* Une solution différente n'est pas requise en ce moment ? Il est possible de se passer de solutions radicales sans mettre l'organisation en danger à court ou à long terme ? Dans certains cas, il sera peut-être préférable de s'en tenir à des techniques plus adaptatives, visant l'amélioration de ce qui existe déjà. On pourra stratégiquement décider d'explorer des solutions plus radicales de façon proactive.
- *Que désirons-nous gagner ?* Il apparaît clairement que la nouveauté radicale positionnerait l'entreprise avantageusement ? La situation requiert un changement de barre important ou encore des problèmes récurrents nuisent de façon permanente au fonctionnement et risquent même de compromettre l'avenir de l'organisation ? L'utilisation de techniques d'exploration plus radicales devient, si ce n'est toujours un impératif, du moins un exercice désirable.

Il est évidemment préférable de ne pas attendre une situation d'urgence et hors de contrôle pour agir. Dans des cas plus complexes, on pourra procéder à des activités de réflexion stratégique créative afin d'anticiper différents scénarios : si nous nous en tenons à une amélioration incrémentale, quels en seront les effets ? Si au contraire nous recherchions une solution tout à fait nouvelle ? En quoi celle-ci serait-elle un avantage ? Une solution ? Un risque ? Certaines techniques, comme celle des champs de forces (présentée au chapitre suivant) pourront aider une telle réflexion stratégique et réorienter adéquatement les ressources face au niveau de nouveauté à adopter.

Choisir les méthodes à partir de la stratégie d'exploration

Les méthodes ne sont pas toutes pareilles et offrent en fait des stratégies d'exploration considérablement différentes pour produire des idées, qui mèneront vraisemblablement vers des idées aussi fort distinctes. On les classe généralement en cinq grands groupes.

- Les méthodes combinatoires, qui forcent la fusion ou la combinaison de deux éléments totalement différents ou non reliés pour générer de nouvelles idées. Le défi est de trouver une façon de relier ces éléments d'une manière qui génère du sens. Par exemple, on a pu combiner l'intérêt de faire de la publicité sur une personnalité et d'avoir de l'information sur celle-ci au quotidien pour en arriver à créer *Twitter*.
- Les méthodes associatives, qui utilisent un élément de similitude, les analogies, les symboles, les comparaisons ou les métaphores pour générer une idée nouvelle.
- Les méthodes de remise en question ou antithétiques, qui amènent des individus ou des groupes à jouer avec des opposés ou des extrêmes. Par exemple, imaginer un restaurant sans assiettes ni ustensiles mènera peut-être à un établissement avec service dans des feuilles de bananier, dans des pains garnis, etc.
- Les méthodes exploratoires, qui permettent de se laisser aller sans s'en tenir à une direction particulière ou être obligé d'atteindre un but particulier. Elles laissent beaucoup de latitude à l'imagination.
- Les méthodes oniriques, qui consistent à utiliser le rêve et l'imagination. Ici, on se donne le droit d'ignorer les contraintes (de temps, d'argent, de technologie, etc.) et on se permet une pensée presque magique où tout devient possible, pour ensuite seulement se concentrer sur les étapes permettant d'y parvenir.

Choisir en fonction de la nature du défi

La nature des problèmes guide le choix des techniques de créativité : toutes ne mèneront en effet pas aussi efficacement à des solutions potentielles selon la nature des besoins. Choisir une technique en fonction du défi peut être particulièrement approprié dans le cadre de réflexions de nature plus spécifique, notamment lorsque l'on souhaite :

- élaborer une planification stratégique pour l'entreprise :
  - développer une vision ;
  - identifier les problèmes émergents et prioriser les défis ;
  - mobiliser les employés vers la vision et la mission.
- identifier de nouvelles occasions d'affaires :
  - élaborer différents scénarios de possibilités dans une situation donnée ;
  - assurer des plans alternatifs de qualité à un investissement ou à une démarche dont l'issue est incertaine.
- soutenir des processus d'amélioration continue ou de qualité totale plus performants :
  - soutenir une démarche zéro défaut ;
  - soutenir la réduction des coûts, des goulots d'étranglement et des délais ;
  - soutenir une démarche d'amélioration des processus et des procédés (plus vert, plus sécuritaire, plus rapide).
- générer des concepts de nouveaux produits et services :
  - rester lié au besoin du client ;
  - exploiter le cycle de vie d'un produit ou d'un service ;
  - rester centré sur les tendances ;
  - surprendre le client.
- résoudre des conflits :
  - négocier efficacement, avec ses partenaires, associés, employés et fournisseurs ;
  - permettre de trouver une troisième voie dans une situation où les partis s'opposent dans des positions apparemment irréconciliables ;
  - concilier plusieurs impératifs (actionnaires, communauté, employés).

Nous vous invitons à vous référer au chapitre 7, où est regroupée une sélection de techniques et d'outils pratiques. Ces techniques y sont détaillées en fonction de leur utilité particulière, aidant ainsi à favoriser un choix approprié de techniques et à mieux soutenir une réflexion créative efficace.

Choisir en fonction du cheminement dans le processus créatif

Le choix de la ou des techniques s'effectuera avantageusement en tenant compte de l'étape où en est la résolution de problème ou du défi. Le chapitre 5 aborde le sujet en profondeur, mais rappelons ici simplement que la connaissance d'un processus créatif complet permet de développer une vision holistique du cheminement réalisé et qui reste à faire pour mener vers la solution d'un problème. Ces choix s'effectueront sur la base de certains questionnements, à savoir :

- *pour la clarification du défi* : La formulation de défi est-elle floue, limitative, trop large, pas assez claire ? Les efforts pour trouver une idée satisfaisante ou porteuse ont-ils été infructueux jusqu'à présent ? Ce défi est-il mobilisant ? Permet-il véritablement de faire adéquatement le lien avec le résultat espéré ? Il faut se méfier ici des certitudes et ne pas présumer qu'on sait ce qui ne va pas. Un très grand nombre de défis non résolus le sont probablement en raison d'un entêtement à conserver une formulation erronée ou obtuse du problème.

- *pour la génération d'idées* : le type et le nombre d'idées obtenues est-il approprié ou nous conduit-il vers une impasse ? Utilisons-nous toujours les mêmes techniques ? Développons-nous une diversité d'options suffisante ?
- *pour la sélection des idées* : le type de solutions que nous obtenons va-t-il encore dans la bonne direction ? Rechoisissons-nous toujours le même type d'idées ? Savons-nous reconnaître les idées porteuses ?

Choisir en fonction du style personnel et des préférences cognitives

Toutes les techniques ne sont pas faciles à employer ou même intéressantes pour tous. Par exemple, certains seront attirés par des techniques plus structurées ou dirigées, alors que d'autres préféreront des techniques exploratoires laissant davantage de place à la fantaisie et à l'imagination. Les approches du style cognitif de Kirton et des préférences cérébrales de Herrmann, présentées dans les chapitres précédents, illustrent bien comment les préférences cognitives peuvent influencer fortement l'attitude d'une personne face à l'utilisation des différentes techniques de créativité. Des outils tels Foursight (Puccio, 2002), un inventaire sur les préférences personnelles basé sur quatre profils – clarificateur, idéateur, développeur et réalisateur – peuvent aider à prendre conscience de l'effet de ces préférences sur nos façons de procéder en mode de résolution de problème. Ils soutiendront des choix de techniques favorisant un cheminement plus efficace à travers tout le processus.

William Miller (1999) notamment, propose un inventaire – l'Innovation Style Profile (ISP) – permettant d'identifier les styles d'innovation des personnes. Ce profil associe un éventail de techniques en fonction de l'intérêt des individus envers certains types de réalisations plutôt que d'autres. Quatre styles principaux illustrent les stratégies privilégiées sont identifiés : la modification, la vision, l'exploration et l'expérimentation. Selon Miller, l'individu peut avoir la compétence pour utiliser toutes les stratégies, mais il partira en général d'une préférence. En ayant conscience de son style et de celui des participants, il sera à même d'aller vers une stratégie particulière ou de décider de faire appel à d'autres pour accéder à des types de solutions différents. Examinons brièvement comment se manifeste chacun de ces styles :

- le style *modificateur* privilégie les solutions d'amélioration de ce qui existe déjà et préférera vraisemblablement des techniques telles que l'analyse des champs de force, le concassage ou la liste d'attributs ;
- le style *visionnaire* est plus intéressé par des solutions idéales. Il se sentira à l'aise avec des techniques comme la liste de vœux, la visualisation ou le rapport annuel du futur ;

- le style *explorateur* se permet de laisser aller son imagination sans direction préalable, puis il examine ensuite si certaines hypothèses ou liens peuvent être créés. Il sera à l'aise avec des exercices d'imagerie guidée, l'utilisation d'analogies et de métaphores, les associations forcées ou le rêve ;
- le style *expérimentateur* aime créer de nouvelles combinaisons. Parmi les techniques auxquelles il pourrait spontanément avoir recours, notons la matrice d'analyse, l'analyse morphologique, la nature de l'entreprise et la création de scénarios alternatifs.

Pour Miller, un groupe efficace aura avantage à varier les techniques et même les participants en fonction de leurs styles et préférences. Cela lui donnera accès à une plus grande diversité d'idées. La complémentarité des éléments du groupe permet de couvrir un plus vaste espace et d'accéder à des zones de solutions potentielles peut-être inaccessibles autrement.

Choisir une technique de convergence

Pour procéder à la sélection finale d'une solution ou d'une option, il importe de demeurer rationnel... tout en maintenant son élan créatif. La nomenclature[3] présentée ci-après montre bien que le souci de faire autrement est toujours important, et qu'un effort délibéré et véritablement axé sur la créativité mobilisera probablement plus d'un outil ou d'une technique. Au moins quatre facteurs principaux seront pris en compte lorsque vient le moment de choisir quelles idées seront retenues et mises de l'avant :

- la diversité des idées générées ;
- la maturité de l'idée, c'est-à-dire son degré de développement ;
- la valeur des idées ;
- la pertinence de la solution finale.

Tenant compte de ces considérations, l'utilisation des techniques de convergence doit mener à un effet entonnoir, facilitant un atterrissage en douceur de l'idée, que l'on veut forte, utile et nouvelle. Se préoccuper de consolider les efforts de sélection des idées ou des solutions ne peut que favoriser le succès de leur mise en œuvre par la suite. Pour parvenir à ce résultat final, on jugera souvent pertinent d'utiliser une combinaison de plusieurs types de techniques, dont :

- *les techniques intuitives de convergence :* par exemple, les techniques qui permettent d'intégrer l'intuition et l'intérêt personnel comme démarche visant à réduire un trop grand nombre de choix possibles, éliminer les moins intéressants et se rapprocher de l'idée la plus pertinente, ou encore de préserver une idée à valeur potentielle plus élevée, mais dont la faisabilité ou la pertinence n'est pas encore suffisamment démontrée ;

---

3. Plusieurs des techniques mentionnées sont expliquées dans le chapitre suivant, qui traite particulièrement de leur application directe. Les autres sont identifiées à titre indicatif, pour qu'un lecteur souhaitant aller plus loin en connaisse au moins l'existence.

- *les techniques de classification* et *de regroupement* pour aller à l'essence des idées, savoir les reconnaître selon le type d'idée ou de solution présentée et leur niveau de nouveauté, par exemple ;
- *les techniques de renforcement des idées*, permettant de dégager les avantages et le potentiel d'une idée et d'améliorer les aspects incomplets ou imparfaits, dans le but de les amener à un niveau de maturité supérieur et de pouvoir ainsi les évaluer en fonction de leur valeur véritable ;
- *les techniques d'estimation de la valeur des idées*, pour mieux mesurer l'intérêt et l'ensemble des valeurs attribuables à une idée, par exemple en termes de faisabilité, de son effet et de sa cohérence stratégique avec l'organisation ;
- *les techniques et outils de planification*, qui permettent une mise en œuvre structurée des idées et des solutions, aident à identifier les étapes, alliés, alternatives et tout autre élément devant être tenu en ligne de compte pour favoriser une implantation à succès.

Une démarche délibérée de convergence offre tout le soutien nécessaire pour faire grandir les idées, les renforcer et éventuellement les sélectionner en vue d'obtenir des résultats optimaux.

La compétence en animation

On ne peut clore ce chapitre sans souligner le besoin d'une animation appropriée afin d'exploiter adéquatement le potentiel des techniques de créativité. Ce rôle d'animation, que nos collègues anglophones désignent de façon imagée comme celui de *facilitateur,* sera généralement tenu par une personne neutre face au défi et dont la compétence sera reconnue par les participants.

Qu'il s'agisse de la simple utilisation d'une technique ou pour la tenue d'un processus complet de résolution créative de problèmes, l'apport du *facilitateur* peut – dans certains contextes – s'avérer considérable. Ce sera le cas par exemple dans le cadre de groupes ayant peu d'expérience avec les règles de la créativité (Paulus, Nakui, Putman et Brown, 2006), ou encore dans le cadre de défis où les biais personnels pourraient nuire à l'efficacité de la démarche. Il influencera aussi la démarche créative en aidant à faire des choix judicieux à toutes les étapes : identifier le problème, sélectionner les techniques appropriées tout au long du processus, réfléchir à la composition du groupe, rappeler les règles de la créativité et plus encore. Parmi ces rôles cités par la littérature (Bens, 2005) et identifiés dans la pratique, mentionnons l'apport de l'animateur pour :

1. diriger, ce qui exige de :
   - connaître la route à emprunter pour utiliser adéquatement la technique (ou mener à bien le processus créatif complet). Il faut constamment évaluer et mener le groupe vers son prochain pas ;

- assumer son rôle de leader situationnel : qu'elle le veuille ou non, la personne qui anime donne le ton au groupe et est au centre de la démarche créative. Elle permet une rétroaction efficace du groupe sur le processus et les idées. Elle doit donc être un modèle ;
- veiller au respect, en tout temps, des règles et des procédures qui permettront à la technique ou au processus de créativité de donner leur maximum. L'animateur est le maître de la procédure. Il évite d'utiliser sa position pour mousser ses propres idées et sait s'en tenir à son rôle.

2. mobiliser envers le défi et soutenir l'intérêt, ce qui l'oblige à :
- s'assurer que tous participent pour aider à résoudre le défi et à soutenir la synergie de groupe ;
- démontrer son enthousiasme et sa conviction de l'importance de la démarche et de son utilité ;
- savoir écouter et créer un rythme qui convient aux besoins du défi, des individus et du groupe.

3. faire preuve d'une attitude créative. Il doit en ce sens :
- être sensible à ce qui peut avoir de la valeur et à l'aise avec des idées radicalement différentes, pour amener le groupe à les explorer, puis à les exploiter. Il détecte intuitivement la pépite d'or et sait diriger les membres de l'équipe pour transformer le produit brut en un bijou raffiné ;
- savoir valoriser les idées, les recycler, les réutiliser, les revoir et rappeler régulièrement au groupe qu'en période de divergence, toute idée détient potentiellement une valeur ;
- être apte à changer de stratégies et de méthodes pour s'adapter aux besoins du groupe et au type de défi ;
- agir avec humour, créant ainsi un climat de détente et de plaisir, favorable au rire et aux idées surprenantes.

Conclusion

On aura compris que le choix d'une ou de plusieurs techniques de créativité ne se fera généralement pas au hasard ! Chacune a des spécificités et une utilité particulière pour aider à penser mieux et autrement. Il n'est pas nécessaire que le gestionnaire maîtrise tous les tenants et aboutissants de chacune des techniques, mais tous tireront cependant avantage d'une bonne compréhension des caractéristiques de celles-ci et de ce qu'on peut en faire, seules et en combinaison. Cette connaissance sur les outils et les techniques de créativité permet notamment de s'assurer qu'ils soient animés de façon appropriée, favorise une démarche où les participants pourront contribuer plus efficacement, et augmente ainsi par conséquence les probabilités d'atteindre les résultats espérés.

Tous les problèmes ou défis ne requièrent pas les mêmes stratégies : certaines mèneront par exemple plus facilement à des solutions orientées vers l'amélioration continue, d'autres vers des idées de rupture. D'autre part, toutes les personnes ne seront pas non plus à l'aise pour les animer ou les utiliser, notamment en raison de leur style cognitif ou de leurs préférences personnelles. La sélection des techniques prendra donc en ligne de compte un ensemble de facteurs et sera remise en question régulièrement en cours de route, notamment pour assurer une démarche flexible et adaptée à la fois au défi et au groupe.

Que ce soit directement ou indirectement, on peut anticiper que la capacité des membres de l'organisation à choisir les techniques de créativité et à les utiliser adéquatement aura des répercussions à tous les niveaux décisionnels de l'organisation. D'autre part, il importe de ne pas cloisonner les techniques de créativité à la salle de travail : elles se révèlent utiles dans une vaste diversité de contextes, et non seulement lors de réunions planifiées. Elles servent en tous temps et lieux, y compris dans le cadre des interactions interpersonnelles informelles, où elles outilleront par exemple les employés à mieux s'ouvrir et à faire cheminer de nouvelles idées, voire à démontrer plus de curiosité et même d'appréciation pour la différence.

Comme modèle créatif et pour soutenir sa propre capacité à penser autrement, le gestionnaire trouvera aussi éventuellement avantage à intégrer lui-même certaines techniques dans ses propres façons de faire, notamment lors de la prise de certaines décisions requérant de sortir d'une pensée linéaire. Cette capacité à devenir de plus en plus à l'aise avec plusieurs stratégies et catégories d'idées ouvre vraisemblablement la voie à une meilleure prise sur les défis ou sur les occasions auxquels son équipe et lui font face. On peut espérer que celui-ci sera ainsi plus à même de jouer son double rôle de leader créatif et de soutien créatif.

Ainsi, malgré une simplicité apparente, la connaissance, les choix et la fréquence d'utilisation des techniques de créativité apparaissent comme des éléments pouvant contribuer de façon pertinente au développement structuré de l'organisation créative. Dans une perspective visant à améliorer la qualité de la réflexion stratégique, et notamment dans le contexte actuel, on peut penser que chaque meilleure idée a le potentiel de jouer un rôle dans la capacité globale de l'organisation.

EN PRATIQUE...

Audit sur les techniques et outils de la créativité

Le présent audit se veut un outil simple de réflexion. Sans prétention scientifique, il vise à effectuer une estimation intuitive de la situation organisationnelle relativement à la compréhension des techniques et outils de la créativité. Il permet ainsi d'ouvrir potentiellement à des pistes d'action soutenant une créativité améliorée dans l'entreprise.

Étape 1
Utiliser les questions générales suivantes pour soutenir votre réflexion.

Sur la base du présent chapitre et des quelques questions suivantes, faites une évaluation de la situation de votre organisation à l'égard des techniques et outils de créativité. Référez-vous par la suite au graphique qui suit pour y inscrire votre estimation et poursuivre la réflexion en cherchant de nouvelles pistes d'amélioration.

Répondez ensuite aux questions de l'étape 2.

- Quelle est notre compétence à respecter les deux temps de la créativité et leurs règles?
- Quelle est notre connaissance réelle des techniques de créativité?
- Quel est mon intérêt personnel pour les techniques de créativité?
- Quelle fut mon expérience ou comment décrirais-je ma conception de l'utilité des techniques de créativité? Est-ce une vision limitative ou pouvant servir de tremplin?
- Comment cette conception vient-elle soutenir ou réduire notre recherche délibérée d'idées nouvelles?
- Quels sont les efforts que nous avons faits pour soutenir la formation aux techniques de créativité? Pourquoi?
- À quelle fréquence ressentons-nous le besoin d'utiliser des techniques de créativité?
- Pour quels types de mandats ou défis avons-nous le plus tendance à utiliser des techniques de créativité?
- Comment cette vision ou ces actions influencent-elles la compétence de nos gestionnaires?
- Comment cette vision ou ces actions peuvent-elles affecter l'utilisation des techniques de créativité par nos équipes?
- Tout en reconnaissant la contribution essentielle des experts à la bonne marche de notre organisation, conservons-nous un espace de doute suffisant pour ne pas baser nos décisions sur ces seules bases? Dans quelle mesure?
- Pouvons-nous nous rappeler un exemple où nous avons osé explorer une occasion au-delà de ce que nos experts en pensaient?
- Avons-nous amené nos experts et spécialistes à dépasser leurs propres paradigmes, qu'ils soient scientifiques ou autre?

Étape 2
Procéder à une évaluation pour les sept thèmes suivants.

Pour chacune des sept catégories de questions suivantes, indiquer votre estimation du niveau d'approbation. Le niveau 10 représente une approbation totale ou une parfaite maîtrise de la situation, et un niveau 0, une zone prioritaire à améliorer.

1. **Évaluation du portfolio de techniques et outils :**
   - Comment évaluez-vous la diversité des techniques et outils de créativité utilisée dans votre organisation ?
   - Quelle est notre connaissance réelle des techniques de créativité ? De leur nature, leurs avantages et leurs limites ?

   Estimation (1 à 10) : _____

2. **Évaluation de la compréhension et du respect des deux temps de la créativité**
   - Quelles sont notre compréhension et notre compétence à respecter les deux temps de la créativité et leurs règles, soit la divergence et la convergence ?
   - Accueillons-nous et considérons-nous aisément les idées des *candides* et non seulement des experts ?
   - Savons-nous reconnaître la valeur potentielle des idées différentes ?
   - Savons-nous donner du temps pour renforcer les idées avec un potentiel ?

   Estimation (1 à 10) : _____

3. **Évaluation du professionnalisme de la formation en créativité**
   - Quel pourcentage de nos employés est formé aux techniques de créativité comme participants ? Comme animateurs ?

   Estimation (1 à 10) : _____

4. **Évaluation de la qualité de l'animation et du choix des participants aux activités**
   - Disposons-nous d'une banque d'animateurs internes suffisamment qualifiée ? Avons-nous des appuis externes en animation quand la situation le requiert ?
   - Dans les activités de créativité, impliquons-nous une diversité de personnes, au besoin selon leur style et leurs préférences ?

   Estimation (1 à 10) : _____

5. **Évaluation de la fréquence d'utilisation**
   - Utilisons-nous les techniques de créativité pour l'ensemble des départements de notre organisation : ventes, R-D, service à la clientèle, administration et comptabilité, etc. ;
   - À quelle fréquence utilisons-nous des techniques de créativité et pour quelle diversité de défis ?

   Estimation (1 à 10) : _____

6. **Évaluation de la diversité des situations d'utilisation**
   - Utilisons-nous lès techniques de créativité principalement pour la création de nouveaux produits ou services?
   - Utilisons-nous les techniques de créativité dans une vaste gamme de défis, par exemple pour des besoins de planification stratégique, règlement de conflits, négociations?   Estimation (1 à 10): _____

7. **Évaluation de la compréhension du rôle des techniques dans un processus complet de résolution créative de problèmes**
   - Sommes-nous en mesure d'utiliser des techniques de créativité en fonction de l'endroit ou du moment où nous en sommes: par exemple dans la clarification du défi, la génération d'idées, le renforcement ou la sélection?   Estimation (1 à 10): _____

Étape 3
Explorer les principaux constats et pistes de solutions envisageables.

Les résultats obtenus aux étapes 1 et 2 permettent de dresser un portrait sommaire de la situation relativement à la connaissance sur les techniques et outils de la créativité dans votre organisation. À partir de l'analyse qu'il vous est possible d'en faire, répondez aux questions qui suivent afin d'en identifier les principaux constats et les prochaines étapes qu'il serait possible d'envisager comme pistes d'améliorations ou de découvertes.

A) Quels sont les principaux constats que vous pouvez tirer de cette analyse sommaire?

_____

_____

_____

_____

_____

_____

_____

_____

_____

_____

B) Identifiez sous forme de questions commençant par « *Comment pourrions-nous... ?*» toutes les pistes de développement ou de solution envisageables à court, moyen et long termes. Pour chacune, lister un minimum de trois actions potentielles.

Comment pourrions-nous...

_____

_____

_____

_____

_____

_____

_____

_____

_____

_____

La créativité intervient lorsque l'on se trouve face à une contradiction, face à un problème insoluble. Ainsi, lorsque le mécanisme de la logique est bloqué, il faut chercher ailleurs. Cet ailleurs, c'est la créativité qui permet de l'explorer, en oubliant les lois de la logique.

Guy Aznar, 2005, p. 3

Techniques de créativité pour gestionnaires avertis
Les essentielles

Le présent chapitre n'a pas été élaboré selon le mode habituel : il porte directement sur l'application concrète des techniques et des outils de la créativité. Il constitue en quelque sorte un complément au précédent, où une vision globale des différents types et catégories de techniques de créativité est offerte. Formaté de façon très pratique, ce chapitre est conçu pour faciliter l'utilisation des techniques de créativité au quotidien et, éventuellement, permettre à l'organisation de se doter d'un portfolio équilibré d'outils créatifs. On peut donc le voir comme un guide pour intégrer graduellement certaines techniques de créativité dans les activités de l'entreprise, de la simple réunion de travail à une séance de planification stratégique.

On y retrouve un total de 20 techniques : 10 techniques génériques et 10 répondant à des besoins plus spécialisés[1]. Ces « essentielles » ont été choisies en raison de trois critères principaux : leur utilité, leur accessibilité et leur capacité

---

1. Note des auteures : La sélection des techniques de ce livre est issue de la consultation de nombreux ouvrages, auteurs, formations et expériences pratiques. Même si la plupart ont été modifiées et adaptées, et que certaines ont même été créées par les auteures, nous tenons à reconnaître l'importante contribution de cette diversité de sources.

à aider à soutenir une réflexion efficace pour faire face à la plupart des problèmes opérationnels et défis stratégiques de l'organisation. Ces deux grands regroupements de techniques proposent chacune une sélection de techniques de divergence et de convergence pour :

- **clarifier** le problème, déterminer la vision et prioriser les défis ;
- **générer** et explorer des idées, selon les besoins et l'urgence de la situation ;
- **renforcer** et **développer** les idées clés, puis en faire une sélection stratégique afin d'obtenir une solution complète, utile et viable, en cohérence avec l'organisation ;
- **planifier l'action** en tenant compte du potentiel issu des sources d'appui, de résistance possibles au problème ou au projet et des ressources disponibles ou à rassembler.

Chaque technique est présentée sous forme de notice pratique dans un format résolument «terrain». Chacune débute par une synthèse descriptive : on y aborde le ou les objectifs recherchés, les bénéfices et limites de la technique, ainsi que le type de contexte dans lequel son utilisation s'avère particulièrement appropriée ou porteuse. On y propose une description sommaire de l'animation requise pour obtenir les meilleurs résultats et est accompagnée d'une fiche de travail pour expérimenter la technique en question. Elles sont présentées de façon à faciliter le cheminement à travers des étapes et à simplifier la prise de notes une fois dans l'action.

Quelle que soit la technique utilisée, il est recommandé de respecter la norme, somme toute bien arbitraire, d'un groupe de participants de 7 à 12 personnes. Chacune des techniques peut en effet être utilisée de façon individuelle et la plupart d'entre elles peuvent convenir à de plus grands groupes. Remarquons cependant tel que nous l'avons souligné précédemment que dans des équipes de travail trop restreintes, la dynamique créative peut être affectée à la baisse. Par ailleurs, dans les groupes trop grands, la gestion du processus peut rapidement devenir problématique, au risque de réduire la qualité des échanges et de limiter de façon draconienne la contribution de certaines personnes. L'expérience et le professionnalisme de l'animateur constituent des facteurs importants dans le choix et le nombre de participants requis.

Enfin, ce chapitre a été conçu, de par les choix qui y sont présentés, un plan de formation suggéré pour soutenir un apprentissage graduel, diversifié et structuré des techniques de créativité dans l'organisation. La sélection proposée pourra en tout temps être augmentée ou modifiée au besoin. On notera que certaines techniques, plus complexes ou à n'employer que dans le cadre de situations particulières, mériteront qu'on fasse appel à un animateur expérimenté externe au défi ou au problème.

Grilles de sélection des techniques

Comment créer un *portfolio* pertinent de techniques de créativité capable d'outiller adéquatement les équipes et les personnes pour les aider à répondre à une multitude de défis ou de problèmes ?

Nous avons d'abord identifié une sélection de techniques dites génériques, susceptibles de convenir à un vaste spectre de types de problématiques. Certaines personnes et même des professionnels du domaine s'en tiennent presque exclusivement à ces techniques et ne font appel aux autres qu'en de rares occasions. L'avantage de ce premier *portfolio* de techniques de créativité est qu'il réduit considérablement le besoin de maîtriser un grand nombre d'outils. Ce groupe de techniques génériques peut aussi agir comme tremplin, une fois intégré, pour favoriser l'introduction d'autres techniques, plus particulières aux besoins rencontrés dans l'organisation.

Le tableau 7.1 présente une grille de ces techniques génériques de divergence (D) et de convergence (C) dans un format permettant d'identifier la plus appropriée pour faire avancer le défi en fonction de l'état d'avancement vers la résolution du problème et du bénéfice recherché.

Tableau 7.1
GRILLE D'IDENTIFICATION DES TECHNIQUES GÉNÉRIQUES SELON L'OBJECTIF VISÉ

Technique	Objectif	D ou C
Clarification		
1. La recherche créative de données	Établir les fondements préalables à toute recherche d'idées véritablement adaptées.	D
2. La reformulation de problèmes en défis	Explorer différents angles pour poser le défi ou le problème, afin de mieux cerner, recadrer ou canaliser la démarche de recherche d'idées qui suivra.	D
3. L'échelle d'abstraction ou les 5 pourquoi	Identifier le défi ou le problème prioritaire, et établir les liens avec les autres buts à atteindre.	D
Génération d'idées		
4. Le remue-méninges, ses dérivés et compléments (le concassage)	Produire des idées dont les résultats seront généralement davantage orientés vers un maintien de paradigme. Souvent complété par un exercice de concassage, il permet de produire des idées permettant d'ouvrir davantage vers des idées éventuellement plus différentes.	D
5. Les matrices d'exploration	Selon le type de matrice, décortiquer de façon systématique les différents éléments composant un projet, produit ou service pour favoriser : *a)* la création de nouvelles combinaisons ; *b)* un choc des idées et la création d'idées distinctives.	D

Tableau 7.1

GRILLE D'IDENTIFICATION DES TECHNIQUES GÉNÉRIQUES SELON L'OBJECTIF VISÉ (*suite*)

Technique	Objectif	D ou C
Génération d'idées		
6. Les connexions forcées	Produire des idées allant vers des idées hors des sentiers habituels, voire permettant de créer une rupture avec le paradigme actuel. Technique d'exploration des idées souvent utilisée en extension au *remue-méninges*.	D
Renforcement		
7. Éloges d'abord	Renforcer les idées intrigantes ou offrant un fort potentiel dans le but de mieux cerner leur apport possible puis de réduire, voire annuler, les préoccupations qu'elles suscitent.	C
Sélection		
8. Les regroupements	Procéder à une sélection initiale parmi un grand nombre d'idées et comprendre l'essence des stratégies pouvant se dégager derrière celles retenues.	C
9. La grille d'évaluation	Identifier l'ensemble des critères devant être pris en compte puis procéder à l'évaluation des idées.	C
Planification		
10. La grille d'action	Identifier l'ensemble des éléments et planifier les actions à prendre à court, moyen et long termes pour transformer l'idée ou solution en réalité et en augmenter ainsi les chances de succès.	C

C = indique une technique de convergence ; D = indique une technique de divergence.

Le tableau 7.2 présente dans une seconde grille un ensemble complémentaire de techniques conçues pour répondre à des besoins plus particuliers ou pour aider à atteindre un degré plus grand de nouveauté. Certaines techniques viendront, par exemple, aider à mieux cerner l'importance stratégique ou le potentiel de mobilisation d'un nouveau projet et à identifier les étapes pour y parvenir. D'autres viseront la recherche d'idées de rupture pour créer une occasion, développer un nouveau concept de produit ou résoudre un problème. D'autres encore viendront soutenir une réflexion stratégique sur des impasses ou les perspectives d'avenir de l'organisation et aider à prévoir les parties prenantes dont il faudra tenir compte pour des projets éventuels. Une bonne compréhension préalable du problème sur lequel on désire travailler est généralement requise pour passer à ce type de techniques plus particulières.

Tableau 7.2

GRILLE D'IDENTIFICATION DES TECHNIQUES SPÉCIFIQUES SELON L'OBJECTIF VISÉ

Technique	Objectif	D ou C
Clarification		
11. Le *storyboard*	Préciser une vision et identifier les étapes pour la réaliser.	D
12. L'analyse des champs de force	Dégager l'importance relative d'un projet et mettre en relief des facteurs potentiels sous-jacents à son succès ou à son insuccès.	D
13. La liste de souhaits	Développer une vision idéale ou définir un objectif ambitieux et rechercher les éléments en favorisant l'atteinte.	D
Génération d'idées		
14. La carte mentale	Élaborer une succession d'idées par des liens associatifs. Tendance vers un maintien de paradigme.	D
15. Les métaphores	Procéder à une analyse de situation à l'aide d'images révélatrices de certains éléments de blocage ou forces afin d'ouvrir sur de nouvelles pistes de solution.	D
16. Le voyage analogique et la synectique	Explorer un univers totalement étranger au défi et présentant certaines analogies avec lui, dans le but d'y trouver des clés potentielles pour résoudre le problème. Soutient une recherche d'idées plus radicales.	D
Renforcement		
17. Les sources d'appui et de résistance	Identifier l'ensemble des sources pouvant soutenir ou contrer l'implantation d'une solution novatrice et prévoir des stratégies pour en amplifier les effets, les réduire ou les éliminer.	C
18. Les parties prenantes	Comprendre l'apport des différentes parties prenantes à un projet et planifier les actions pour assurer leur appui.	C
Sélection		
19. La Yellow Box	Classifier les idées selon leur accessibilité et leur contribution particulière et stratégique.	C
20. L'évaluation du risque	Donner un aperçu du niveau de risque perçu et procéder à la recherche de solutions pour éviter d'abandonner une idée offrant un potentiel intéressant.	C

C = indique une technique de convergence ; D = indique une technique de divergence.

La section qui suit présente les notices pratiques portant sur chacune des techniques ci-haut mentionnées, selon qu'il s'agit d'une technique de divergence – on en retrouve douze – ou de convergence – il y en a huit.

Techniques et outils de divergence

◼ LE *STORYBOARD*

Objectif recherché

La technique du *storyboard* est une approche par scénarios. La version que nous présentons ici vise particulièrement à clarifier le but à atteindre ou la vision, pour mieux se concentrer sur la définition des étapes essentielles pour combler l'écart. On recherche donc à définir où on désire se rendre et comment il sera possible de parvenir à cet objectif.

Bénéfices et limites

La technique du *storyboard* est particulièrement utile quand on a déjà une bonne idée de là où on voudrait arriver, mais moins du cheminement à faire pour s'y rendre. D'un niveau de difficulté simple, le *storyboard* permet d'abord de mieux définir et visualiser l'objectif final : quel est au juste ce succès ou le résultat auquel on aspire ? La technique telle qu'elle est présentée ici n'a pas pour but d'explorer d'autres versions possibles de ce succès ou de ce résultat, comme c'est le cas avec des techniques telles que le rêve éveillé, qui ouvre l'exploration sur tous les possibles. Elle est au contraire directement ancrée dans la vision initiale du but à atteindre. La recherche d'idées se situe donc surtout dans l'anticipation des étapes nécessaires pour rendre l'histoire complète et réaliste et atteindre ce but précis. Elle vient assurer qu'aucun maillon essentiel (actions à faire, acteurs à impliquer, etc.) ne manque pour passer de la situation actuelle à la situation désirée. À titre indicatif, d'autres applications de l'approche par scénarios peuvent cependant être utilisées. Exactement à l'opposé de la démarche ici présentée, on créera par exemple plutôt différentes conclusions à une même séquence d'étapes ou d'événements. On cherchera alors à mieux anticiper des éventualités et en faire ainsi davantage un outil pour imaginer à quoi pourrait ressembler le futur.

Description

La fiche de travail est constituée d'une série de cases dont le nombre variera selon la complexité du défi ou du problème. Les cases servent à illustrer par des croquis simples chacune des grandes étapes (moments, gens, actions) jouant un rôle déterminant dans l'accomplissement de la vision. Ces croquis pourront être décrits en une phrase ou un court paragraphe explicatif, comme une narration d'histoire. La case départ (case 1) décrit la situation actuelle, alors que la dernière est celle représentant la situation recherchée (vision finale). Le défi central de la technique est d'identifier l'ensemble des étapes nécessaires ainsi que leur chronologie pour assurer une histoire logique et la plus apte à mener au succès espéré. L'histoire est complétée quand elle permet véritablement de croire à la faisabilité du succès espéré. Tout doute subsistant indique vraisemblablement que certains éléments sont manquants ou nécessitent une exploration créative plus détaillée, par exemple pour rendre la faisabilité d'une ou plusieurs étapes plus sûre, plus attrayante, plus structurante.

Animation

- **Étape 1**   Faire un rappel de l'objectif visé, du but espéré : à quoi ressemblerait un succès si ce problème ou ce défi était relevé ?
- **Étape 2**   Sur une feuille 8,5 sur 11 pouces divisée en 9 cases ou plus, demander aux participants de faire un croquis décrivant la situation actuelle dans la case 1.
- **Étape 3**   Inviter les participants à faire ensuite un croquis dans la dernière case (9) décrivant la situation recherchée.
- **Étape 4**   Donner la consigne de compléter le scénario à l'aide des 7 cases centrales de la grille (voir fiche de travail), de façon à relier les cases 1 à 9 dans une histoire plausible. À l'occasion, on peut soutenir la réflexion créative par quelques questionnements simples (par exemple, quels seront les moments catalyseurs ou tournants décisifs, les personnes clés, aidantes ou résistantes au projet, les obstacles rencontrés, les solutions mises sur pied ou les éléments constituant une force motrice du projet ?
- **Étape 5**   En grand groupe ou en petites équipes, chacun pourra ensuite présenter son scénario. Les participants auront comme mandat de comparer les différents chemins empruntés pour atteindre le résultat recherché.
- **Étape 6**   Sélectionner les scénarios ou éléments de scénario permettant de mieux cerner les différents éléments composant une solution forte et pertinente.

Pour aller plus loin…

La technique du *storyboard* peut être très intéressante non seulement pour trouver un premier chemin pour amener une vision vers la réalité, mais aussi pour élaborer, en répétant l'exercice, plusieurs scénarios différents en vue d'atteindre le même but.

Dans le même objectif de clarifier les conditions de concrétisation d'une vision, mais aussi de s'ouvrir à une vision peut-être plus idéale du succès, Miller et Lawrence (2000) ont développé un exercice des plus stimulants en invitant les leaders à rédiger un article de journal « du futur » sur la base du rêve éveillé réaliste. L'exercice demande de rêver à un succès parfait, idéal et même au-delà de celui escompté. Puis le participant prépare un article de journal fictif, décrivant comment s'est déroulée la réalisation de la vision. On imagine alors le titre de l'article, on décrit en quelques mots le bas de vignette de la photographie et puis on rédige un texte décrivant les étapes/personnes/obstacles surmontés qui ont permis d'en faire un succès.

La technique du *storyboard* se distingue de la technique des champs de forces, que l'on verra plus loin dans cette section, et où on explore les scénarios « idéal » et « catastrophe ». Cette dernière cherche plutôt à estimer la pertinence de mettre de l'avant une vision et fait ressortir les facteurs importants à considérer pour la faire survenir (dans le cas du scénario idéal) ou pour l'éviter (dans le cas du scénario catastrophe). Elle peut ainsi être avantageusement utilisée avant le *storyboard* qui, lui, se concentre surtout sur l'identification et la planification des étapes menant à la vision.

Fiche de travail : le storyboard

1- CASE DE DÉPART	2-	3-
(réaliser un croquis illustrant la situation actuelle)		
Court descriptif :	Court descriptif :	Court descriptif :

4-	5-	6-
Court descriptif :	Court descriptif :	Court descriptif :

7-	8-	9- CASE FINALE
		(réaliser un croquis illustrant la situation désirée)
Court descriptif :	Court descriptif :	Court descriptif :

■ LA RECHERCHE CRÉATIVE DE DONNÉES

Objectif recherché

La recherche créative de données vise à construire une image (ou carte) plus complète du contexte dans lequel se situe le problème ou le défi en identifiant l'information prioritaire à considérer. Simple d'utilisation, la technique est non seulement un outil de clarification préalable pertinent à la recherche de solutions applicables et adaptées, mais aussi un outil permettant de prendre en compte la complexité de la situation requérant une réponse créative.

Bénéfices et limites

La recherche créative de données empêche de s'en tenir aux simples faits et sert de guide pour cerner l'ensemble des facteurs susceptibles de venir influencer la réflexion durant l'exercice : chacune des données recueillies au cours de l'exercice sera considérée pour ce qu'elle est et ne sera pas écartée de la recherche de faits, ici prise délibérément dans son sens le plus large, le plus créatif. Ces informations jetteront des bases solides pour la recherche de nouvelles solutions en créant une plateforme d'informations stratégiques. Elles aideront également à établir, dès le départ, si la façon d'appréhender un problème n'est pas déjà limitative. La recherche créative de faits ou de données ouvre souvent sur des angles négligés ou totalement cachés d'un problème : ces derniers peuvent pourtant s'avérer la brèche nécessaire pour en sortir, notamment dans le cas de problèmes difficiles à cerner. Elle vient aussi donner un meilleur aperçu de la complexité d'un problème en suggérant, par exemple, d'inclure les différentes parties prenantes d'un projet et de revoir l'évolution dans les faits ayant conduit à la situation actuelle. Pour réaliser adéquatement l'exercice, il importe de respecter les règles de la divergence afin de ne pas s'en tenir aux aspects évidents ou déjà connus du problème.

Description

Par la recherche créative de données, on explore le problème à l'aide de questions clés : qui, quoi, quand, comment, pourquoi, combien, etc., cela afin de rassembler, puis de sélectionner, les faits et données les plus pertinents à considérer dans la recherche de solutions. L'exercice devra mettre en relief autant les faits et données quantifiables que les perceptions, intuitions, intérêts, signaux faibles, curiosités, émotions, écarts perçus, questions sans réponses, visions, obligations perçues/ paradigmes potentiels, etc.

Animation

- ▪ Étape 1   Inviter les participants à se montrer curieux à propos des faits entourant le problème, afin de poser le plus grand nombre de questions et ainsi mieux cerner tous les axes du défi, notamment :
  - – sur l'historique du problème : Pourquoi est-ce un défi ? Qu'est-ce qui a été fait pour tenter de le résoudre ? Qui a pu résoudre un tel problème ailleurs ? ;
  - – le résultat espéré : Qu'est-ce qui sera réglé si nous résolvons ce problème ? Quel en sera l'effet ? Qu'est-ce qui influence aussi ce résultat espéré ? À quoi saurons-nous que nous avons vraiment réglé le problème ? ;
  - – sur le problème lui-même : Quand ce problème semble-t-il surgir ? À quelle fréquence ? Combien de fois ? Comment cela arrive-t-il ? Qui ou quoi est en amont du problème ? En aval ? Comment se manifeste le problème ? Quelle est l'information qui nous manque pour mieux comprendre le problème ? Quelles sont les pistes qui n'ont pas encore été explorées ? Pourquoi ?
- ▪ Étape 2   Revoir l'ensemble des données afin de ne retenir que celles qui semblent apporter des fondations solides pour poursuivre la démarche vers la génération d'idées (notamment grâce au respect des règles de convergence). Réinscrire ce nombre plus restreint d'informations jugées particulièrement stratégiques afin de pouvoir y référer durant la recherche de solutions et de faciliter les choix finaux.

Pour aller plus loin...

Il peut être enrichissant de regrouper les faits identifiés en catégories distinctes, selon la teneur de la contribution de l'information : faits validés, faits à valider, perceptions ou écarts perçus. Ces faits ne sont pas toujours aussi solides ou évidents qu'il apparaît à première vue, même dans des domaines scientifiques. L'effort de transférer un prétendu fait de la catégorie «faits validés» à «faits à valider», par exemple, peut conduire à une réorientation radicale des efforts. Cette saine curiosité ou méfiance face aux données recueillies permettra de se poser de nouvelles questions pour aller plus loin dans la recherche de données. Parmi ces questions, il y a les suivantes.

- ▪ *Pour les informations «faits validés»*
  À quel point ces faits sont-ils utiles pour résoudre le problème ? Quelle information sous-jacente peut être tirée de ces données ? Quels sont les facteurs qui peuvent influencer directement ou indirectement ces données ? Qu'en est-il de la qualité de ces données ? De quoi est-ce que ces données ne tiennent pas compte ? Quelle valeur accordons-nous à la qualité de cette information ?

- *Pour les informations «faits à valider»*

  Comment pourrions-nous valider ces données? Comment pourrions-nous mesurer une expérience? Qui peut confirmer cette information? Quel degré d'importance accordons-nous à cette information pour la suite des choses? Comment cette information a-t-elle affecté jusqu'à présent notre vision du problème?, etc.

- *Pour des informations de nature perceptuelle ou intuitive concernant des valeurs et des croyances*

  Comment cette perception peut-elle nuire ou aider à notre recherche de solutions? Comment pouvons-nous valider notre perception? Et qui peut le faire? Comment pouvons-nous tenir compte de cette intuition dans notre démarche? Quelle est notre tolérance au risque face à ce problème?

- *Pour des informations permettant de détecter des écarts ou des zones floues*

  Comment pouvons-nous réduire cet écart? Comment pouvons-nous clarifier cet élément d'information? En quoi mieux comprendre ou régler cet égard serait-il un avantage? Pour quoi? Pour qui? En quoi cette zone floue nous empêche-t-elle de prendre un risque? Quel est le risque réel? Comment pouvons-nous le prévenir? Quelle autre source d'information pourrait nous donner des indications au moins indirectes?

«Faits» gaffe!

Min Basadur (2001, p. 22-24), ingénieur, chercheur réputé et formateur en créativité appliquée, relate une expérience personnelle fort pertinente pour mettre en relief notre perception des «faits» sur la prise de décision. Il semble qu'à une certaine époque de sa vie, son employeur d'alors a, durant de longs mois et à grands frais, recherché le secret d'un concurrent qui venait de lancer un produit à forte rentabilité: une cire liquide pour les services de lave-auto automatique. Après beaucoup d'efforts et de maux de tête, l'équipe a constaté avec stupeur que ce qu'ils prenaient pour un fait n'en était pas un! Ce n'est qu'en faisant laver une voiture et après analyse qu'ils ont pu constater que la cire répartie sur l'automobile lors du lavage n'adhérait pas à la carrosserie et coulait tout simplement sur le sol. À strictement parler, le supposé fait était donc faux: la voiture n'était pas cirée... Par contre, le concurrent en apposait bel et bien sur les voitures.

Cette anecdote semble se répéter souvent dans la pratique. Combien de fois notre interprétation hâtive nous induit-elle en erreur? Ce fut le cas chez un de nos propres clients, un grand hôpital en besoin important de recrutement de personnel spécialisé, où les dirigeants tenaient pour acquis la notoriété de l'institution et l'intérêt de sa spécialité dans le milieu. Ce fut la stupeur totale quand ces derniers réalisèrent durant la démarche qu'un fort pourcentage des finissants issus des disciplines santé convoitées ne parvenait même pas à situer l'hôpital dans la bonne région du Québec! Un changement draconien de stratégie s'ensuivit, réalignant par conséquent dans la bonne direction ressources et énergie!

Fiche de travail : la recherche créative de données

Étape 1.
Recherche d'informations et classification

Liste des informations recueillies	Classification selon la nature de l'information	Faits validés/ Recherches scientifiques récentes/ Limites	Faits à valider/ Information potentiellement désuète/ Expérience	Valeurs/ Croyances/ Intuitions/ Perceptions	Écarts perçus/ Questions non répondues/ Zones floues
1.					
2.					
3.					
4.					
5.					
...					

Étape 2.
Sélection de l'information clé et raffinement de l'analyse

Liste des informations recueillies	Questions clés	Questions clés	Questions clés	Questions clés
	– Cette information est-elle à jour ? – Tient-elle compte de tous les faits ? – La méthodologie est-elle rigoureuse ? – D'autres données viennent-elles contredire cette information ? – Ce fait est-il précis ? – Comment pouvons-nous relativiser cette information ?	– Comment pourrions-nous quantifier ou valider cette information ? – Quels sont les effets possibles si cette information se confirme vraie ou fausse ? – Comment pourrions-nous réduire le degré de risque de notre analyse ?	– Jusqu'à quel point pourrions-nous valider cette information ? – Comment pourrions-nous réduire le degré de risque de notre analyse ? – Comment nous serait-il possible de penser autrement, à l'extérieur de cette croyance ? – En quoi viendra-t-elle affecter le processus et réduire les options envisageables ?	– Comment pourrions-nous réduire cet écart ? – Comment pourrions-nous trouver de l'information sur le sujet ? – Comment pourrions-nous clarifier le problème ?

LA REFORMULATION DE PROBLÈME EN DÉFIS

Objectif recherché

L'objectif de la reformulation d'un problème sous forme de défis est d'inscrire immédiatement la démarche en mode recherche de solution et de s'ouvrir à un vaste éventail d'angles d'attaque afin d'identifier l'axe le plus porteur possible pour diriger la production des idées.

Bénéfices et limites

La reformulation sous forme de défis permet de façon simple de se positionner en mode «solution». C'est la clé essentielle pour s'ouvrir véritablement au monde des idées. Le pouvoir d'une question bien formulée est énorme et, pour le gestionnaire, savoir formuler un problème constitue un outil de mobilisation en soi. La formulation/reformulation en défis stimule la pensée afin de voir le problème autrement, avant même d'entamer la recherche d'idées pour le résoudre. Elle constitue un premier pas en vue d'accéder à des idées plus porteuses et plus adaptées. Un problème bien formulé est à moitié résolu, dit-on. C'est exactement l'esprit de cette technique. Si l'exercice est relativement simple à réaliser, on prendra soin d'éviter les formulations trop floues ou, à l'opposé, trop restreignantes pour soutenir une recherche efficace de solutions nouvelles.

Description

En respectant les règles de la divergence, le groupe aura à reformuler le problème initial sous différentes formes, en adoptant une attitude positive face au problème afin d'en faire un défi mobilisant.

Animation

- **Étape 1** Définir le problème tel qu'on le conçoit au départ, de façon aussi concise que possible. Par exemple : nos ventes ont baissé de 20 % lors du dernier trimestre, ou encore, nous perdons notre espace tablette au profit d'un concurrent.
- **Étape 2** Formuler autrement ce problème sous forme de question, cette fois-ci de façon positive et mobilisante, à l'aide des mots suivants : *Comment pourrions-nous... ?*, ou encore *Quelles seraient toutes les façons de... ?*. Par exemple : *Comment pourrions-nous maintenir le niveau actuel de nos ventes*, ou encore *De quelles façons pourrions-nous augmenter notre espace tablette* [2] ?

---

2. Selon la regrettée Ruth Noller, la reformulation en questions débutant avec l'amorce «De quelles façons pourrions-nous... ?» ou «Quelles sont toutes les façons dont nous pourrions... ?» aurait comme avantage particulier d'ouvrir plus facilement l'esprit à des idées nouvelles que le traditionnel «Comment pourrions-nous... ?», qui suggère déjà une préévaluation des idées. À ce sujet, voir Noller (1986, p. 24).

- Étape 3   Reformuler ce même problème de plusieurs manières (idéalement au moins une quinzaine) dans le respect des règles de la divergence, afin d'ouvrir d'autres portes pour aborder le sujet. Par exemple, à partir de notre question initiale « *Comment pourrions-nous maintenir le niveau actuel de nos ventes ?* », nous pourrions tenter de la reformuler différemment, tel qu'il est illustré ci-dessous :
    - Comment pourrions-nous augmenter nos ventes ?
    - Comment pourrions-nous envisager une nouvelle utilisation pour nos produits ?
    - Comment pourrions-nous faire plus de profit par unité vendue ?
    - Comment pourrions-nous vendre un nouveau service par unité vendue ?
    - Comment pourrions-nous nous allier à un autre partenaire s'adressant à des clients auxquels nous n'avons pas accès présentement ?
    - Comment pourrions-nous sous-traiter cette ligne de produits ?
    - Comment pourrions-nous sous-louer notre espace tablette ?
    - Comment faire en sorte que tous les produits environnants pointent vers notre produit ?
    - Comment pourrions-nous créer un espace tablette virtuel pour augmenter la présence de nos produits ?
- Étape 4   Sélectionner la formulation de défi qui suggère le plus d'occasions ou qui offre un angle nouveau intéressant pour débuter l'exploration des idées.

Pour aller plus loin…

À partir de cet énoncé de question maintenant présenté sous la forme d'un véritable défi, il est possible de lancer la phase de génération d'idées avec l'une ou l'autre des techniques appropriées. Si, par la suite, la génération d'idées n'offre pas de pistes de solutions suffisamment intéressantes, il peut être utile d'utiliser une autre des formulations identifiées ou même d'en formuler de nouvelles. On pourra même, si cela est nécessaire, retourner encore plus en amont et revoir les faits et données afin de voir si ces informations pourraient aider à reformuler plus adéquatement le problème.

Clarifier un défi relève d'un art particulier. Selon la complexité du problème à résoudre, il apparaît souvent justifié de poursuivre la démarche de clarification par une ou des techniques telles que les « 5 Pourquoi » ou « l'Échelle d'abstraction » présentées plus loin.

Fiche de travail : la reformulation de problèmes en défis

Étape 1	Inscrire le problème ou le défi initial
Étape 2	Formuler le problème de façon positive à l'aide de l'amorce de formulation « Comment pourrions-nous... ? ». Compléter l'énoncé avec un verbe d'action et l'objectif désiré. Comment pourrions-nous _____?
Étape 3	Reformuler le problème de plusieurs façons différentes 1. Comment pourrions-nous _____? 2. Comment pourrions-nous _____? 3. Comment pourrions-nous _____? 4. Comment pourrions-nous _____? 5. Comment pourrions-nous _____? 6. Comment pourrions-nous _____? 7. Comment pourrions-nous _____? 8. Comment pourrions-nous _____? 9. Comment pourrions-nous _____? 10. Comment pourrions-nous _____? 11. Comment pourrions-nous _____? 12. etc.
Étape 4	Sélectionner la formulation de défi qui offre un angle prometteur pour explorer des idées de solutions Comment pourrions-nous _____?

L'ANALYSE DES CHAMPS DE FORCE

Objectif recherché

L'analyse des champs de force est un outil aidant à imaginer l'aboutissement ultime advenant le cas où un objectif ou une solution que l'on envisage atteindre ou implanter était réalisé avec succès ou, au contraire, l'effet négatif sur l'organisation en cas de non-réalisation de l'objectif ou d'une implantation sans rigueur.

Bénéfices et limites

L'analyse des champs de force permet de cerner l'importance stratégique d'un problème ou d'un défi pour l'organisation. Elle aide ensuite à cerner les éléments susceptibles d'agir comme catalyseurs, qu'on appelle ici les forces. La période d'idéation vise finalement à identifier des idées venant répondre particulièrement à ces forces, pour diminuer les forces négatives et pour amplifier les forces positives.

Description

Sur la base des règles de la divergence, le groupe doit anticiper les possibilités extrêmes résultant d'une même problématique, c'est-à-dire un scénario à succès par excellence et un scénario catastrophe ultime. En polarisant aussi fortement le défi, les facteurs sous-jacents à l'un et à l'autre des scénarios apparaissent plus évidents. L'exercice se termine par l'identification des idées concrètes favorisant l'émergence du scénario positif et l'évitement du scénario négatif.

Animation

- Étape 1   Définir le problème ou le changement désiré. Identifier ce qui pourrait être amélioré ou fait différemment.

  Exemple : nous aimerions que nos clients perçoivent nos services comme personnalisés.

- Étape 2   Inviter les participants à se projeter dans l'avenir durant quelques minutes afin d'imaginer ce que serait un scénario idéal répondant à ce défi. Faire ensuite le même exercice, mais en imaginant cette fois-ci à quoi ressemblerait le pire scénario. Reformuler en deux scénarios simples et distincts.

  Exemple d'un scénario idéal : nos clients sentent que nos services sont exceptionnellement personnalisés.

  Exemple d'un scénario catastrophe : notre clientèle perçoit nos services comme totalement impersonnels.

- Étape 3   Sur le mode de divergence, rechercher tous les facteurs ou forces pouvant soutenir les deux dénouements (le positif et le scénario catastrophe), la force étant ce qui peut influencer la situation dans un sens ou dans l'autre.

Exemple pour le scénario idéal :
- nous prenons le temps de les contacter régulièrement de vive voix ;
- nous les invitons à nos activités ;
- nous avons une procédure d'envoi de courrier rappelant les dernières rencontres avec eux ;
- nous les informons de ce qui peut répondre à leurs goûts et à leurs besoins.

Exemple pour le scénario catastrophe :
- nous ne faisons pas de suivi sur la satisfaction du client après l'achat ;
- nous traitons les plaintes comme des problèmes et des coûts supplémentaires au lieu de pistes d'amélioration ;
- nous ne voulons pas connaître les raisons qui motivent nos clients à faire affaire avec nous, ni celles qui les amènent à ne plus nous consulter ou à nous quitter ;
- nous remettons entre les mains d'un seul membre du personnel l'entièreté de la relation avec le client.

- ▪ Étape 4 Sélectionner les forces qui vous semblent les plus pertinentes puis, pour chacune, faire une évaluation d'impact (p. ex., 1 = faible impact ; 5 = fort impact). Additionner la valeur totale du scénario positif puis celle du scénario catastrophe afin d'estimer l'importance et l'urgence de résoudre ce défi ou problème pour l'organisation.
- ▪ Étape 5 Pour chacune de ces forces et particulièrement pour les facteurs ayant un impact important, identifier des idées particulières susceptibles de 1) contribuer à la mise en place/augmenter les forces positives et 2) générer des idées permettant de limiter/éviter l'impact des forces pouvant susciter le scénario catastrophe.
- ▪ Étape 6 À la suite de cette production d'idées ayant permis d'analyser les deux scénarios, élaborer une stratégie complète en tenant compte des différentes forces identifiées.

Fiche de travail : l'analyse des champs de force

Étape 1	Énoncer le problème ou le changement désiré (vision)			
Étape 2	Élaborer des scénarios extrêmes			
	2a) Scénario idéal Imaginer le scénario idéal si la situation était implantée/résolue parfaitement.		**2b) Scénario catastrophe** Imaginer le pire scénario pouvant survenir si le changement n'est pas opéré.	
Étape 3	Identifier les forces en jeu			
	3a) Liées au scénario idéal	Valeur	**3b) Liées au scénario catastrophe**	Valeur
	Force 1		Force 6	
	Force 2		Force 7	
	Force 3		Force 8	
	Force 4		Force 9	
	Force 5		Force 10	
	Valeur totale		Valeur totale	
Étape 4	Compléter la colonne *valeur* des sections 3a et 3b ci-dessus, en évaluant la valeur des forces en vue de mettre en relief l'importance stratégique des différents facteurs identifiés et de détecter les priorités d'action. (Légende : 1 = facteur à faible impact pour l'organisation et 5 = facteur à fort impact pour l'organisation)			
Étape 5	Rechercher des actions pour contrer les forces négatives et optimiser les forces positives. **Force nº 1 :** _____ Idée particulière 1 Idée particulière 2 Idée particulière 3 **Force nº 2 :** _____ Idée particulière 1 Idée particulière 2 Idée particulière 3 **Force nº 3 :** _____ Idée particulière 1 Idée particulière 2 Idée particulière 3			
Étape 6	Formuler la solution complète envisagée _____ _____ _____ _____ _____			

■ L'ÉCHELLE D'ABSTRACTION OU LES 5 POURQUOI

Objectif recherché

Cette technique aide à cerner ou à valider le problème à partir duquel il est le plus pertinent de débuter la démarche. Avec une utilisation plus élaborée, la technique aidera à dresser un plan de l'ensemble des problèmes et sous-défis auxquels l'organisation est confrontée pour atteindre son objectif particulier, et même à comprendre les liens de cohérence entre eux.

Bénéfices et limites

Dans son utilisation la plus simple, la technique de l'échelle d'abstraction (aussi nommée «Les 5 pourquoi?») met en évidence les principales intentions ou motivations liées à la résolution d'un problème initialement identifié comme central. L'exercice de dresser cette liste de motivations, qui seront immédiatement reformulées sous forme de questions, aidera souvent à trouver une formulation de défi beaucoup plus précise et près de l'endroit où l'action doit vraiment débuter pour une plus grande efficacité. Il conduit à l'identification du problème véritablement prioritaire. Ainsi, cette technique assure de démarrer une recherche de solution avec un énoncé ni trop vague ou large (au haut de l'échelle), ni trop étroit (au bas de l'échelle) qui mènerait à des impasses. Elle est en quelque sorte un point de départ très productif pour la recherche de solutions, information clé souvent camouflée sous d'autres plus faciles à détecter.

Parmi ses nombreux avantages, elle outille l'équipe pour revoir le défi autrement, en dépassant les idées préconçues souvent issues d'affirmations comme: «Nous savons très bien ce qu'est notre problème.» La créativité est ici utilisée avant même la génération d'idées pour résoudre un problème, ce qui permet de conduire à la formulation d'un défi pertinent, parfois même percutant. La limite inférieure de la grille de travail touche souvent des problèmes liés à des besoins en termes de ressources (moyens) de temps ou d'argent notamment. La limite supérieure de la grille fait souvent ressortir des besoins plus émotifs, liés au sentiment de contribution, de satisfaction, de plaisir ou de bonheur. L'échelle d'abstraction vient justement nous indiquer qu'il existe toute une hiérarchie de problématiques à relever entre ces deux pôles et où se situe bien souvent la meilleure prise pour travailler sur le problème.

Dans son utilisation plus élaborée, la technique peut vraiment contribuer à soutenir une analyse stratégique. Elle aide à identifier l'ensemble des problèmes reliés à une résolution efficace d'un problème, en partant des motivations les plus abstraites jusqu'aux obstacles les plus terre-à-terre exerçant une influence directe ou indirecte sur le résultat à atteindre. Comme le souligne Basadur, «en utilisant cette analyse, il est possible de relier précisément les buts et objectifs stratégiques de l'entreprise avec l'ensemble des programmes d'action et des activités quotidiennes, le tout dans une seule carte hiérarchique» (Basadur, 2001). Il s'agit d'une technique clé qui, à notre avis, peut cependant nécessiter une formation particulière pour pouvoir en tirer tout le potentiel.

Les principales limites de la technique viennent des conditions entourant son utilisation. Par exemple, il faut savoir quand un bon niveau d'analyse est atteint, que ce soit pour ne pas aller dans des détails qui ne font pas avancer la réflexion, ou pour ne pas arrêter trop tôt et n'effleurer que la surface de la situation à analyser. Il faut aussi noter qu'une bonne analyse du défi peut, selon sa nature, requérir un temps considérable. Ce temps, si le défi est hautement stratégique ou critique, s'avère un véritable investissement. Enfin, la clarté dans la formulation des réponses que l'on veut courtes, précises et complètes est particulièrement déterminante. Des formulations trop floues ou incomplètes empêchent carrément d'avancer ou amènent à tourner en rond.

Aussi, au moment d'effectuer la hiérarchisation des défis et en raison du niveau d'abstraction exigé pour faire un bon travail, il peut devenir ardu de comprendre tous les liens. C'est cependant cet exercice intellectuel de haute voltige qui permet de mieux cerner les problèmes les plus pertinents, ainsi que les liens qui les unissent, de même que les écarts (ou les défis qui n'avaient pas été identifiés), changeant ainsi parfois de façon importante la dynamique dans la recherche de solutions.

Animation

- *Note :*   L'utilisation de Post-it[MD] et d'une grande feuille volante simplifiera la réalisation de la technique.

- Étape 1   Sélectionner d'abord l'énoncé de défi qui semble le plus représentatif de vos besoins. Inscrivez-le sur un premier Post-it[MD] que vous placez au centre de la fiche de travail.

- Étape 2   À l'aide de la première question clé de la technique, soit le « pourquoi », explorer les raisons sous-jacentes au problème. Formulez ces réponses sous forme de phrases courtes, précises et complètes : il s'agit d'une condition clé pour animer la technique avec succès.

- Étape 3   Transformer la réponse en question « Comment pourrions-nous… ? » et l'inscrire sur un autre Post-it[MD], en haut du défi initial. Répéter l'exercice à plusieurs reprises en demandant « Pourquoi d'autre ? » *Note* : il est recommandé ici de faire un effort de réflexion supplémentaire pour dépasser les évidences, le but recherché étant d'identifier l'ensemble des motivations importantes soutenant le problème. Reprendre ainsi chacune des réponses en l'explorant avec la question « Pourquoi » et « Pourquoi d'autre ». On voit graduellement apparaître une logique créant une hiérarchie de réponses offrant des liens de cause à effet, où il apparaît clair qu'une réponse ne peut venir avant l'autre ou dans un ordre différent. On valide la pertinence de chacun des nouveaux énoncés en se demandant, à l'inverse : est-ce que cela est l'une des raisons qui nous empêchent d'atteindre ce défi particulier (niveau inférieur en question) ?

- Étape 4   Sous le défi initial, faire maintenant l'exercice en posant la seconde question clé de la technique, soit : « Qu'est-ce qui nous empêche de ? ». Reformuler aussi les réponses sous forme de questions « Comment pourrions-nous… ? ».

Note: Il est ici aussi recommandé de faire un effort de réflexion accru pour dépasser les évidences et ainsi identifier l'ensemble des obstacles et moyens pour résoudre le problème. Le haut de l'Échelle d'abstraction tend justement vers l'abstraction, alors que le bas du graphique oriente davantage vers les moyens et le concret. Après un certain degré de détail, il devient utile de se demander si cela vaut la peine d'aller plus en profondeur. On valide la pertinence de chacun des nouveaux énoncés en se demandant, à l'inverse : Pourquoi voudrions-nous relever ce défi ? Est-ce que cet élément est une des raisons qui permettent de répondre au défi ?

- Étape 5   Revoir l'ensemble des reformulations de défi et les placer en ordre hiérarchique au-dessus et au-dessous du défi initial.

- Étape 6   Réévaluer la formulation de défi apparaissant la plus prioritaire et constituant la meilleure emprise sur le problème.

Pour aller plus loin...

La forme simple de la technique de l'échelle d'abstraction se révèle relativement accessible. Cependant, il est fortement recommandé de suivre une formation sur son utilisation ou de recourir aux services d'un animateur expérimenté lors d'une application élaborée. Il peut en effet s'avérer difficile de maîtriser parfaitement cette technique uniquement à partir d'une lecture des principes et directives.

Fiche de travail: l'échelle d'abstraction

Pourquoi... ?	*Et pourquoi d'autre ?*	*Et encore pourquoi ?*
⇧	⇧	⇧

⇧

Problème initial :
Comment pourrions-nous... ?

⇧

⇧	⇧	⇧
Qu'est-ce qui empêche de... ?	Quoi d'autre empêche de... ?	Et quoi d'autre... ?

■ LE REMUE-MÉNINGES, SES DÉRIVÉS ET SES COMPLÉMENTS

Objectif recherché

L'objectif du remue-méninges est d'obtenir un vaste éventail d'idées dans un laps de temps très court.

Bénéfices et limites

Le remue-méninges est un excellent outil, simple et accessible, quand on veut générer rapidement un grand nombre d'idées. Il permet d'explorer de nombreuses pistes, en comparaison, par exemple, avec les résultats obtenus avec des techniques plus dirigées comme les matrices ou les grilles d'exploration.

Bien qu'il soit facile d'application sur le plan théorique, le respect des règles de la divergence est souvent un véritable défi pour bon nombre de participants, d'où l'utilité d'une préparation pour soutenir une démarche efficace. De plus, une fois les résultats initiaux obtenus, il importe de dépasser la purge des premières idées pour atteindre la phase plus créative de la recherche d'idées. Enfin, pour apprécier la technique à sa juste valeur, il est primordial de comprendre son rôle essentiellement exploratoire, amenant à accepter le fait qu'un grand nombre d'options risque de ne pas être retenu. La phase initiale, durant laquelle les premières idées sont émises, a une durée variable d'un défi à l'autre. Dans la pratique, on estime généralement que les 15 à 20 premières idées seront très similaires d'un groupe à un autre (donc peu de nouveauté) et que l'objectif minimal à dépasser serait généralement d'au moins 30 idées, obligeant ainsi la personne ou le groupe à penser autrement. Évidemment, ces chiffres ne sont donnés qu'à titre indicatif. Cependant, le sentiment de «passer la barre des idées préconçues» sera éventuellement ressenti. Bien traverser cette phase conduit à une seconde vague d'idées, celles-là éventuellement plus distinctives.

Description

La technique est simple. Il suffit de générer le plus grand nombre d'idées possible, que l'on atteindra en différant totalement le jugement sur les idées émises (les siennes ou celles des autres), en recherchant les idées différentes et en construisant autant que possible sur les idées déjà générées. Toutes les stratégies sont bonnes : élaborer sur les idées émises, changer de catégories d'idées, rechercher des idées radicalement différentes. L'humour est un excellent allié du remue-méninges et permet bien souvent de générer de toutes nouvelles pistes d'idées.

Animation

- Étape 1   Dès le départ, prendre soin de rappeler les règles de la divergence, qui sont à la base d'un remue-méninges efficace. Des rappels de ces règles doivent souvent être faits durant l'exercice pour assurer un maximum de performance.

- Étape 2   Sur une feuille volante, inscrire les idées émises. Ces idées, que l'on désire simples et claires, sont formulées avec une forme active, soit avec un verbe et un complément. Chaque idée émise doit simplement être accueillie avec reconnaissance, pour stimuler la génération d'autres idées, sans aucun jugement, qu'il soit positif ou négatif.

- Étape 3   L'exercice de remue-méninges est normalement suivi par l'utilisation d'une technique de convergence pour être en mesure de faire un choix éclairé. Il est recommandé de faire au moins deux types de sélection dans le lot d'idées émises : une parmi les idées les plus standards, qu'on se voit immédiatement capable de mener à terme, puis une seconde, plus créative, choisie en fonction du fait qu'elle soit simplement attirante, intrigante ou farfelue, mais qui suscite un attrait particulier, cela même en raison de son côté improbable. Cette idée originale peut faire l'objet d'une analyse de type « Éloges d'abord » (décrite dans le présent chapitre) avant d'être par la suite réévaluée et comparée avec l'autre. Les avantages d'une telle procédure sont nombreux et il arrive fréquemment qu'une idée qui semblait initialement plus difficile à réaliser devienne un premier choix.

Il existe d'autres versions de l'animation du remue-méninges. Trois d'entre elles sont réputées être particulièrement utiles pour bien gérer le flot d'idées, changer le rythme de l'exercice, se prémunir de la domination excessive de certains individus ou encore pour stimuler la participation de personnes réservées ou plus analytiques. Voici en quoi consistent ces autres versions du remue-méninges :

- *Le remue-méninges avec Post-it*[MD] : chaque participant disposera d'un calepin de Post-it[MD] et d'un crayon-feutre suffisamment foncé. On n'écrira qu'une seule idée par Post-it[MD]. L'animateur invitera chacun à énoncer son idée avant de la remettre pour qu'elle soit affichée sur le tableau, ce qui dynamise le rythme de l'activité et qui dégage l'animateur d'une tâche fastidieuse et détournant son attention de la gestion du processus ;

- *Le remue-méninges silencieux* : pour réaliser le remue-méninges silencieux, on préparera des feuilles 8,5 sur 11 pouces divisées en neuf carrés égaux, en inscrivant le problème dans le haut de la page. On utilisera idéalement des Post-it[MD] petit format, bien que l'on puisse directement inscrire les idées dans les carreaux. Une feuille par participant doit être prévue et au moins une supplémentaire placée au centre de la table. Des équipes de quatre à sept personnes sont recommandées. Les participants seront invités à inscrire trois premières idées dans les carrés du haut, puis déposeront leur feuille au centre, en échangeant leur feuille avec celle d'un autre participant. On peut faire plusieurs tours successifs. À partir du deuxième tour, la consigne est de poursuivre la recherche d'idées en faisant un effort particulier pour construire sur les idées émises par les autres ou pour identifier de toutes nouvelles idées. Ces idées sont inscrites dans trois autres carrés, et ainsi de suite. L'exercice convient particulièrement bien pour alterner le rythme après une séance de remue-méninges traditionnel ou avec Post-it[MD], et pour mieux stimuler les idées des personnes plus analytiques ou introverties.

- *Le remue-méninges virtuel* : semblable sur le fond aux autres exercices de remue-méninges, on utilisera plutôt des outils électroniques pour diffuser les idées au groupe, en protégeant l'anonymat des personnes, isolées par des îlots de travail indépendants. La version virtuelle peut aussi très aisément se réaliser sur une plus longue période de temps que la standard, par exemple pour faire participer sur un même défi des groupes d'employés travaillant sur des quarts différents[3].

Pour aller plus loin…

Il est fréquent d'utiliser le remue-méninges pour débuter une séance de créativité, puis de soutenir l'exercice de divergence en y ajoutant des techniques complémentaires de nature différente, souvent en y alliant le concassage, aussi appelé CAMPEURS (Isaksen, Dorval et Treffinger, 2003). Cela permet de pousser davantage l'exercice créatif et contribue à donner un second souffle à la recherche d'idées. Voici une brève description de cette technique. *Le concassage* est une approche ouvrant l'exercice créatif à différentes stratégies de transformation ou déclencheurs, parfois mais pas toujours utilisés en séquences, dont les combinaisons, les réductions, la suppression, l'économie et autres (Aznar, 2005). Il sera généralement utilisé pour des défis liés à des objets ou à des produits, bien qu'il puisse s'avérer très pertinent pour des questions de nature plus abstraite. À partir de l'un des huit verbes clés déclencheurs tirés de la liste ci-dessous, on exploitera les idées nouvelles pouvant surgir de la transformation suggérée :

- *Combiner* : Comment pouvons-nous combiner ce produit ou un de ses éléments avec autre chose ? Quelle fonction peut-on lui ajouter ? S'il s'agit d'un problème, à quoi peut-on l'associer ou avec quel autre élément peut-on le combiner ?
- *Adapter* : Comment cet objet ou ce problème peut-il être mieux adapté à son environnement ? À quelles autres idées cela nous fait-il penser ?
- *Maximiser/minimiser* : Comment pouvons-nous réduire un objet, un produit, un service ou l'un ou l'autre de leurs éléments ? À l'inverse, comment peut-on le grossir ou l'augmenter ?
- *Permuter/inverser* : Comment est-il possible d'inverser certains aspects du produit ou du service ? Comment pourrait-on interchanger certains de leurs éléments respectifs ? S'il s'agit d'un problème, comment peut-on l'inverser ou lui donner une signification contraire ? Si nous commencions par la fin, par quoi débuterions-nous ?

---

3. Source : Entrevue réalisée avec Steve Kochan, ingénieur-conseil, Spider Technologies.

- *Éliminer/isoler*: Est-il possible d'éliminer un objet ou une composante d'un produit, d'un service ou d'un problème? Comment pourrait-on isoler certaines de ses fonctions ou étapes de sa production (pour un produit) ou de sa prestation (pour un service)?
- *Utiliser autrement*: Quelles pourraient être les autres utilités d'un objet, d'un matériau, d'un processus, d'un produit ou d'un service? Quels usages pourrait-on en faire si on envisageait des modifications? S'il s'agit d'un problème, en quoi le résoudre pourrait aussi répondre à d'autres besoins ou problématiques?
- *Réarranger*: Comment pourrait-on intervertir les parties d'un produit ou les composantes d'un service? Serait-il possible de modifier les étapes d'un processus de production ou de changer les façons de fournir un service? Quel serait un arrangement plus harmonieux?
- *Substituer*: Pourrait-on remplacer un élément du produit ou du service par autre chose? Quel autre produit ou service pourrait avoir la même utilité que le nôtre? Est-il possible de substituer un nouveau matériau ou de remplacer le processus de fabrication par un autre?

Fiche de travail : le remue-méninges silencieux

Étape 1
Inscrire le défi

Comment pourrions-nous _____ *?*

Idée 1	Idée 2	Idée 3
Idée 4	Idée 5	Idée 6
Idée 7	Idée 8	Idée 9

■ LES MATRICES D'EXPLORATION

Objectifs recherchés

Les matrices d'exploration peuvent être divisées en deux grands groupes : celles qui favorisent une recherche dirigée des idées par une approche plus analytique ou d'association simple, par exemple la liste d'attribut expliquée ci-dessous, où on utilisera la diversité des formes, fonctions, temps ou types d'utilisation que peuvent prendre les différents éléments d'un projet, produit ou service. L'objectif est alors d'explorer des idées se situant à l'intérieur du paradigme dans lequel se situe le défi ou le problème. Cette technique soutient donc particulièrement bien la recherche d'idées d'amélioration et d'extension d'un produit, d'un service ou d'un processus. Le second grand type de matrices d'exploration vise plutôt un choc des idées, pour obliger une création nouvelle, une stratégie similaire à celle utilisée avec la technique des connexions forcées, vue dans ce même chapitre.

Bénéfices et limites

Simple d'utilisation, la technique par matrice force un regard créatif par l'exploration systématique des éléments qui composent un projet, produit ou service. La grille est utilisée ici pour structurer, simplifier et donner une direction à la recherche.

Description

Afin de guider l'exploration créative dans une direction donnée, il peut être avantageux de procéder par une approche systémique. Trois grandes options sont ici proposées :

- Le modèle 1 est une matrice simple où on recherche de façon plus linéaire (par exemple par un simple remue-méninges) des idées en ayant décortiqué chacun des éléments du produit ou service, par exemple en revoyant chacun de ses attributs ou éléments morphologiques, etc. ;
- La matrice 2, que l'on pourrait qualifier de semi-rationnelle, introduit des variables que l'on croise avec chacun des éléments de base afin de guider la réflexion dans la direction désirée, par exemple à l'aide d'une série de qualités ou d'objectifs préidentifiés. On tente de faire émerger une idée à partir de deux séries d'éléments jugés au départ pertinents dans la recherche créative (éléments d'un objet avec des qualités idéales recherchées ; avec les tendances en cours, les ressources disponibles, etc.) ;
- La matrice 3 recherche davantage une créativité distinctive, une sorte de «bissociation» (Koestler, 1964, p. 35), favorisant un choc des idées par l'introduction d'une variable totalement nouvelle que l'on confrontera aux éléments de base identifiés. On stimule des idées hors des sentiers habituels en créant un sens ou une direction nouvelle à partir de deux catégories d'éléments habituellement incompatibles dans une nouvelle relation auparavant improbable ou cachée.

Dans tous les cas présentés ici, on utilise une matrice à deux axes dans laquelle on crée le nombre de colonnes nécessaires pour inscrire toutes les composantes ou facettes d'un projet, produit ou service, par exemple ses attributs. On cherche par la suite à générer le plus d'options sur la base des règles de la divergence.

Animation

- Étape 1 Détailler le projet, produit ou service en identifiant chacune de ses composantes. Créer une grille de travail en fonction du nombre d'attributs identifiés.
- Étape 2 Sur la base de cette grille, inviter les participants à générer le plus grand nombre d'idées, en fonction de chacun des attributs, éléments ou caractéristiques. Inscrire les résultats dans les colonnes sous l'attribut étudié.
- Étape 3 Une fois le nombre d'options jugé suffisant pour chacune des caractéristiques ou chacun des éléments, explorer les possibilités de combinaisons différentes à l'aide des idées formulées.

Exemple 1 d'application d'une matrice d'exploration simple, par liste d'attributs
Défi : Quelles sont toutes les façons d'améliorer ou de créer une savonnette ?

	Attributs du produit					
	Format	Senteur	Bénéfices/ effets thérapeutiques	Texture	Emballage	Forme
Idée 1	Au poids	Pochettes d'air qui libèrent graduellement un bouquet d'odeurs durant le bain	Par loisir : chasse et pêche (réchauffant)	Zébrée pour effet massage	Transformable Emballage permettant de désodoriser les vêtements	Liquide avec déversoir mesuré
Idée 2	Savon en barre	Romarin Cannelle	Protection anti-UVB	Bulles abondantes	Cartonné, devenant un porte-savon	Séparable en carreaux pour utilisation unitaire
Idée 3	Individuel/ gélules	Fraîcheur bébé pour peau 50 ans et plus	Relaxant Désintoxiquant	Zéro dépôt sur la peau	Se transformant en parfum d'ambiance	En feuilles minces
Idée 4	Familial	Champagne	Antitiques, moustiques	Abrasive/ Rugueuse/ Exfoliant	Auto-égouttant	En forme de feuille d'arbre
Idée 5	Camping	Gobe odeurs	Lave-main et lave-vaisselle	Semi-abrasive (combo)	Biodégradable/ compostable	Avec trou pour prise facile
Idée 6	Voyage/ Avion	Odeur Grand Nord/Hawaii/ Tropiques	Plage (hydratant, protège sel)	Séchage rapide	Papier ponce réutilisable	Avec poignée pour contrôle (arthrite, etc.)

On peut aussi croiser deux listes de variables pour faire émerger de nouvelles idées. Le modèle 2 qui suit illustre un cas où, pour un défi particulier, on met en corrélation une série d'objectifs ou de qualités potentielles en lien avec les différentes étapes du cycle de vie d'un objet. Cela permet de diriger la réflexion de façon plus systématique.

Exemple 2 d'application de la matrice d'exploration par liste d'attributs croisés avec une caractéristique désirable

Variable 1 : caractéristiques désirables	Variable 2 : cycle de vie							
	Approvisionnement	Durant la fabrication	Durant le transport	Dans le commerce	Lors de l'achat	Lors de l'utilisation	Lors du rangement	Lors de son élimination
Légèreté	Idées…							
Facilité de rangement	Idées…							
Respect de l'environnement	Idées…							
Double fonction	Idées…							
Facile à manipuler	Idées…							

D'autres sources de stimulation ou d'information, comme les connexions visuelles, l'étalonnage dans le domaine d'expertise et l'étalonnage dans un domaine éloigné peuvent contribuer à générer des idées pour chacun des attributs ou groupes d'éléments. Par exemple, si on œuvre dans le domaine de l'alimentation et que l'on désire développer un bec verseur pour une nouvelle gamme de sauces, on pourra explorer les attributs de contenants et de contenus dans d'autres secteurs, tels les produits d'hygiène ou de commodité comme pour les huiles à moteur, les produits nettoyants ou la peinture.

Le deuxième type de matrices d'exploration, qui vise plutôt la recherche d'un degré de nouveauté plus élevé, viendra croiser l'attribut avec des stimuli nouveaux, cherchant à créer une nouvelle direction dans la recherche d'idées, tel que cela est illustré par le modèle 3 ci-dessous. L'information relative aux connexions forcées, dans la notice qui suit, peut être utilisée pour optimiser ce type d'application.

Exemple 3 d'application de la matrice d'exploration avec des stimuli non reliés

Variable 1 : Stimuli non reliés	Variable 2 : cycle de vie							
	Approvisionnement	Durant la fabrication	Durant le transport	Dans le commerce	Lors de l'achat	Lors de l'utilisation	Lors du rangement	Lors de son élimination
Cuisine	Idées...							
Exploration spatiale	Idées...							
Médecine	Idées...							
Course automobile	Idées...							
Esthétisme								
Chimie								
Spa								
Musique								
Journalisme								
Etc.								

Pour aller plus loin…

Les occasions viennent parfois d'un simple élément négligé : le tableau 7.3 propose une grille détaillant un éventail de regroupements fréquemment utilisés comme tremplins pour explorer des idées liées à l'amélioration et au développement de produits et services.

Tableau 7.3

GRILLE DE RECHERCHE CRÉATIVE PAR LISTE D'ATTRIBUTS, CARACTÉRISTIQUES OU ÉLÉMENTS

Les départements ou services de l'entreprise *Comment pourrions-nous améliorer notre produit ou notre service en fonction des besoins du client, des autres services ou de l'organisation ?*	– direction générale – recherche et développement – achats – production – logistique et transport – communications et relations publiques – marketing et ventes – ressources humaines – comptabilité – affaires légales – sécurité – systèmes d'information – environnement
Le cycle d'utilisation du produit *Comment pourrions-nous améliorer notre produit ou notre service en fonction de son cycle de vie ?*	– durant sa conception – durant sa fabrication – durant le transport – dans le commerce – lors de son achat – lors de son utilisation – lors du rangement – lors de son élimination
Le profil des utilisateurs *Comment pourrions-nous améliorer notre produit en fonction du profil d'utilisateur ?*	– selon l'âge : • un enfant • un adolescent • un adulte • une personne âgée, retraitée – selon le sexe • une femme • un homme – selon le lieu de résidence/d'origine • Amérique du Nord/du Sud • Europe • Afrique • Asie • tout autre pays – selon les caractéristiques sociales • religion • langue • revenu • selon une utilisation par des consommateurs «extrêmes» • loisirs • éducation • sports • temps chaud/temps froid • problème de santé particulier • tout autre type de consommateurs concerné

▶

Tableau 7.3

GRILLE DE RECHERCHE CRÉATIVE PAR LISTE D'ATTRIBUTS, CARACTÉRISTIQUES OU ÉLÉMENTS (*suite*)

Les autres parties prenantes *Comment pourrions-nous améliorer notre produit ou notre service en fonction de l'ensemble des parties prenantes ?*	– les actionnaires – les employés – les fournisseurs – l'entreposeur – le grossiste – le détaillant – les élus – les regroupements et associations
Les besoins de base *Comment pourrions-nous améliorer notre produit en fonction des besoins de base ?*	– se détendre, se reposer – être en sécurité – soutenir la santé – nettoyer – informer – éduquer – mieux consommer
Les tendances de marché *Comment pourrions-nous améliorer notre produit en fonction des tendances de marché, des attentes sociales et des consommateurs ?*	– respecter l'environnement – favoriser le développement durable – faire vivre une expérience – favoriser l'émotion – faire voyager sans se déplacer – préoccupation pour la santé – rajeunir – gagner du temps – offrir deux fonctions pour un même produit – amuser/faire rire – donner de l'information – conscientiser le consommateur – participer au plan philanthropique

Le moment d'utilisation
 	
Comment pourrions-nous améliorer notre produit en fonction des moments d'utilisation ?
	– selon l'heure de la journée
	  • au lever
	  • matin
	  • midi
	  • après-midi
	  • souper/dîner
	  • soirée
	  • au coucher
	  • durant la nuit
	– selon le moment de la semaine
	  • semaine ouvrable
	  • week-end
	  • congés, vacances (été, hiver)
	– selon la saison
	  • été
	  • hiver
	  • automne
	  • printemps
	  • entre saisons

Tableau 7.3

GRILLE DE RECHERCHE CRÉATIVE PAR LISTE D'ATTRIBUTS, CARACTÉRISTIQUES OU ÉLÉMENTS (*suite*)

L'endroit d'utilisation *Comment pourrions-nous améliorer notre produit en fonction du lieu d'utilisation?*	– maison, résidence secondaire – condominium, complexe d'habitations – appartement – ville, banlieue, campagne – parc, gym – transport, automobile, avion – promenade, à pied – travail – pays étranger – hôtel
Répondre à d'autres besoins que ce pourquoi il a été conçu *Comment pourrions-nous améliorer notre produit en fonction de nouvelles utilisations?*	– nettoyer – ranger – recycler – cuisiner – dormir – servir à d'autres industries

Fiche de travail : la matrice d'exploration

Modèle d'application 1 : matrice simple d'exploration

Défi : _____ ?

Ex.

Élément 1 Actionnaires	Élément 2 Fournisseurs	Élément 3 Syndicat	Élément 4 Employés	Élément 5 Clients	Élément 6 Créanciers	Élément 7 etc.
Idée 1	Idée 6	Idée 11	Idée 16	Idée 21	Idée 26	Idée 31
Idée 2	Idée 7	Idée 12	Idée 17	Idée 22	Idée 27	Idée 32
Idée 3	Idée 8	Idée 13	Idée 18	Idée 23	Idée 28	Idée 33
Idée 4	Idée 9	Idée 14	Idée 19	Idée 24	Idée 29	Idée 34
Idée 5	Idée 10	Idée 15	Idée 20	Idée 25	Idée 30	Idée 35

Modèle d'application 2 : matrice d'exploration avec croisement de variables désirables (tendances, gains, etc.)

Défi : _____ ?

Ex.

Bénéfices ou attentes	Élément 1	Élément 2	Élément 3	Élément 4	Élément 5	Élément 6	Élément 7
Variable 1							
Variable 2							
Variable 3							
Variable 4							
Variable 5							

Modèle d'application 3 : matrice d'exploration avec stimuli non reliés

Défi : _____ ?

Stimuli non reliés	Élément 1	Élément 2	Élément 3	Élément 4	Élément 5	Élément 6	Élément 7
Stimuli 1							
Stimuli 2							
Stimuli 3							
Stimuli 4							
Stimuli 5							

■ LES CONNEXIONS FORCÉES

Objectif recherché

La technique des connexions forcées propose de chercher des idées neuves pour résoudre un problème ou un défi en obligeant la création d'un lien nouveau entre ce problème ou défi et un élément externe n'ayant *a priori* aucune relation avec lui, généralement un *stimuli non relié* au problème ou la confrontation de deux oppositions apparentes. Le but est ainsi de provoquer des idées beaucoup plus distinctives ou des pistes de solution difficilement identifiables par une démarche plus linéaire ou par des techniques cherchant simplement à l'améliorer ou à le modifier.

Bénéfices et limites

Les connexions forcées créent un choc en bouleversant le mode de pensée rationnel ou habituel. Elles suscitent la création d'idées différentes et même parfois complètement en dehors du paradigme dans lequel se situe le problème ou le défi. L'exploration créative sur la base d'un élément induit n'ayant aucune relation apparente avec le problème initial conduit la pensée et l'intuition à chercher des liens qui resteraient probablement non exploités en d'autres circonstances. La démarche constitue aussi une stratégie simple et efficace pour redynamiser un exercice créatif stagnant ou ne donnant pas des idées aussi différentes que désiré. Edward de Bono, praticien et auteur internationalement connu sur le sujet de la créativité, considère ce type de stratégies comme une clé pour atteindre ce qu'il appelle la pensée latérale et où, par l'introduction d'une provocation (De Bono, 1970, 2006), il devient possible d'entrer en pleine réaction créative et de lâcher prise par rapport aux idées préconçues. Il nous apparaît préférable d'utiliser la technique des connexions forcées dans le cadre d'une activité de réflexion déjà amorcée et où on aura graduellement préparé le groupe à entrer en mode de divergence.

Description

Par l'introduction d'une série d'éléments étrangers – mots, objets ou images – qui serviront de tremplins à la pensée, on cherche à stimuler la génération de nouvelles idées, potentiellement capables de résoudre le problème ou le défi.

Animation

Préparer la séance de réflexion créative en prévoyant l'utilisation de plusieurs mots ou images comme points de départ. Une réserve de 30 mots clés ou images fortes, que l'on aura pris soin de choisir pour leur capacité à induire des sentiments ou des émotions (avion, ciel étoilé, ordinateur, marché, rivières, enfants, œuvre d'art moderne, etc.), constitue une banque généralement suffisante pour des exercices courts. Pour favoriser la bonne marche de l'exercice, on évitera généralement les images susceptibles de porter flanc à la critique, par exemple celles à connotation politique ou religieuse.

- **Étape 1**   Dans une matrice à deux axes (voir l'exemple qui suit les étapes), créer le nombre de colonnes nécessaire pour inscrire tous les éléments de départ en tentant par la suite de générer autant d'options que possible.

  Demander aux participants de se poser la question suivante : «En s'inspirant de ce mot/cette image, quelles nouvelles idées peuvent être créées pour résoudre le problème? Quelles sont les émotions ou les caractéristiques particulières suscitées par cette image? Comment pouvons-nous nous inspirer de ces qualités ou informations? Par exemple, comment une pomme peut-elle nous inspirer des idées pour la création d'une nouvelle voiture?» Une réponse possible pourrait être : «une allure craquante par l'utilisation de couleurs fruitées rouge, jaune et vert pomme; des noms savoureux tels que Granny Smith ou Gala».

- **Étape 2**   Rappeler aux participants qu'ils n'ont pas à être inspirés par chacun des mots ou des images suggérés. Ces éléments sont simplement introduits comme facilitateurs de la démarche. Comme animateur, on doit veiller à ne pas briser le flot de réflexion du groupe en présentant trop rapidement un nouveau stimulus.

Exemple d'application de la démarche des connexions forcées

Image ou mot inducteur	Caractéristiques ou qualités de cette image ou de ce mot	Transposer cette qualité ou caractéristique au problème pour explorer les idées nouvelles
Pomme	Les pommes ont des couleurs vives	Rendre les voitures attrayantes par des couleurs de pomme – verte – rouge – jaune, etc.
	Il existe plusieurs sortes de pommes	Utiliser les noms de pommes – Gala – Granny Smith – McIntosh, etc.
	La pomme est synonyme de fraîcheur	Développer une allure fraîche – odeur pomme verte – look intérieur « fruit frais » – automobile de forme arrondie – dossier des sièges en forme de pomme
	La pomme est un fruit à la présentation épurée	Élaborer une présentation naturelle : – chaîne de garage fabrication LEED – site de vente comme un verger avec des arbres naturels – voiture officielle de Greenpeace
	Les pommes sont bonnes pour la santé	Rendre la voiture écologique : – certifiée développement durable – tapis sauve-pantalon en pneus recyclés – système d'annulation d'émission de CO_2 – utilisation de couleurs non toxiques, etc.

Fiche de travail : connexions forcées

- Étape 1   **Identifier le problème et le formuler sous forme de question :** par exemple, « comment pourrions-nous développer une nouvelle voiture ? »

- Étape 2   **À partir d'un mot ou d'une image nouvelle n'ayant aucune relation avec le défi, inviter les participants à identifier les qualités ou les émotions suscitées. Inscrire celles-ci dans la colonne appropriée, dans la grille ci-dessous. Poursuivre en demandant aux participants :** « À partir de ce mot/ cette image et des qualités identifiées, quelles sont les idées qui vous viennent à l'esprit pour résoudre le défi ? » Compléter la grille en proposant le plus grand nombre d'idées nouvelles, sans évaluer les idées.

Modèle de grille de travail de connexions forcées

Mot ou image inducteur	Caractéristiques, émotions ou qualités suscitées par cette image ou ce mot	En s'inspirant de ce mot/ cette image, quelles sont les idées nouvelles pour résoudre le défi ?
		Transposition de cette 1re qualité au défi : Idées particulières : – –
Mot ou image 1		Transposition de cette 2e qualité au défi : Idées particulières : – –
		Transposition de cette 3e qualité au défi : Idées particulières : – –
		– –
Mot ou image 2		– –
		– –
		– –
Mot ou image 3		– –
		– –

■ LA LISTE DE SOUHAITS (*WISHFUL THINKING*)

Objectif recherché

La liste de souhaits telle que présentée vise à construire une image de ce que pourrait être une situation idéale face à un défi ou à un problème, puis à diriger l'effort créatif pour s'en rapprocher.

Bénéfices et limites

Un des grands avantages de cette technique est qu'elle permet de ne pas s'encombrer au départ avec des contraintes liées, notamment, au temps, à l'argent, aux ressources humaines et au passé. On commence par clarifier le but à atteindre avant de se pencher sur le « comment » y parvenir. Avoir une vision porteuse implique de se permettre d'explorer la situation idéale à atteindre et ne pas s'en laisser détourner par des « ce n'est pas possible ». L'objectif est donc d'oser une grande vision et identifier de grands objectifs, sans les considérer *de facto* comme un désir irréaliste ou utopique. On distingue la technique par exemple à celle du rêve éveillé, où on visera davantage une excursion basée sur l'imaginaire et pouvant mener dans des directions tout à fait imprévues. Robert Fritz (1989) et Peter Senge (Senge et Gauthier, 1991) donnent le nom de tension créative à l'écart qui existe entre la situation actuelle et la situation souhaitée. Selon ces auteurs, plus l'écart est important, plus cette tension doit être réduite. Deux options s'offrent alors au décideur : travailler à réaliser le rêve ou opter pour le *statu quo*.

Description

Avec cette technique, les participants doivent oser penser en dehors des limites habituelles imposées par des contraintes réelles ou perçues. Elle les invite à imaginer qu'ils disposent de toutes les ressources possibles et à se concentrer sur l'image la plus visionnaire qui soit pour formuler l'objectif à atteindre. Ce n'est qu'ensuite que l'on cherchera à déterminer comment il est possible de réaliser ce grand rêve.

Animation

- Étape 1   Formuler positivement le problème ou défi et suggérer aux participants de s'en imprégner ; par exemple, comment pouvons-nous demeurer créatifs en période de récession économique ?
- Étape 2   Décréter que, pendant un moment, tout sera possible, sans restrictions ou contraintes de temps ou d'argent. Pour simplifier la démarche, informer par exemple les participants que l'organisation vient de gagner une somme de 50 000 000 $ qui sera attribuée au projet. Puis, leur demander de fermer les yeux et annoncer que les prochaines 10 à 15 minutes serviront à imaginer la situation idéale. On peut guider ce rêve éveillé en posant certaines questions

simples : « Quelles sont les images liées au succès qui vous viennent ? À quoi constatez-vous que le problème a été résolu ? En quoi est-il extraordinaire ? Comment change-t-il la donne ?, etc. »

- Étape 3   Une fois le temps écoulé, il s'agit d'amener les participants à partager les différentes visions de ce que serait une situation idéale, en apportant le plus de détails possible sur chacune de ces idées.
- Étape 4   En reprenant chacun des souhaits énumérés, identifiez les idées particulières permettant de tendre vers ce souhait.

Pour aller plus loin...

Un tel exercice, qui a pour but d'accéder à une image claire d'une situation idéale et des éléments qui la composent, peut être plus aisé à réaliser dans un contexte où on se sera assuré que l'environnement permet une mise en contexte globale, incluant sons, images, odeurs, etc.

Exemple d'application de la liste de souhaits

Défi : Comment pourrions-nous... protéger notre espace tablette chez les détaillants ?

Souhait 1 :
les détaillants anticipent
dès le départ que le produit
se vendra bien

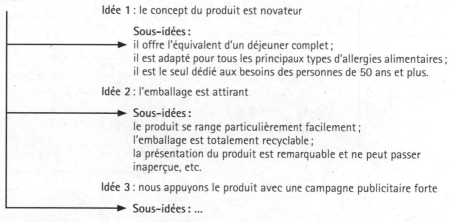

Idée 1 : le concept du produit est novateur

Sous-idées :
il offre l'équivalent d'un déjeuner complet ;
il est adapté pour tous les principaux types d'allergies alimentaires ;
il est le seul dédié aux besoins des personnes de 50 ans et plus.

Idée 2 : l'emballage est attirant

Sous-idées :
le produit se range particulièrement facilement ;
l'emballage est totalement recyclable ;
la présentation du produit est remarquable et ne peut passer inaperçue, etc.

Idée 3 : nous appuyons le produit avec une campagne publicitaire forte

Sous-idées : ...

Souhait 2 :
les détaillants développent
instantanément une fidélité
à la marque

Idée 1 : les détaillants collaborent pour raffiner notre produit

Sous-idées : ils collaborent ainsi à une bonne cause

Idée 2 : nous démontrons que nos produits sont en partie de provenance locale

Sous-idées : ...

Fiche de travail : la liste de souhaits (wishful thinking)

- Étape 1   **Formuler le problème sous forme de question.**

  _____

  _____

- Étape 2   **Procéder à l'exercice du rêve éveillé pour s'imprégner d'une vision claire de la situation idéale.**

- Étapes 3 et 4   **Compléter la grille d'application et ajouter les souhaits, idées et sous-idées.**

Grille d'application de la liste de souhaits

Souhait 1 :

_____

_____

           Idée 1 : _____

           ➤ Sous-idées :

           _____

           _____

           Idée 2 : _____

           ➤ Sous-idées :

           _____

           _____

           Idée 3 : _____

           ➤ Sous-idées :

           _____

           _____

Souhait 2 :

_____

_____

           Idée 1 : _____

           ➤ Sous-idées :

           _____

           _____

           Etc.

■ LA CARTE MENTALE (OU CARTE HEURISTIQUE)

Objectifs recherchés

Trois grands objectifs peuvent être poursuivis avec la carte mentale : la planification, la clarification et l'exploration créative. On peut utiliser la carte mentale à plusieurs fins. Par exemple, pour une prise de notes dynamique, pour planifier un projet, pour élaborer un discours ou encore pour explorer un défi ou un problème.

Bénéfices et limites

La carte mentale ou heuristique est une approche simple, popularisée notamment par Tony Buzan (2005). Foncièrement associative, elle facilite la mise au point d'une image globale du sujet à traiter. On part du problème central pour explorer ensuite ses multiples ramifications, y compris les différentes composantes à considérer pour le résoudre. C'est pour cette raison que plusieurs spécialistes considèrent la technique comme une méthode d'imprégnation du problème (c'est-à-dire une méthode pour mieux se préparer à y faire face adéquatement) plutôt que d'une technique de recherche directe de solutions, cela bien qu'elle puisse très bien y mener.

Très facile d'utilisation, il s'agit d'un outil visuel susceptible de répondre à certaines préférences personnelles ou cognitives. La technique comporte des limites dont il faut tenir compte. Ainsi, pour des projets complexes, comprenant beaucoup de ramifications ou un grand nombre d'interconnexions, la carte tracée deviendra rapidement incompréhensible. De la même façon, puisque l'information écrite est peu détaillée, il arrive que la carte devienne difficile ou même impossible à comprendre par d'autres. Elle ne pourrait donc pas être utilisée aisément comme référence ultérieure par des personnes étrangères à sa conception.

Description

Cette méthode vise d'abord et avant tout la recherche de sens et de liens. C'est pour cette raison qu'au fur et à mesure de l'élaboration de la carte, on tend naturellement vers l'ajout de nouvelles catégories d'information à intégrer sur la carte. La carte mentale est caractérisée par l'utilisation de mots clés, de concepts ou d'images que l'on relie par des connexions courbées ressemblant idéalement à des synapses.

Selon Buzan, une sélection judicieuse des mots ou des concepts clés est essentielle pour fabriquer une bonne carte mentale. On réduit au minimum la description des éléments écrits afin de miser sur l'essence de l'information – une image ne vaut-elle pas mille mots ? Le but sera de faire systématiquement appel à la mémoire et à l'intuition, ouvrant ainsi sur un champ de connaissances et de liens créatifs beaucoup plus vaste. Il est conseillé de favoriser l'utilisation de couleurs et de dessins afin de soutenir l'intérêt et de faciliter la classification de l'information.

Animation

- Étape 1   Inscrire le problème à travailler sous forme de question (par exemple «Comment pourrions-nous...?») placée au centre de la feuille.
- Étape 2   À partir de cette formulation du problème, imaginer toutes les facettes et éléments permettant d'aborder ce défi. Les relier au centre ou entre elles, selon les liens logiques qui les unissent. Sur les conseils de Buzan, on fera idéalement ces lignes courbes, donc plus organiques, pour mieux stimuler naturellement l'intérêt et capter l'attention.
- Étape 3   Chaque fois qu'une nouvelle facette ou un nouvel élément est identifié, entreprendre un deuxième niveau de bulles ou de vignettes et continuer l'exploration à partir de cette nouvelle base. Ajouter toute information aidant à raffiner la réflexion en la reliant au mot auquel elle se rattache grâce à de nouvelles ramifications. Procéder ainsi de suite pour autant de niveaux qu'il en faut pour obtenir une vision complète du défi ou du problème et de ses composantes. Pour soutenir la réflexion sur chaque nouvel énoncé, poser des questions ouvertes à partir de termes comme «quoi», «pourquoi», «comment», «avec qui», «quand», «combien» et «où»?

Pour aller plus loin...

On peut réaliser l'exercice en cherchant à oublier le mot initial utilisé comme point de départ. Cela favorise des associations plus libres et fait de la technique un véritable outil créatif plutôt que simplement déductif. La carte mentale ouvre ainsi des connexions totalement nouvelles avec le problème. De plus, on peut décider, après un certain nombre de ramifications, de prendre deux éléments éloignés du centre pour chercher à identifier de nouvelles pistes de solutions ou de nouveaux angles pour traiter du problème. Enfin, dans un objectif de créativité appliquée, il est également possible de renforcer la démarche avec des techniques de génération d'idées, tel le *remue-méninges*. Cela permet d'améliorer les éléments ou composantes moins distinctifs, moins intéressants ou plus difficiles à réaliser.

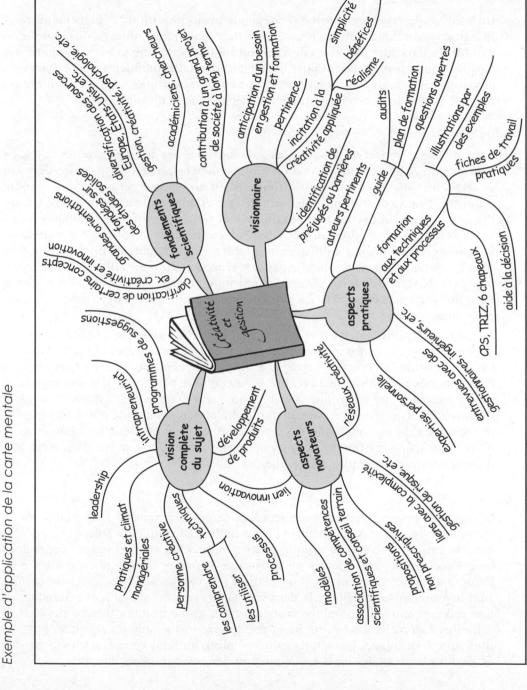

Exemple d'application de la carte mentale

■ LES MÉTAPHORES

Objectif recherché

On utilise la métaphore comme stratégie de projection ou de déplacement, pour illustrer symboliquement un problème, une situation, un objectif ou un défi. En évitant de l'aborder par une « description logique » ou une simple comparaison parfois trompeuse, il devient possible d'établir certains parallèles clés. Les images développées à l'aide des métaphores sont ensuite expliquées, puis exploitées ou changées afin de générer de nouvelles idées et pistes de solutions.

Bénéfices et limites

Cette méthode permet de dépasser les automatismes liés aux idées toutes faites, en centralisant la pensée sur la création d'une image inspirée d'un autre univers. On se sert d'un univers connu mais différent pour en représenter ou en comprendre un autre. Une exploitation judicieuse de la métaphore ainsi créée ouvre immédiatement tout un éventail de possibilités et fait apparaître de nouvelles idées. En ce sens, les métaphores utilisées dans un contexte de gestion d'une entreprise sont susceptibles d'aider à illustrer un problème, une situation, un défi ou même une dynamique organisationnelle par une représentation visuelle symbolique. En contexte de réflexion stratégique, par exemple, la démarche peut aider à mettre en relief certaines croyances ou perceptions qui teintent les décisions, relations et actions.

La métaphore, bien qu'elle soit extrêmement puissante et révélatrice, ne demeure qu'une représentation imparfaite de tout problème, objectif, organisation ou situation. De cette perception, il est cependant possible de tirer certains éléments très révélateurs de la réalité. La métaphore n'est donc pas une représentation exacte d'une situation, mais bien un outil avec lequel il devient possible de la regarder avec une certaine distance. Relativement simple d'utilisation pour la recherche de nouvelles idées, cette technique peut requérir les compétences d'un animateur expérimenté pour en optimiser les résultats, particulièrement lors d'applications d'ordre plus stratégique.

Description

Les métaphores découlent de notre façon de percevoir le monde. Elles traduisent en quelque sorte notre façon de filtrer l'information. Bien qu'elles soient considérées comme une technique analogique en créativité, elles se distinguent cependant de celle-ci, en ce sens qu'elles ne visent pas à trouver une similitude directe ou logique dans un autre univers pour réaliser une comparaison. La métaphore mise sur l'inconscient pour déjouer la pensée logique et décrire un état, une dynamique, une relation souvent complexe et incluant un grand nombre d'éléments parfois difficiles à démêler. La beauté de la métaphore vient donc du fait que, par son illustration en images (graphiques ou verbales), on rend cette complexité visible en évitant le piège des mots réducteurs ou des comparaisons banales.

Sur le plan organisationnel, la métaphore permettra souvent de mieux cerner la complexité de la perception envers l'organisation. Une analyse réalisée par la comparaison avec d'autres métaphores permettra dans un deuxième temps de rechercher de nouvelles pistes de solutions et, éventuellement, de procéder à un réalignement ou à un recadrage.

Dans son ouvrage *Images de l'organisation*, Gareth Morgan (1999) propose l'exploration de l'organisation à l'aide d'un groupe de huit métaphores : une machine, un organisme, un cerveau, une culture, un système politique, une prison du psychisme, un système de flux et transformation ou encore un instrument de domination. En identifiant par exemple celle qui représente le mieux une situation organisationnelle et une seconde qui sert de comparable, la démarche vient aider à aborder différemment les problèmes et leurs solutions.

Animation

- Étape 1 a) Après avoir identifié la situation à analyser et à l'aide de la fiche technique, demander aux participants de dessiner dans un premier carré une illustration symbolique qui représente le mieux leur perception d'une situation ou d'une organisation.
- Étape 1 b) Identifier les liens ou les caractéristiques que cette métaphore leur inspire : quels en sont les enjeux, les défis, les avantages, etc. ? Si l'exercice est réalisé en équipe, allouer un temps pour permettre un échange sur les implications suggérées par ces représentations.
- Étape 2 a) Explorer ensuite l'analyse et la recherche de solutions à travers d'autres métaphores.
- Étape 2 b) En conclusion de l'exercice, illustrer par la création d'une nouvelle métaphore, une vision qui tend vers le nouvel idéal identifié, puis s'en inspirer dans la recherche de solutions qui suivra.

Fiche de travail : les métaphores

Identifier la situation : _____

Étape 1 a) Inscrire d'abord en mots la métaphore illustrant la situation actuelle à changer : par exemple, la situation <u>est</u> un/une véritable (...montagne, trou sans fin, labyrinthe, jeu, etc.)... Illustrer à l'aide d'un dessin votre organisation/ situation par une métaphore, une représentation symbolique. Procéder ensuite à la case 1 b).	Étape 2 a) Inscrire en mots la métaphore illustrant le changement désiré : par exemple, nous aimerions que la situation <u>soit</u> un/une (boussole, une cure de rajeunissement, un bain de soleil, un rapprochement, une acquisition, etc. Procéder ensuite à la case 2 b). Illustrer à l'aide d'un dessin votre organisation/ situation idéale par une métaphore, une représentation symbolique.
Étape 1 b) Identifier ce que cette image révèle sur son fonctionnement. Ses avantages ? Ses enjeux ? Ses limites ? L'écart à combler ? Les directions à envisager ?	Étape 2 b) Qu'est-ce que cette image révèle comme pistes de solutions à envisager ? En termes d'occasions ? De modes de fonctionnement ? etc.

LE VOYAGE ANALOGIQUE

Objectif recherché

Le voyage analogique, comme son nom le laisse entendre, est une stratégie de recherche créative sur la base d'identification et d'exploitation d'analogies. La technique est considérée parmi les plus susceptibles d'offrir des pistes radicalement différentes, rendues possibles par l'exploration de solutions similaires à celle recherchée, et où le parallèle ou l'inspiration est issu d'un univers ou d'un domaine totalement éloigné du problème initial.

Bénéfices et limites

Le voyage ou excursion analogique offre un grand potentiel pour explorer des options sortant des solutions habituelles. Tout comme les métaphores, la technique du voyage analogique part de la recherche de similitudes. Elle en diffère cependant au sens où, bien qu'elle utilise un autre univers pour s'en inspirer, elle recherche particulièrement comment un problème similaire s'y trouve réglé, pour ensuite mieux transposer la solution trouvée dans la réalité.

L'originalité et les gains issus de cette technique peuvent être révolutionnaires. L'approche ne génère cependant pas systématiquement des résultats et le risque de ne pas trouver de solutions est plus élevé. On peut la comparer à une démarche en recherche et développement intellectuelle. On l'utilisera selon la nature des problèmes à résoudre et en raison de sa capacité à obtenir des idées radicalement différentes et à très forte valeur ajoutée.

Dans sa forme la plus simple, tel qu'il est présenté ci-après, le voyage analogique peut aisément être réalisé par un groupe de non-experts. Cependant, une formation sera généralement requise, même comme participant, pour augmenter les chances de réussite d'excursions plus poussées, par exemple dans le cadre d'un processus tel que celui proposé par la synectique (voir chapitre 5 sur les processus créatifs). En effet, il peut parfois être difficile pour le non-initié de soutenir la transformation efficace de l'information issue du voyage analogique en solution viable et pertinente.

Description

À l'aide de la visualisation et d'analogies, on explore un univers différent où un problème similaire apparaît intuitivement réglé, afin d'abord de comprendre le problème lui-même, puis d'identifier des pistes de solutions inédites. Comme le précise Gordon (1961), père de la synectique, il s'agit de parvenir à rendre *le familier étrange*, c'est-à-dire de déplacer d'abord le problème dans un autre monde pour mieux s'en distancer, pour ensuite transformer *l'étrange en familier,* – c'est-à-dire voir les similitudes dans cet autre domaine ou univers et utiliser l'information pour résoudre la situation. Toujours inspiré de Gordon, quatre grands types d'analogies sont généralement utilisés :

1. L'identification personnelle à un univers ou à un élément d'un autre domaine : si j'étais un ressort de ce mécanisme, une comète, un poisson, quel serait mon univers, quelles informations, connaissances, questions, besoins, préoccupations, réactions, etc., aurais-je ?

2. L'adaptation d'une similarité directe, issue d'un autre univers, notamment de la nature. L'illustration fréquemment utilisée d'une démarche de voyage analogique par similarité directe est celle du velcro, où on se serait posé une question telle que « dans la nature, existe-t-il un phénomène où les éléments adhèrent bien ensemble ? » et ainsi en arriver à en reproduire le principe sous-jacent ;

3. La reformulation du problème par une analogie symbolique, où on utilise une métaphore plus poétique que rationnelle, permet de donner une perspective différente au problème et de l'aborder ainsi sous un angle totalement inusité. Par exemple, on dira « nous aimerions que le mécanisme soit souple ou rigide selon les besoins, comme la corde du fakir » ;

4. L'exploration d'analogies fantaisistes. On se demandera, par exemple, « si cela pouvait bien se fermer comme par magie », « si nous avions un ange pour nous guider », ou encore « si nous pouvions flotter sur une surface comme sur un nuage ».

L'animation qui suit se veut une version simplifiée de l'approche sous une forme plus technique.

Animation

- Étape 1 Informer les participants du problème et leur demander de bien s'en imprégner. Reformuler ensuite le problème sous forme de question offrant un angle novateur pour l'aborder ;

- Étape 2 Demander au groupe d'identifier dans un autre domaine ou univers une analogie dans laquelle un défi similaire est résolu. Par exemple, pour un problème où on doit fermer hermétiquement un contenant contre le liquide tout en laissant passer l'air, on pourrait utiliser une analogie comme celle des poissons avec leurs branchies ou celle d'un scaphandre ;

- Étape 3 Demander ensuite au groupe d'oublier le problème initial pour mieux se transporter dans un de ces univers, celui qui semble le plus pertinent ou intrigant. Faire un choix de groupe après avoir rapidement sondé les participants. On pourrait ainsi d'abord choisir d'explorer l'analogie du poisson et s'imaginer regarder dans l'eau et observer le poisson ou, mieux encore, être le poisson. L'important est de faire vivre une expérience la plus complète possible dans l'autre domaine ; avec notre exemple du poisson, comprendre comment il respire, mange, boit, nage, vit, interagit avec son milieu. Selon le temps disponible et les besoins exprimés, d'autres analogies pourraient aussi être explorées ;

- Étape 4 Une fois le groupe bien imprégné de cet autre univers, réunir l'ensemble de l'information recueillie : le poisson filtre l'eau, la sépare de l'air, fait de l'eau un rejet immédiat, un tuyau est nécessaire pour canaliser l'air, le système de pompage se situe à la surface, etc. ;

Revenir au problème initial pour établir les parallèles : comment pourrions-nous utiliser un système de pompage ? Comment pourrions-nous filtrer l'air de l'eau à l'extérieur du contenant ? etc. Le défi est de générer autant de nouvelles solutions qu'il est possible sur la base de ces axes de solution potentiels.

Exemple d'application : le voyage analogique (version simplifiée)

Identification du problème : par exemple, *dégager le toit de la maison du surplus de neige.*

Rendre le familier
étrange

Étape 1

a) S'imprégner du défi. Par une discussion de groupe, cumuler de l'information sur les faits, les sentiments suscités, son historique, les causes et idées envisagées, etc.

b) Reformuler le défi en visant des angles de question novateurs.
*Ex. : Comment pourrions-nous empêcher la neige
de s'accumuler sur le toit ? D'y adhérer ? D'y toucher ?*

Étape 2

a) Identifier une liste d'analogies provenant d'autres univers
et dans lesquelles un défi similaire (par exemple de non-accumulation) semble résolu :
*par exemple, le beurre qui fond dans la poêle, les skis qui glissent sur la neige collante,
les cubes de glace qui tombent automatiquement dans le congélateur.*

b) Faire le choix de l'analogie qui semble intuitivement la plus intéressante à explorer.

Étape 3

Entrer dans un de ces univers en prenant une position d'observateur
ou en s'imaginant faire partie de celui-ci, pour explorer
son fonctionnement, la dynamique en cours, son apparence, etc.
*Ex. : le ski de fond sur la neige collante : il faut cirer les skis
selon la température, le mouvement aide à empêcher
la neige d'adhérer, etc.*

Rendre
l'étrange familier

Étape 4

Revenir au défi initial. Sur la base des similarités trouvées
et des éléments d'information issus du voyage analogique,
explorer les nouvelles pistes de solutions identifiées pour résoudre le défi.

Par exemple, dans le cas illustré ci-dessus...
- *Installer une soufflerie sur la crête du toit pour créer un vent descendant.*
- *Créer une cire à bardeaux d'asphalte qui repousse l'eau.*
- *Créer un grand essuie-toit sur la base d'un essuie-glace.*
- *Imaginer un système de balayage actionné par le poids même de la neige.*

Fiche de travail : le voyage analogique (version simplifiée)

Identifier le problème initial : _____

Rendre le familier
étrange

Étape 1

a) s'imprégner du défi.

_____

b) reformuler le défi en visant des angles de question novateurs.

_____

Étape 2

c) identifier une liste d'analogies provenant d'autres univers et dans lesquelles on retrouve un défi similaire résolu.

_____

d) faire le choix de l'analogie qui semble intuitivement la plus intéressante à explorer.

Étape 3

e) entrer dans un de ces univers en prenant une position d'observateur ou en s'imaginant faire partie de celui-ci, pour explorer son fonctionnement, la dynamique en cours, son apparence, etc.

Rendre
l'étrange familier

Étape 4

Revenir au défi initial. Sur la base des similarités trouvées et des éléments d'information issus du voyage analogique, explorer les nouvelles pistes de solutions identifiées pour résoudre le défi.

Techniques et outils de convergence

LES REGROUPEMENTS

Objectif recherché

La technique des regroupements favorise une compréhension approfondie des options identifiées. Dans un second temps, elle permet de rouvrir au besoin l'étape de la recherche d'idées dans le but d'exploiter de façon plus détaillée les pistes que cette analyse aura fait émerger.

Bénéfices et limites

Arrivant généralement à mi-parcours d'une démarche créative, on utilise les regroupements pour cerner les caractéristiques similaires ou cachées derrière les principales idées émises, souvent à teneur stratégique. Ils aident en quelque sorte à donner du sens à un ensemble d'idées sans lien ou sans particularité évidente au premier coup d'œil. La technique offre ainsi deux avantages particulièrement importants :

- tirer certaines conclusions clés d'un ensemble d'idées qui semblent de prime abord disparates ;
- déterminer si l'ensemble de ces regroupements permettent de répondre adéquatement au problème ou s'il faut poursuivre la génération d'idées créatives.

Bien qu'elle semble relativement simple à employer, la technique comporte certaines difficultés. Deux de ses limites viennent du fait qu'on l'utilise parfois pour forcer un classement des différentes idées uniquement dans le but de les ranger dans une catégorie. On voit alors des idées très distinctives et puissantes se perdre dans le lot, simplement parce qu'elles ont fait l'objet d'un classement obligé. De plus, aller à l'essence des idées exige un effort d'abstraction élevé, donc un investissement intellectuel particulièrement exigeant. C'est ici que l'expertise en animation de la technique permet généralement d'obtenir une qualité supérieure de résultats.

Description

Une fois les meilleures idées sélectionnées, il s'agit de les classifier sur la base des similarités «fines» qui existent entre certaines d'entre elles. Par la technique on se demandera donc quelles sont les raisons ou les stratégies sous-jacentes qui nous amèneraient véritablement – au-delà de la généralité – à regrouper une idée avec une autre ou à créer un autre regroupement. Cette recherche de sens constitue la véritable richesse de la technique. La nouvelle information qu'on en tirera requiert cependant un bon niveau de concentration et, conséquemment, parfois plus de temps de réflexion.

Animation

- Étape 1   Procéder à un premier choix spontané des meilleures idées ou options, en indiquant par une marque ou un collant de couleur celles qui sont retenues lors de cette première phase.
- Étape 2   Sur la base des similarités ou d'affinité de sens, regrouper les idées sans forcer cependant les regroupements. Il peut arriver qu'une idée soit la seule de sa catégorie.
- Étape 3   Terminer l'exercice en prenant bien soin de nommer et d'inscrire ces similarités, que l'on reformulera idéalement avec un verbe d'action très précis, en fonction de ce qui relie toutes ces idées (par exemple, sensibiliser le conseil d'administration, promouvoir nos normes de sécurité, etc.).
- Étape 4   Évaluer la pertinence de compléter un regroupement par la recherche de nouvelles idées susceptibles de le compléter. Par exemple, pour un regroupement intitulé « promouvoir les normes de sécurité », on ajoutera peut-être qu'il serait pertinent de faire une formation en santé et sécurité avec les nouveaux employés, de commander un film sur le fonctionnement d'un appareil ou encore de simuler un accident ou une crise pour tester le système en place.

Exemple de regroupements

Reformuler le groupe d'idées 1 :

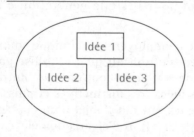

Reformuler le groupe d'idées 2 :

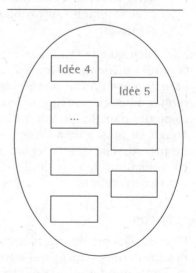

Reformuler le groupe d'idées 3 :

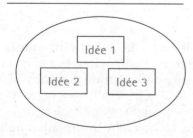

Source : Adaptation et reproduction autorisées de Miller, B., Vehar, J. et Firestein, R. (2004). *La créativité libérée : une introduction à la démarche créative*, Evanston, Thinc Communications, p. 48-52.

■ ÉLOGES D'ABORD

Objectif recherché

La technique Éloges d'abord vient aider de façon constructive à différer le jugement sur les idées semblant pouvoir offrir un potentiel particulier. Elle met en lumière ses avantages et son potentiel et permet de l'améliorer avant de l'accepter ou de la rejeter. Elle aide ainsi à une sélection finale créative et stratégique.

Bénéfices et limites

Un des grands défis des personnes et des groupes est de concilier prise de décision rapide pour « faire avancer les choses » et prise de décision stratégique pour « explorer le potentiel ». La technique Éloges d'abord constitue un outil de choix pour refréner la tendance à passer trop rapidement à l'action. Elle favorise l'ouverture nécessaire pour porter un œil attentif sur le potentiel réel mais parfois caché des idées nouvelles. Son attrait principal vient du fait qu'elle propose de faire un effort délibéré pour inclure des idées à valeur potentiellement très élevée. Son utilisation structurée aide aussi à réduire les risques ou les obstacles inhérents à toute idée nouvelle non raffinée.

Bien qu'elle soit relativement simple à utiliser, la technique demande la réalisation d'un certain nombre d'étapes pour mener aux résultats désirés. Fait non négligeable, cette approche des plus constructives constitue un outil d'accueil privilégié des idées, qu'elles soient retenues ou non. Elle tient compte autant des aspects préoccupants de l'idée que des bénéfices que l'on peut en tirer. Tous y trouvent donc généralement, à un moment où à l'autre, réponses à leurs attentes.

Description

La technique Éloges d'abord demande de commencer par une prise de conscience des aspects positifs de l'idée, puis des gains potentiels susceptibles d'émerger advenant une implantation à succès. Une troisième étape procure aux participants l'espace et le temps pour exprimer leurs craintes face à cette même idée, préoccupations que l'on transformera en défis formulés sous forme de questions positives. Un remue-méninges aidera ensuite à déterminer comment surmonter ces craintes. Le but est d'en arriver à une solution forte et réalisable ou, dans les cas trop difficiles ou impossibles, à mettre l'idée de côté. L'exercice fait ainsi cheminer vers un choix final plus éclairé.

La technique dépasse largement sa fonction de convergence et d'entonnoir dans la sélection des idées. Elle ouvre la voie à des solutions beaucoup plus distinctives si on accepte d'introduire dans la liste des idées retenues pour analyse, une ou quelques idées paraissant intéressantes ou intrigantes, mais apparemment moins accessibles ou plus difficiles à implanter. La méthode appliquée à ces idées un peu étranges ou originales mènera rapidement à l'exploration délibérée d'options parfois extrêmement valables qui risquaient en d'autres circonstances de ne pas être considérées avec sérieux. Toutes les idées retenues pour forger la solution finale ont avantage à être ainsi analysées dans un objectif de renforcement, avant la planification du passage à l'action. Dans la démarche proposée ci-dessous, la technique est utilisée immédiatement après la génération d'idées pour mieux explorer le potentiel des idées suggérées avant toute sélection définitive, mais il est possible de l'utiliser dès qu'une solution potentielle est envisagée.

Animation

- **Étape 1** Sélectionner quelques idées spontanément jugées intéressantes. Faire ensuite un second choix d'une ou de quelques idées, particulièrement intrigantes ou originales, mais qui avaient été mises de côté parce qu'elles semblaient difficiles à réaliser ou à implanter. Débuter l'exercice des Éloges d'abord en analysant les idées listées dans la deuxième sélection, une seule idée à la fois.

- **Étape 2** Rappeler au groupe que toute idée nouvelle a des points forts et des faiblesses et que ces dernières seront aussi analysées. La technique tiendra compte de toutes les préoccupations constructives, cela après la première étape, qui vise d'abord à évaluer l'intérêt de l'idée ; inviter le groupe à énumérer tous les avantages de l'idée analysée, en s'ancrant dans un mode de divergence. Le but est de réunir le plus grand nombre de bénéfices que laisse présager cette idée.

- **Étape 3** Procéder ensuite de la même manière, en cherchant cependant cette fois à détecter le potentiel ultime de l'idée analysée, advenant le cas où elle serait implantée avec succès. Ainsi, on dira que si cette idée devenait à ce point un succès, « *il serait même possible de...* » ou encore, « *cela aura même l'avantage de peut-être...* ». On tentera idéalement d'identifier une quinzaine d'avantages réels ou potentiels résultant de l'implantation d'une idée, le but étant d'explorer tous les types de gains envisageables.

- **Étape 4** Lancer la réflexion sur les préoccupations en demandant de reformuler chacune des craintes en question. Par exemple, pour une préoccupation qui serait « *Nous n'avons pas le budget pour faire cette campagne de communication* », reformuler en disant « *Comment pourrions-nous dégager un budget de communication ?* » ou encore « *Comment pourrions-nous faire parler de nous gratuitement ?* ».

- **Étape 5** Pour chacune des préoccupations transformées en question, procéder à une séance de génération d'idées pour résoudre cette difficulté.

Pour aller plus loin...

Il est fréquent que l'on fasse suivre la technique Éloges d'abord par un autre exercice de convergence. Cela s'effectuera, par exemple, à l'aide de la grille d'évaluation, où il sera possible de comparer l'intérêt et la faisabilité des idées retenues en fonction de critères que l'on aura pris soin de déterminer au préalable.

Fiche de travail : Éloges d'abord[4]

Étape 1 Sélectionner les idées à analyser	
Les idées intéressantes et jugées réalisables	Les idées intrigantes, différentes, attrayantes ou originales
1.	4.
2.	5.
3.	6.

Étape 2   Énumérer le plus grand nombre de PLUS (avantages) que suscite cette idée

Réserver les idées jugées réalisables. Analyser une à une les idées intrigantes, différentes, attrayantes ou originales de la seconde colonne en procédant aux étapes suivantes. Identifier, en utilisant les règles de la divergence, 10 à 15 avantages ou « plus » liés à cette idée.

1. _____

2. _____

3. _____

4. _____

5. _____

Étape 3   Énumérer les conséquences ou gains POTENTIELS que peut générer cette idée

Identifier, dans le respect des règles de la divergence, 10 à 15 résultats potentiels que pourrait apporter une réalisation à succès de cette idée.

Il se pourrait que la réalisation de cette idée...
Il se pourrait que la réalisation de cette idée...
Il se pourrait que la réalisation de cette idée...
Il se pourrait que la réalisation de cette idée...
Il se pourrait que la réalisation de cette idée...

Étape 4   Énumérer les PRÉOCCUPATIONS que suscite cette idée

Faire l'identification de toutes les craintes suscitées par cette idée. Formuler les craintes en questions ouvertes qui permettront de poursuivre la démarche.
1. Comment pourrions-nous...
2. Comment pourrions-nous...
3. Comment pourrions-nous...
4. Comment pourrions-nous...
5. Comment pourrions-nous...

---

4. Source : Adaptation et reproduction autorisées de Miller, B., Vehar, J. et Firestein, R. (2004). *La créativité libérée : une introduction à la démarche créative*, Evanston, Thinc Communications, p. 17.

Étape 5	Énumérer les idées permettant de surmonter LES PRÉOCCUPATIONS

Préoccupation 1 : comment pourrions-nous...

a) Pour chacune des craintes jugées importantes, générer de 10 à 15 idées pour les surmonter.

1.	9.
2.	10.
3.	11.
4.	12.
5.	13.
6.	14.
7.	15.
8.	16.

b) Sélectionner ensuite la ou les idées que vous désirez retenir pour contrer la préoccupation et formuler le tout sous forme de solution (voir ci-dessous).

Afin de planifier une éventuelle situation où (nommer la préoccupation), nous prévoyons faire (inscrire les idées retenues sous forme de solution) :

Préoccupation 2 : comment pourrions-nous...

a) Pour chacune des craintes jugées importantes, générer de 10 à 15 idées pour les surmonter.

1.	9.
2.	10.
3.	11.
4.	12.
5.	13.
6.	14.
7.	15.
8.	16.

b) Sélectionner ensuite la ou les idées que vous désirez retenir pour contrer la préoccupation et formuler le tout sous forme de solution (voir ci-dessous).

Afin de planifier une éventuelle situation où (nommer la préoccupation), nous prévoyons faire (inscrire les idées retenues sous forme de solution) :

■ SOURCES D'APPUI, SOURCES DE RÉSISTANCE

Objectif recherché

Une stratégie basée sur la recherche de sources d'appui et de sources de résistance favorise les chances d'implantation réussie et d'acceptation de la nouvelle solution. Elle renforce la démarche créative en considérant les différents facteurs d'influence sur le succès de son implantation.

Bénéfices et limites

La technique, qui s'inscrit en ligne directe avec la gestion de risque, soutient la recherche de toutes les sources possibles d'appui et de résistance à un projet, que l'on voudra, selon les cas, voir augmentées au maximum ou réduites au minimum. Son avantage est double : elle permet d'optimiser les chances d'un succès lors de l'implantation de la solution ou de justifier son abandon si elle paraît trop risquée.

Description

La recherche requise pour réaliser l'exercice « Sources d'appui, sources de résistance » met en lumière les multiples facteurs susceptibles d'agir sur le succès ou le non-succès de l'idée au moment de son implantation. À l'aide d'un court exercice pour visualiser l'effet de la solution dans son milieu, on explore le contexte futur à l'aide de questions plus particulières, du genre « comment est-il possible de... » :

- privilégier certaines dates ou moments charnières ?
- mobiliser les personnes qui ont déjà démontré un intérêt pour le projet ?
- informer des acteurs clés pouvant devenir des champions ?
- mobiliser les gens exerçant une influence positive pour convaincre les personnes éprouvant certaines craintes ?
- bénéficier de l'aide de groupes organisés ?
- identifier les dates ou moments à éviter ?
- ne pas entrer en conflit/ne pas contrevenir à des règlements ?, etc.

Animation

- **Étape 1** Identifier l'effet que cette solution peut occasionner en donnant aux participants le temps de visualiser son impact sur son environnement. Qui réagit ? Est heureux ? Reste neutre ? Quels sont les gains financiers ? Les moments favorables ? Les processus utilisés ? Poser les questions : qui, quand, où, quoi, comment, pourquoi ? Étendre la réflexion pour explorer les croyances et valeurs sous-jacentes à ces prises de position s'il s'agit de personnes ou de groupes de personnes.
- **Étape 2** Imaginer maintenant l'effet que ces appuis ou résistances susciteront. Énumérer les changements qu'ils peuvent occasionner, positivement ou négativement. Quel sera par exemple l'effet domino potentiel d'un appui ? d'une résistance ? Cela contribue à enrichir la liste de sources d'appui et de résistance.

- Étape 3 Générer, sur le mode de la divergence, le plus grand nombre d'idées en fonction des appuis désirés et des obstacles à considérer. Porter une attention particulière aux éléments pouvant servir de levier, par exemple, créer un argumentaire fort en vue de susciter l'adhésion à la solution.

Pour aller plus loin…

Il arrive que les meilleures idées et les plus beaux projets ne réussissent pas, faute d'avoir bien prévu les différents facteurs d'influence internes et externes sur lesquels il était possible d'agir ou, tout le moins, d'anticiper. Réaliser un exercice de divergence pour tenir compte des sources d'appui et de résistance peut constituer un atout majeur pour faciliter l'adhésion à une solution et réduire les risques liés aux obstacles. Dans le cas de projets touchant plusieurs personnes ou groupes, la technique sera avantageusement complétée par celle «des parties prenantes» (voir technique suivante), avec laquelle on peut explorer plus en profondeur son effet prévisible sur les individus et les groupes touchés.

Fiche de travail : sources d'appui, sources de résistance

Sources d'appui ou conditions facilitantes	Dans le cas des personnes ou groupes, quels sont les motifs probables et valeurs sous-jacents à cet appui ?	Idées pour maximiser l'effet des sources d'appui
1.		
2.		
Etc.		
Sources de résistance ou obstacles	Dans le cas des personnes ou groupes, quels sont les motifs probables et valeurs sous-jacents à cette résistance ?	Idées pour réduire/annuler/transformer positivement l'effet des sources de résistance
1.		
2.		
Etc.		

LES PARTIES PRENANTES

Objectif recherché

La technique des parties prenantes vise à identifier, avant même d'entrer dans le plan d'action et la mise en œuvre, l'ensemble des différents acteurs et groupes capables d'influencer positivement ou négativement un projet. Elle permet de cerner l'apport particulier de chacune de ces parties prenantes, de les prioriser et aide à identifier les actions à prendre pour passer d'une relation ou d'une situation actuelle à une relation ou situation désirée.

Bénéfices et limites

Fondée sur le même principe qui est celui d'être à l'écoute de son environnement et que l'on retrouve derrière la technique des «sources d'appui et sources de résistance», la technique des parties prenantes oriente la réflexion de façon particulièrement pointue vers les personnes et groupes de personnes dont on a besoin pour atteindre un succès. Elle permet notamment de prioriser les parties prenantes à un projet, considérant que chacune n'aura pas les mêmes dispositions envers le projet ni le même poids stratégique. Une telle démarche aide à tenir compte de la complexité inhérente à la plupart des nouveaux projets ou des solutions innovantes, dans une perspective de gestion efficace du changement.

Description

La technique[5] débute par une recherche la plus ouverte et la plus inclusive possible sur les différentes parties prenantes à un projet, pour ensuite les classer par ordre d'importance. Cette priorisation se réalise selon une échelle variant d'un soutien simplement utile à un soutien absolument déterminant pour la réalisation du projet. On évalue ensuite la différence entre la situation actuelle estimée et celle désirable, pour orienter la recherche de nouvelles solutions pouvant aider à combler cet écart.

Animation

- Étape 1 Sur une feuille volante grand format reproduisant la fiche de travail, lister le plus grand nombre de personnes, groupes, associations ou entreprises étant vraisemblablement touchés par le projet ou la solution.
- Étape 2 Prioriser les parties prenantes selon leur importance, en ordre décroissant, pour regrouper en trois catégories distinctes celles dont l'adhésion ou la collaboration est 1) déterminante ; 2) importante ; 3) utile.

---

5. Selon Puccio, Murdock et Mance (2007), la technique des parties prenantes est de plus en plus utilisée dans les organisations et serait originalement issue du travail de Mason et Mitroff (1981).

- Étape 3 Estimer la position probable de la partie prenante face à la solution nouvelle ou au projet envisagé, puis la position désirable ou espérée. La différence entre les deux permet d'estimer l'écart à combler.
- Étape 4 Procéder à une séance de remue-méninges pour chercher des solutions capables de combler cet égard et d'assurer l'appui désiré de la partie prenante. Au besoin, proposer d'ouvrir la réflexion à d'autres possibilités et envisager des plans B, par exemple : «Comment serait-il possible de ne pas avoir besoin de compter sur cet appui ? »
- Étape 5 Évaluer si la qualité des solutions est adéquate et suffisante pour influencer positivement la partie prenante en fonction de l'objectif désiré et du niveau de risque de la situation anticipée.

Pour aller plus loin

La réflexion créative aura avantage à être complétée, notamment pour les parties prenantes qui sont absolument nécessaires et déterminantes au succès d'un projet, par une bonne évaluation des motivations et des valeurs sous-jacentes à leur prise de position. Cet aspect peut être couvert avec l'utilisation de la technique des «Sources d'appui et sources de résistance» présentée précédemment.

Fiche de travail : les parties prenantes

Solution ou projet envisagé : par exemple : *implanter un système de gestion des idées*

Inscrire la solution ou le projet envisagé : _____

Partie prenante	Classification selon l'importance stratégique pour le succès du projet selon l'échelle suivante : 1. déterminante 2. importante 3. utile	Indiquer par deux points sur une échelle de 1 à 10 a) la situation actuelle et b) la situation idéale	Création de solutions pour combler l'écart
Exemple : employés	Exemple : 1	Exemple : _____ a _____ b 0 1 2 3 4 5 6 7 8 9 10	Exemple : - démontrer l'effet sur la qualité de vie en comparant avec d'autres entreprises et en... ; - démontrer l'effet sur la sécurité au travail avec des statistiques sur la réduction du nombre d'accidents, en faisant connaître l'intérêt de la partie syndicale à cet effet et en... ; - rendre le système attrayant en donnant un nom mobilisateur au programme, et en ayant un champion de projet dont le leadership est fort auprès des employés, en faisant des concours et défis stimulants et en... ;
Partie prenante 1		_____ 0 1 2 3 4 5 6 7 8 9 10	– – –
Partie prenante 2		_____ 0 1 2 3 4 5 6 7 8 9 10	– – –
Partie prenante 3		_____ 0 1 2 3 4 5 6 7 8 9 10	– – –
Partie prenante 4		_____ 0 1 2 3 4 5 6 7 8 9 10	– – –
etc.	...	...	...

■ L'ÉVALUATION DU RISQUE

Objectif recherché

L'évaluation du niveau de risque vise d'abord à porter un regard positif sur une idée pour en clarifier la valeur potentielle, puis à soupeser les défis liés à son implantation après une recherche de solution. Ultimement, il s'agit d'en juger l'intérêt réel ; bref, de décider si l'effort en vaut la chandelle une fois tout mis dans la balance.

Bénéfices et limites

L'évaluation du risque en créativité est une stratégie aidant à mieux distinguer le risque réel du risque auquel on peut remédier. L'utilisation de la technique, souvent en complémentarité avec d'autres techniques de convergence, peut permettre d'éviter qu'une bonne idée soit abandonnée en raison des risques perçus trop grands liés à son implantation, malgré toute sa valeur potentielle.

Description

La démarche consiste à lister tous les gains et risques potentiels directs et indirects liés à l'implantation de l'idée. On procède ensuite à une pondération simple afin de mieux évaluer la pertinence d'investir dans sa réalisation en tenant compte des deux types de possibilités. À partir de cette première évaluation, on explore comment il serait possible d'augmenter les gains, de diminuer les pertes et de réduire les risques. À la dernière étape de l'exercice, on estimera si les gains anticipés semblent dépasser ou compenser suffisamment les difficultés ou les pertes possibles.

Animation

- Étape 1   Faire un remue-méninges en vue d'anticiper le mieux possible l'ensemble des bénéfices potentiels directs et indirects de l'idée, en pondérant chacun d'eux (5, bénéfice élevé et 1, bénéfice faible) ; puis les hiérarchiser, du gain anticipé le plus important au moins important ; par un remue-méninges, rechercher ensuite quelques alternatives pour rehausser chacun des gains.
- Étape 2   Entamer un second remue-méninges en vue d'anticiper le mieux possible l'ensemble des risques potentiels (directs et indirects) sous-jacents à l'implantation de l'idée, qu'il est aussi possible de pondérer de 1 à 5 ; les placer en ordre de priorité, du risque le plus important à éviter (5), au risque le moins grave (1) ; par un remue-méninges, rechercher d'autres alternatives pour contrer chacun des risques.
- Étape 3   De façon intuitive, grâce à la vision d'ensemble rendue possible par l'exercice de pondération des bénéfices, évaluer globalement sur une échelle de 1 à 10 la valeur des gains offerts par l'idée si son implantation s'avérait un succès.

De la même façon, évaluer sur une échelle de 1 à 10 les risques présentés par l'idée si sa réalisation échouait. Finalement, faire le différentiel entre les gains et les risques anticipés, en procédant à une soustraction du risque estimé, à partir des bénéfices (bénéfices – risques = bénéfice ou risque réel).

Exemple d'application de la technique de l'évaluation du risque

Identifier l'idée envisagée : par exemple, développer un papier hygiénique nettoyant

- Étape 1   **Lister tous les bénéfices potentiels,** directs et indirects en cas de succès de l'idée et procéder à une pondération de l'importance du gain.

Modèle de grille 1 : Exemple de pondération des gains

Gains et faisabilité anticipés	Pondération de l'importance du gain 1 = faible gain et 5 = gain important
Gains essentiels espérés	
Rentabilité	5
Faisabilité	2
Facilité d'implantation	2
Gains importants anticipés	
Délais de réalisation	1
Effet de mobilisation	5
Positionnement distinctif	5
Part de marché	5
Diversification	4
Gain de crédibilité	5
Cohérence stratégique	5
Gain d'apprentissage/formation, etc.	5
Risque lié à l'inaction/au *statu quo* (additionner au total des gains)	3
Etc.	

- Étape 2   Lister tous les risques potentiels, directs et indirects en cas d'insuccès de l'idée et procéder à une pondération de l'importance du risque.

Modèle de grille 2: Exemple de pondération des risques

Risques	Pondération de l'importance du risque 1 = faible risque et 5 = risque important
Investissement financier	5
Temps et ressources humaines	5
Compétences externes nécessaires	4
Délais de réalisation	5
Effet de démobilisation	1
Perte de crédibilité	1
Détournement des énergies des autres projets, etc.	3
Etc.	

- Étape 3   À la lecture de la liste établie à l'étape 1, procéder à une évaluation globale et intuitive sur une échelle allant de 1 à 10, des gains anticipés à la suite d'une implantation réussie de l'idée. Cela donnera le résultat (a), à placer dans l'équation ci-dessous. De la même façon, à la lecture des risques estimés à l'étape 2, faire la même évaluation de 1 à 10 des difficultés ou des pertes anticipées. Cela donnera le résultat (b), à soustraire. Un résultat très faible ou négatif indiquera généralement une option offrant un avantage réel tout au plus incertain.

  Ex.   □ Résultat a) (gains)   9 / 10 –
         □ Résultat b) (pertes)   4 / 10 =
         □ Total   5 / 10 gain (si positif), *ou* _____ risque (si négatif).

Fiche de travail : l'évaluation du risque

Identifier l'idée envisagée : _____

- Étape 1 **Lister tous les bénéfices potentiels,** directs et indirects en cas de succès de l'idée et procéder à une pondération de l'importance du gain.

Grille 1 : pondération des gains

Gains et faisabilité anticipés	Pondération de l'importance du gain 1 = faible gain et 5 = gain important
Gains essentiels espérés	
Gains importants	
Risque lié à l'inaction/au *statu quo*	

- Étape 2 Lister tous les risques potentiels, directs et indirects en cas d'insuccès de l'idée et procéder à une pondération de l'importance du risque.

Grille 2 : pondération des risques

Risques	Pondération de l'importance du risque 1 = faible risque et 5 = risque important

- Étape 3 Estimation des gains/aux risques :
  - a) gains _____ – b) perte _____ = _____ , soit
    - ▫ Résultat a) (gains) _____ / 10 –
    - ▫ Résultat b) (pertes) _____ / 10 =
    - ▫ Total _____ / 10 gain (si positif), *ou* _____ risque (si négatif).

◾ LA GRILLE D'ÉVALUATION

Objectif recherché

La grille d'évaluation favorise une prise de décision éclairée et ouvre à la nouveauté quant au choix final des idées et des solutions à retenir.

Bénéfices et limites

Un des grands avantages de la grille d'évaluation est qu'elle permet aux idées d'être confrontées à différents critères de façon équitable. Ces critères, réunis grâce à un exercice de créativité pour explorer tous les besoins et objectifs à introduire dans l'évaluation des idées, constitue aussi un outil participatif facilitant la transparence lors de la sélection. Servant de référence commune au groupe sur les buts à atteindre ou les indicateurs de succès auxquels les idées doivent contribuer, la grille d'évaluation peut même s'avérer un outil de mobilisation, dans la mesure où des critères auront été présentés ou même choisis ensemble préalablement. Les résultats figurant sur la grille ne doivent cependant pas primer et restreindre le choix final. Ils sont à titre indicatif et il s'avère important de préserver la liberté d'un choix autre si on y voit un meilleur potentiel.

Description

La grille d'évaluation est généralement présentée dans une matrice subdivisée en fonction de chacun des critères retenus et clairement compris par tous.

Animation

- **Étape 1** Rappeler aux participants que le pointage de la matrice sert d'abord à mieux réfléchir sur les idées, et non à déterminer automatiquement celle qui sera retenue à partir du nombre de points obtenu.
- **Étape 2** Sur la base de la divergence, explorer tous les critères permettant de mieux juger de la qualité des idées émises.
- **Étape 3** Sélectionner les critères clés qui rendent compte de ce qui importe véritablement pour l'atteinte des objectifs.
- **Étape 4** Afin de mieux cerner les objectifs, regrouper les critères ainsi obtenus en catégories (par exemple, mobilisation, faisabilité technique, délais, cohérence stratégique).
- **Étape 5** Dans une matrice à deux axes, entrer les idées retenues et les critères sélectionnés. Coter chacune des idées de 1 à 5, 1 étant une idée de moindre pertinence par rapport au critère analysé et 5 une idée très importante. Compléter la grille en cumulant le total des points reçus par chacune des idées.
- **Étape 6** Examiner attentivement les points reçus pour discuter des options se démarquant, en tenant compte des possibilités et des points de vus émis par les participants. On peut dans plusieurs cas regrouper certaines des idées parmi les plus intéressantes pour établir une stratégie plus élaborée.

Pour aller plus loin…

Dans une démarche créative, on tentera généralement de dépasser les simples critères de faisabilité, en incluant le plus grand nombre de considérations possibles, par exemple l'effet sur la motivation de l'équipe, les valeurs de l'entreprise et la perception positive des clients.

Fiche de travail : la grille d'évaluation

	Critère 1	Critère 2	Critère 3	Critère 4	Critère 5	Critère 6	TOTAL
Idée 1							
Idée 2							
Idée 3							
Idée 4							
Idée 5							
Idée 6							
Idée 7							

Légende : 1 représente une idée ayant peu de valeur et 5 celle qui a la valeur la plus importante.

■ LE PLAN D'ACTION

Objectif recherché

Le plan d'action vise à identifier les différentes étapes et actions devant être prises pour réaliser un projet, relever un défi ou résoudre un problème.

Bénéfices et limites

Le plan d'action clarifie la démarche nécessaire pour réaliser une solution, dans tous ses détails importants. L'exercice vient ainsi grandement soutenir les chances de succès lors de l'implantation de la solution. En créativité, le plan d'action se distingue de l'outil traditionnel par son côté imaginatif en vue d'envisager différentes actions qui pourraient être prises pour atteindre un même objectif ou volet (démarche de divergence). On ne fera donc une sélection des actions à retenir (démarche de convergence) que dans un second temps.

Description

Le plan d'action simple se présente dans une grille subdivisée en court, moyen et long termes et dans laquelle on retrouve, notamment, l'identification des responsables et la détermination des délais de réalisation.

Animation

- Étape 1 Sur un mode de divergence, faire un exercice de remue-méninges pour explorer toutes les actions devant être menées à bien pour implanter l'idée. Amorcer la réflexion en déterminant des angles d'exploration pour guider les participants : « Quelles sont toutes les actions que nous devons prendre pour réaliser cette solution et implanter le projet ? » (pour la recherche d'informations, pour la planification, pour la recherche de partenaires, au moment de la présentation du projet, etc.).
- Étape 2 Faire une sélection des actions essentielles à retenir pour le plan d'action final.
- Étape 3 Regrouper ensuite les idées en fonction de leur réalisation à court, moyen et long termes ; puis les classifier selon l'ordre logique de réalisation.
- Étape 4 Revoir une par une ces actions pour définir clairement les responsabilités, critères de succès, délais de réalisation, etc.

Pour aller plus loin…

Le plan d'action sera véritablement créatif dans la mesure où on trouve le moyen d'inclure un degré élevé de divergence dans la recherche des actions à prendre (par exemple, dans les stratégies à considérer, les personnes ressources à contacter, le type de financement à solliciter) et qu'on effectue une sélection finale avec un véritable souci de conserver les éléments de nouveauté potentiellement utiles, cela quitte à prendre quelques instants pour procéder à un nouvel exercice comme dans le cas de la technique Éloges d'abord. Par exemple, si on spécifie dans le plan « *faire des demandes de financement* », on pourra étendre l'exercice pour explorer toutes les idées de financement possibles avant de déterminer du type ou des sources de financement à privilégier.

Il ne faut pas hésiter à intégrer d'autres catégories d'information adaptées à la réalité du projet, ce qui aidera à mieux cerner l'importance de l'action et de l'atteinte des résultats. Enfin, il est recommandé que les premières actions soient menées dans les 24 à 48 heures suivant la rencontre créative pour enclencher rapidement le processus, question de déclencher l'action.

Fiche de travail : le plan d'action

	Actions	Objectifs	Responsables	Indicateurs de performance	Date/Délais de réalisation
Court terme					
1					
2					
3					
4					
5					
Moyen terme					
6					
7					
8					
9					
10					
Long terme					
11					
12					
13					
14					
15					

▨ LA YELLOW BOX[6]

Objectif recherché

La Yellow Box sert à classifier et à prioriser les idées en fonction de leur nature dès les premières phases de convergence, afin d'établir un portfolio diversifié.

Bénéfices et limites

Le bénéfice le plus important de la Yellow Box est qu'elle permet de discerner l'essence même de ce que chacune des idées peut apporter d'intéressant. L'outil permet notamment d'éviter de considérer sur le même pied des idées suggérant des innovations radicales ou des idées très visionnaires avec des idées dont la concrétisation est simple ou conduisant à de l'amélioration continue. Ainsi, la Yellow Box favorise un traitement et une évaluation des idées plus adéquats. Comme outil visuel, elle permet de véhiculer de front différents types d'idées, ce qui peut éventuellement soutenir le développement d'un portefeuille équilibré de nouveautés à introduire. En cernant mieux la contribution de chaque type d'idées, la démarche peut aussi conduire à une distribution plus équitable des ressources nécessaires pour réaliser les idées ultimement sélectionnées. Elle constitue un complément particulièrement intéressant aux autres outils de convergence quand arrive le moment de choisir des idées de nouveaux projets et de développement de produits.

Description

Après un exercice de génération d'idées et une séance de convergence simple où on aura retenu une diversité de solutions potentielles sur la base de nos coups de cœur, des idées faisables et des idées osées, il s'agit de procéder à un classement en s'assurant d'avoir des idées dans chacune des cinq catégories suivantes, et en particulier des idées «jaunes»:

- les votes pour les idées **BLEUES**, qui mettent en relief des idées dont la simplicité et la rapidité de mise en œuvre sont évidentes;
- les votes pour les idées **VERTES**, qui permettent d'améliorer ce qui se fait, dans une logique de qualité totale, mais dont l'implantation peut requérir un certain effort ou un investissement;
- les votes pour les idées **ROUGES**, qui sortent des sentiers battus ou des façons de faire ou de penser habituelles;
- les votes pour les idées **JAUNES**, de nature visionnaire et, dans certains cas, dont il peut être difficile d'imaginer l'implantation;
- les votes pour les idées **BLANCHES**, qui sont des idées candides, naïves, dans le sens qu'elles proviennent de non-experts dans le domaine, mais offrant un regard rafraîchissant qui peut ouvrir la voie sur de nouvelles façons de résoudre le problème.

6. Adaptation autorisée par Mark Raison (2009). *Yellow Ideas*, <http://www.yellowideas.com>.

Animation

- Étape 1   Après un exercice de génération d'idées, procéder à un premier exercice de convergence afin de réduire le nombre d'idées en distribuant de trois à cinq vignettes adhésives de chacune des cinq couleurs aux participants : jaune, rouge, bleu, blanc et vert.
- Étape 2   Sur une feuille volante divisée en cinq cases, classifier les idées ainsi retenues par les participants en fonction des mêmes cinq couleurs.
- Étape 3   Une fois la classification effectuée, explorer plus avant ces idées à l'aide des questions clés identifiées dans la fiche de travail, puis procéder à une sélection finale à l'aide d'une technique complémentaire.

Pour aller plus loin...

Après la Yellow Box, qui a permis de classer les différentes idées et de préserver leur diversité, on pourra envisager de poursuivre la phase de convergence à l'aide de différentes techniques. Plusieurs choix s'offrent en fonction de la nature des idées et de leur complexité. À titre d'exemple, il serait possible, en utilisant un mélange de techniques, de procéder à un renforcement des idées avec les Éloges d'abord, puis de réaliser une classification des idées avec la technique des regroupements afin d'en arriver ensuite à une sélection finale à l'aide d'une matrice d'évaluation.

Fiche de travail: la Yellow Box

Idées blanches Idées candides, naïves Question clé : Comment peut-on s'inspirer de cette idée pour résoudre notre problème ?	
Idées vertes Idées de continuité Question clé : Comment peut-on implanter rapidement cette idée ?	**Idées jaunes** Idées visionnaires ou en apparence irréalisables Question clé : Comment peut-on rendre cette idée faisable ?
Idées bleues Idées simples Question clé : Comment peut-on valoriser cette idée ?	**Idées rouges** Idées de rupture Question clé : Comment peut-on accepter d'envisager cette idée ?

Conclusion

L'utilisation de techniques de créativité appropriées peut constituer une véritable plaque tournante pour transformer un problème en solution ou encore un projet banal ou risqué en projet original et bien ficelé. Comme le démontrent les notices pratiques, le temps et les ressources généralement requis apparaissent relativement très faibles comparativement aux gains qu'il est possible d'en tirer. Ces techniques sont des outils particulièrement utiles pour identifier des occasions ou affronter des défis et des problèmes variés et complexes.

Les occasions de relever des défis et des problèmes divers sont fréquentes pour bon nombre d'entreprises. Il pourra donc s'avérer utile de pouvoir compter, au sein même de l'organisation, sur la compétence de quelques personnes habilitées à animer une diversité de techniques telles celles présentées dans ce chapitre. Le recours à des animateurs externes peut également être d'un grand secours. Par exemple, il pourra être avantageux de faire appel à eux dans certaines situations, quand il apparaît important de préserver une neutralité pour faire face aux sujets les plus délicats et assurer ainsi une meilleure performance de la démarche.

Ces personnes – internes ou externes – seront ainsi à même de soutenir une qualité constante des activités créatives et de guider les groupes de travail, particulièrement lors de l'utilisation de techniques plus élaborées ou de défis plus complexes. D'autre part, par une formation d'introduction à la démarche créative et à certaines techniques de créativité, les employés pourront mieux participer à de tels exercices, notamment :

1. comprendre ce qui est attendu d'eux en termes d'attitude et de comportement créatif en groupe ;
2. identifier comment ils peuvent contribuer efficacement à la démarche dans laquelle ils sont impliqués ;
3. augmenter leur tolérance, notamment à la nouveauté, à l'ambiguïté et au risque, face à la déstabilisation que les nouvelles idées peuvent susciter et malgré la complexité ou l'étrangeté de l'utilisation de certaines techniques.

La sélection de techniques décrites dans ce chapitre avait pour objectif sous-jacent d'aider à la planification d'un programme d'apprentissage aux techniques de créativité, démarche pouvant s'inscrire dans une stratégie de développement d'entreprise créative. Deux niveaux de formation y sont informellement suggérés, l'ensemble des techniques s'adressant généralement à ceux et celles qui tiendront un rôle d'animateur, alors que les génériques ou celles jugées les plus pertinentes selon les besoins seront destinées à un plus grand nombre d'employés.

Les techniques présentées constituent enfin un programme de formation pensé en termes d'investissement de base : d'autres techniques ou outils pourront par la suite être ajoutés au portfolio, au fur et à mesure de la démarche et selon les besoins particuliers de l'organisation. Il s'agit cependant ici d'un éventail de techniques suffisamment complet pour aider les membres de l'organisation à cheminer à travers chacune des grandes phases du processus créatif, soit la clarification, la génération d'idées et l'implantation.

L'entreprise qui n'innove pas ne fait pas que vieillir, elle décline.
Et avec le rythme du changement actuel, ce déclin arrivera rapidement.
Peter Drucker

Créativité et innovation

Il n'est pas difficile de lier créativité et innovation. C'est un jumelage que beaucoup jugeront tout à fait naturel. En fait, il semble que ce soit plutôt la différence entre les deux qui constitue souvent une source de problèmes et de confusion, et donc un risque de gestion moins appropriée.

Selon plusieurs auteurs, la gestion de la créativité apparaît de plus en plus comme une des pistes de croissance les plus puissantes et porteuses pour les entreprises. Le présent chapitre éclaire ainsi globalement un des plus importants défis du gestionnaire, soit celui de savoir distinguer plus clairement le management de la créativité du management de l'innovation. Il met en relief comment certains paradigmes et croyances erronés sont susceptibles de limiter l'utilisation de la créativité dans l'organisation, même au moment d'innover. Un survol de ces idées préconçues pouvant être à la source de prises de position « anticréativité » potentiellement dangereuses ou inutiles pour l'entreprise et fréquemment rencontrées sur le terrain y est donc présenté.

On découvre ainsi comment une compréhension de la gestion de la créativité peut influencer de façon marquée les façons de penser dans l'ensemble de l'organisation, en plus de venir en soutien à une innovation forte. La créativité ne se situant pas simplement en amont de l'innovation de produits – moment et secteur auxquels elle n'est d'ailleurs pas limitée – on y explore comment son utilisation dépasse largement le moment de l'idéation servant à identifier la bonne idée de départ. Sa contribution se traduira aussi dans la qualité de la stratégie – notamment quant au choix de la stratégie mixte d'innovation à privilégier et la gestion du portfolio de projets d'innovation. Nous aborderons cet aspect pour mieux saisir comment la créativité y est en tout temps requise et intégrée.

Le chapitre permet ensuite de se pencher sur l'intérêt pour l'entreprise de s'ouvrir aux sources et aux ressources de créativité et d'innovation externes à l'organisation. Enfin, on y verra comment elle peut s'avérer en fait une aide extrêmement précieuse pour l'organisation, qui désire réduire les risques liés à l'innovation et soutenir une meilleure prise de décision dans ses projets.

Distinguer gestion de la créativité et gestion de l'innovation

Il est très fréquent que l'on considère créativité et innovation comme étant une seule et même activité. D'autres diront, un peu dans le même sens, que créativité et innovation sont le continuum d'une même action, la première se situant en amont, soit sur le plan de la pensée, de l'idée de départ, et la seconde, dans la transformation de l'idée en réalité tangible.

Cela est en partie vrai, puisque la créativité fait généralement partie intégrante du processus d'innovation dès le départ (par exemple avec l'idée d'un nouveau produit) et que le résultat de la créativité appliquée peut être de l'innovation ! Cela est aussi vrai puisque l'idée de départ d'un nouveau produit ou projet fait souvent l'objet d'une démarche créative particulière. Mais peut-on dire pour autant que créativité et innovation peuvent être confondues ? Pourrait-on affirmer, par exemple, que les responsables de la gestion de l'innovation sont les responsables, en toute logique, d'assurer la compétence créative dans l'entreprise ?

Tant dans le domaine de la gestion qu'en ingénierie et en créativité, les résultats des recherches des dix dernières années nous imposent une plus grande rigueur dans l'utilisation des deux termes (Vehar, 2008). La gestion de la créativité et la gestion de l'innovation ont des objectifs particuliers et considérablement différents. Nous verrons dans les sections qui suivent en quoi consistent l'une et l'autre et leurs champs d'intérêts et objectifs respectifs.

La gestion de la créativité

Comme on l'a vu au cours des chapitres précédents, l'objectif fondamental de la créativité est de produire des idées nouvelles et utiles. La gestion de la créativité dans l'organisation visera donc à soutenir et à renforcer cette capacité à penser différemment et à produire des idées nouvelles et utiles. Dit autrement, la gestion de la créativité a pour but d'assurer que l'organisation est en mesure de produire et de capter des idées nouvelles, adaptées à l'organisation et offrant une valeur supérieure. Concept relativement nouveau en gestion, Bardin en circonscrit le champ d'action :

> Le management de la créativité apparaît comme une pratique s'intéressant autant à ce qui est que ce qui peut être. Il peut se définir comme le management du devenir de l'entreprise. Traitant de l'innovation, du changement, des connaissances, des projets, des processus, des valeurs, de la qualité, le management de la créativité est un management stratégique. Il se positionne à l'intersection de la plupart des grands thèmes stratégiques actuels (adaptation au changement, création de valeur, transformation de la culture, construction d'une vision, élaboration d'une trajectoire, passage à l'organisation horizontale, qualité totale, responsabilisation, motivation et participation des salariés, création de connaissances, coévolution, alliances... (Bardin, 2006, p. 116).

La littérature sur la créativité organisationnelle rappelle en effet clairement qu'elle n'est pas simplement une capacité à générer des idées différentes, mais qu'elle vise à offrir une réponse à la fois nouvelle, adéquate et véritablement utile. Elle vient ainsi créer un équilibre dynamique entre les façons actuelles de penser et de faire, en distinguant celles qui sont à conserver et celles qui doivent être changées. La gestion de la créativité implique donc des actions concrètes et distinctes pour parvenir à ses objectifs. Pour capter des idées offrant de la valeur, on cherchera ainsi à arrimer de façon cohérente les structures, politiques et valeurs de l'organisation avec le comportement créatif demandé de la part des individus et les objectifs visés. Une façon utile d'aborder la situation pourra être de tenir compte de chacun des 4 «P» de la créativité, soit de considérer la gestion sous l'angle des personnes qui doivent créer, des processus et techniques pouvant être utilisés, des produits que l'on désire obtenir et de la «pression» ou du contexte dans lequel la création peut se réaliser. On visera ainsi notamment :

- le développement d'une compréhension commune de l'apport de la créativité appliquée pour l'organisation, venant ainsi positionner l'importance de soutenir la recherche de meilleures façons de penser et de faire ;
- la mise en place de politiques et de structures claires pour la stimulation, la réception, la transmission, le traitement et l'intégration des idées nouvelles. Cela se réalisera à tous les niveaux et dans tous les secteurs de l'organisation, incluant l'administration, les ressources humaines et les communications ;
- le développement de pratiques claires, allant du développement de compétences créatives des individus à la mise en œuvre d'une stratégie de réseautage permettant d'avoir accès aux différentes sources de créativité et ressources en innovation. Cela inclut la formation des personnes et des équipes aux outils, techniques et processus créatifs pour soutenir une base commune de travail en contexte de changement et de recherche de créativité, ainsi que l'accès à des animateurs internes et externes ;
- le développement de compétences en leadership et créativité sur le plan de la haute direction, des cadres, du conseil d'administration, et autres types de leadership non reliés à des positions d'autorité ;

- un contexte de travail stimulant, offrant notamment des défis clairs et ambitieux, un climat favorable à la créativité et un accès aux ressources (temps, argent, information stratégique, veille, etc.) nécessaires pour générer et explorer les idées.

En parallèle au développement d'une culture forte de créativité, la gestion de la créativité viendra assurer de canaliser de façon appropriée dans l'entreprise toutes les informations, idées et solutions nouvelles offrant potentiellement de la valeur afin qu'elles soient utilisées adéquatement par l'organisation, dont par exemple dans le cadre de projets d'innovation. Les prochaines sections du chapitre y sont plus particulièrement consacrées.

La gestion de l'innovation

Traditionnellement, on a eu longtemps tendance à considérer que la véritable innovation se limitait à développer des produits ou à implanter des processus nouveaux issus du département de R-D.

On commençait généralement par «créer», c'est-à-dire développer une idée, puis on passait «à l'innovation» pour l'implanter. Dans une telle perspective, il était courant de tracer une frontière entre créativité et innovation. Les choses ont bien changé et on considère maintenant l'innovation dans un sens beaucoup plus large. Selon Gasse et Carrier (2004), on peut définir l'innovation comme «tout changement adopté, ou encore développé et implanté ou commercialisé par une entreprise, lequel changement a pour but d'augmenter la productivité ou la performance de l'organisation, de répondre à de nouvelles exigences du marché ou de s'attaquer à de tout nouveaux marchés» (Gasse et Carrier, 2004, p. 366). La définition proposée par West, du Aston Business School et London School of Economics va en ce sens, et illustre bien une conception élargie de l'innovation et met la notion de bénéfice en évidence :

> L'innovation est une façon nouvelle ou améliorée de faire les choses au travail. Une définition plus complète, plus explicite de l'innovation est l'intention d'introduire et d'appliquer soit dans le cadre du travail, de l'équipe ou de l'organisation, des idées, processus, produits, procédures qui sont nouveaux dans le cadre de ce travail, de l'équipe ou de l'organisation, et qui apportent des bénéfices. L'innovation concerne donc des tentatives délibérées d'obtenir des bénéfices en introduisant un changement nouveau : cela peut inclure des bénéfices économiques, la croissance personnelle, l'augmentation de la satisfaction, l'amélioration de la cohérence du groupe, une meilleure efficacité des communications dans l'organisation, de même que de la productivité ou des gains financiers (West, 2002, p. 355, traduction libre).

De nombreuses autres définitions de l'innovation existent ; Vchar (2008) en a répertorié près d'une trentaine issues tant de milieux scientifiques que de la gestion et de praticiens en créativité et innovation. Sur la base de tous ces travaux, un constat émerge : la créativité est requise pour permettre à l'organisation de capter et d'articuler des idées nouvelles ayant de la valeur, alors que le champ de l'innovation est celui de capturer les bénéfices de ces idées. Pour ce faire, le processus d'innovation aura donc aussi besoin de créativité, non seulement pour créer une idée initiale, mais aussi tout au long de la démarche d'innovation pour être capable d'en tirer le bénéfice attendu.

Le processus d'innovation vise en effet à canaliser une première idée ou une solution formée de plusieurs idées, à en évaluer la rentabilité et la faisabilité réelle, ainsi qu'à en assurer l'implantation réussie pour en capturer efficacement la valeur anticipée. Plus cette efficacité sera élevée, plus les espérances de gains seront potentiellement rencontrées. C'est cette attente de valeur ou de performance supérieure qui permet de décider d'introduire certaines idées au profit d'autres dans un *pipeline* d'innovation formel, donc avec l'intention planifiée d'en tirer le maximum de bénéfices. Les indicateurs de succès de l'innovation se traduiront par des gains de temps, de productivité, de revenus, de services, de qualité, de prévention et même de satisfaction, donc par des mesures souvent quantitatives, bien que pouvant aussi être qualitatives.

Un processus d'innovation commençant avec une idée différente à implanter puisque l'on s'apprête à naviguer dans la nouveauté, il est aussi fort probable qu'on aura fréquemment besoin de faire appel à la créativité pour être en mesure de produire ou d'implanter « cette autre chose » de façon efficace. L'innovation requiert aussi généralement un grand nombre de compétences, en faisant donc un processus collectif : plusieurs personnes seront ainsi appelées à unir leurs forces pour réfléchir et travailler aux façons d'optimiser et de concrétiser les gains espérés. On peut aussi s'attendre à ce que cette démarche d'innovation et le produit d'innovation lui-même viennent changer l'organisation en affectant, à titre d'exemple, l'offre de produits ou de services de l'entreprise ou encore les façons de produire ou les stratégies d'un ou de plusieurs secteurs ou services.

Le tableau 8.1 résume les principales distinctions entre gestion de la créativité et gestion de l'innovation et permet de constater que, bien qu'elles contribuent toutes deux à la croissance de l'organisation, elles y parviennent par des logiques qui leur sont particulières.

Paradigmes limitant la créativité en innovation

Étrange paradoxe et pourtant si présent : l'expérience terrain, les études consultées et les entrevues réalisées nous ont permis de détecter un grand nombre de croyances susceptibles de limiter de façon importante la capacité à créer et à innover dans les entreprises. Parfois évidentes, souvent subtiles, ces croyances font la vie dure à la créativité, et donc à l'innovation. Cela nous amène à nous poser la question suivante : l'innovation se porte-t-elle vraiment bien dans les organisations ? La créativité y est-elle limitée à la phase consistant à trouver l'idée de produit de départ ? Ou pire, attend-on du ciel cette idée de génie qu'on introduira dans le *pipeline* de produits en développement ?

Tableau 8.1

COMPARAISON DE LA GESTION DE LA CRÉATIVITÉ ET DE LA GESTION DE L'INNOVATION

	GESTION DE LA CRÉATIVITÉ	GESTION DE L'INNOVATION
Essence du concept	Capter des idées de valeur	Capturer la valeur des idées
Objectif	Soutenir la capacité à percevoir différemment, à détecter et à développer de la nouveauté utile. Appliquée à l'ensemble de la vie de l'organisation, que ce soit par des idées simples, des solutions complexes, des stratégies et des concepts touchant l'ensemble des secteurs et activités de l'organisation : relations interpersonnelles, négociations, finances, marketing, production, R-D, développement de nouveaux concepts.	Générer des bénéfices (profits/gains/avantages) par l'implantation efficace et efficiente d'idées nouvelles. Appliquée plus particulièrement au développement de nouveaux produits et services, à l'amélioration ou au changement des procédés et processus et au modèle d'affaires.
Avantages et bénéfices	Soutien à la vitalité organisationnelle en ouvrant sur un plus grand nombre de choix et d'options différentes, potentiellement plus utiles comparativement aux façons de faire ou de penser habituelles (par exemple, par la capacité à explorer des occasions potentielles, à anticiper des scénarios, à remettre en question, à s'adapter au changement et à tenir compte de la complexité).	Soutien à l'organisation dans sa capacité à atteindre ses objectifs de profitabilité/position concurrentielle/stratégique en produisant quelque chose de nouveau ou en faisant différemment.
Type de management requis	Management touchant généralement l'ensemble des membres de l'organisation et visant à favoriser un contexte où les pensées et comportements créatifs peuvent survenir : climat/culture, structures, leadership, soutien au développement des compétences et attitudes créatives individuelles et d'équipe, etc.	Management par l'implantation de processus d'innovation structurés, incluant des plates-formes d'innovation, des comités de gestion, une stratégie mixte d'innovation, etc.
Mots clés	– Solution utile – Distinctif, nouveau, original – Alternatives, options – Élaboration – Degré de résolution du problème – Adéquation de la solution	– Échéanciers, temps au marché – Rentabilité – Profitabilité, productivité – Amélioration des services – Livrables – Gestion de projet
Niveau de responsabilité	Haute direction, cadres intermédiaires et tous les niveaux de supervision, et employés eux-mêmes.	Haute direction, chefs de projet/innovation, équipe d'innovation en amont, etc.

Un processus d'innovation sera idéalement flexible et pourra s'ajuster à la réalité de l'entreprise, à son milieu, aux changements qui surviennent en cours de route et tirer le maximum des nouvelles informations. On ne misera donc pas tout sur une analyse initiale jugée garante de tout ce qui suivra, ou encore sur la première idée de produit, comme si rien ne pouvait être mieux, remis en question, transformé ou même arrêté. Cette capacité créative contribue à un processus d'innovation fort et aide à réduire le risque que celui-ci devienne un boulet au pied ou même une cause de perte financière importante. Le but de la créativité appliquée – encore une fois – n'est pas de «changer pour changer», mais bien d'offrir la réponse la plus appropriée. Quelles sont donc ces croyances ou façons de faire qui viennent limiter l'utilisation de la créativité dans le quotidien des organisations et à l'intérieur même du processus d'innovation?

Sans prétendre à l'exhaustivité, le tableau 8.2 illustre dix des croyances rencontrées fréquemment au sein des entreprises que nous côtoyons. Mises en lumière, elles pourront ainsi peut-être aider à mieux cerner certains des paradigmes limitatifs pouvant nuire à une capacité d'innovation optimale de l'organisation.

Tableau 8.2
DIX CROYANCES LIMITANT LA CRÉATIVITÉ EN INNOVATION

	CROYANCES	LES FAITS
1	La créativité sert principalement pour identifier l'idée initiale d'un nouveau produit.	L'idée initiale ne représente que la pointe de l'iceberg de la contribution de la créativité appliquée au développement de nouveaux produits. Elle permet notamment de soutenir la réflexion face à des situations complexes requérant de nouvelles solutions, y compris des impasses survenant durant le développement d'un produit ou de sa mise en marché. Elle peut de plus diminuer certains des risques liés au projet d'innovation, par exemple en développant les plans B, C et D nécessaires pour réajuster le tir au besoin.
2	La créativité implique de s'ouvrir à toutes les idées et d'introduire des options non rentables ou des idées inutiles.	La créativité n'implique pas d'accepter toutes les idées ou de faire des remises en question en tout temps, mais elle habilite à le faire au moment voulu. Le besoin n'est pas nécessairement de sortir des sentiers battus, mais bien d'être capable d'en sortir. Elle permet de mieux considérer certaines alternatives – tout comme elle permet de les repousser ou de les refuser. Une exploration créative en aura cependant permis une analyse plus complète.
3	La créativité augmente les risques du projet d'innovation en causant des pertes de temps.	Une attitude créative durant un projet permet de mieux considérer certaines alternatives en cours de processus, d'éviter les retours inutiles et de mieux surmonter certains obstacles pouvant nuire au projet. De façon générale, si elle est valorisée et réalisée dans un cadre approprié, elle n'augmentera pas les délais mais évitera les égarements, et pourra même se transformer en outil d'accélération du projet.

Tableau 8.2
DIX CROYANCES LIMITANT LA CRÉATIVITÉ EN INNOVATION (*suite*)

	CROYANCES	LES FAITS
4	Les idées utiles pour le développement de nouveaux produits viennent directement des clients utilisateurs.	Si les clients utilisateurs ont certaines idées sur les produits, il n'est pas de leur responsabilité d'identifier les innovations que doit produire l'organisation. Idéalement, un équilibre est nécessaire pour ne pas être dépendant uniquement de l'externe face à ses choix d'innovation. De plus, le client peut difficilement identifier ce que devrait être un nouveau produit et voit surtout les problèmes qu'il rencontre. Une interprétation fine et créative des informations provenant des clients s'impose généralement.
5	Nous ne faisons pas d'innovation. Par conséquent, nous n'avons pas besoin de créativité. Nous sommes dans des opérations que nous maîtrisons.	Nombre d'organisations, départements ou services croient en effet ne pas faire d'innovation. C'est souvent le cas par exemple d'organisations gouvernementales, philanthropiques, sociales ou autres non orientées vers le développement de produits commerciaux. C'est aussi le cas des équipes pour qui les grandes orientations viennent «d'en haut». Pourtant, quand on pose la question à ces personnes, on constate à quel point le changement oblige régulièrement à créer de nouvelles façons de faire ou de nouveaux services : le bureau sans papier, les stratégies d'embauche de personnel en région éloignée ou en milieu spécialisé, l'administration à distance, etc.
6	Nous devons commencer par instaurer une structure rigoureuse de développement de nouveaux produits avant d'introduire la créativité appliquée.	On réfère ici à deux choses distinctes : comment on pense et comment on fera les choses de façon optimale pour en obtenir un maximum de bénéfices. Les deux ont avantage à agir de pair pour un maximum d'efficacité, y compris durant un projet d'innovation.
7	Il suffit d'appliquer la mécanique (par exemple les techniques de créativité et les processus créatifs) pour être innovants.	De toutes les croyances erronées, c'est peut-être une des plus présentes. S'attendre à révolutionner les idées de l'entreprise dès une première demi-journée de formation à la créativité est fort irréaliste, bien que pouvant très bien dans plusieurs cas donner des résultats intéressants. Un mécanisme n'a d'utilité que s'il est bien utilisé, par les bonnes personnes et dans un contexte approprié.
8	Faire des exercices de créativité en équipe n'augmentera pas la qualité de nos décisions et idées comparativement à celle atteinte lors de nos rencontres habituelles.	De plus en plus d'études viennent démontrer la pertinence de la formation et la pratique à la créativité, de leur utilité et leur performance, cela tant sur le plan de la prise de décision stratégique que pour le développement de nouveaux produits. C'est aussi en relativement peu de temps – souvent quelques jours – que les résultats sont déjà généralement perceptibles. Cette croyance nous apparaît un motif relativement répandu, qui semble parfois cacher des préoccupations plus difficiles à exprimer, par exemple la crainte d'être associé à une activité perçue comme futile ou encore dont les résultats sont difficiles à prévoir ou à mesurer. Dans ces cas, on réfère donc surtout à la perception de prendre un risque personnel en étant associé à une prise de décision potentiellement jugée comme mauvaise ou non «rationnelle».

Tableau 8.2

DIX CROYANCES LIMITANT LA CRÉATIVITÉ EN INNOVATION (*suite*)

	CROYANCES	LES FAITS
9	La créativité n'est utile que pour trouver des idées, des solutions.	Si produire des «idées» utiles et nouvelles est le champ d'expertise de la créativité en innovation, elle vient souvent d'abord en aide grâce à sa performance en clarification de problèmes. Toutes les étapes peuvent bénéficier de la capacité créative : savoir percevoir les écarts ou occasions, se poser les bonnes questions, trouver une brèche pour mieux aborder un problème, et plus encore. Elle permet aussi de soutenir une meilleure planification des conditions gagnantes et supportera une implantation réussie.
10	Puisque nous créons à partir de ce qui existe déjà, nous n'innovons pas vraiment.	On confond parfois «capacité à voir autrement» avec «changement d'orientation». La créativité peut se manifester avec puissance dans le développement de ce qui existe. Elle permet d'aller autant en profondeur des choses que d'explorer des zones inconnues et de sortir des sentiers défrichés. Toutes deux sont nécessaires (Kirton, 2003, p. 148) pour innover. Ainsi, la télévision et l'ordinateur ne sont plus des révolutions, mais les façons de les concevoir, de les utiliser et même de les combiner ont considérablement changées. L'évolution de ces produits d'innovation est aussi la marque d'une créativité forte où l'imagination a permis graduellement de passer des ampoules à l'écran plasma mural ou encore à des transactions B2B par Internet.

La stratégie d'innovation

Le point de départ : définir une stratégie mixte d'innovation

L'expérience montre que s'il est déterminant pour l'entreprise de développer et protéger une compétence stratégique unique et de bien connaître son marché, elle doit tout de même s'assurer de ne pas délaisser les autres aspects qui viendront composer une stratégie globale forte. L'absence d'une stratégie bien articulée d'innovation est en effet identifiée par nombre de praticiens et chercheurs comme une des plus grandes sources d'échec en innovation. Lindegaard, sur la base de sa pratique, la place au premier rang (voir tableau 8.3) dans les facteurs qu'il identifie comme les principales sources d'échecs en innovation dans les entreprises.

Tableau 8.3

DIX DRAPEAUX ROUGES EN INNOVATION

1.	L'absence d'une stratégie d'innovation
2.	L'absence d'une définition de l'innovation
3.	Trop de concentration sur les capacités internes
4.	Trop d'accent sur l'innovation ouverte
5.	Des silos internes rigides
6.	Trop d'accent sur les idées et pas suffisamment sur les gens
7.	Une culture déficiente en réseautage fort
8.	Des efforts d'innovation principalement axés sur la technologie et les produits
9.	Une innovation limitée à un groupe restreint de personnes
10.	Une sous-estimation de la vitesse des changements par la haute direction et les leaders de l'innovation

Source : Lindegaard, S. (2010). « 10 red flags for innovation », *Business Week*, <http://www. Businessweek.com>, consulté le 5 avril 2010.

Avant même de définir une stratégie mixte d'innovation, l'entreprise aura intérêt à comprendre ce qui propulse son organisation, ce qui dirige et filtre ses choix, bref à identifier en quelque sorte ce qui constitue son véritable ADN. Si plusieurs entreprises œuvrent dans un même secteur ou industrie, toutes ne le feront en effet pas de la même manière et avec la même vision. Ainsi, certains types d'activités semblent prendre une importance particulière et évoluer en ce qui apparaît être la base pour les choix des produits, clients et marchés de l'organisation.

La firme Decision Processes International (DPI) réfère à l'identification de cette base pour chaque entreprise comme la force motrice. Cette force motrice permet d'identifier les secteurs d'excellence que l'entreprise devra promouvoir. Ces secteurs d'excellence sont une aptitude, une habileté ou une faculté cultivée délibérément sur une longue période de temps. Ces secteurs d'excellence permettent à l'entreprise de se distinguer de la concurrence et de maintenir sa compétitivité et son leadership. Le tableau 8.4 présente une synthèse des 10 forces motrices telles qu'elles sont proposées par Robert (1996), des éléments ou activités de base que l'on retrouve dans la plupart des entreprises, mais dans des proportions fort différentes. Il illustre comment la force identifiée comme dominante viendra influencer considérablement les choix de projets d'innovation pour soutenir une cohérence stratégique accrue pour l'entreprise.

Tableau 8.4

FORCE MOTRICE ET INFLUENCE SUR LA STRATÉGIE D'INNOVATION

FORCE MOTRICE (Stratégie d'entreprise)	INFLUENCE SUR LA STRATÉGIE D'INNOVATION	EXEMPLES D'ENTREPRISES
Concept de produit	Le focus de l'innovation sera surtout concentré sur un type de produit ou de service offert. Par exemple, comment pourrions-nous adapter, intégrer, faire des extensions de ce produit ?	Gentec-eo et ses systèmes de mesure de laser.
Classe d'utilisateurs	Le focus de l'innovation visera surtout à répondre aux besoins d'une catégorie spécifique de clients visés. Par exemple, quels sont tous les produits et services que ce groupe d'utilisateurs pourrait avoir besoin ?	La solution cycliste de Louis Garneau Sports avec plus de 2000 produits pour le vélo et l'entraînement, été comme hiver.
Catégorie de marché	Le focus de l'innovation visera surtout à répondre à un ensemble de besoins ressentis par un même marché, par exemple, quels sont tous les besoins de ce marché auxquels nous pourrions répondre ?	Les centres de loisirs, les écoles, les hôpitaux ou autres organisations répondant à plusieurs besoins différents dans un même milieu.
Technologie et/ou savoir-faire	Le focus de l'innovation sera surtout concentré sur l'application d'une technologie à diverses utilisations et gammes de produits. Par exemple, quelles sont toutes les façons d'utiliser cette technologie ou savoir-faire ou quels sont les produits qu'elle permettrait de créer ?	Novo Technologies et les systèmes de gestion d'enregistrement (avec ses options et ses dérivés), 3 M et la chimie liée aux polymères.
Capacité et/ou faculté de production	Le focus de l'innovation sera surtout concentré sur l'amélioration de sa capacité de production et/ou l'emploi optimal de ces facultés de production.	Cascades, Société de recyclage VIA, Transcontinental.
Méthode de vente ou de marketing	Le focus de l'innovation sera surtout concentré sur l'amélioration et l'exploitation des méthodes de ventes et les stratégies marketing, par exemple, comment peut-on utiliser notre méthode de vente pour promouvoir d'autres services ou produits ?	EBay, Amazon, Direct du proprio, Dell, Amway, Avon.
Méthode de distribution	Le focus de l'innovation sera surtout concentré sur l'amélioration et l'exploitation des modes de distribution, par exemple comment peut-on utiliser notre réseau pour offrir de nouveaux produits ou desservir d'autres clientèles ?	Bureau en Gros, Purolator, UPS, Fedex, Rona, Walmart, Bell Canada.

Tableau 8.4

FORCE MOTRICE ET INFLUENCE SUR LA STRATÉGIE D'INNOVATION (*suite*)

FORCE MOTRICE (Stratégie d'entreprise)	INFLUENCE SUR LA STRATÉGIE D'INNOVATION	EXEMPLES D'ENTREPRISES
Ressources naturelles	Le focus de l'innovation sera surtout concentré sur la capacité d'extraction et/ou d'approvisionnement en ressources naturelles, par exemple, comment être plus efficace pour puiser le pétrole en haute mer.	Naya, Shell, Exxon, Hydro-Québec, BP, Xstrata.
Taille ou croissance	Le focus de l'innovation sera surtout lié à la recherche de croissance, par exemple comment détecter et négocier efficacement des entreprises pouvant venir compléter le portefeuille de compagnies du conglomérat.	Accent mis principalement sur la taille du portefeuille d'entreprises : on achète une entreprise avec l'objectif unique de faire croître la taille de l'organisation.
Rendement ou profits	Le focus de l'innovation sera surtout lié à la recherche de profits, par exemple, comment identifier et acheter rapidement des entreprises à fort rendement ou vendre à profit celles dont on a l'acquisition ?	Orientation semblable à celle de la croissance, mais où on détermine la poursuite des activités d'une entreprise ou de sa fermeture en fonction uniquement de sa capacité à offrir un retour déterminé sur l'investissement.

Source : Entrevue avec Michel Moisan, Decision Processes International (DPI), 2010.

La force motrice aide ainsi à définir une direction prioritaire d'innovation, et donc la nature de l'innovation principale à partir de laquelle l'entreprise effectuera ses choix stratégiques. La stratégie mixte d'innovation sera par la suite réfléchie à la lumière de la nature des autres types d'innovations à considérer, du degré d'innovation désiré et de la priorisation des projets d'innovation dans le portfolio de l'organisation.

Nature de l'innovation

Définir une stratégie d'innovation vient déterminer vers lequel ou lesquels des trois grands types d'innovation[1] on s'orientera et qui viendront composer le *mix* d'innovation propre à l'entreprise : les produits et services, le modèle d'affaires ou les procédés et processus.

---

1. Ces trois types d'innovations sont peut-être les plus répandus dans la littérature en innovation et constituent des termes relativement englobant pour un ensemble d'innovations. On pourrait par exemple aussi traiter plus particulièrement d'innovation commerciale, d'innovation managériale, d'innovation organisationnelle, d'innovation administrative ou d'innovation sociale.

L'innovation de produit réfère à l'amélioration ou à la création de produits ou de services. Le sujet du processus de développement de nouveaux produits est abordé plus particulièrement au chapitre 9. L'amélioration et la création de **modèles d'affaires** renvoient notamment au développement d'une stratégie globale permettant l'accès au produit ou au service et générant une valeur particulière apportée au client par le produit : par exemple, du fait qu'il peut se procurer autrement le produit ou le service, par l'expérience qu'il procure ou encore par l'ouverture à d'autres marchés ou l'extension vers d'autres utilisations qu'il permet. Une telle stratégie peut être graduelle ou radicalement nouvelle. Dell, Amazon et Costco sont des exemples d'entreprises construites sur ce type de stratégie d'innovation.

L'innovation **de procédés et de processus** désigne l'amélioration continue de la fabrication d'un produit ou de la prestation d'un service ou encore la création et le développement de façons radicalement différentes pour produire autrement, plus rapidement, rendre le produit ou le service plus attrayant ou plus facile d'utilisation. Ce type d'innovation est souvent – bien que pas toujours – lié à des utilisations novatrices de technologies en place ou à l'introduction de toutes nouvelles technologies, par exemple la fibre optique ou encore de l'approche verte Cascades, *Vert par nature.*

Bon nombre d'entreprises mobilisent plus d'un type d'innovation. L'encadré qui suit en donne une illustration concrète en haute technologie, avec un exemple tiré de Gentec Électro-Optique.

Gentec Électro-Optique : L'innovation au-delà de la technologie

Un exemple de PME utilisant un *mix* stratégique diversifié est celui de Gentec-eo, une entreprise québécoise située à Québec regroupant une quarantaine de chercheurs et de personnel hautement qualifiés, qui occupe la troisième part de marché mondiale dans la niche très pointue des outils de mesure d'énergie et de puissance par faisceaux laser.

Gentec-eo doit innover de façon constante, un préalable pour demeurer compétitif dans un marché où les produits auront souvent à être adaptés aux exigences très particulières des clients. Dépassant ces demandes d'adaptation de produit, l'entreprise a même mis au point une toute nouvelle technologie (détecteur à thermopile utilisant des thermocouples permettant la mesure à beaucoup plus haute température que la compétition et offrant les seuils de dommages les plus élevés de l'industrie) qui la positionne dans une catégorie toute particulière dans l'industrie.

La stratégie commerciale d'un tel produit est évidemment particulière aussi. Compte tenu de son produit hautement spécialisé, l'organisation doit aussi être très ciblée et innovante dans sa mise en marché. Gentec-eo travaille donc activement à son nouveau modèle d'affaires. Son objectif : faire en sorte que ses pièces d'équipement soient intégrées à des systèmes laser conçus pour être utilisés dans des applications ultraspécialisées (fabrication de semi-conducteurs, découpe de métaux, angioplastie, pour n'en nommer que quelques-unes), dans une relation à très long terme avec ses clients. La confiance étant un préalable primordial pour une telle stratégie, l'entreprise se doit de garder le cap : ce type de stratégie exige des investissements majeurs et à long terme, allant jusqu'à cinq ans pour être accepté par un client. La stratégie mixte de Gentec-eo se joue ainsi sur trois paliers d'innovation en parallèle, soit autant dans ses processus internes, dans le produit développé que dans son modèle d'affaires.

Cet esprit d'innovation se retrouve ailleurs dans l'organisation. Ainsi, on découvre chez Gentec-eo certains processus internes distincts, notamment en ressources humaines, que seule la petite taille en termes d'employés ne peut expliquer. Par exemple, la direction pratique une politique de recrutement et d'intégration du personnel novatrice où les descriptions de tâches ou de poste sont façonnées en tout ou en partie en fonction de la personne embauchée. Après s'être assuré d'une démarche de sélection du personnel basée à la fois sur les compétences techniques de la personne et sur la cohérence de ses valeurs avec la mission de l'entreprise, on place ainsi le nouvel employé dans différents contextes afin de mieux le connaître, en particulier pour explorer les talents qu'il ou elle possède.

Cette approche en ressources humaines est profondément ancrée dans une vision de relations professionnelles à long terme et fondée sur la conviction de la qualité des personnes qui font partie de l'équipe. On croit que chacune, mise dans un bon contexte, apportera quelque chose de valable à l'entreprise.

Degré de nouveauté

Quand on réfère à un produit d'innovation, on anticipe inévitablement un changement, amenant à se poser les questions « pour qui » et « à quel degré » celui-ci est novateur : est-ce le produit lui-même qui est nouveau, c'est-à-dire nouveau pour le marché, ou fait-on référence au fait qu'il est nouveau pour l'entreprise qui décide de le produire ?

À partir de cette direction, il sera possible de compléter l'information afin de déterminer le degré même de nouveauté de l'innovation : recherche-t-on de l'innovation de continuité, semi-radicale ou encore, radicale ? L'entreprise tiendra compte de ces différentes directions et degrés pour composer une stratégie qui lui est propre, en cohérence avec sa capacité et ses objectifs globaux d'innovation.

L'innovation radicale est considérée comme un important facteur de croissance, de succès et de santé des entreprises et des pays (Tellis, Prabhu et Chandy, 2008) – elle serait même le prédicteur de la performance financière de l'entreprise le plus fort (Tellis, Prabhu et Chandy, 2009) – et il semble bien que de doter l'organisation d'une stratégie d'innovation vient, au moins en partie, aider à la protéger. Comme on le sait, il est déjà difficile d'identifier et de mener à terme des projets d'innovation radicale dans une entreprise où la culture et une stratégie sont clairement établies et comprises. En effet, même dans un contexte approprié, on a souvent de la difficulté à accepter des idées à ce point nouvelles. Il n'est donc pas rare que ces idées soient refusées à répétition avant de trouver leur voie au sein des entreprises, même les plus ouvertes. Imaginons maintenant ce que cela peut représenter dans une entreprise sans stratégie claire.

Le potentiel de l'innovation radicale n'apparaît pas toujours de façon évidente. C'est ce qu'illustrent plusieurs cas d'innovations dont on célèbre maintenant la profitabilité, alors qu'on avait du mal à en voir l'utilité au moment où elles ont été proposées. Ce fut le cas par exemple avec les célèbres exemples des photocopieurs Xerox, la montre au quartz, le Post-it et plusieurs autres. On peut aisément comprendre comment des idées d'innovation aussi différentes de ce qui existe peuvent être ignorées ou rejetées dans des entreprises où la créativité a peu de place. Une petite mise en garde bien connue, même pour les entreprises qui ont un passé créatif : souvent lancées grâce à une idée nouvelle et relativement radicale, plusieurs entreprises qui entrent en mode rentabilité font de leur « produit vedette » leur seul pôle de développement. Savoir se renouveler demeure essentiel, même dans les industries dans lesquelles le changement est relativement lent.

La plupart des entreprises ne réaliseront vraisemblablement pas que des innovations **radicales** et auront potentiellement dans leurs projets et produits des innovations que l'on pourrait décrire comme **semi-radicales**, ou encore **graduelles**. Cooper (2004) répertorie 6 grandes catégories de nouveaux produits, qui permettent de tenir compte à la fois du degré de nouveauté et des directions :

1. *le produit nouveau au monde*, c'est-à-dire nouveau autant pour l'entreprise que pour le marché. C'est souvent à cette catégorie de produits que l'on réfère quand on parle d'innovation radicale ;

2. *la production d'une nouvelle gamme de produits*, c'est-à-dire une production nouvelle pour l'entreprise mais un produit connu du marché ;

3. *l'addition de produits à des lignes existantes*, donc souvent relativement nouveaux pour le marché et partiellement nouveaux pour l'entreprise ;

4. *l'amélioration et la révision de produits existants*, un produit connu du public et de l'entreprise venant offrir, par exemple, une performance accrue ;

5. *le repositionnement de produit*, soit un produit connu de l'entreprise mais dirigé vers une application ou une clientèle différente pour qui il sera nouveau ;

6. *la réduction des coûts du produit,* donc un produit connu du public et pour lequel on aura modifié – par des actions pouvant aller de l'amélioration simple jusqu'à des innovations relativement radicales – les façons de le produire au sein de l'entreprise.

Créativité, amélioration continue et innovation

L'amélioration continue se définit comme une démarche permanente d'apprentissage et d'innovations graduelles. Elle favorise surtout des idées axées sur des innovations faciles à implanter et engageant peu de frais. Il s'agit d'une approche qui se réalise par tous, au quotidien et dans l'action. La créativité y est principalement orientée vers une recherche constante d'accroissement de l'efficacité des processus en place et vise notamment l'élimination des sources de gaspillage, dont : la surproduction, les inventaires, les délais d'attente, les corrections, ainsi que les transports/déplacements, manutention et processus inutiles. Ainsi, elle se concentre sur ce qui augmente la qualité et la valeur ajoutée des produits fabriqués.

Une culture d'amélioration continue se réalise généralement dans un contexte hautement participatif et orienté vers la résolution des problèmes, où l'effort collectif est valorisé et attendu au quotidien. Ainsi, chacun détient la propriété de tout nouveau problème, et il est du ressort de tous d'agir pour le régler. Dans les meilleurs contextes, les problèmes y sont activement recherchés et perçus comme des opportunités d'amélioration – à régler ensemble – plutôt que, par exemple, une source d'embêtement ou un motif de blâme envers un ou quelques individus.

Appuyer efficacement un tel effort d'amélioration dans l'action requiert cependant une importante capacité de gestion du changement, de flexibilité et de communication. Stimuler les employés et les équipes, par exemple par de l'accompagnement et une présence fréquente et offrant du soutien sur le terrain, fera généralement partie de la tâche du management. On s'attend ainsi de leur part à ce qu'ils adoptent une véritable attitude créative, s'ouvrent aux nouvelles façons de faire, osent proposer des défis audacieux et sollicitent l'intelligence des employés. Ainsi, si les grandes directions stratégiques sont généralement données par le haut, la créativité et l'innovation de proximité demeurent en tout temps l'affaire de tous.

On peut difficilement aborder le sujet de l'innovation et de l'amélioration continue sans au moins effleurer le système de production et de gestion de Toyota, dont la philosophie a influencé les façons de faire au niveau mondial et dont les principes et outils ont été intégrés dans de nombreuses entreprises. Traduire en mots la culture Toyota s'avère très délicat : toute tentative ne peut être, au mieux, qu'incomplète. Cependant, même considérant l'existence de difficultés particulières à l'entreprise ou de faiblesses liées à tout modèle d'organisation du travail, l'exemple mérite qu'on s'y attarde pour tenter de saisir la notion d'amélioration continue dans une organisation qui en a poussé l'application à un niveau très élevé, avec efficacité et succès. Pourquoi aussi cette réussite demeure-t-elle si difficile à copier ?

Le message est souvent rappelé par les praticiens en innovation : l'approche Toyota dépasse considérablement le simple regroupement d'outils et de techniques. Elle constitue même davantage qu'une ferme intention d'amélioration continue ou un désir d'apprentissage. La vision portée par l'entreprise est véritablement globale, inclusive et s'inscrit à long terme. Celle-ci se concrétise au quotidien dans ce qui constitue peut-être la caractéristique la plus distinctive et difficile à imiter de Toyota : sa capacité à susciter l'engagement profond de ses membres au service du client, dans une recherche sans fin de valeur supplémentaire. Matthew E. May (2007), auteur de *The Elegant Solution*, résume ainsi le mot d'ordre en trame de fond, qui dicte le cœur des actions au quotidien des employés chez Toyota : ingéniosité dans son domaine, poursuite de la perfection et adéquation avec les besoins de la société.

Jeffrey K. Liker, dans son livre référence *The Toyota Way*, regroupe en quatre grands thèmes les 14 principes (voir tableau 8.5) qui soutiennent la démarche de l'entreprise. Ces principes fondamentaux représentent les assises de l'approche Toyota, qui agissent comme les guides de base et orientent les actions de tous ses membres. De ceux-ci découlent des démarches telles le *kaizen* – qui réfère spécifiquement à la notion d'amélioration continue – et de nombreux outils et stratégies comme les 5 S et le juste à temps.

Tableau 8.5
LES 14 PRINCIPES TOYOTA

I – Avoir une vision à long terme

1. Asseoir les décisions de gestion sur une vision à long terme, même si cela doit se faire au détriment des objectifs financiers à court terme.

II – Utiliser les processus qui permettent d'obtenir les bons résultats

2. Créer un processus en flux continu pour faire apparaître les problèmes à la surface.

3. Utiliser des systèmes à flux tiré pour éviter la surproduction, c'est-à-dire par exemple attendre la commande de l'étape ou opération suivante pour produire. La gestion du juste à temps pour ne faire arriver la matière première qu'au moment où on en a besoin pour produire découle de ce principe.

4. Équilibrer les charges de travail (*heijunka*), notamment pour ne pas créer de niveaux de production irréguliers entre les opérations et ainsi éviter les surcharges de travail, la surproduction, etc.

5. Bâtir une culture où on s'arrête pour régler les problèmes dès leur manifestation. Cela permet notamment d'optimiser la qualité en permanence et d'éviter de faire prolonger un problème qui pourrait dégénérer en une situation plus difficile.

6. Standardiser les tâches est le fondement pour soutenir une amélioration continue et l'autonomisation des employés.

7. Utiliser des contrôles visuels afin qu'aucun problème ne demeure caché. On vise à ce que les standards soient faciles à repérer. De ce principe découle le programme des 5 S, qui vise à favoriser la productivité par le rangement et la propreté dans l'organisation du travail. Cette dernière méthode est souvent identifiée par les praticiens en innovation pour débuter une démarche structurante de gestion de l'organisation physique du travail.

8. Utiliser uniquement des technologies fiables, soigneusement testées et véritablement au service des employés et des processus.

Tableau 8.5
LES 14 PRINCIPES TOYOTA (*suite*)

III – Ajouter de la valeur à l'organisation par le développement de vos employés et de vos partenaires
9. Favoriser l'évolution de *leaders* qui ont une compréhension globale du travail, qui ont intégré la philosophie et l'enseignent aux autres.
10. Soutenir le développement des employés et équipes exceptionnelles qui suivent la philosophie de l'entreprise.
11. Respecter le réseau étendu de partenaires et de fournisseurs en les stimulant et en les aidant à s'améliorer.
IV – Utiliser une démarche de résolution de problème en continu afin de résoudre les problèmes à la source soutient l'organisation apprenante
12. Se rendre sur place et observer par soi-même pour comprendre pleinement la situation (*genchi genbutsu*). Ce principe rappelle notamment qu'on résout un problème sur le terrain, dans la pratique, et rarement au bureau par une approche purement théorique.
13. Prendre les décisions lentement par consensus, en considérant minutieusement toutes les options, puis les implanter rapidement.
14. Devenir une organisation apprenante par une réflexion incessante (*hansei*) et une amélioration continue (*kaizen*).

Source : Synthèse et adaptation de Liker, J.K. (2004). *The Toyota Way : 14 Management Principles from the World's Greatest Manufacturer*, New York, McGraw-Hill, p. 37-41.

Ces principes illustrent la place privilégiée qu'accorde Toyota à la créativité, dans un contexte non seulement d'amélioration, mais aussi de dépassement continu. Bien qu'elle soit très encadrée, elle est ainsi partout présente, à plusieurs niveaux et dans tous les contextes. En quelque sorte, on peut dire que Toyota a su développer une routine interne qui favorise les questionnements et la créativité appliquée, et se sert de ses pratiques extrêmement rigoureuses comme tremplin pour non seulement soutenir la qualité, mais aussi rechercher les alternatives, raffiner les façons de faire, tendre vers demain.

On peut anticiper qu'une série d'actions et d'améliorations réalisées par petits pas successifs transforme effectivement l'organisation de façon relativement rapide et considérable. Dans un contexte tel celui de Toyota, la distinction entre *amélioration continue, innovation de continuité* et même potentiellement d'*innovation radicale* devient ainsi plus ténue. De plus, advenant des situations plus draconiennes où on aura à faire d'une manière complètement différente – par exemple dans le cas du producteur nippon, d'un changement majeur dans l'industrie automobile – l'entreprise pourra espérer compter sur une structure organisationnelle plus flexible et possiblement plus apte pour y faire face.

L'équilibre peut cependant être difficile à atteindre si on se fie à différents cas d'entreprises, et ceci même pour des entreprises reconnues pour leur capacité d'innovation, comme c'est le cas de 3M. Un exemple cité dans les médias d'affaires présente la conclusion d'analystes attribuant une baisse notable des revenus provenant de ses innovations récentes, passées en peu de temps du tiers à un quart de ses revenus, à des efforts trop concentrés en amélioration continue. Cette dernière aurait ainsi modifié en profondeur la culture de l'entreprise et réduit la capacité de l'organisation à fournir le type d'efforts différents requis pour favoriser une innovation radicale (Hindo, 2007). Il semble ainsi qu'une vision trop orientée sur l'optimisation de la production des produits, et non pas à l'optimisation de l'entreprise, soit un des grands écueils potentiels de la stratégie d'innovation. Le défi est fondamental à considérer et chaque entreprise doit en effet trouver son propre équilibre en fonction de ses produits, de son portfolio de nouveaux produits, de sa réalité. La question demeure cependant la même pour tous: comment est-il possible de réussir une démarche d'amélioration continue sans que celle-ci soit à ce point dominante qu'elle entrave la capacité d'innovation plus radicale et de renouvellement de l'organisation? La conscience du danger et une analyse de la stratégie mixte peuvent probablement aider à éviter le piège et à retrouver un équilibre, qui ne peut qu'être dynamique.

PME et démarche d'amélioration continue

En contexte d'amélioration continue, chaque membre de l'organisation devient coresponsable de la qualité et de la capacité d'innovation de proximité dans l'entreprise. La contribution de tous est donc généralement non seulement espérée mais soutenue concrètement, au quotidien. Si tous ont la responsabilité de contribuer à cette capacité organisationnelle, chacun n'aura évidemment pas les mêmes rôles et responsabilités. Comment une petite ou moyenne entreprise peut-elle – dans la limite de ses ressources – tendre vers une véritable culture d'amélioration continue qui permette des innovations constantes dans ses opérations? Certains des consultants et des entrepreneurs rencontrés ont mis en relief quelques éléments qu'ils considèrent comme faisant partie des fondements d'une démarche accessible et structurée pour la PME. Parmi ces éléments clés qui peuvent inspirer, nous retenons notamment:

1. **Identifier ce qui est véritablement l'essentiel de l'entreprise**: que devons-nous produire et vendre, et qu'avons-nous besoin pour y parvenir?

2. **S'inspirer des grands principes de gestion tels ceux de Toyota, les adapter à la réalité de son entreprise et avoir la rigueur de les implanter et d'en faire le suivi étroit** (5 S, identification rapide des problèmes et résolution en temps réel, compréhension des enjeux sur le terrain, respect des personnes et de leurs idées, etc.).

3. **Faire en sorte que les gestionnaires connaissent bien la réalité du terrain.** Par exemple, une jeune entreprise mauricienne, après avoir été accompagnée par une firme de consultants, a instauré des audits observations et qualité, où chaque membre du personnel œuvrant à des tâches de gestion accorde 20% de son temps à du travail sur le terrain (p. ex., valider la qualité de la production, évaluer l'état de propreté des lieux, renforcer la sécurité du personnel, etc.).

4. **Créer une stratégie forte et dégager des objectifs clairs au niveau corporatif, pour ensuite impliquer le personnel concerné sur les moyens de les intégrer dans leurs opérations.** À titre d'exemple, sur la base d'un défi général tel que « comment pouvons-nous doubler notre productivité ? », le challenge pourra se traduire dans les opérations de production en « comment faire passer la production de 100 à 200 unités à l'heure ? ». L'objectif ainsi défini permettra aux employés sur le terrain non seulement de comprendre leur contribution, mais aussi de mieux cerner les problèmes, à leur niveau de participation, qui empêchent d'y parvenir.

5. **Instaurer une stratégie et des efforts de communication concertés et constants,** où tous les niveaux hiérarchiques travaillent en synergie et renforcent fréquemment à leur façon ces mêmes messages clés (p. ex., le directeur corporatif voit les employés aux deux mois pour lancer/soutenir une démarche spécifique, le directeur du personnel fait un suivi une fois par mois et le directeur des opérations, tous les jours.). On visera généralement en parallèle le renforcement des compétences des personnes – notamment en position de supervision – à la planification quotidienne et à l'accompagnement pour favoriser l'écoute, la capacité à poser des questions, stimuler les défis et la recherche de solutions.

Priorisation des projets d'innovation

Après avoir considéré les différents types et degrés d'innovation envisageables, on identifiera généralement un nombre assez restreint de projets d'innovation dans chacune des catégories – procédés et processus, produits et modèle d'affaires – que l'on priorisera clairement afin d'éviter l'éparpillement. Ce portrait permet ainsi, par exemple, de prévoir une balance entre les projets offrant une rentabilité plus rapide dans le temps, et d'autres pouvant assurer une rentabilité à plus long terme.

Cette priorisation tiendra compte du nombre de projets de continuité comparativement à d'autres à teneur plus radicale, qui auront vraisemblablement à être menés de façon différente et requerront du temps et des ressources particulières. Cet ensemble de décisions liées à la stratégie d'innovation viendra aussi inévitablement affecter l'ensemble ou une partie de l'entreprise, tout en contribuant à la rendre plus concurrentielle et difficile à copier. Pour mieux compléter la réflexion, on évaluera aussi les effets qu'il y a à ne pas s'aventurer dans une direction ou une autre, ou à opter pour le *statu quo*.

Le tableau 8.6 donne un exemple de grille simple de planification venant soutenir l'élaboration d'une stratégie mixte d'innovation.

L'exercice peut être éclairant : les priorités et stratégies d'innovation sont-elles bien identifiées et apparaissent-elles être clairement transmises ? Si oui, se reflètent-elles dans les résultats du *pipeline* en cours et du *portfolio* récent de nouveaux produits et services de l'entreprise ?

Tableau 8.6
STRATÉGIE MIXTE D'INNOVATION

	Projets d'amélioration continue et %		Projets d'innovation semi-radicale et %		Projets d'innovation radicale et %		TOTAL
	Actuel	Désiré	Actuel	Désiré	Actuel	Désiré	
Innovation de procédés et de processus : modification (amélioration) ou transformation des façons de faire à l'interne pour atteindre une efficacité supérieure (en management, en gestion de la production, aux achats, dans la distribution, pour le recrutement, etc.).							100 %
Innovation sur le plan du modèle d'affaires : modification (amélioration) ou transformation des façons de faire pour rejoindre, attirer ou transiger avec le client/ marché, faciliter les transactions, réduire les intermédiaires, etc.							100 %
Développement de produits – entreprises à but lucratif : l'offre et la création de nouveaux produits ou services dans un objectif de rentabilité financière. OU **Développement de produits – entreprises sociales et à but non lucratif :** création de nouveaux produits ou services pour mieux servir le client visé et dont l'apport financier permettra de rencontrer la mission de l'organisation.							100 %

Il n'est pas rare que l'on découvre un déséquilibre important dans l'ensemble des réalisations, et que l'on constate que l'accent a été mis sur des produits, sur des processus ou sur un modèle d'affaires offrant un degré d'innovation relativement bas. De la même façon, analyser les idées qui « dorment dans les tiroirs » ou qui sont rapidement délaissées lors des rencontres alors que l'état du portfolio est presque vide peut donner des indices sur la place de la créativité dans le processus d'innovation. Elle peut ainsi soulever d'autres questions, par exemple : n'attendons-nous que des idées de génie de grande évidence ? Mettons-nous les efforts nécessaires pour soutenir une culture de créativité en équilibre avec celle d'innovation ? Les idées jugées trop petites ou fragiles ont-elles fait l'objet d'une démarche de renforcement ? Est-ce possible que le profil des membres de l'équipe d'innovation soit trop homogène ?

De véritables pionniers

Certaines compagnies phares aujourd'hui étaient, il y a 20 ou 30 ans, des précurseurs en protection de l'environnement, fabriquant alors presque contre toute logique des produits écologiques.

Capables de vision forte sur ce potentiel encore à peine émergent, elles ont ainsi pris une place enviable sur le marché. L'investissement majeur fait pour maintenir uniquement cette compétence interne en ne misant pas sur une stratégie mixte d'innovation peut cependant venir fragiliser cette position de leader. La tendance vers la protection de l'environnement ne s'est pas seulement maintenue, mais renforcée au point où le scénario se retrouve presque à un point de bascule. De nombreuses entreprises – y compris les compétiteurs – ont fait depuis le virage vert, ne serait-ce que par besoin de soigner leur image corporative. De plus, une réglementation gouvernementale en environnement rend certaines actions incontournables. Des institutions de formation en innovation proposent même maintenant d'intégrer immédiatement ces préoccupations dans le cadre du développement de processus et des nouveaux produits.

Ce qui était une innovation radicale se transforme graduellement en une meilleure pratique courante. Le client «vert» saura-t-il faire la différence entre une entreprise profondément verte et ses concurrents ? Si oui, est-il prêt à payer davantage pour un produit encore plus vert ? Dans un tel contexte, comment maintenir son avance stratégique, basée sur le respect de l'environnement ? Sinon, comment les autres éléments de la stratégie d'innovation peuvent-ils soutenir la position de leader ?

Toute entreprise a avantage à se demander si sa réflexion stratégique, ses rencontres créatives et son portfolio en recherche et développement reflètent ce type de préoccupations.

Orientation d'exploration ou orientation d'exploitation

Où se situe et comment se porte la culture de la créativité dans l'organisation ? L'état du *portfolio* de projets d'innovation – et non seulement de produits – est un outil d'analyse pouvant aider à soulever certaines questions déterminantes, notamment concernant la relation que l'entreprise entretient avec la créativité (faible à élevée) et la place qu'elle lui accorde (sectorielle ou dans toute l'organisation). Cette approche permettra ainsi en quelque sorte de prendre le pouls de la culture dominante, culture qui a pu évoluer au fil des ans, passant par exemple de la jeune entreprise où on osait, à celle quelques années plus tard qui protège ses réalisations et perd de son audace. On peut ainsi dégager trois grands profils :

- *L'organisation orientée vers l'exploration*, où la créativité est favorisée dans tous les départements et en tout temps, incluant à toutes les étapes du processus d'innovation et pour tous les types d'innovation, recherchant même l'introduction de nouveaux projets, produits, etc. Nous y référons comme à l'organisation créative ;
- *L'organisation orientée vers l'exploitation*, notamment par des efforts créatifs visant des projets d'innovation de procédés et de processus, et où on visera non pas tant à introduire des projets ou des produits nouveaux qu'à favoriser ceux qui permettent d'optimiser et de maintenir ceux qui sont déjà en place : équipements, produits, etc.
- *L'organisation optant pour le* statu quo, ne misant ni sur la créativité ni sur l'innovation.

La figure 8.1 illustre trois profils fictifs d'entreprise, où se côtoient processus d'innovation et créativité appliquée sur la base de ces orientations différentes. Elle met en relief la possibilité que des niveaux différents d'intégration d'une culture de créativité dans l'organisation résultent en une intégration différente aussi durant le processus d'innovation.

Figure 8.1

EXEMPLES DE NIVEAUX D'INTÉGRATION DE LA CRÉATIVITÉ DANS L'ORGANISATION ET DE L'EFFET POTENTIEL DURANT LE PROCESSUS D'INNOVATION

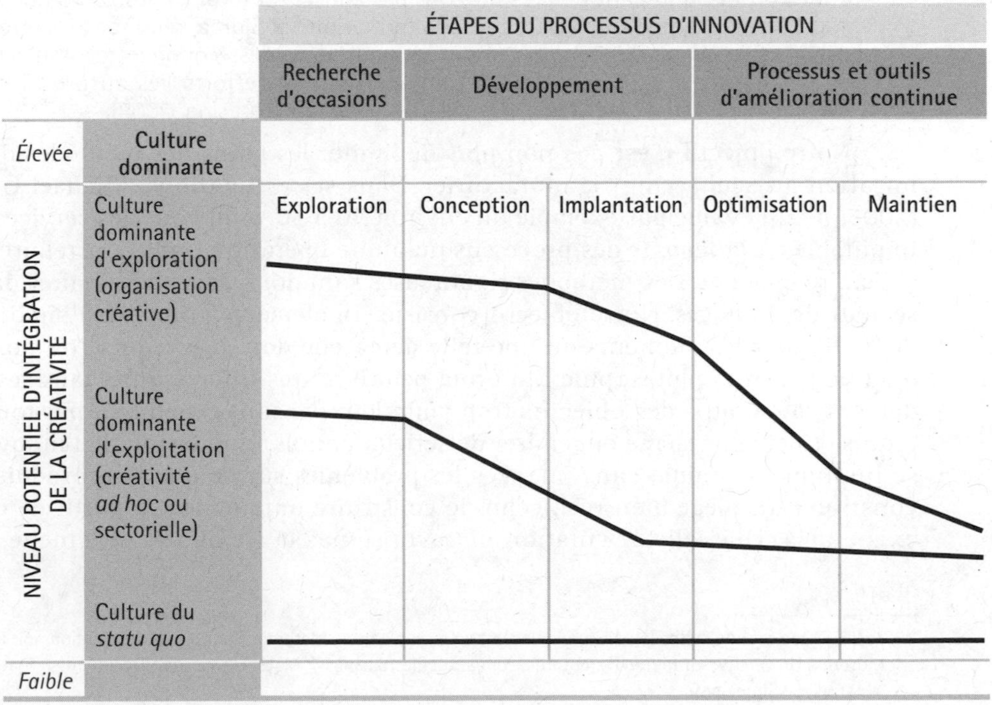

Deux questions peuvent être posées pour mieux comprendre l'emprise de la culture organisationnelle sur les projets d'innovation et sur le cadre que l'on met à la créativité :

1. Privilégions-nous une orientation d'exploration ou d'exploitation ? Les voyons-nous comme deux extrémités opposées d'un même continuum ? Sommes-nous ouverts à l'exploration de nouvelles occasions ou préférons-nous nous en tenir à maximiser le retour de ce qui est déjà en place ou simplement même à le maintenir ? Comment cela se traduit-il dans nos comportements, nos attentes implicites et explicites ?

2. Sommes-nous capables de passer d'une démarche d'exploration à une d'exploitation, ou le contraire selon la situation ou les besoins ? Cette question semble au moins aussi importante sinon plus que la première, car il peut s'avérer difficile d'établir un équilibre dynamique entre les deux visions, en tout temps.

Le but n'est évidemment pas ici de décrier l'utilisation de méthodes rigoureuses de réduction des délais, des risques et du gaspillage qui peuvent s'avérer extrêmement considérables, voire critiques pour l'entreprise. À cet effet, Motorola, instigatrice de la démarche Six Sigma[2], résume les gains spectaculaires obtenus avec son programme :

> En 1986 Motorola a investi une somme initiale de 25 millions de dollars en formation pour implanter le programme. Une année plus tard la compagnie réalisait des économies de 250 millions, avec cinq fois (*Five-fold growth*) le chiffre de ventes et des profits, grimpant de près de 20 % par année. Au total, en 1992, 70 000 des 100 000 employés avaient participé à la formation Six Sigma, réduisant les erreurs dans la fabrication de 80 pour cent, et résultant dans des économies de 4 milliards de dollars. Jusqu'à présent, l'effet cumulatif issu des efforts liés au programme Six Sigma est estimé à environ 16 milliards de dollars (Huesing, 2008).

Notre objectif n'est pas non plus de limiter les gains des méthodes d'optimisation au seul secteur manufacturier. Dans ses estimations, Michael George (2005, p. 25) évalue par exemple qu'environ 30 à 50 % du coût des services sont imputables à la lenteur des processus ou à une opération qu'il faut refaire pour satisfaire le client. Des méthodes rigoureuses sont donc aussi nécessaires dans le secteur des services. Notre objectif consiste simplement à rappeler l'importance de distinguer les moments où une telle démarche doit être requise ou non et à quel degré. Si la philosophie Motorola peut être très intéressante dans ses fondements généraux, des objectifs trop ambitieux ne sont cependant pas toujours requis et peuvent même engendrer de sérieux ennuis. Une vision de l'innovation se limitant à éliminer sans nuances les problèmes sur ce que l'on produit peut constituer un piège bien réel, celui de construire uniquement à partir de ce qui existe déjà. Une telle orientation ne favorise pas la flexibilité et n'incite pas à

---

2. Le Six Sigma est une méthodologie originalement créée par la firme Motorola. Pour plus d'information, voir le site de Motorola University : <http://www.motorola.com/staticfiles/Business/_Moto_University/_Documents/_Static_Files/What_is_SixSigma.pdf>.

tenter de mieux faire à l'extérieur de sa zone identifiée comme performante. Certains parlent même en effet du *Lean* ou encore du Six Sigma – pourtant connus comme des outils utiles, systématiques et sophistiqués – comme d'un retour en force du taylorisme et de l'homme machine. Sans aller si loin, la vigilance est cependant de mise. Tel que le décrit bien Boehlke (2008) :

> Porter l'attention sur la réduction des défauts, l'accent central du Six Sigma, ne suscite guère la créativité. Les processus d'affaires orientés vers la réduction des coûts et l'augmentation de l'efficience ne sont pas non plus nécessairement générateurs de valeur ajoutée (Boehkle, 2008, p. 83).

Peut-on établir un lien entre la culture de l'entreprise, notre stratégie d'innovation et l'état de notre *portfolio* de nouveaux produits ? Quel sera le résultat de cette analyse ? Est-ce que notre capacité de se renouveler est cohérente avec celle de notre industrie et de nos concurrents ? Prenons-nous en compte des menaces éventuelles pouvant faire en sorte que nos produits actuels deviennent obsolètes à moyen ou long terme ? A-t-on déterminé si ce qui distinguait nos produits permettrait de maintenir un avantage concurrentiel clair, voire unique, durant les prochaines années ? Combien de nouveaux produits avons-nous mis sur le marché depuis un an ? trois ans ? cinq ans ? Sommes-nous trop orientés vers le maintien des façons de faire ? Ou au contraire, sommes-nous à refaire le monde en tout temps sans amortir et maximiser l'investissement fait dans le développement de nos procédés ou de nos produits ?

C'est seulement dans un contexte où la stratégie d'innovation et ses orientations sont connues et revues régulièrement que la créativité pourra être canalisée adéquatement pour soutenir efficacement l'innovation.

Une culture… à cultiver

Nous produisons un produit nettoyant ? Quelles autres utilisations de notre produit pourrions-nous envisager ? Comme antidérapant ? Comme protection pour les arbres ? Il peut être utile de savoir provoquer nos façons de penser, rechercher de nouvelles idées et surtout, poursuivre l'exploration de pistes différentes pour le plaisir d'explorer des zones inconnues ; elles pourraient éventuellement s'ouvrir sur un *eurêka* !

Comment sont vues les provocations créatives, même brèves, au sein de l'entreprise ? Les considère-t-on comme futiles ou comme une perte de temps insensée ? Préfère-t-on «revenir aux choses importantes» et s'en tenir aux idées habituelles afin de poursuivre notre processus d'innovation rapidement et sans interruption ? Comme gestionnaire, à quel point est-ce difficile, irritant ou, au contraire, amusant de réaliser ce type d'exercice ? Le besoin de résultats immédiats vient-il nuire à la tolérance à l'ambiguïté parfois nécessaire pour faire germer les idées nouvelles et les acheminer dans le processus d'innovation ?

De telles réflexions peuvent devenir essentielles pour aller plus loin en innovation. Explorer ce qui semble impensable n'oblige pas à l'action : par contre, l'exercice constitue une véritable porte ouverte sur le monde des possibles. Peut-on rêver trouver une solution nouvelle, des idées distinctives de nouveaux produits ou une stratégie de vente percutante si on ne se donne pas l'autorisation de l'explorer sur le plan cognitif ?

Veille stratégique et réseautage

Il apparaît qu'une des sources de la performance organisationnelle vient de la capacité de l'organisation à faire montre d'ouverture sur le monde. Ainsi, il n'est pas surprenant de constater que parmi certaines des pratiques soutenant les facteurs de succès de l'entreprise, on retrouve celles du réseautage et de la veille stratégique (technologique, concurrentielle commerciale et environnementale). Utile de façon générale pour toute entreprise, cette dernière serait même particulièrement profitable pour la PME, comme le souligne Pierre-André Julien :

> La PME, aujourd'hui, profite plus que la grande entreprise des turbulences dans l'environnement et de la tendance à la flexibilité des pratiques managériales. Plus que jamais, sa taille et sa souplesse internes constituent des facteurs clés du succès. On peut donc penser qu'une amélioration de sa veille stratégique rehausserait encore davantage son efficacité et sa performance globale dans le développement économique en général, en lui permettant une veille efficacement organisée, ce qui renforcerait alors ses facteurs «naturels» de succès (Julien, 1994, p. 79).

Avec une accélération des développements technologiques et autres bouleversements, le rythme et l'effet de la mondialisation, il devient de plus en plus difficile de ne pas tenir compte de ce qui se passe à l'extérieur et qui peut engendrer des menaces ou des occasions pour l'entreprise. D'autre part, l'entreprise a avantage à ne pas se couper de sources d'information, d'inspiration, de collaborateurs ou de compétences disponibles à l'extérieur de ses murs. Tenant compte qu'ils ont une utilité beaucoup plus large que ce seul objectif, la veille et le réseautage viendront aussi alimenter l'entreprise pour rechercher des idées d'innovation (Companys et McMullen, 2007) et aider à mener les projets à terme.

Le tableau 8.7 propose une classification sommaire et imagée des différents acteurs et organisations susceptibles de collaborer aux efforts créatifs et à la qualité des idées de projets d'innovation de l'organisation et dont pourra tenir compte une stratégie de réseautage.

Tableau 8.7

ACTEURS ET ORGANISATIONS EN SOUTIEN À LA CRÉATIVITÉ ET À L'INNOVATION

	Relation *ad hoc*/flexible Rapprochement limité et protégeant les compétences stratégiques de l'organisation		Relation soutenue/étroite Rapprochement important et touchant les compétences stratégiques de l'organisation	
APPORT CRÉATIF TOUCHANT L'ENSEMBLE DE L'ORGANISATION				
Touche plusieurs éléments d'un projet, département, ou même l'ensemble de l'organisation	**Le consultant** Personne ou firme externe à l'entreprise, engagée pour apporter un angle de vision stratégique complémentaire à celle de l'entreprise, plus souvent en fonction d'un changement envisagé, d'un contexte externe, du développement de l'industrie, de l'économie, etc.	**Le complément** Entreprise avec laquelle on a une entente de partenariat, souvent flexible et temporaire, réalisé sur la base de la complémentarité des deux entités, par exemple par rapport à l'offre de produits et services, des axes de recherche, des réseaux de distribution, etc.	**Le conjoint** L'allié ou l'associé avec lequel on s'unit de façon plus définitive, pour intégrer une structure de créativité ou d'innovation non ou difficilement développable à l'interne, que ce soit pour des raisons de temps, de profitabilité ou autres. On parle alors par exemple d'alliance ou de fusion.	**L'entrepreneur émergent** Membre d'une organisation ou d'une entreprise qui en sort pour créer sa propre entreprise, dont les produits/services sont potentiellement liés à ceux de l'entreprise mère au niveau stratégique.
APPORT CRÉATIF CENTRÉ SUR UN PROJET OU UNE SECTION DE L'ORGANISATION				
	L'appui Personne ou entreprise pouvant servir de caution ou facilitant les efforts de l'entreprise, par exemple pour l'aider à avoir accès à une nouvelle technologie ou à du financement. Cet appui est généralement temporaire ou *ad hoc*.	**Le conseiller** Membre de l'entreprise qui connaît intimement l'organisation et son fonctionnement sous toutes ses facettes, et dont les connaissances et l'expérience peuvent fournir un apport stratégique important touchant plusieurs aspects de l'organisation.	**L'intrapreneur** Membre de l'organisation offrant un apport stratégique et développemental en apportant et en développant, au sein même de l'entreprise, de nouvelles idées qu'il est capable d'implanter et est autorisé à le faire. Il peut aussi être chargé d'un projet particulièrement innovant.	**L'extrapreneur** Personne ou organisation à qui on confie la réalisation de certaines étapes de la production ou la production de certaines partie de notre produit ou service lorsque le faire soi-même n'apporte pas de valeur ajoutée. On parle ici d'externalisation délibérée d'une section de l'entreprise, d'un produit, etc., pour la réalisation d'une idée ou concept en produit tangible.

Tableau 8.7

ACTEURS ET ORGANISATIONS EN SOUTIEN À LA CRÉATIVITÉ ET À L'INNOVATION (*suite*)

	APPORT CRÉATIF CENTRÉ SUR UN SEUL PRODUIT OU SERVICE			
Touche principalement un seul élément d'un projet, département, etc. de l'organisation	**Le consommateur** Personne ou groupe de personnes externes à l'organisation (consommateurs, clients) pouvant offrir de bonnes idées sur un produit, un processus ou un service.	**L'idéateur** Membre de l'organisation apportant des idées d'amélioration continue ou même radicales, touchant les processus internes, façons de faire, produits, services, communication-marketing, qualité de vie au travail, sans exigence d'autre implication ou de réalisation.	**L'inventeur** Membre de l'organisation apportant des idées parfois radicalement nouvelles qu'il est capable de réaliser lui-même s'il a le support de l'organisation en termes de temps et de ressources.	**L'innovateur externe** Consultant indépendant ou groupe de partenaires en codéveloppement, l'innovateur externe peut contribuer aux idées de produits ou de stratégies ainsi qu'à leur réalisation, dans le cas où le portfolio de produits de l'entreprise le rend nécessaire. Cela évite par exemple de mettre l'organisation en péril dans des activités qu'elle maîtrise moins.
	APPORT CENTRÉ SUR L'INFORMATION STRATÉGIQUE PERMETTANT D'ACCÉDER À D'AUTRES SOURCES DE CRÉATIVITÉ ET D'INNOVATION			
	Le copain Personnes et entreprises amies, dans un même domaine ou un domaine totalement extérieur, avec lesquels il est possible d'entrer en contact pour échanger sur les grands thèmes et concepts liés à une idée ou un développement de produit, à un contexte économique, etc.	**L'informateur** Personnes et organisations susceptibles d'apporter par elles-mêmes des signaux faibles ou spécialisés potentiellement utiles, dont ce n'est pas nécessairement le mandat particulier, mais qui a un intérêt à ce que l'organisation réussisse.	**Le veilleur** Travaillant à l'interne ou à l'externe, le veilleur a comme mandat de suivre assidûment les intérêts de l'entreprise en surveillant l'environnement et en identifiant l'information pouvant s'avérer stratégique. La veille couvrira généralement un vaste éventail de secteurs et directions : brevets, compétition, technologie, etc.	**Le réseauteur** Le réseauteur vient délibérément, souvent contre rémunération, faire office de «chasseur de tête créative» ou de «marieur». Il détecte les alliés potentiels, démarche pour l'entreprise, représente même l'organisation pour la présenter favorablement et ainsi attirer certaines sources et ressources plus rares.
	Recherche de sources d'information stratégique liée à la créativité vers l'organisation	Intégration de la source de créativité volontaire (externe et interne) dans l'organisation	Internalisation de la source de créativité – innovation par l'organisation	Externalisation de la source de créativité – innovation par l'organisation
	Niveau d'engagement			

Légende

☐ Acteurs internes à l'organisation
▨ Acteurs externes à l'organisation (personnes, organisations, entreprises)

Un exemple de partenariat novateur en innovation : Géocan et Louis Garneau Sports

Par une entente exclusive avec Louis Garneau Sports, Géocan offre depuis 1998 une gamme – en pleine évolution – de produits écoliers incluant des sacs à dos, des étuis, des sacs à chaussures, des cahiers à lignes, etc.

Il s'agit d'une bonne illustration de stratégie «complément» où on a opté pour un partenariat sur le plan de la marque de commerce, dans un projet où l'entreprise – Louis Garneau Sports – n'a pas tenté de produire ces produits elle-même. Elle est parvenue à ne pas exclure un projet qui aurait pu la sortir de son champ de compétence stratégique, l'équipement sportif et de vélo, tout en préservant ce qui pouvait bénéficier à l'entreprise et en promouvant les valeurs de vie saine prônées par l'organisation. Ainsi, la marque Louis Garneau est adroitement exploitée commercialement par Géocan au Québec. Le projet se réalise donc sans avoir à toucher ses installations et sans affecter sa capacité de production, puisque ces produits ne font pas partie de la mission fondamentale de Louis Garneau, bien que la stratégie y contribue indirectement en termes de promotion de la marque.

Par une entente comme celle-ci, les deux entreprises ont donc pu diversifier leurs stratégies tout en bénéficiant d'un potentiel financier autrement inaccessible ou difficilement gérable. Une bonne entente de partenariat aussi donc pour la firme partenaire Géocan, pour qui la marque de commerce Louis Garneau a rendu accessible un design et un nom recherchés, en provenance d'un secteur complémentaire, disposant d'un vaste réseau de distribution propre, mais d'une clientèle en partie similaire, soit les jeunes. D'une pierre plusieurs coups, l'alliance stratégique permet aux deux parties de faire indirectement la promotion du sport en général. Dans ce cas, la créativité a été appliquée dès la phase un du processus d'innovation : l'idée proposée par Géocan à Louis Garneau Sports n'a pas été rejetée par cette dernière ; on lui a plutôt donné une chance de grandir en l'encadrant, tout en lui permettant de se développer complètement à l'extérieur de l'entreprise et sous la responsabilité totale de Géocan. Cela s'est avéré une stratégie gagnante pour les deux parties.

Géocan n'est qu'une des nombreuses illustrations de la créativité appliquée à l'innovation chez Louis Garneau. L'entreprise se distingue par ses quelque 2000 items qui forment la gamme de produits orientée «solution cycliste» la plus complète au monde. Ici, dans les processus internes – la création sur le plan du design vient dicter les orientations et les ambitions (même technologiques) d'innovation de l'entreprise : si c'est utile et espéré par le consommateur, tout sera mis en œuvre pour y parvenir.

Codéveloppement

Bien que de plus en plus d'études se fassent sur le sujet, il est encore souvent difficile pour l'entreprise de distinguer avec clarté dans quels contextes il est stratégique d'innover avec d'autres afin que la démarche apporte de bons résultats. Aucune recette miracle ne permet de garantir qu'une telle orientation est la bonne ou la meilleure option. Cependant, des recherches montrent qu'un environnement flexible, un entrepreneur ouvert, des pratiques de gestion en ressources humaines adéquates, des collaborations d'affaires avec des partenaires choisis avec soin, une relation étroite avec les clients et une gestion efficace de l'information sont des éléments pouvant stimuler l'innovation dans les PME manufacturières (St-Pierre et Mathieu, 2003).

Chaque projet de codéveloppement – dans le sens large du terme – apporte son lot d'incertitudes, notamment en raison de la complexité même de la formule. Se fermer à l'option n'est cependant probablement pas la bonne réponse. Une réflexion alimentée par des moments de créativité appliquée aidera à préciser quand et comment on doit s'ouvrir sur le potentiel offert par une collaboration externe, ainsi qu'à mieux évaluer et prévenir les dangers. Parmi les questions qu'elle viendra ainsi identifier et auxquelles on cherchera réponse :

- Quels sont les gains financiers réels espérés ? Les autres bénéfices ?
- Avec qui s'associer et comment négocier une telle entente ?
- Dans quelle mesure une telle démarche exigera-t-elle des ressources supplémentaires ou même différentes de celles dont on dispose ? Du temps de gestion non prévu ?
- Quelle est la complémentarité du projet d'innovation envisagé avec d'autres et comment éviter de mettre en danger la compétence stratégique de notre entreprise ?
- Comment cette nouvelle démarche peut-elle mettre en péril nos autres projets d'innovation à l'interne ?
- Comment arrimer ces nouveaux projets à ceux du quotidien ?
- Ce projet fragilise-t-il notre compétence stratégique ?
- Comment cette démarche nous aide-t-elle à développer notre stratégie ou à nous diversifier de façon cohérente et avec des risques relativement limités ? À explorer un partenariat ?

Nouveau contexte, nouvel allié, nouvelles façons de faire. Tout cela nécessitera de revoir les démarches traditionnelles en développement de nouveaux produits, de gérer les risques du projet d'innovation et même parfois d'adapter le processus d'innovation utilisé par l'organisation. Il importe aussi de se garder des portes de sortie en cas de problème important, toutes des avenues et possibilités qu'on aura idéalement pris soin de réfléchir créativement.

Synapse Électronique : l'apprentissage par les projets de codéveloppement issus du milieu

Chez Synapse Électronique, entreprise mauricienne œuvrant en électronique et comptant 60 employés, il serait impossible de faire du développement de nouveaux produits dans un grand nombre de directions. On reconnaît par contre l'importance d'être une organisation non seulement apprenante, mais aussi créative. Ainsi, le processus de sélection des projets d'innovation a aussi été orienté pour y parvenir. Tous les nouveaux produits que l'on fait entrer dans le processus ne font ainsi pas l'objet d'un même type de sélection.

Dans une majorité de cas, près de 90%, les critères permettant de choisir des idées de nouveaux produits sont basés sur les compétences stratégiques de l'organisation, ses orientations technologiques et sa connaissance du marché. Aussi, on juge primordial, pour la viabilité à long terme de l'entreprise, de toujours assurer au mieux l'arrimage des projets d'innovation en fonction des transformations attendues dans un futur à moyen terme, tant sur le plan technologique que de la réglementation. En parallèle, on conserve cependant environ 10% des ressources en R-D pour des projets de nouveaux produits qui seront traités de façon totalement différente. Dans ces derniers cas, l'objectif est d'obliger l'organisation à sortir de ses paradigmes en collaborant annuellement à la réalisation d'une ou deux idées de produits nouveaux intrigants, issues de ses fournisseurs ou autres collaborateurs, et qui n'auraient pas été explorés autrement.

Luc Gélinas, PDG et cofondateur de l'entreprise, parle de cette façon de faire en ces termes :

> Nous croyons que notre réussite vient entre autres de cette approche, qui tient davantage d'une attitude, d'une vision du développement de nouveaux produits : nous voyons dans ces projets une occasion de rechercher des solutions en dehors de ce que nous connaissons déjà, de se confronter à d'autres réalités. Nous transformons systématiquement en apprentissage – à plusieurs niveaux – ce qui serait pour d'autres un échec. Nous calculons immédiatement ces projets comme un gain avec une telle classification.

On constate ainsi que ce qui semblerait à d'autres entreprises un défi beaucoup trop risqué ou inintéressant (parce que l'évaluation est alors concentrée principalement sur les difficultés et le risque plus élevé de non-retour sur l'investissement en termes financiers) devient pour Synapse un moyen privilégié de redécouvrir son environnement, toujours en mouvance.

Chez Synapse, la question n'est donc pas de se demander si elle doit collaborer à de tels projets, mais de déterminer dans combien de ces projets la compagnie est capable de s'engager. De façon imprévue, la réputation de l'entreprise s'est faite en ce sens et les offres de collaboration viennent maintenant de partout. Finalement, par cette ouverture d'esprit des dirigeants et cette capacité à se mettre au défi, les gens du milieu savent qu'ils peuvent venir cogner à la porte de l'entreprise, l'informant ainsi en permanence de ce qui pourrait constituer le prochain grand produit radicalement nouveau. On y considère ainsi que tous les produits en développement sont rentables, car ils seront dans tous les cas, au minimum, une stratégie d'amélioration continue, de formation et même de veille stratégique.

Source : Entretien avec Luc Gélinas, PDG et cofondateur de Synapse Électronique, février 2010.

La créativité au service de la gestion de risque en innovation

Certaines conceptions limitatives ou erronées du rôle de la créativité en entreprise mettent en totale opposition créativité et gestion de risques. Dans les faits pourtant, une gestion du risque éclairée peut tirer avantage de la créativité appliquée et de l'emploi de plusieurs techniques telles que l'élaboration de scénarios pour anticiper «l'impensable» ou «l'improbable» et planifier des stratégies conséquentes.

L'apport possible de la créativité à la réduction du risque semble en effet parfois mal compris. Certaines entreprises innovent trop ou mal, alors que d'autres réussissent à innover de façon très active, créative et stratégique. La créativité n'étant pas seulement de produire des idées de concepts produits, elle aidera en effet tout autant à la clarification, à la création de solutions et à la planification préalable à une situation périlleuse qu'il est possible d'anticiper ou survenant en cours de route quand de nouveaux problèmes imprévisibles seront rencontrés. On l'utilisera aussi, comme il fut déjà souligné à quelques reprises, pour réduire les délais, éliminer certains obstacles ou dépasser les impasses.

On ne peut faire de l'innovation et penser sécurité à 100 %. Cela serait un paradoxe difficile à concilier. On peut cependant mieux gérer la diversité des innovations, trouver d'autres moyens d'innover, réaligner des stratégies et accepter d'en laisser tomber certaines en cours de route. D'ailleurs, une attitude créative aidera à voir les choses autrement et amènera la question : y a-t-il vraiment échec chaque fois qu'une expérience ne donne pas les résultats attendus ? Comme le rappelle Bardin (2006), « tous les échecs ne se valent pas, certains sont plus profitables que d'autres. De même qu'un succès peut s'avérer un échec retardé, de même un échec peut se révéler être un succès différé. La notion de risque, à l'image de la créativité, est complexe et ambiguë » (p. 95).

Pour plusieurs, le risque évoque immédiatement un danger. Ils pensent alors aux mesures à prendre pour l'évaluer quantitativement, l'éviter et le réduire. D'autres font cependant des mises en garde contre l'utilisation abusive d'outils classiques d'estimation des probabilités : on reconnaît leur utilité, mais on désire mettre en garde contre une fausse apparence de fiabilité et de précision qu'ils peuvent donner. Dans l'organisation créative – où la créativité est susceptible d'être utilisée pour tout problème complexe – on portera ainsi, possiblement, une attention plus particulière à ce que l'évaluation des risques ne soit pas biaisée et ne serve pas davantage à justifier le *statu quo,* nuisant ainsi à la capacité d'innovation de l'organisation.

En effet, il semble que plusieurs compagnies, en tentant d'éviter de tomber dans le piège des actions dangereuses, tombent plutôt dans celui de ne pas capitaliser suffisamment sur les occasions. C'est ce que Hamel et Breen (2007, p. 48) soulignent, expliquant que les gestionnaires qui ont la responsabilité de gérer des entreprises bien établies ont rarement à défendre les risques stratégiques qu'ils font prendre à l'organisation en investissant à flot dans des modèles d'affaires en décroissance ou en subventionnant à outrance des activités qui produisent déjà des retombées moindres. Dans la même veine, les chercheurs notent aussi que la tendance à surfinancer le *statu quo* serait aggravée par deux autres facteurs : le fait que la plupart des idées très innovatrices doivent être acceptées par la haute direction pour être soutenues financièrement (alors que le marché est ouvert) et le fait que l'allocation des ressources est biaisée dès le départ contre les nouvelles idées en raison des exigences de certitudes relatives aux volumes, coûts, délais et profits – des éléments difficiles à estimer lorsqu'une idée est véritablement nouvelle.

Dans un contexte de complexité entourant les projets d'innovation, vouloir quantifier *a priori* et avec précision l'ensemble des pertes et les gains potentiels – qui varieront en raison d'obstacles prévisibles et imprévisibles inhérents à la nature même du projet – est utopique. Le gestionnaire doit accepter que certaines des caractéristiques liées au risque – et le besoin de tolérance à l'ambiguïté pour y faire face – sont probablement essentielles pour favoriser l'émergence de nouvelles idées ou stratégies, courant autrement le danger de l'enlisement. Ainsi, une vision plus globale de ce qui sera stratégique pour l'organisation vient vraisemblablement modifier la compréhension de la notion de risque. Dans une culture de créativité et d'innovation, on considérera urgent de développer une compréhension enrichie de la notion de risque afin que cette dernière soit non seulement mieux cernée, communiquée, mais aussi gérée dans l'organisation. Une telle démarche devient encore plus critique pour les innovations radicales.

La créativité au service de la gestion de risques

Certains parlent de la créativité comme l'une des compétences clés pour une gestion des risques efficace, rappelant que le but de la gestion n'est pas uniquement dans la réponse créative qui doit être adressée face à une catastrophe ou à un problème, mais aussi d'anticiper les risques en imaginant l'impossible et de s'y préparer.

Plusieurs techniques de créativité et outils d'analyse stratégique peuvent être combinés pour supporter une meilleure gestion des risques potentiels. La clarification du problème sera avantageusement soutenue par une technique telle l'échelle d'abstraction, par exemple. Le même outil pourra être utilisé lors d'une situation d'urgence pour s'assurer d'agir en fonction des véritables priorités. La technique Éloges d'abord (présentée au chapitre 7) peut permettre d'aller au-delà du Forces-Faiblesses-Occasions et Menaces (FFOM ou SWOT) traditionnel grâce à son orientation axée sur la recherche proactive de solutions créatives pour répondre aux préoccupations liées aux risques perçus – risques pouvant autrement faire en sorte qu'une idée ou un projet prometteur soit relégué aux tablettes ou non préparé adéquatement.

La plupart des techniques de convergence peuvent donc aussi venir soutenir la qualité de l'analyse des risques et ouvrir sur un meilleur choix d'options. Pour n'en nommer que quelques-unes, citons la technique des parties prenantes ainsi que les matrices d'évaluation et la grille de planification créative. La démarche qu'elles proposent aide en effet à estimer la valeur et les risques associés à un projet en faisant simultanément appel à la rationalité et à l'intuition, et à préparer une implantation à succès.

Tous ces outils et stratégies permettront éventuellement de mieux distinguer le risque perçu comme trop dangereux des occasions réelles. Ils aideront à mieux cerner les différents types de risques, qu'il s'agisse de ceux liés à l'inaction et au *statu quo* ou de ceux inhérents à la nouveauté issue du changement. Certaines informations nouvelles ne pourront être découvertes que dans l'action. Comme le souligne Bardin (2006) :

Certaines entreprises auront tendance à reculer loin les frontières du risque, et d'autres, à les placer très près du moindre changement par rapport à ce qui se fait. Cette notion fondamentale est à garder en mémoire, car elle conditionne fortement l'aptitude d'une organisation à développer la créativité. Plus le construit social de la notion de risque est pris en compte par l'entreprise, c'est-à-dire connu, mesuré et débattu, et plus la créativité a des chances de pouvoir s'exprimer (Bardin, 2006, p. 96).

Conclusion : tendre vers un mouvement créatif en innovation

Le besoin de créativité en innovation n'est plus à démontrer. Un des défis les plus importants des gestionnaires responsables de l'innovation réside bien davantage dans la capacité à trouver l'équilibre nécessaire pour transiger de façon constante avec cette tension, et à faire cohabiter le plus étroitement possible ces deux concepts de créativité et innovation qui apparaissent parfois diamétralement opposés, mais devant pourtant dans les faits cohabiter.

Ce chapitre a mis en lumière l'importance d'utiliser plus rigoureusement les termes créativité et innovation et montré qu'il faut, pour les faire vivre, des ressources qui leur soient particulières ainsi que des objectifs et des défis qui sont cohérents les uns avec les autres. Il met aussi en évidence le fait qu'il est vain de chercher des recettes toutes faites et devient ainsi nécessaire d'accepter la part de travail de fond essentielle pour une meilleure gestion de la créativité dans nos organisations. C'est en appréciant l'apport respectif de chacun des deux domaines – créativité et innovation – et en les arrimant dans une dynamique cohérente que la gestion de l'entreprise s'avérera probablement la plus efficace.

Certains paradigmes pouvant nuire à l'organisation créative sont cependant étrangement présents même en innovation. Pourtant, la créativité ne constitue pas un simple ajout à la capacité de l'organisation. Elle permet de rechercher non seulement la prochaine idée de nouveau produit, mais aussi la création d'alternatives et d'options, de même que la mise en œuvre de solutions efficaces et efficientes. Quand il est question de la créativité appliquée à l'innovation, on pensera donc davantage au comment il sera possible de concrétiser avec succès certaines solutions ou idées suggérées pour en récolter la valeur. Durant cette démarche toujours un peu nouvelle, et malgré les processus déjà en place, on fera ainsi généralement appel, à maintes reprises, à la créativité.

On a aussi pu voir comment les connaissances liées à la gestion de la créativité et à l'innovation viennent soutenir le gestionnaire dans son objectif de créer une stratégie d'innovation moins risquée, notamment en n'étant pas exclusivement filtrée par les spécialistes d'un seul domaine. La créativité renforce le développement d'une stratégie d'innovation forte et distinctive, que ce soit dans la façon de dégager des occasions fines, de combiner veille et réseautage ou encore d'établir un meilleur équilibre entre innovations continues et innovations plus radicales dans le portfolio de nouveaux produits.

Il semble de plus en plus clair qu'un des éléments clés d'une gestion efficace de l'organisation est sa capacité à soutenir un mouvement créatif permanent plutôt que de se contenter de mettre occasionnellement en place des «séances d'idéation» ou des «exercices créatifs» circonscrits et *ad hoc*, limités dans le temps. Ce n'est probablement que dans un tel contexte que la créativité livrera tout son potentiel et que la capacité d'innovation pourra être propulsée à des niveaux supérieurs.

Un produit supérieur et distinctif est le facteur de succès et de profitabilité numéro un, avec des taux de succès estimés de trois à cinq fois supérieurs à ceux obtenus par des copies de ce que font les concurrents.

Robert G. Cooper, 2003, p. 139

Le processus de développement de nouveaux produits

Qui ne se souvient pas de l'arrivée d'un nouveau médicament révolutionnaire dont on ne peut plus se passer, d'un gadget électronique vendu à des millions d'exemplaires ou d'un pro-bio-alimentaire incontournable pour la santé? L'innovation de produits distinctifs est souvent source de vitalité financière et même parfois de succès spectaculaires, bien qu'on sache aussi qu'elle n'est pas toujours synonyme de réussite. S'inscrire dans un projet d'innovation comportera toujours des risques. Tout comme ne pas innover d'ailleurs.

Le présent chapitre montre qu'oser l'aventure de l'innovation de produits et services (que nous appellerons simplement innovation produit au cours des prochaines pages) s'avère dans les faits généralement des plus bénéfique pour la plupart des entreprises et organisations. Certaines études montrent que l'innovation de produits offrirait des avantages véritablement supérieurs, permettant à l'entreprise d'atteindre un taux de succès commercial moyen de 98%, avec 53,5% des parts du marché visé et un niveau de satisfaction à propos de la rentabilité de 8,4 sur une échelle de 10 (10 représentant l'estimation d'un retour largement supérieur aux attentes). En comparaison, les produits génériques ou copies ne pourraient aspirer qu'à environ 18% de chances de succès commercial, à 11,6% des parts de marché, avec un niveau de satisfaction moyen de 2,6 sur 10 relativement à la profitabilité (Cooper, 2003, p.140). Comme le souligne Cooper, «ce ne sont pas toutes les aventures d'innovation étudiées qui se révèlent être des succès... mais même en considérant les pertes, le développement de produit doit être considéré comme très rentable» (Cooper, 2004).

On verra que, pour parvenir à de tels résultats, une des clés du succès réside dans la capacité à allier rigueur de la démarche de développement de produit et créativité, en synergie, cela tout au long du processus d'innovation. Ce chapitre ne prétend pas couvrir tout le sujet du développement de nouveaux produits. L'objectif est plutôt de montrer l'évolution des meilleures pratiques dans le domaine et d'établir le lien avec la tendance de plus en plus évidente à recourir à la compétence en créativité. On tracera ainsi un portrait du processus de développement de nouveaux produits (PDNP) en mettant en relief certains des nombreux liens fondamentaux qui existent ou devraient exister avec la compétence en créativité appliquée, que la recherche de produits ou services soit dirigée vers l'amélioration continue ou les produits radicaux. Nous verrons ainsi plus en détails comment la créativité appliquée au développement de nouveaux produits joue un rôle essentiel à plusieurs niveaux – et en plusieurs temps –, notamment pour:

- ouvrir la démarche d'innovation de produit par une attitude de curiosité, d'ouverture favorisant une véritable compréhension de l'environnement et l'identification des besoins réels, mêmes non exprimés, des clients ;
- augmenter la qualité des idées (originalité, élaboration, efficience et efficacité, etc.) en amont, avant même de faire tout choix dans le développement de nouveaux produits ;
- anticiper les différents scénarios de mise en marché, produits dérivés et autres, en fonction des tendances et du futur désiré ;
- diversifier et équilibrer le portfolio des nouveaux produits qui entreront effectivement dans le *pipeline* formel de l'organisation ;
- rechercher les options et plans alternatifs durant tout le processus de développement, le rendant ainsi plus flexible et capable de tenir compte de l'inattendu ;
- réduire les risques de retours en arrière, de délais et d'augmentation des coûts du projet d'innovation.

Avant de présenter les différentes étapes du processus de développement de nouveaux produits, voyons d'abord son évolution à travers un court historique et comment la créativité s'y inscrit de plus en plus clairement dans une logique de rigueur et d'efficacité.

De l'origine au futur du PDNP

Le développement de nouveaux produits est défini comme un processus global incluant la stratégie, l'organisation, la production de concept de produit, la création de plans de production et de marketing, l'évaluation et la commercialisation d'un nouveau produit (Griffin et Somermeyer, 2007, p. 494). Grâce à un processus structuré et rigoureux de développement de nouveaux produits (PDNP), l'entreprise sera plus à même d'élaborer des concepts de produits cohérents avec les besoins de sa clientèle, se distinguer de la concurrence, réduire le temps entre le développement du concept, préparer l'arrivée du produit au marché, produire à moindre coût, bref utiliser les ressources de façon optimale. Elle peut ainsi espérer tirer le maximum de retombées de son investissement. Si le principe de base est demeuré semblable depuis ses débuts, la notion de rigueur a cependant pris une signification différente au fil des ans, évoluant d'une démarche très linéaire, voire rigide, vers plus d'ouverture et de flexibilité.

À l'origine de la production de masse, le développement de nouveaux produits se caractérisait par une vision très mécaniste des tâches : chaque département devait permettre le passage du projet vers une autre étape de développement, généralement vers un autre service. Ainsi, par exemple, à partir d'une idée initiale issue de l'entrepreneur ou du département de la R-D, on s'assurait d'abord de la validité technique du projet. L'administration arrivait ensuite en soutien pour en estimer les coûts, puis le service du marketing analysait le potentiel de ventes. On s'affairait au développement du prototype et à la production, avant de passer à l'élaboration de la stratégie de mise en marché. Autant de départements, autant d'étapes. À cette époque, la principale façon de faire croître l'innovation passait par une augmentation des budgets en R-D.

Si ces budgets demeurent encore importants aujourd'hui, ils ne constituent cependant plus le seul élément dont on tiendra compte pour soutenir le processus d'innovation de produit. La culture corporative d'innovation sera ainsi un facteur particulièrement déterminant à considérer, notamment pour soutenir l'innovation radicale (Tellis, Prabhu et Chandy, 2009, p. 12).

Pour réaliser le défi d'innovation, plusieurs entreprises utilisent maintenant un processus structuré de développement de nouveaux produits, souvent plus ou moins inspiré du modèle du populaire Stage-Gate[MD]. Ce type de processus, considéré comme une meilleure pratique avancée, consolide la capacité même de l'entreprise à «routiniser» la démarche d'innovation. Celle-ci requiert généralement l'implication de la plupart (et parfois toutes) des fonctions de l'organisation, et ce, à chacune des étapes (bien qu'avec une intensité et des proportions variées selon le moment et le type de projet). Nous sommes donc passés d'une vision linéaire à une approche multidisciplinaire en continu, de la recherche de concepts de nouveaux produits jusqu'à leur mise en marché. L'objectif est ainsi de minimiser les risques et d'augmenter les chances de succès dans une formule où les compétences de chacun, mises à profit dès le départ, viennent aider à éviter les erreurs et retours en arrière inutiles, avec un minimum d'investissement requis par étape.

La maîtrise et l'application systématique d'une démarche rigoureuse peuvent requérir un certain temps d'intégration, se comptant souvent en termes de mois et d'années. Cependant, chaque pas dans cette direction représente un progrès dont les effets apparaissent rapidement structurants et rentables. Entreprendre une telle démarche est donc fortement recommandé, tel que le rappelle Allan Doyle, consultant dans le domaine :

> A-t-on vraiment le loisir de dire non à la créativité et à l'innovation dans nos entreprises ? Non. Ce n'est pas une mode. Les données nous le confirment : il s'agit d'un véritable impératif. Il vaut mieux débuter la démarche dès aujourd'hui, petits pas à petits pas, de façon claire et déterminée, que de penser qu'il sera possible de se rattraper avec un saut de géant dans six mois – ce qui arrivera d'ailleurs peu probablement. Il existe des ressources pour aider les entreprises à devenir plus créatives et à mieux structurer leur stratégie d'innovation. Et il n'existe jamais de bon temps pour se lancer. Maintenant est probablement le meilleur moment[1].

Un PDNP bien rodé mène généralement à un changement de culture qui transforme en profondeur les façons de voir et de fonctionner. De plus en plus utilisé dans les pratiques courantes, on découvre d'ailleurs qu'au fil des dernières années, de nombreuses entreprises et praticiens ont élaboré différentes variantes du PDNP, en fonction de leurs besoins plus particuliers. On retrouve par exemple une version en V, visant particulièrement à éviter les retours en arrière ; une adaptation en spirale, avec un accent supplémentaire sur l'analyse de risques ; et même des formules *express* venant écourter, selon la nature de l'innovation, le temps de développement en compressant certains stades. Ce sera souvent le cas pour certains types de projets d'innovation tels ceux liés au marketing et aux ventes. On le constate, le PDNP marque maintenant en profondeur les façons de faire de nos organisations, d'abord par la logique qu'il propose et les apprentissages qu'il rend possibles, mais aussi en raison d'une orientation beaucoup plus intégrative et participative des employés.

La demande pour plus de performance et l'importance de percer rapidement le marché continuent même de transformer le processus de développement de nouveaux produits. Cela se traduit aujourd'hui notamment par de l'innovation simultanée, c'est-à-dire réalisée par des équipes généralement multifonctionnelles, et où l'ingénierie fait avancer en parallèle certaines étapes du produit sans attendre à la fin de la conception. On utilisera aussi, par exemple, des simulations par ordinateur et le prototypage rapide ; de tels procédés permettent d'estimer plus efficacement la faisabilité d'un projet et de procéder immédiatement aux améliorations requises. Ainsi, on évite une production précipitée et on bénéficie d'une conception optimisée grâce aux essais et aux apprentissages réalisés.

L'expertise face au processus de développement de nouveaux produits est variable, toutes les entreprises ne disposant pas des mêmes ressources ou de la même expérience. Il existe ainsi différentes échelles permettant de juger de la maturité du PDNP. Ces dernières aident à définir des objectifs graduels dans la maîtrise du processus et de la capacité interne à gérer les projets d'innovation

---

1. Citation de Allan Doyle, Ing., M. Sc. A, directeur de la gestion intégrée de l'innovation, Zins Beauchesne et associés, entrevue, novembre 2009.

produits. Corner (2007, p. 13) illustre la progression au sein de FedEx dans la maîtrise du PDNP mis en place dans l'entreprise. Réalisé sur une période de cinq ans, à partir de cinq degrés de maturité (0 à 4), l'organisation est ainsi passée d'un stade 1 au stade 3. Le tableau 9.1 présente en synthèse ces degrés de maturité utilisés par l'entreprise.

Tableau 9.1
STADES DE MATURITÉ DU PROCESSUS DE DÉVELOPPEMENT DE NOUVEAUX PRODUITS

STADE DE MATURITÉ	DESCRIPTION SOMMAIRE
0	démarche informelle et basée sur l'expérience
1	excellence de l'expertise des différentes fonctions de l'entreprise
2	excellence et efficacité des modes de collaboration entre services pour l'exécution de projets communs
3	excellence dans la maîtrise de la coordination du portfolio global de projets et la qualité de sélection des projets
4	excellence et efficacité dans l'utilisation des compétences et la gestion des projets interentreprises

Source : Adapté de Donald Corner (2007).

Dans la plupart de ces nouvelles manières d'aborder le PDNP, on distingue une tendance de fond : on semble miser davantage à la fois sur des données et des recherches plus précises venant raffiner le processus, ainsi que sur le capital de créativité que représentent les employés et les ressources externes, y compris celles des partenaires. L'objectif d'atteindre un meilleur équilibre entre des opérations fortement planifiées et des besoins criants pour une flexibilité et une ouverture accrues tout au long du processus font en sorte que la place et l'importance stratégique de la créativité durant tout le processus du développement du produit a ainsi considérablement augmenté. Comme le souligne clairement Rickards (1999, cité dans Puccio et Cabra, 2010), la créativité est maintenant requise durant tout le processus d'innovation :

> Du modèle linéaire de pensée résulte encore l'idée préconçue que la créativité n'existe qu'en début d'un processus d'innovation, aux deux stades de génération d'idées et d'implantation. Nous désirons ardemment démontrer qu'il nous faut modifier cette fausse croyance qui perdure. Dans le nouveau paradigme, les idées et actions apparaissent et interagissent tout le temps que se poursuit le processus d'innovation. La créativité continue tant que l'action se continue. Cela n'est pas juste souhaitable, cela est nécessaire tant et aussi longtemps que les processus d'innovation évolueront dans un environnement compétitif et en l'absence d'une connaissance parfaite du résultat qui sera issu des actions d'innovation.

On constate ainsi que ce que Rothwell (2002) considère comme la cinquième génération en développement de nouveaux produits serait essentiellement *Lean*. La philosophie, ainsi appliquée au processus d'innovation produit même, vise principalement l'élimination de toute source de gaspillage durant la démarche et à atteindre un flot optimisé des actions menant à une valeur ajoutée, ici donc à la réalisation du nouveau produit. Cette nouvelle génération en développement de nouveaux produits met ainsi l'accent sur la complexité même du processus et tient compte des coûts directs et indirects. À titre d'illustration, on étudiera quel serait l'effet d'accélérer le processus, l'influence des échéanciers sur la satisfaction du client, l'évaluation des pénalités qui accompagnent un retard de projet ainsi que les perspectives à court et à long termes reliées au projet. En parallèle, Brun et Saetre (2009) insistent sur l'importance de mieux ajuster et comprendre certains aspects du processus de développement de nouveaux produits. Ils en appellent notamment à une tolérance à l'ambiguïté accrue durant le processus, jugeant les façons encore typiques trop linéaires et ne permettant pas – surtout aux premières phases – de s'adapter rapidement et de s'ouvrir à la nouveauté (Brun et Saetre, 2009, p. 24).

Cela démontre bien l'orientation actuelle en gestion de l'innovation, où la flexibilité et l'adaptation rapide sont au cœur de la démarche d'amélioration continue du processus de développement de nouveaux produits. Par exemple, il pourra devenir utile ou nécessaire de l'adapter pour des projets d'innovation ouverte (Cooper, 2008, p. 10), pour la gestion simultanée de plusieurs projets d'innovation ou encore pour automatiser et documenter efficacement les parties du processus qui peuvent l'être. Cooper (2010), père du modèle Stage-Gate^MD, fait même l'avertissement suivant aux entreprises : si votre processus de développement de nouveau produit a plus de cinq ans, semble trop lourd et bureaucratisé, s'il semble ne pas fonctionner aussi rondement qu'il le devrait, le temps est probablement venu d'en faire une révision sérieuse.

Les phases du processus de développement de nouveaux produits

Développer et introduire avec succès des produits sur le marché, donc au bon moment et au meilleur coût, est l'objectif même du processus de développement de nouveaux produits (Nauyalis et Carlson, 2010, p. 13). Il existe de nombreux ouvrages et firmes-conseils qui forment et informent sur le processus. Les ouvrages publiés par le Product Development and Management Association (PDMA) sont parmi les grandes références sur le sujet. Cette association définit le processus de développement de nouveaux produits comme un ensemble de tâches rigoureuses et précises qui décrivent les moyens (étapes) par lesquels une entreprise peut – de façon répétitive – transformer des idées embryonnaires en produits ou services viables (Griffin et Somermeyer, 2007, p. 494).

Le processus de développement de nouveaux produits est généralement une démarche réalisée par une équipe multidisciplinaire, collaborant selon une approche systématique par étapes, couramment désignées comme des «portes». Ces portes ou étapes, déterminées par une série de cibles graduelles à atteindre, sont la plupart du temps à réaliser en parallèle par plusieurs départements. Ces objectifs se traduisent par des informations et des expérimentations qu'on limitera au minimum pour chacune des étapes, et qui seront suffisamment éclairantes pour la prise de décision. Ainsi, de façon croissante, on déterminera s'il est toujours pertinent de poursuivre la démarche d'innovation pour un concept de produit à une étape supérieure du processus de développement, ou de mettre fin au projet d'innovation : il s'agit du fameux *Go-No Go,* selon le terme consacré dans le milieu.

Le PDNP verra donc à ce que soit identifiées des informations et des questions charnières permettant de clarifier graduellement le potentiel réel de l'innovation, ici dans une optique de réduire les coûts et les efforts au maximum avant d'investir massivement. Par un tel processus entonnoir ou convergent, on recherchera donc des réponses de plus en plus claires sur l'intérêt (le produit est-il cohérent avec notre mission et stratégie), sur la taille du marché (y a-t-il toujours un marché pour ce produit ?), sur la rentabilité (ce produit apparaît-il toujours rentable ?) et sur la faisabilité (avons-nous toujours la compétence et la capacité de le produire ?). Un seul non à l'une de ces questions et l'ensemble du projet risque de prendre fin.

Le tableau 9.2 présente une synthèse de ce que l'on peut retrouver dans la littérature et dans la pratique sur le PDNP. Pour chacune des phases, l'objectif représente le type de résultat à atteindre ; les stratégies renvoient aux directions à prendre pour atteindre l'objectif aux niveaux technique (faisabilité), rentabilité (profitabilité) et gestion de projet (efficacité de la démarche). Nous avons aussi inclus une section spéciale sur l'axe de créativité à privilégier pour ouvrir la démarche du PDNP sur certaines questions clés, qui ne font évidemment qu'un survol de toutes les questions possibles qui apparaîtront en cours de route.

Chacune des phases a son échéancier (de plus en plus précis) et sa propre enveloppe budgétaire (de plus en plus importante) et implique la plupart des acteurs concernés par le projet d'innovation : équipe de produit, direction, marketing, production, service à la clientèle, etc. Pour faire une gestion appropriée du projet, on verra ainsi à s'assurer que l'on dispose des ressources appropriées (financières, techniques et de temps), ainsi que d'équipes diversifiées et créatives (Luecke, 2004). Ainsi, l'évaluation du *Go-No Go* à chacune des phases sera effectuée non seulement par un groupe de personnes aux compétences multidisciplinaires, mais détenant à la fois pouvoir, ouverture et vision globale pour représenter efficacement les directions de l'entreprise et optimiser sa stratégie.

À chacune des étapes, il est fortement recommandé de ne pas perdre de vue les autres phases qui sont à venir afin de développer une vision la plus complète – et le plus rapidement possible – du produit, de son développement et de son intérêt pour l'entreprise. Les paradigmes personnels et culturels ont une emprise forte sur nos façons de penser et d'agir en créativité : on tentera donc aussi de se mettre au défi de vraiment essayer de voir les choses différemment, sous d'autres angles, cela sans perdre de vue les objectifs. Plusieurs facteurs liés au processus de

Tableau 9.2
SYNTHÈSE D'UN PROCESSUS SIMPLE DE DÉVELOPPEMENT DE NOUVEAUX PRODUITS

	PHASE 0	PHASE 1	PHASE 2	PHASE 3	PHASE 4	PHASE 5
OBJECTIF	Découvrir des concepts de nouveaux produits Détecter ou créer des idées de nouveaux produits distinctifs et utiles, cohérents avec les besoins du marché et la stratégie de l'entreprise.	Évaluer les idées clés et le potentiel de marché Sélectionner les pistes potentiellement les plus rentables et méritant d'être étudiées en détail. Élaborer un plan d'affaires sommaire avec justification de pertinence du projet.	Sélectionner et tester le concept Élaborer un concept avancé de l'idée, raffiner la stratégie marketing et finaliser le plan d'affaires complet. Clarifier le potentiel réel de rentabilité et la fenêtre estimée d'occasion. Déterminer l'équipe projet.	Développer et tester le produit Transformer le concept en produit tangible. Valider/ ajuster les données.	Structurer la production et planifier la mise en marché Produire le nouveau produit en quantité et en assurer la qualité.	Préparer le lancement et procéder aux suivis Faire connaître, rendre accessible et vendre avec profits le nouveau produit. Anticiper les différents scénarios et les plans appropriés pour y répondre.
STRATÉGIES	Recouper et analyser les priorités d'innovation Explorer les besoins et désirs des clients dans les marchés ciblés.	Évaluer sommairement le marché, les coûts, le prix, le réseau de distribution, la compétition, le volume de ventes, la cohérence avec les tendances de fond, le potentiel d'exploitation de l'idée en produits évolutifs, tester l'idée avec des *lead users*.	Évaluer en détail les aspects marketing (incluant identification de la clientèle, validation du concept/ modèle d'affaires, identification du processus décisionnel d'achat, le volume de ventes, le seuil de rentabilité, la stratégie de promotion, distribution, garanties, etc.).	Valider dans un segment restreint de marché la satisfaction de la clientèle, la stratégie d'approche, emballage, prix, garanties, formations à la vente et à l'utilisation du produit, etc.	Valider la capacité de production, procéder à la formation technique et autres, procéder à une préproduction; tester la chaîne d'approvisionnement, etc.	Amélioration des processus de production, assurance qualité, etc. Formation continue, avancée Estimation de la profitabilité, des parts de marché, du cycle de vie Introduction de nouvelles options, etc.

Tableau 9.2
SYNTHÈSE D'UN PROCESSUS SIMPLE DE DÉVELOPPEMENT DE NOUVEAUX PRODUITS (*suite*)

PHASE 0	PHASE 1	PHASE 2	PHASE 3	PHASE 4	PHASE 5
			STRATÉGIES (*suite*)		
Comprendre les compétences stratégiques de l'organisation Identifier les tendances, des paradigmes clés dans l'industrie, etc. Tenir, sur cette base d'informations, des activités de génération d'idées et solliciter les idées autant à l'interne qu'à l'externe, etc. Déterminer le budget et les objectifs particuliers de la phase 1.	Évaluer sommairement la faisabilité technique, la technologie utilisée, les tendances dans les procédés de production, procéder à une planification sommaire de la gestion du projet potentiel, des équipements requis, etc. Évaluer la complémentarité de l'idée pour créer un portfolio équilibré (continuité, semi-radicaux et radicaux) de nouveaux produits. Déterminer le budget et les objectifs particuliers de la phase 2, un échéancier préliminaire et estimer les ressources nécessaires pour le projet, incluant un budget prévisionnel sommaire.	Évaluer en détail la faisabilité technique (ajustements techniques ou technologiques, formation, options à intégrer ou à reporter, équipement, etc.), visualisation numérisée détaillée du produit, prototypage rapide, etc. Définir les spécifications techniques. Planifier le plan de gestion de projet et gestion de risques (ressources, calendrier, achats, financement, etc.). Réévaluer le budget nécessaire pour la phase 3, établir un échéancier détaillé et définir les ressources nécessaires pour réaliser le projet incluant un budget sommaire. Si cela n'est pas encore fait, finaliser l'identification des membres de l'équipe projet.	Prototypage du produit réel. Valider la démarche de production : coûts, facilité d'approvisionnement, stabilité du produit, l'introduction de modifications, des garanties, etc. Valider la rentabilité selon le nouvel échéancier/en fonction du contexte. Réévaluer le budget nécessaire pour la phase 4, établir un échéancier détaillé de production et de mise en marché et estimer les ressources nécessaires pour passer en mode production, incluant un budget détaillé.	Valider la démarche logistique, la distribution au client, le service à la clientèle, la promotion, les communications internes et externes, etc. Segmentation et analyse de l'acceptation du marché sur un territoire restreint, et détermination du prix final. Finaliser les stratégies alternatives : scénarios positifs et scénarios négatifs. Approbation des coûts réels, réévaluation des contraintes, etc. Réévaluation du budget nécessaire pour la phase 5, d'un échéancier détaillé et estimé des ressources nécessaires pour réaliser le projet incluant un budget réel.	Analyse de la valeur financière et stratégique du nouveau produit dans le cadre de la stratégie globale et à long terme. Détermination du budget pour les besoins futurs du projet. Bilan des résultats, rétroactions, service à la clientèle. Réévaluation régulière du produit, dans sa fabrication, sa technologie, sa place dans le portfolio.

Tableau 9.2

SYNTHÈSE D'UN PROCESSUS SIMPLE DE DÉVELOPPEMENT DE NOUVEAUX PRODUITS (*suite*)

PHASE 0 ⇧	PHASE 1 ⇧	PHASE 2 ⇧	PHASE 3 ⇧	PHASE 4 ⇧	PHASE 5 ⇧
		AXE CRÉATIF DE BASE			
Explorer les besoins, forces, occasions, etc. Ex. : Quels sont tous les défis sur lesquels nous pourrions nous pencher ? Quels sont les besoins détectés, latents, ou non parfaitement comblés des clients ? Comment nos compétences peuvent-elles nous permettre de répondre à un désir potentiel du marché ?, etc.	Augmenter l'attractivité Ex. : Comment ce concept peut-il être simplifié ? Devenir révolutionnaire ? Raffiné ? Écologique ? Une référence ? Comment pourrait-il servir de tremplin pour d'autres produits ? Se distinguer de la concurrence ? Mieux répondre au besoin identifié ?	Augmenter la faisabilité Ex. : Comment pourrions-nous introduire une nouvelle technologie plus simple ? Faire de l'impartition ou faire à l'interne certains éléments ? Comment pourrions-nous étendre le produit à d'autres marchés ? Pour d'autres besoins ? Le présenter en options ? Partager les coûts ? Les risques ?	Augmenter la rentabilité Ex. : Comment pourrions-nous nous approvisionner autrement ? Prévoir une alternative en cas de pénurie ? Prévoir une alternative en cas de taux de change défavorable ? Augmenter nos revenus autrement ? Les commandes ? Accélérer la stratégie marketing ? L'offre en prévente ?	Augmenter la performance Ex. : Comment pourrions-nous améliorer le produit ? Son emballage ? Faciliter sa distribution ? Son entreposage ? Sa garantie ? Son accessibilité ? De taux de change défavorable ? Comment pourrions-nous explorer comment font d'autres entreprises ? Comment gérerons-nous un succès monstre ? Comment réagirons-nous à une percée lente ?	Augmenter la durée du cycle de vie Ex. : Comment pourrions-nous introduire des options supplémentaires ? Vendre le concept de produit ou en préserver plus longtemps les bénéfices ? Comment peut-il agir comme tremplin pour un nouveau produit ? Comment pourrions-nous le rendre « jeune » ?

ÉVALUATION GÉNÉRALE DE LA DÉMARCHE À CHACUNE DES PHASES

Processus créatif : Avons-nous optimisé les zones demandant de la créativité, de penser autrement, de rechercher d'autres occasions, de solutionner les préoccupations pouvant être réglées et d'optimiser le projet ? Avons-nous élargi la réflexion créative sur les autres axes pour mieux anticiper l'effet sur les phases futures ou revoir nos choix passés ? Referions-nous justement les mêmes choix ? Utilisons-nous toujours les mêmes techniques ? Nos idées vont-elles toujours dans les mêmes directions ? Comment pourrions-nous mieux réduire l'influence de nos paradigmes organisationnels ?

Processus de développement : Avons-nous bien complété la démarche, respecté les délais, estimé les coûts prévus, fait les ajustements ?

Évaluation globale du portfolio et *pipeline* : Compte tenu de l'information accumulée, de l'évolution du marché, de la technologie et de la compétition, le projet est-il toujours avantageux ? Une priorité ? Comment cela affecte-t-il la stratégie ? Les services et départements ? Les personnes ? Les clients ? Les fournisseurs ?

Source : Adaptation et synthèse des phases en développement de nouveaux produits inspirée notamment de Cooper, 2003 ; Davila, Epstein, et Shelton, 2006 ; Gassman et Zeschky, 2008 ; Brun et Saetre, 2009 ; et autres.

développement de nouveaux produits pourront bénéficier d'exercices réguliers de réflexion créative structurée, même très brefs. Davila, Epstein et Shelton (2006, p. 151) proposent une démarche en quatre points pour évaluer le processus de développement de nouveaux produits :

1. *le processus créatif* : confirmer la qualité des idées, l'habileté à les explorer et à les convertir en projet ou en valeur ;

2. *l'exécution du projet* : valider l'évolution de la démarche du processus de développement de produits sur des dimensions telles que le temps, les coûts, la performance de la technologie et l'estimation de la valeur ajoutée ;

3. *l'intégration de l'exécution* : comparer et surveiller la performance générale de chacun des projets d'innovation ;

4. *le portfolio équilibré d'innovation* : mettre en perspective l'ensemble des projets en cours pour en assurer la cohérence avec la stratégie. Par exemple, à quelle intersection le produit se situe-t-il en termes de cycle de vie ? Et par rapport au cycle de vie de l'industrie ?

Cette série d'évaluations et de décisions se présente comme dans un entonnoir, ce qui réduit considérablement certains des risques habituels liés au développement de produits et peut éviter des retours en arrière coûteux et sources de perte de temps. Les sections suivantes viennent détailler chacune des étapes du PDNP.

Implanter un PDNP

Que ce soit dans la grande ou la petite entreprise, ou que le PDNP proposé soit simplifié ou même clés en main, certaines questions et démarches préalables s'avéreront essentielles pour aider au succès de son implantation. Le projet – aussi pertinent soit-il – apporte en effet inévitablement de la nouveauté pour l'organisation et pour ses membres.

Implanter un processus structuré de développement de nouveaux produits constitue un changement collectif qui peut rarement être l'affaire d'un seul individu, même dans les entreprises qui disposent d'une fonction de responsable ou de directeur innovation. Elle requiert donc généralement que le projet soit aussi soutenu par une gestion efficace du changement, gestion où le recours à la créativité sera requis fréquemment pour aider à définir et à préparer l'adhésion au projet. On explorera ainsi le projet de changement par une série de questions pour mieux comprendre comment implanter efficacement le projet, en dépassant les simples aspects techniques. Par exemple :

– Quel est le projet et quels en sont tous les bénéfices et potentiels attendus ?

– Est-il considéré comme une priorité par la haute direction ?

– Le projet est-il compris de tous ?

– Quelles seront les résistances potentielles rencontrées chez les employés ?

– Comment valider l'impact du projet d'implantation d'un PDNP sur les façons de faire actuelles ?

– Comment peut-on prévenir les craintes des employés ?

– Comment développer une stratégie d'information sur le projet d'implantation ?

– Quelles seront les ressources supplémentaires requises ou celles dont les tâches risquent d'être détournées ?

– Quelles seraient toutes les façons de stimuler l'intérêt du personnel et des partenaires envers le projet ?

– Quels seront les besoins de formation ?

– Quelles seraient les étapes graduelles pour en faciliter l'intégration ?

– Quel sera le calendrier d'appropriation et d'intégration estimé ?

– Comment mesurerons-nous l'évolution du projet et les indicateurs de succès ?

D'autre part, plusieurs PME ne disposent pas de ressources dédiées exclusivement au développement de nouveaux produits. Il arrive ainsi fréquemment que les personnes travaillant à un projet d'innovation doivent juxtaposer des responsabilités de production, par exemple, à celles de recherche et de développement ou de contrôle de qualité. Il devient ainsi des plus pertinent que les rôles et responsabilités, dans une vision à long terme, soient clairement définis pour en assurer d'abord une implantation à succès et par la suite une application rigoureuse. Le but sera d'éviter que le processus de développement de nouveaux produits se retrouve mis de côté ou négligé, étant ultimement la responsabilité de tous et de personne.

Phase 0 : découvrir des concepts de nouveaux produits

Toute entreprise doit revoir ses produits et en incorporer de nouveaux pour se renouveler. La phase 0 est souvent numérotée ainsi, considérant que le développement du produit n'est pas encore débuté au moment de la recherche du concept. Le choix d'un projet de nouveau produit n'étant pas réalisé, il ne peut par conséquent être véritablement géré dans le cadre d'une planification précise. Dans tous les cas, la démarche se concentre sur ce même objectif : découvrir des idées de nouveaux produits utiles et rentables, que l'idée soit inspirée ou issue de la R-D, du marketing ou du client lui-même. Durant la phase 0, la créativité sera donc principalement orientée vers la recherche et l'identification de nouvelles idées de concepts de produits et services. Cette zone plus floue sera souvent sous la responsabilité d'un groupe multidisciplinaire d'expérience, ayant la responsabilité de définir et de mener à bien la stratégie globale d'innovation.

Zones de découvertes soutenant l'idéation en développement de nouveaux produits

L'arrimage de toute idée ou concept de produits aux besoins réels du marché ainsi qu'à la réalité de l'entreprise fait partie intégrante de la recette gagnante en développement de nouveaux produits. Ceci pourrait sembler une évidence en gestion de l'innovation. Il appert pourtant que l'une des raisons principales de l'important taux d'échec des nouveaux produits est justement l'incohérence avec les besoins réels du marché.

Une recherche d'informations clés constitue la base qui viendra soutenir une recherche créative efficace de concepts de nouveaux produits. Celle-ci débutera généralement à l'interne. La firme Decision Processes International (Robert, 1996, p. 36 et 64) rappelle en effet que l'entreprise dispose elle-même d'un important bagage d'information pertinente. S'inspirant des sources d'innovation identifiées par Drucker (1985), elle invite ainsi à scruter attentivement 10 éléments clés liés à son industrie et à sa réalité interne, et dont l'analyse est susceptible d'ouvrir sur des pistes d'opportunités latentes :

- les succès imprévus ;
- les échecs imprévus ;
- les événements inattendus ;
- la faiblesse des procédés et des systèmes identifiés ;
- la structure de marché et de l'industrie ;
- les secteurs en forte croissance ;
- les technologies convergentes ;
- les changements démographiques remarqués ;
- les changements de perception ;
- les connaissances nouvelles.

Pour soutenir une recherche de concepts forts et novateurs, la firme propose aussi de se propulser dans le futur en explorant son environnement externe à travers 12 pistes ou angles d'analyse (Robert, 2004, p. 1) d'où peuvent émerger des concepts de produits à la fois radicalement nouveaux et en cohérence avec les besoins de demain :

1. l'économie/tendances monétaires ;
2. la politique/les tendances de réglementation ;
3. les changements sociaux/démographiques ;
4. les conditions de marché ;
5. les attributs et habitudes des clients ;
6. le profil des compétiteurs/mixte stratégique ;
7. l'évolution des technologies ;
8. les capacités manufacturières ;
9. le design ;
10. les ventes et méthodes marketing ;
11. les méthodes de distribution ;
12. les ressources humaines.

L'identification des grandes tendances, la veille concurrentielle ou techno-logique et les études ethnographiques sont parmi certaines des démarches phares qui aident à soutenir une innovation de produit forte et adaptée. Ces informations jouent par la suite le rôle de guide et de stimulant à la créativité appliquée lors de la recherche de nouveaux produits et services. L'accès à l'information brute n'est cependant qu'une partie de l'équation : l'organisation doit savoir l'interpréter adéquatement et même différemment de la compétition. La stratégie véritable est donc d'être en mesure de donner du sens à des informations au départ disparates ou en apparence peu importantes (Akgun et Yilmaz, 2006, cité dans Fernandes, da Silva Vieira, Medeiros et Jorge, 2009, p. 173). On cherchera donc à aller au-delà de l'information de base pour en voir les effets et l'ampleur potentiels.

À titre d'illustration, Internet a créé de nombreux besoins (qui sont encore en pleine évolution) pour des outils de classification et d'archivage d'information, de sécurité et de confidentialité, de transactions, de jeux collaboratifs en ligne, etc. Identifier une tendance ne représente donc que la première étape de la réflexion créative : on cherchera activement à dépasser la trivialité et, généralement, à ne pas viser des zones où plusieurs joueurs risquent de se retrouver afin d'en exploiter un raffinement ou de créer une niche à partir d'une tendance émergente ou d'une piste non exploitée. Par des exercices créatifs bien canalisés, on peut ainsi dépasser des propositions simplistes, surutilisées ou trop larges, et offrir des bénéfices forts, misant par exemple sur des avantages nouveaux ou plus pointus.

L'exemple présenté dans le tableau 9.3 montre une utilisation des tendances en idéation de nouveaux produits. La colonne 1 liste des tendances globales bien ancrées pouvant stimuler la créativité et susciter directement des idées de nouveaux produits en voguant immédiatement sur cette lancée. La colonne 2 recherche davantage une exploration des tendances en émergence ou un raffinement de celles déjà identifiées, positionnant la démarche davantage comme proactive. Enfin, un troisième niveau d'utilisation (colonne 3) peut s'avérer fort pertinent pour tenter d'anticiper l'évolution d'une tendance et mettre en lumière des besoins encore non clairement identifiés menant potentiellement à des idées d'innovation encore plus distinctives.

Une connaissance intime du client peut également aider à déceler une information fine pertinente. Différentes avenues sont possibles pour accéder à ce type de données, notamment à la suite d'une démarche de type de *Voix du client,* souvent identifiée sous son acronyme anglais VOC, pour *Voice of the customer*[2] (Griffin et Somermeyer, 2007). Deux mises en garde cependant.

1. Le VOC ne s'improvise pas. La démarche exige beaucoup de rigueur et apparaît dans les faits plus ardue qu'il n'y paraît si on se fie aux résultats parfois mitigés auxquels elle conduit. Bien réalisée, soutenue par exemple

---

2. VOC est une démarche nom regroupant un vaste ensemble d'outils et stratégies dont le but est de cerner les véritables besoins des clients actuels ou potentiels.

par une recherche de type ethnographique, des groupes de discussion (*focus groups*), des suggestions issues de séances d'idéation avec des clients, elle peut aider à corriger des perceptions erronées ou dépassées que l'entreprise peut avoir à propos de ses clients. Dans d'autres cas, l'approche vient surtout reconfirmer la pertinence d'une orientation. L'essentiel est d'utiliser tous les raffinements d'information pour réduire les risques et augmenter les chances de succès du projet.

2. Comme le souligne Katz (2009), il faut cependant éviter de baser le développement de nouveaux produits uniquement sur les besoins du client, tels que celui-ci les exprime : « Plusieurs clients ne sont pas vraiment créatifs et c'est une erreur de leur demander de faire ce qui en fait est votre travail. Tout ce qu'ils sont capables d'essayer de vous dire est d'expliquer ce qu'ils tentent de faire avec votre produit et ce qui rend cette tâche difficile ou facile pour eux. »

Tableau 9.3

EXEMPLE D'UTILISATION DES TENDANCES EN IDÉATION DE NOUVEAUX PRODUITS

Tendances globales	Tendances émergentes ou raffinement de tendances	Anticipation de potentiel d'exploitation
Comment peut-on s'inscrire dans cette grande tendance ?	*Comment peut-on explorer/ exploiter différemment cette tendance ?*	*Comment cette tendance peut-elle évoluer ou pourrait-elle être explorée ?*
Importance de la communication	Création de contenu personnel (Web 2+, Twitter, etc.)	Protection de l'intimité, préservation de l'anonymat, personnalisation de la communication : *vous aimez...* Invisibilité
Cocooning	Maison saine, salon extérieur	Maison autonome (énergie, recyclage, etc.), toit vert
Environnement	Achats équitables Éthique	Recyclable par le client, conçu en fonction d'une économie durable
Transportabilité	Intégré (multifonctions)	Transparence pour le client, grand écran pliable
Santé	Produits sans ingrédients allergènes, conçus pour clients vieillissants	Produits pour clients souffrant de différentes maladies : diabète de type B, arthrite, etc.
Sécurité	Traçabilité du produit, biologique certifié, redécouverte du produit du terroir	Imputabilité : Logo antiallergène « 100 % sûr »

Durant toute cette recherche d'information, on verra ainsi apparaître des écarts ou pistes susceptibles d'orienter les défis créatifs. On distinguera notamment :

- les bénéfices identifiés comme essentiels, attrayants ou simplement considérés comme intéressants par les clients eux-mêmes ;
- les besoins déjà comblés par les produits de l'entreprise et auxquels on pourrait encore mieux répondre ;
- une classification de l'offre des concurrents en fonction des besoins des clients afin de détecter des zones d'occasions nouvelles ou émergentes.

L'art de détecter les besoins

Savoir détecter un besoin est un art, le client ne sachant pas toujours ce qui lui conviendrait le mieux. Ce dernier voit en effet souvent davantage ce qu'il n'aime pas d'un produit. Le but en développement de nouveaux produits est donc d'observer une attitude véritablement créative pour éviter les conclusions trop hâtives ou simplistes relativement aux véritables besoins du client, souvent non formulés clairement ou latents.

Un besoin peut être très subtil, par exemple caché derrière une fonction utilitaire que l'on juge essentielle. À titre d'illustration, une entreprise fabriquant des serviettes de coton pourra mettre beaucoup d'efforts à travailler sur la douceur du produit, qualité identifiée comme primordiale par une vaste majorité de clients dans ses sondages. Par contre, ces derniers pourront soudainement craquer pour un nouveau produit nettoyant à sec qui révolutionnera le marché, bien que peut-être un peu moins doux ! La serviette douce sera donc rapidement dépassée en termes de besoin par un encore plus fort : un sentiment de fraîcheur et de propreté immédiate. Ces éléments cachés peuvent aisément être négligés par les clients lors des groupes de discussion ou d'idéation, simplement parce que ce n'est pas le rôle habituel d'une serviette de bain. Une approche créative – même au moment de l'analyse des besoins – peut s'avérer fort pertinente pour éviter de prendre des directions dictées par les paradigmes habituels.

Ce type de situation est relativement fréquent. Il s'agit d'un exemple similaire au cas de la caméra avec film et de la caméra numérique : le besoin n'en est pas un que de technologie ou de nouveauté. On découvre ainsi que le client désire moins posséder des photographies sur un papier de qualité que de valider rapidement la qualité de la prise de photo, augmenter le nombre de souvenirs et réduire les coûts et intermédiaires. Même si on travaille sur le meilleur appareil, ces besoins ne sont simplement pas comblés par la technologie précédente. On constate aussi qu'une production d'idées qui serait uniquement axée sur une recherche de qualité supérieure – et qui s'inscrit donc davantage dans une démarche d'amélioration continue – pourrait éventuellement limiter dangereusement la création des nouveaux produits stratégiques.

Certains ouvriront aussi éventuellement la participation aux activités d'idéation qui suivront à des clients, fournisseurs ou autres parties prenantes externes. Cela vient notamment établir un équilibre entre la réalité de l'entreprise et du marché, les besoins du client et pour sortir des idées habituelles. Pour réaliser une telle activité, on misera parfois sur la présence d'idéateurs externes, capables de générer un grand nombre d'idées et concepts de produits même s'ils ne possèdent pas de spécialité particulière, ainsi qu'un ou quelques prosommateurs. Nouveau terme des années 1980 issu de la contraction des mots producteur et consommateur, le prosommateur participe à la fois au groupe de discussion avec les autres clients et au groupe d'idéation avec les membres de l'interne. Choisi en fonction de ses compétences à comprendre l'expérience du client et de sa capacité à transposer cette compréhension sur le plan de l'entreprise, on l'implique dès les premières phases du processus de développement de nouveaux produits.

> [...] Comprendre le client est l'un des deux facteurs clés pour assurer le succès en développement de nouveaux produits, alors que la mauvaise compréhension des clients est cotée parmi les deux raisons principales d'échec en développement de nouveaux produits. Rassembler des prosommateurs et des consommateurs dans un groupe de discussion est une des façons d'améliorer cette interaction. Faire suivre cette activité d'une session de résolution créative de problème apparaît la suite logique pour ensuite développer des idées révolutionnaires (Orban et Miller, 2007, p. 117).

La présence d'idéateurs externes et de prosommateurs vient contrer le danger réel de limiter la recherche de concepts de nouveaux produits en raison de paradigmes issus de la culture d'entreprise. Un prérequis cependant : il est impératif que tous les collaborateurs externes soient perçus par le groupe comme crédibles et de confiance. Le tableau 9.4 présente un modèle – parmi une multitude qu'il est possible de créer – de cheminement créatif où on implique consommateurs, idéateurs et prosommateurs.

Être « centré » client est logique en soi. On évitera cependant de tomber dans le piège de n'orienter les projets d'innovation qu'uniquement en fonction de ceux-ci, en oubliant la force des compétences stratégiques internes. De récentes études tendent en effet à démontrer que les champions de l'innovation rentable sont les entreprises qui savent le mieux trouver cet équilibre ; alors que la rentabilité à court terme proviendrait d'une approche surtout orientée vers le client, une orientation basée davantage sur les compétences internes assurerait une meilleure rentabilité à moyen et long termes. Dans le premier cas, même en se voulant positivement opportuniste, l'entreprise risque de devenir une sorte de girouette prisonnière des désirs volatils du client. D'autre part, une trop grande mise en valeur des compétences internes peut faire perdre contact avec la réalité du marché (Paladino, 2009, p. 624).

Phase 1 : évaluer les idées et le potentiel de marché

Fondamentalement, les phases 0 et 1 visent à réunir le maximum d'informations, passant des plus simples aux plus précises ou difficiles à obtenir. Cela permet de déterminer l'intérêt du projet plus rapidement et de n'investir que le temps et l'argent nécessaires pour prendre les décisions permettant de passer aux phases suivantes, qui elles requerront plus de ressources financières. La démarche permet aussi de jeter les grandes lignes pour la suite des choses, soit le « comment » mener efficacement ce concept au marché.

Tableau 9.4

MODÈLE DE PLANIFICATION DE STRUCTURE D'IDÉATION DE CONCEPTS DE NOUVEAUX PRODUITS

Séquence d'activités	Objectifs
TEMPS 1 *(Démarche de compréhension des besoins clients et opportunités)*	
VOC	Identifier les besoins potentiels, chez des utilisateurs clés (utilisateurs précoces et leaders d'opinion)
CPS	Explorer les besoins des clients
Sommaire d'information stratégique	Résumé des grandes directions identifiées : compétences straté-giques, choix technologiques auxquels on fait face, tendances, suggestions d'employés et clients.
TEMPS 2 *(Démarche de recherche d'idées de nouveaux produits)*	
Groupe de discussion	Valider les besoins
CPS	Clarifier le défi, générer des idées et sélectionner les meilleures options apparaissant pouvoir combler le besoin
Groupe de discussion	Valider les options et les prioriser
CPS	Raffiner/modifier les idées et concepts de produits
TEMPS 3 *(Démarche de prétest et test produit)*	
Conception rapide	Développement créatif d'une simulation et/ou prototype
Test rapide	Développement de stratégies et d'outils de validation des concepts avancés auprès de la clientèle/du marché (ex. : groupes d'idéation avec des clients, actions virtuelles, laboratoire créatif)
TEMPS 4 *(Démarche de validation des stratégies)*	
CPS	Explorer les stratégies de mise en marché
Groupe de discussion	Confirmer l'intérêt des solutions identifiées et les premières ébauches de stratégies de mise en marché
Gestion/équipe de travail	Prioriser les concepts

VOC = Voice of the client ; CPS = processus de résolution créative de problèmes

La phase 1 doit se conclure par la sélection de quelques idées retenues pour lesquelles on associera un budget ainsi qu'un plan de réalisation plus détaillé. On aura cerné sommairement le design, les spécifications techniques principales permettant de mieux estimer la pertinence, la rentabilité et la faisabilité du concept proposé. L'équipe aura aussi débuté la réflexion sur les différentes alternatives permettant de rendre le projet à terme (faire le développement complet à l'interne? En codéveloppement? À l'externe? Équipement requis? Autre? On s'assure aussi, comme à chacune des étapes d'ailleurs, que l'environnement et le marché sont toujours favorables; un changement de réglementation, une crise économique ou une montée abrupte du dollar ou de l'euro peuvent constituer une contrainte ou une menace déterminante.

Différentes stratégies basées sur la créativité pourront être développées ou utilisées pour pousser la réflexion plus loin durant cette phase, des plus traditionnelles aux plus novatrices. On créera ainsi des plateformes pour faire interagir les consommateurs avec le produit et les inciter à l'utiliser pour mieux l'améliorer. On les invitera dans un autre contexte à développer eux-mêmes de nouveaux produits ou à évaluer un portfolio de projets. D'autres s'inspireront de la Bourse afin de simuler l'achat fictif d'actions liées à des idées de nouveaux produits pour mieux cerner l'intérêt d'actionnaires potentiels envers ceux-ci. Selon le contexte et les besoins, ces stratégies créatives pourront aider à accéder à une créativité externe pouvant amener une compréhension nouvelle, élargie ou plus poussée des idées de produit les plus susceptibles de percer.

La réflexion créative et exploratoire introduite avec sérieux aux phases 0 et 1 peut influencer de façon décisive la viabilité du projet. La qualité du concept ne sera élevée que dans la mesure où non seulement l'idée est intéressante et réaliste, mais aussi qu'elle est pensée dans les détails. Selon Cooper (2003, p. 140), l'effort de conception initial d'un produit – qui ne représente en moyenne qu'environ 5% du temps requis par un projet – peut avoir un effet sur jusqu'à 70% des coûts de production qui suivront (Gouvernement du Québec, 2002, p. 27). S'appuyant sur de nombreuses études, le célèbre praticien affirme que la qualité de la réflexion qui précède le design et le développement (dont nous traiterons dans la phase suivante) peut faire toute la différence entre gagner et perdre le pari de l'innovation à succès. Les entreprises les plus performantes y alloueraient en fait près du double de temps et de ressources financières comparativement aux autres (*ibid.*, p. 141). Seul un nombre restreint de projets, estimés les plus porteurs, entrera donc en phase 2. Le tableau 9.5 et les directives qui suivent présentent un modèle de grille d'évaluation globale de concepts de nouveaux produits.

Dans un contexte de gestion de la créativité appliquée au processus de développement de nouveaux produits, un des grands défis liés aux étapes 0 et 1 est d'assurer un équilibre du portfolio d'idées (de continuité à radicales) et de traiter les divers types d'innovation concernés différemment selon leur nature. Pour débuter ce type d'analyse, nous référons à des outils comme la Yellow Box (voir chapitre 7).

Tableau 9.5

MODÈLE DE GRILLE D'ÉVALUATION GLOBALE DE CONCEPTS DE NOUVEAUX PRODUITS ET SERVICES

		Concept 1	Concept 2	Concept 3	Concept 4	Concept 5
ÉVALUATION AU TEMPS 1						
Valeur ajoutée pour les clients	Offre une solution forte pour répondre à un besoin non comblé ou insuffisamment comblé					
	Cohérent avec les valeurs des clients					
	Attrayant/ergonomique/esthétique					
	Amène le client à le percevoir comme nouveau ou distinctif					
ÉVALUATION AU TEMPS 2						
Contribution à la stratégie de l'organisation	Cohérent avec la mission, la vision et les valeurs de l'entreprise					
	Complémentaire au portfolio et à la stratégie d'innovation					
	Cohérent avec les compétences stratégiques de l'organisation					
	Offre un avantage concurrentiel évident					
Total de l'évaluation de la cohérence/pertinence (temps 1 et 2)						
ÉVALUATION AU TEMPS 3						
Rentabilité et investissements requis	Faisable sur le plan technique/ Complexité					
	Réalisable en X temps					
	Investissements financiers requis par l'entreprise, ou à partager avec un ou des partenaires?					
	Gains financiers estimés? Parts de marché espérées? Nouveaux marchés? Durée/cycle de vie estimé?					
	Offre un potentiel d'exploitation (options, diversification) pour augmenter son attrait à long terme					
Total de l'évaluation coûts/gains/faisabilité (temps 3)						
TOTAL ÉVALUATION GLOBALE						

Tableau 9.5

MODÈLE DE GRILLE D'ÉVALUATION GLOBALE DE CONCEPTS DE NOUVEAUX PRODUITS ET SERVICES (*suite*)

DIRECTIVES POUR RÉALISER UNE ÉVALUATION GLOBALE DES CONCEPTS

Évaluation, temps 1 et 2 : dans un premier temps, explorer les bénéfices liés au produit, comme produit en tant que tel mais aussi en fonction de sa cohérence avec la stratégie de l'entreprise. Procéder ainsi à une première évaluation pour chacun des concepts de produit en fonction des critères proposés dans la grille, sur une échelle allant de − 5 à + 5, où − 5 représente un avantage extrêmement faible ou un risque très élevé, et où + 5 représente la valeur la plus haute en termes d'intérêt ou de cohérence. Pour chaque idée, indiquer le total des points obtenus pour chacun des critères dans la colonne prévue à cet effet.

Évaluation, temps 3 : Pour l'évaluation au temps 3, estimer chacun des concepts de produit sur une échelle variant de − 10 à + 10, où − 10 représente un intérêt extrêmement faible ou un risque très élevé, et où + 10 représente la valeur la plus haute en termes d'intérêt ou un risque nul. Indiquer le total des points obtenus pour chacun des critères dans la colonne prévue à cet effet. Procéder ensuite à une addition des deux données pour obtenir le score final et valider le niveau d'intérêt versus le risque présenté. Un résultat faible ou négatif suggère une idée dangereuse ou offrant peu d'intérêt.

Un concept offrant un résultat clairement supérieur représente une idée produit que l'on peut faire cheminer à une étape plus raffinée d'analyse.

Une seconde note au sujet du besoin de créativité durant ces deux phases initiales du processus : les paradigmes limitant l'identification d'occasions d'affaires ne sont pas seulement liés à la difficulté d'émettre des idées radicalement nouvelles. C'est souvent la capacité à s'imaginer capable de les réaliser ou à surmonter les préoccupations qui fait défaut et incite à mettre des concepts de grande valeur prématurément de côté. Un exercice un peu plus poussé de réflexion créative, par exemple avec l'utilisation de la technique Éloges d'abord (présentée au chapitre 7), peut faire émerger des façons de faire des plus appropriées et réalistes, capacité distinctive que l'on peut espérer de la part d'une organisation ayant une culture forte de créativité.

Phase 2 : sélectionner et tester le concept

Durant la phase 2, on vise à définir de façon détaillée le concept de produit, en étudiant tous les aspects liés à la technique requise, à son design, à ses spécifications techniques, à la planification de sa mise en œuvre.

On aura identifié dès le début de la phase un chef de projet, dans certains cas même dès la phase 1. Chacun des membres de l'équipe se sera vu attribuer des responsabilités précises : identifier et démarcher des fournisseurs potentiels, établir les coûts de production, identifier les besoins de main-d'œuvre, faire les prévisions de ventes et de revenus anticipés, estimer les délais de production et de mise en marché, l'équipement requis ou les ajustements nécessaires, etc. On rend le projet le plus concret possible, sans cependant avoir encore à produire. Ainsi, à cette phase, on simule généralement le produit final, que ce soit de façon virtuelle ou par prototypage rapide. On fait passer le concept abstrait vers un concept raffiné du produit ou service que l'on désire créer.

Ainsi, si les phases 0 et 1 constituent des périodes d'identification du concept et d'évaluation sommaire du projet (que l'on peut définir comme le *fuzzy front end* du jargon de l'innovation), la phase 2 agit en quelque sorte comme la transition vers le développement réel. Bien que la créativité y tienne toujours une place importante pour explorer de nouvelles avenues et occasions – par exemple pour rechercher une stratégie novatrice de distribution –, on l'utilisera de façon intensive pour aider à la concrétisation du projet et à solutionner les problèmes confrontés. La réflexion, les études détaillées et tests du concept permettent de confirmer l'intérêt du marché, de réduire au maximum le besoin de retours en arrière et les risques d'abandon de projet (bien que cette possibilité demeure en tout temps une option). La stratégie d'introduction sur le marché est claire, pertinente et, idéalement, novatrice.

Au terme de cette étape, le projet sera généralement considéré comme accepté en principe. On détient alors une planification forte et réfléchie où tous les éléments ayant pu être contrôlés ou anticipés par l'entreprise ont été intégrés.

Phase 3: développer et tester le produit

La phase 3 vise à assurer la planification d'une mise en œuvre efficace du projet de développement, tant sur le plan technique que stratégique. Les efforts créatifs viseront donc à limiter les investissements massifs liés à la préproduction et à la production elle-même, et à préparer l'arrivée du produit sur le marché. À la fin de l'étape, on aura en principe en main un plan d'affaires élaboré et un produit final et testé, similaire à celui que l'on s'apprête à mettre sur le marché.

En plus des défis reliés directement à la réalisation du projet, l'effort créatif soutiendra une planification précise où des plans B, C et même D seront envisagés, tant en cas de succès que d'échec. Dans la phase 3, on retrouve tous les plans et prévisions, jusqu'aux tests finaux pour valider la qualité du produit et la capacité de le produire tel qu'il sera offert. Une validation de l'intérêt du marché apparaît encore essentielle avant d'aller plus loin.

Phase 4: structurer la production et préparer la mise en marché

Pour la plupart des projets, la phase 4 servira à préparer la production et à finaliser la mise en marché du produit final. La réflexion créative reste très concentrée sur la production elle-même – optimisant temps de réalisation, réduction de valeur non ajoutée, et toute action ou stratégie qui augmentera la valeur du produit perçue par le client pour quand celui-ci sera fin prêt à être lancé. On vise donc aussi à préparer une entrée efficace et aussi rapide que possible du produit sur les marchés. Plusieurs produits auront bien sûr avantage à arriver rapidement sur le marché, si ceux-ci répondent à un besoin pour lequel le client est déjà prêt à payer. Les stratégies à mettre en place seront cependant fort différentes selon les degrés de nouveauté et de complexité : est-ce un investissement sans trop d'effet pour le client ? Comment percevra-t-il l'effort d'apprentissage requis pour l'utiliser efficacement? Est-ce une nouvelle technologie en contradiction avec les systèmes actuellement en place? Quels seraient les leaders susceptibles d'en parler et d'amener d'autres personnes à adopter notre produit? Quelles tribunes ou réseaux sont les plus propices pour publiciser le produit?

La réflexion et l'état d'avancement de la production permettent peut-être qu'on s'attarde déjà à réfléchir à un calendrier d'introduction d'options et d'améliorations pouvant être planifiées dans le temps pour maintenir l'intérêt envers le produit ou le service plus longtemps, avec davantage de profits.

Phase 5: lancement et suivis

La phase 5 vise à réaliser un lancement à succès. Tout est fin prêt et rodé: le produit est de qualité, la distribution est fluide, la promotion efficace. Les suivis viennent principalement améliorer la production et les stratégies. Considérant la réponse du marché, on élabore aussi un calendrier d'introduction de nouvelles versions, d'options et de stratégies alternatives.

Dans un contexte de forte concurrence et de changement, la créativité appliquée aidera à comprendre l'évolution du produit et à trouver des stratégies et moyens pour en assurer une durée de vie et une rentabilité optimales. Ainsi, on restera aussi conscient qu'un produit aujourd'hui vedette sera vraisemblablement un jour soit détrôné par un nouveau plus compétitif, modifié par une technologie de pointe ou rendu obsolète en raison d'un changement radical dans l'environnement. On sera donc sensible, notamment, à la présence de concurrents copiant notre produit et à leur positionnement sur le marché et on anticipera l'effet potentiel de ceux-ci.

Des produits novateurs rentables… avant même d'être sur le marché!

On se rappelle probablement de produits novateurs dont on a annoncé longtemps d'avance l'arrivée pour mieux faire croître l'intérêt des consommateurs. Le momentum ainsi créé, préalable à sa disponibilité, constitue une des stratégies de communication servant à stimuler l'achat lors de son arrivée sur le marché. Réalisée avec finesse, et au bon moment, la démarche sera aussi utile pour évaluer le pouls du public et éventuellement même, pour faire augmenter la valeur des actions d'une entreprise ou sa position stratégique.

Il semblerait en effet que les marchés réagissent davantage durant la phase de développement qu'au moment du lancement (Sood et Tellis, 2009, p. 33), de façon relativement similaire en fait à ce qui se passe dans l'industrie pharmaceutique lors de l'annonce de résultats des phases cliniques d'un nouveau médicament. Le lancement serait même le moment attirant le moins l'attention quand on le compare à d'autres stades du processus de développement de produit, par exemple à l'annonce d'une alliance stratégique, de financement, d'expansion, de la réalisation de prototypes, de démarches de brevets, d'annonce préliminaire ou lors de l'octroi de prix et de reconnaissances.

L'exemple illustre qu'on aura avantage à évaluer créativement en tout temps les occasions de toutes sortes, et pouvant provenir de tous les départements à chacune des phases du processus de développement de produit. En explorant des façons de faire nouvelles, il devient possible de trouver comment non seulement on peut soutenir l'arrivée du produit dans les délais prescrits, mais il est aussi possible de préparer une arrivée d'un nouveau produit dans des conditions supérieures et en en optimisant les retombées.

La gestion d'un projet de développement de nouveau produit

L'équipe

Si bien des formules existent, l'équipe multidisciplinaire de projet d'innovation sera généralement sous la gouverne d'un chef de projet expérimenté en développement de nouveaux produits.

Un projet d'innovation requerra – d'un axe de gestion de la créativité – une capacité des membres de l'équipe à reconnaître les occasions et écarts à combler, créer des solutions et sélectionner de façon appropriée les idées. L'équipe rassemblera donc des membres ayant des compétences diversifiées afin de couvrir adéquatement toutes les phases du processus du développement du nouveau produit, mais aussi du processus créatif. Un des grands défis créatifs de l'équipe de projet consistera aussi – entre autres – à éviter que la pression du groupe ne favorise que l'adoption d'idées simplement plus facilement acceptées par la majorité, délaissant ainsi celles potentiellement beaucoup plus prometteuses. Une équipe créative en charge d'un projet de développement de nouveau produit présentera donc certaines qualités particulières, dont :

- une compréhension de la stratégie d'innovation et de créativité de l'entreprise ;
- une influence politique réelle et une capacité de réseautage au sein de l'entreprise et à l'extérieur de celle-ci (par exemple par la présence d'un champion ou d'un capitaine d'équipe expérimenté) ;
- une information technique de qualité et à jour ;
- une compréhension fine des clients, du marché, du contexte, des tendances et de l'industrie, de l'environnement général ;
- la connaissance et la capacité d'application d'un processus rigoureux de développement de nouveaux produits ;
- une complémentarité des profils créatifs et une connaissance pratique du processus créatif ;
- une équipe de soutien (recherche, prototypage, experts techniques, relationnistes, etc.) ;
- un équilibre d'ensemble des membres du groupe par leurs préférences face aux différentes phases du processus créatif et aux différents types d'innovation.

Ainsi, si certains auront évidemment des compétences et des responsabilités particulières (ingénierie, marketing, etc.), la collaboration et la complémentarité des membres de l'équipe demeurent au cœur du succès d'une démarche efficace, canalisées par une vision globale et partagée du projet d'innovation.

La logistique

Le processus en développement de nouveaux produits oblige une gestion de projet rigoureuse. On établit ainsi les rôles et responsabilités, les calendriers relatifs aux objectifs à atteindre, les indicateurs d'évolution et de succès, etc. Le temps au marché est important et la logistique est déterminante pour y parvenir. Il ne s'agit cependant pas d'être obsédé par les délais et la rapidité du processus. Le PDNP demande du temps... mais aussi de la rigueur et de la créativité. Comme le souligne Crawford (1992), l'émergence d'un intérêt pour un meilleur équilibre entre les besoins d'atteindre rapidement le marché et la créativité à toutes les étapes du processus du développement de nouveaux produits est peut-être causé par le fait qu'en dépit des nombreux avantages concurrentiels, l'accélération de la vitesse pour arriver sur le marché apporte un lot important de conséquences négatives (Crawford, 1992, cité dans Rothwell, 2002, p. 121).

Associée à une culture de créativité, la logistique ne vise donc pas qu'à répertorier les tâches et budgets et à se les répartir. On prévoira temps et ressources pour explorer des options et des façons de faire plus efficaces et différentes. D'autre part, pour tenir compte de la complexité et du changement, on verra à s'adapter rapidement à une réalité qui se construit aussi dans l'action, utilisant ainsi la planification du projet d'innovation comme une ligne directrice, mais non comme des ornières. La notion de risque sera aussi recadrée pour mieux aider à traverser les zones d'incertitude, surtout pour les projets considérablement différents.

Souvent, pour stimuler la collaboration, la cohérence et la réflexion créative, l'équipe rassemblera en un même lieu toute l'information permettant de suivre l'évolution du projet à chacune des phases. Différentes formules pourront être mises de l'avant, comme le modèle de la salle Oobeya (Horikiri, Kieffer, Tanaka et Flynn, 2009, p. 9) de Toyota, où on met à la disposition du projet une salle particulière. La plupart des réunions s'y tiennent et l'information essentielle y est consignée avec rigueur. On y retrouve :

- la description du projet, les rôles et responsabilités, les informations importantes sur la concurrence, le secteur et le potentiel envisagé ;
- les résultats attendus en termes de bénéfices, fonctions, spécifications techniques, normes, etc. ;
- les indicateurs de suivi (objectifs d'étapes) et de succès (objectifs finaux) ainsi que les systèmes d'alarme (p. ex. : feu vert, résultat atteint ; feu orange, difficulté ; feu rouge : délais possibles ou inévitables) ;
- les objectifs par département : marketing, R-D, service à la clientèle, etc. ;
- les principaux défis à relever et les problèmes critiques à résoudre pour réaliser les objectifs voulus, par département ;

- les horaires des rencontres et des séances d'idéation/recherche de solutions sur les problèmes ;
- les défis et occasions liés au projet ainsi que les solutions potentielles envisagées ou recherchées ;
- les liens et relations avec des collaborateurs et des ressources externes ;
- un visuel ou un prototype du produit final anticipé.

Présentée de façon visuellement attrayante, claire et accessible – souvent sous forme de posters et de grands tableaux – cette information aide à identifier rapidement les sources de problèmes ou de délais ainsi que les zones requérant plus ou moins de suivi. Le but de l'exercice est de favoriser une synergie d'équipe où tous participent, comprennent la contribution qu'on attend d'eux et se rendent disponibles aux autres.

Dans certains cas, on utilisera des outils et des stratégies complémentaires tels le théâtre et les laboratoires créatifs (Magadley et Birdi, 2009, p. 321 et 323). Dans ce deuxième cas, il s'agit d'un espace aussi ouvert au personnel, dont le design et l'animation sont particulièrement favorables à la recherche d'idées différentes. On y retrouvera, par exemple, des îlots informatiques individuels pour des remue-méninges électroniques, de l'animation de groupe, des stimulus divers tels que des films et des prototypes. Certaines études tendent à démontrer la pertinence de ce type d'approche et son influence sur la quantité et la qualité des idées émises et même sur l'attitude des participants.

Enfin, dans une démarche proactive trop souvent négligée et dans un objectif d'organisation apprenante, on prendra soin de documenter le processus pour y référer ultérieurement et pour pouvoir l'améliorer. Cet exercice n'a pas à attendre en fin de course pour être réalisé ; l'essentiel de l'information et les pistes de solutions pour améliorer le processus d'innovation même auront souvent avantage à être répertoriées tout au long de la démarche.

La gestion du projet de développement du nouveau produit dans le portfolio

En lien avec le chapitre précédent, l'équilibre d'un portfolio de nouveaux produits et de services joue un rôle important, parfois même fondamental sur le plan stratégique. Or, on peut facilement imaginer que s'il est difficile de créer un nouveau produit à succès, en développer plusieurs de front constitue un défi énorme. Selon de nombreux gestionnaires, avoir à mener trop de projets en parallèle serait d'ailleurs la principale source de problèmes en développement de nouveaux produits. Les ressources humaines essentielles pour la bonne marche des projets d'innovation notamment, étant ainsi divisées et moins disponibles, les risque d'erreurs et de délais peuvent venir réduire considérablement la capacité de l'organisation à pouvoir profiter de la fenêtre d'occasion en arrivant au moment opportun sur le marché (Nauyalis et Carlson, 2010, p. 13).

L'entreprise sera aussi idéalement en mesure de soutenir la création de concepts de produits qu'elle a elle-même développés. Ne faire que du générique ou du « *me too* » sans avoir sa propre stratégie de développement comporte des limites, voire engendre des risques importants à moyen ou à long terme pour l'entreprise. Voguer à tous vents en ne misant que sur la capacité de création des autres se révèle une approche tout à fait différente de la veille et de l'adaptation rapide et stratégique de produits nouveaux lancés par les concurrents. Avec un portrait global du portfolio, on s'assurera donc que le choix d'innovation de produit n'est pas le reflet d'un évitement ou d'une incapacité à se doter d'une véritable stratégie et on évitera de tomber dans une dépendance aux seules idées provenant de la concurrence. Ainsi – sauf exception, car certaines organisations ont développé une capacité particulière à « copier » efficacement et à en faire la compétence même de l'organisation –, il demeure important de ne pas rester à la remorque des idées de produits et d'amélioration des concurrents.

Too much of me too ?

Le sujet mérite qu'on s'y arrête : copier des concepts produits peut présenter un intérêt réel et réduire le risque lié à une démarche de R-D entreprise exclusivement à l'intérieur de l'entreprise. Une telle stratégie est susceptible – dans certains cas – de procurer un effet de rentabilité à court terme possiblement très élevé.

Certaines particularités sont cependant à considérer. Nous l'avons vu, le défi dans un tel contexte reste de taille pour aller chercher rentabilité et des parts de marché. Le développement de *me too* ou de produits similaires à la concurrence mènera donc à des réflexions créatives totalement différentes de celles d'un développement de nouveau produit, et ce, à chacune des étapes du processus, donc autant pour la réalisation technique que pour les approches marketing.

On aura ainsi par exemple à penser à des stratégies efficaces pour introduire avec succès la copie d'un nouveau produit déjà sur le marché, négocier de l'espace tablette, se soucier d'être perçu comme crédible, développer des arguments de vente particuliers, etc. Les questionnements créatifs seront donc moins orientés vers la faisabilité du projet que vers la capacité à reproduire rapidement, à s'approprier une technologie, à viser d'autres marchés, à offrir une valeur supérieure, à réduire les coûts de production, etc. La recherche préalable de veille ne visera plus tant à détecter les tendances, mais plutôt à identifier des produits ou des brevets sur le point d'être échus afin de produire plus vite, mieux ou à moindre coût.

Une dynamique fort différente donc, qui ne représente pas que la facilité et implique aussi son lot de risques particuliers et de solutions créatives.

De même, il ne suffit pas de fabriquer du nouveau. On trouve de nombreux exemples d'entreprises ayant créé de nouveaux produits très attrayants, mais qui ont été rapidement détrônées par des concurrents davantage capables de les exploiter sur les marchés. Il est donc crucial que l'entreprise se soucie de garder le leadership dans l'exploitation des nouveaux produits qu'elle a conçus. La capacité à créer des produits nouveaux doit se doubler d'une aptitude de l'organisation à les introduire efficacement et à les maintenir sur le marché.

Pour une stratégie optimale en développement de nouveaux produits, il est nécessaire de tenir un registre à jour des projets en cours et de ceux sur le point de commencer. Ce dernier devrait être revu régulièrement durant l'année, à une fréquence déterminée par l'entreprise, tenant compte de tous les projets en cours ou sur le point d'entrer dans le processus formel. Cette révision a avantage à être réalisée par un comité multidisciplinaire en mesure d'évaluer l'ensemble des « valeurs » produites par l'entreprise. Les valeurs, dans ce contexte, réfèrent à la totalité des produits et services de l'organisation, à toutes les étapes de développement : on y analysera la qualité du portfolio d'idées en amont, le *pipeline* de projets en cours, les innovations brevetées et en cours de brevet, etc. Avec cette compréhension globale de la situation, l'équipe se permettra de revoir ses choix passés et de faire ceux pour le futur. Ce sera le moment des apprentissages et des réalignements : que doit-on créer, maintenir, écarter ou laisser tomber, dans une vision tenant compte de l'ensemble des projets de développement ?

Conclusion

Les études le démontrent : le processus de développement de nouveaux produits soutient efficacement le succès de la démarche d'innovation. Il peut ainsi être considéré comme une meilleure pratique, permettant à l'organisation de s'appuyer sur une méthodologie rigoureuse. Nous souscrivons à l'affirmation suivante : « Les nouveaux produits et services constituent les éléments vitaux de toute entreprise. Investir dans leur développement n'est pas un luxe : ils sont à la base même de la croissance et de la rentabilité de l'entreprise » (Gouvernement du Canada, 2010).

Pour parvenir à ces résultats avec le plus de chances de succès, le respect des méthodes de développement de nouveaux produits doit cependant être soutenu par une compétence en créativité, notamment par une capacité d'idéation et de sélection créative de qualité. Peu importe le modèle de processus de développement de nouveaux produits, que l'on adoptera, les étapes auront à être en tout temps considérées comme des références et non des passages obligés, où la créativité aura son rôle à jouer pour en assurer la flexibilité.

Plusieurs entreprises adaptent d'ailleurs le PDNP à leur réalité organisationnelle. D'autre part, on comprend que les meilleures pratiques ne sont meilleures qu'en attendant qu'on identifie mieux. Le processus de développement de nouveaux produits sera donc constamment remis en question, revu et amélioré. De la même manière, on ne verra pas la démarche créative comme linéaire et circonscrite aux seules phases 0 et 1 du processus. L'utilisation de la créativité à toutes les phases aidera ainsi à solutionner les problèmes, concilier les besoins, anticiper les scénarios, chercher des alternatives et rendre le processus idéalement encore plus performant. En parallèle, on cherchera aussi à tendre vers un degré de maturité supérieur de maîtrise et d'application du processus de développement de produits utilisé, et à remettre en question les façons de faire pour mieux le faire évoluer.

Ce type de compétences de la part de nos leaders et des équipes d'innovation de produits est vraiment stratégique : bien saisir le potentiel d'une idée est essentiel, mais ne représente que le début de l'aventure d'innovation de produit. C'est aussi dans le cheminement qui suivra – alliant rigueur et créativité – pour mener le concept de produit à terme que la valeur distinctive de ce dernier pourra être véritablement augmentée et concrétisée.

10

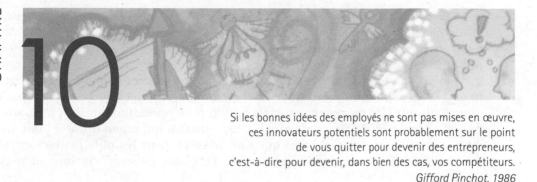

L'intrapreneuriat
À la recherche de complices et de champions

Les chapitres précédents ont déjà fourni de nombreuses pistes pour l'entreprise qui souhaite obtenir la collaboration de l'ensemble de ses employés pour devenir plus créative et innovante. Nous avons également vu comment l'entreprise peut tirer avantage à développer une stratégie permettant d'aligner des projets innovants et diversifiés, tout en étant en cohérence avec les objectifs de l'organisation. N'oublions pas cependant que l'organisation a besoin de complices dédiés, enthousiastes et entreprenants pour les mener à terme ou encore pour en proposer de nouveaux : c'est là que les «intrapreneurs» peuvent prendre une place importante dans la stratégie de l'entreprise. Ces entrepreneurs internes qui, bien souvent, prennent l'initiative de proposer et de développer de nouvelles idées innovantes, un peu comme s'ils le faisaient à leur propre compte, le font pourtant au bénéfice de l'organisation qui les emploie. Dans certains cas, c'est l'entreprise qui se met à leur recherche pour gérer un nouveau projet de façon entrepreneuriale. Dans d'autres cas, ce sont des intrapreneurs eux-mêmes qui soumettent une idée d'innovation qu'ils sont disposés à mettre en œuvre dans la mesure où l'entreprise est prête à leur donner son aval et les ressources nécessaires pour la réaliser. Dans les deux cas, il s'agit d'intrapreneuriat, que nous définirons donc ici comme la mise en œuvre d'une innovation importante par un employé, ou un groupe d'employés, se trouvant sous le contrôle d'une entreprise déjà établie.

Le présent chapitre vise à mieux comprendre le phénomène intrapreneurial et les facteurs qui amènent de plus en plus d'entreprises à s'y intéresser. Après avoir montré comment le concept d'intrapreneuriat a évolué au fil du temps, nous présenterons l'intrapreneur lui-même. On examinera ensuite les grandes stratégies, approches et dispositifs envisageables pour s'assurer l'apport des intrapreneurs. Nous poursuivrons en nous intéressant aux principes de gestion gagnants pour soutenir l'intrapreneuriat sur un plan plus opérationnel. Et, enfin, nous ferons ressortir les différences entre l'intrapreneuriat qui prend forme à l'intérieur de la grande entreprise et celui que l'on observe dans les plus petites organisations. En préambule, regardons d'abord d'où nous est venu l'intrapreneuriat.

L'intrapreneuriat[1] : d'hier à aujourd'hui

C'est au milieu des années 1970 que le terme a fait son apparition. Avant même que l'on ne parle d'intraprencuriat, Norman Macrae (1976) insistait déjà sur la nécessité d'une révolution dans la mentalité des entreprises soucieuses d'innovation. Selon lui, les entreprises les plus performantes seraient celles qui sauraient devenir des «confédérations d'entrepreneurs». Ce qu'il voulait dire par là, c'est que les entreprises doivent se doter de tous les moyens disponibles pour rassembler et canaliser les énergies entrepreneuriales de leurs employés. En ce qui concerne le terme même d'*intrapreneuriat,* il semble que c'est en Suède qu'il a été utilisé pour la première fois (Langlois, 1988, p. 9). En 1975, trois consultants suédois, Gustaf Delin, Tennart Boksjo et Sven Atterhed, réalisent que beaucoup d'idées novatrices ne voient jamais le jour au sein des grandes entreprises. Pour remédier à cette situation, ils fondent alors le groupe Foresight, dont le rôle principal était d'aider les grandes entreprises à développer le potentiel entrepreneurial de leurs employés, plutôt que de mettre tous leurs efforts sur les systèmes et les contrôles. Quatre ans plus tard, en 1979, ils créeront l'École des intrapreneurs. Cette dernière proposait aux entreprises un programme de formation pour les aider à créer un climat propice à l'innovation et des conditions permettant de mettre à profit les bonnes idées des employés. Cette école n'existe plus aujourd'hui, mais montre quand même que le besoin d'intrapreneurs est loin d'être nouveau. Comme on le verra plus loin, les approches visant à favoriser l'intrapreneuriat ont bien changé, surtout grâce à l'influence américaine au milieu des années 1980[2].

---

1. Cette courte section est fortement inspirée de Carrier, C. (1997). *De la créativité à l'intrapreneuriat,* Québec, Presses de l'Université du Québec, collection Entrepreneuriat.
2. Il faut noter qu'en France, Michelin a été l'une des premières entreprises à reconnaître la valeur des idées des employés et à prendre des moyens pour pouvoir en tenir compte. Cependant, cela reste plus près de l'amélioration continue (voir le chapitre sur les programmes de suggestions) que de l'intrapreneuriat au sens où on l'utilise ici.

On attribue généralement à Gifford Pinchot (1985) la première contribution marquante sur l'intrapreneuriat. Dans la préface de son livre *Intrapreneuring*, il affirme avoir lui-même inventé le terme *intrapreneur*. Pour lui, l'intrapreneuriat constitue essentiellement une façon de gérer permettant à des employés, donc considérés comme des entrepreneurs à l'intérieur de l'entreprise, d'exprimer leur potentiel à la fois créateur et entrepreneurial en bénéficiant d'une liberté suffisante et d'une certaine marge de manœuvre. Dans son ouvrage, Pinchot lançait un avertissement percutant aux entreprises ne se souciant pas suffisamment de l'apport de bonnes idées provenant de leurs employés entreprenants et encore moins de la mise en œuvre de celles-ci. Ces intrapreneurs potentiels, frustrés par ce manque de reconnaissance et de latitude, quitteront l'entreprise qui ne leur permet pas d'exploiter leurs compétences d'innovateurs.

Cette éventualité est encore plus probante aujourd'hui. En effet, des changements importants sont survenus dans les valeurs du travailleur. Les employés qualifiés se raréfient et s'attendent généralement à ce que l'entreprise qui les recrute leur offre des occasions de créer et d'exploiter leurs talents. Il semble qu'il y ait de moins en moins d'hommes et de femmes prêts à adopter d'emblée les systèmes de valeurs et les règles imposés par certaines entreprises. Par exemple, ils ne veulent plus être considérés seulement comme des bras ou des exécutants. Et lorsque les entreprises ne leur permettent pas d'exploiter tout leur potentiel, ces individus risquent de décider de mettre sur pied une entreprise cadrant mieux avec leurs propres aspirations ou d'aller travailler pour un compétiteur plus sensible à leurs attentes. De l'avis de plusieurs, il semble bien qu'il s'agisse d'une tendance lourde qui ne peut que s'accroître au cours des années à venir. Dans un tel contexte, on ne s'étonne pas que de plus en plus d'entreprises développent des stratégies pour soutenir efficacement l'intrapreneuriat. Il est maintenant courant que des entreprises en période de recrutement mentionnent «entreprenant et/ou créatif» comme des caractéristiques recherchées chez de futurs employés.

Avant de nous attarder aux stratégies et facteurs mobilisables par l'entreprise pour favoriser l'intrapreneuriat, intéressons-nous d'abord à la personne de l'intrapreneur.

L'intrapreneur

Caractéristiques, contextes et défis

Jusqu'à maintenant, nous avons présenté l'intrapreneur comme un entrepreneur interne. Mais il faut bien réaliser qu'il opère dans un cadre différent. Le tableau 10.1 présente les différences entre le contexte de l'entrepreneur et celui de l'intrapreneur. Ces deux contextes donnent lieu à des distinctions importantes. En tout premier lieu, rappelons-nous que si l'entrepreneur se choisit lui-même dans la plus grande liberté, l'intrapreneur innove pour sa part dans le cadre et sous le contrôle d'une entreprise qui existe déjà. Pour reprendre les mots de Koenig,

« mariage du feu et de l'eau, l'intraprise peut se concevoir comme une greffe entrepreneuriale sur un organisme bureaucratique » (Koenig, 2004, p. 487), une union parfois difficile dans un contexte où le besoin de liberté, de latitude et de ressources peut contrarier une organisation bien ancrée dans ses « habitudes ».

Tableau 10.1
DES CONTEXTES D'ACTION DIFFÉRENTS

L'entrepreneur	L'intrapreneur
• L'entrepreneur travaille pour lui-même.	• L'intrapreneur est au service d'une entreprise.
• L'entrepreneur adapte son entreprise et interagit avec son environnement.	• L'intrapreneur doit s'adapter à son milieu.
• L'entrepreneur peut imposer.	• L'intrapreneur doit convaincre.
• L'entrepreneur risque ses avoirs financiers.	• L'intrapreneur risque avant tout sa crédibilité.
• L'entrepreneur décide de sa rémunération.	• L'intrapreneur se voit imposer son salaire.
• L'entrepreneur peut décréter ce qui sera fait.	• L'intrapreneur doit « négocier » ce qui doit être fait.

Source : Adapté de Carrier, C. (1997). *De la créativité à l'intrapreneuriat*, Québec, Presses de l'Université du Québec, p. 66.

Jusqu'à un certain point, les intrapreneurs présentent un ensemble de traits de personnalité très similaires à ceux qu'on attribue aux entrepreneurs. Comme ces derniers, l'intrapreneur est généralement doté de capacités créatives qui se doublent d'un sens de l'initiative permettant d'en maximiser le potentiel. Il ne craint pas non plus les échecs, qu'il perçoit davantage comme des sources d'apprentissage que des menaces. Loin de le décourager, les insuccès lui apparaissent le plus souvent comme des erreurs de parcours, un parcours dont il lui paraît presque toujours possible de modifier la trajectoire en fonction des obstacles ou de nouvelles conditions. Tout comme l'entrepreneur, ce ne sont pas d'abord les problèmes qui l'intéressent, mais surtout les occasions qu'ils permettent d'appréhender. Bernard Shaw disait : « Certains voient les choses telles qu'elles sont et se disent "pourquoi" ? D'autres les voient plutôt comme elles n'ont jamais été ou telles qu'elles pourraient être et se disent "pourquoi pas". » Les intrapreneurs sont généralement mus par de multiples « pourquoi pas » et ont plus tendance à remarquer les possibilités que les contraintes.

Ils ont également d'autres caractéristiques en commun, dont un fort besoin d'accomplissement (*achievement*), une bonne confiance en leur potentiel, une préférence pour l'action, un sentiment d'autocontrôle sur ce qui leur arrive, ainsi que l'adaptabilité et un bon niveau de leadership. On ne peut cependant pas en conclure qu'ils ont nécessairement besoin des mêmes compétences simplement parce que leurs profils personnels se ressemblent et qu'ils ont comme but de créer des entreprises nouvelles ou d'initier de nouveaux projets. Ils font en effet face à des défis qui diffèrent de par le contexte à travers lequel leurs initiatives prennent forme.

Évoquons d'abord l'importante question du risque lié à toute innovation, cette dernière comportant un niveau d'incertitude plus ou moins grand. Le risque de l'entrepreneur et celui de l'intrapreneur se situent à des niveaux différents.

L'entrepreneur risque généralement ses avoirs financiers et, dans bien des cas, engage même ses biens personnels pour créer et développer son entreprise. Le risque encouru par l'intrapreneur se situe sur un autre plan. En effet, en prenant en charge le développement d'une innovation dans le cadre d'une entreprise existante, l'intrapreneur ne risque pas ses avoirs, mais plutôt sa crédibilité personnelle, voire son travail, dans le cas d'un échec important ou de circonstances entraînant une situation dans laquelle les résultats obtenus sont très insatisfaisants par rapport à ce qui était initialement prévu. Il existe aussi des situations particulières où l'intrapreneur peut être amené à investir lui-même une partie du capital nécessaire à la réalisation de son projet, entre autres dans le cas où ce dernier est invité à devenir actionnaire de l'entreprise ou encore lorsqu'une entreprise essaimée est créée par l'intrapreneur en étroite collaboration avec l'entreprise-mère. De telles éventualités seront traitées plus loin dans le présent chapitre.

L'entrepreneur est par essence un preneur de décision et il est reconnu qu'il les prend souvent seul ou, encore, en étroite collaboration avec quelques très proches collaborateurs ou partenaires. Il en va tout autrement pour l'intrapreneur, qui doit généralement montrer des habiletés sociales et politiques importantes. En effet, il est fortement dépendant des décisions prises par l'entrepreneur ou par les hauts gestionnaires de l'entreprise dans laquelle il évolue. Il doit ainsi parvenir à s'approprier les ressources nécessaires, obtenir la collaboration d'autres personnes et s'assurer la protection de certains personnages influents dans l'entreprise. En somme, il doit se montrer fin négociateur. Il est aussi fréquemment obligé de jouer plusieurs rôles différents pour que son projet réussisse.

En effet, comme le souligne Basso (2004), l'intrapreneur a parfois des compromis importants à faire pour que son projet aboutisse. Il agit dans un espace déjà occupé et réglementé. Selon lui, « le mouvement de recherche de nouveaux *business* peut s'écarter sensiblement des objectifs stratégiques corporatifs, appelant ainsi le choix de l'anonymat dans l'attente de la réussite, le succès apportant *de facto* la légitimité. À l'opposé, une visibilité excessive peut devenir cause de jalousie auprès des pairs de l'intrapreneur, ces derniers enviant les degrés de liberté dont jouit le porteur des projets et redoutant un éventuel transfert de ressources en sa faveur en cas de succès » (Basso, 2004, p. 27). Il n'est donc pas étonnant que plusieurs spécialistes de la question recommandent que l'intrapreneur travaille dans l'ombre le plus longtemps possible. Dans le cas où cette situation ne s'avère pas possible, il devient impératif que l'appui de la haute direction soit formellement affirmé et connu de tous.

Comme le montre le tableau 10.2, on peut également dégager des nuances intéressantes entre l'intrapreneur, l'entrepreneur et le gestionnaire traditionnel, plus particulièrement dans l'accessibilité aux collaborateurs dont ils ont besoin. Si l'intrapreneur est lui-même gestionnaire, cette différence s'estompe. Mais dans le cas où il est tout simplement un employé, il est plus fortement dépendant de la collaboration étroite de ses pairs. En ce sens, il doit posséder un bon leadership ainsi que des habiletés sociales et politiques susceptibles de lui faciliter l'obtention des collaborations nécessaires pour mener son innovation à terme.

Tableau 10.2

ENTREPRENEUR, INTRAPRENEUR ET GESTIONNAIRE

	Entrepreneur	Intrapreneur	Gestionnaire
Marque de réussite	Enrichissement, croissance, notoriété	Indépendance, autonomie, liberté	Promotion, notoriété, ressources
Collaboration recherchée	Cogestionnaires, partenaires, associés	Mentor ou commanditaire, un ou des complices	Employés performants
Appréhension de son environnement	Fonctionnement dominant : intuition, en créant son propre langage	Fonctionnement dominant : intuition, mais capacité de traduction dans le langage de l'organisation	Planification : recours à des outils, processus, méthodes, procédures éprouvées
Ambition dominante	Être son propre patron et contrôler sa vie	Pouvoir développer, créer, réaliser	Pouvoir hiérarchique
Objectif	Succès de son entreprise	Succès de son projet	Succès de son unité ou service
Dépendance	À l'égard du marché et des conditions de l'environnement	Besoin d'appui et de collaboration de la direction et de pairs	Besoin de la collaboration de ses employés

Source : Adapté et inspiré de Basso (2006), Carrier (1997) et Kolchin et Hyclak (1997).

Michel Callon (1994) a en effet dénoncé le mythe de l'innovateur solitaire. À son avis, rien n'est plus à la fois faux et dangereux, car il n'est pas possible que l'innovation, de par sa complexité, soit l'œuvre d'une seule personne. À titre d'exemple, il ne croit pas qu'il soit juste et approprié d'attribuer à Edison, Steve Jobs et à d'autres créateurs réputés la totale paternité de la concrétisation de leurs innovations sur des marchés. Les personnes peuvent avoir d'excellentes idées, mais leur transformation en innovations porteuses et rentables ne peut dépendre que de collaborations concertées. En ce sens, l'intrapreneur ne doit pas rester isolé. La plupart du temps, il a besoin de complices et de conseillers s'il veut parvenir à déjouer les règles du système ou contourner les procédures ou processus habituels pour parvenir à ses fins. À différentes étapes de son projet, il aura besoin d'appuis divers. Par exemple, il peut être un spécialiste d'un procédé industriel ou d'une technique de fabrication à la base du développement d'un tout nouveau produit, mais sa conception risque de requérir aussi les avis d'un autre expert connaissant mieux les besoins et attentes de clients ou de marchés éventuels vers lesquels sera dirigé le produit concerné. À l'inverse, l'intrapreneur pourrait avoir des compétences exceptionnelles en marketing ou une expertise de pointe sur de tout nouveaux modes de commercialisation, mais avoir besoin d'un spécialiste de la fabrication pour vérifier la faisabilité de ce qu'il envisage.

Une autre différence importante entre le contexte de l'entrepreneur et de l'intrapreneur réside dans la teneur des récompenses éventuelles qu'ils obtiendront respectivement en vertu de leurs efforts. L'entrepreneur peut évidemment compter sur les gains générés par son entreprise, à condition bien sûr que cette dernière soit florissante. Il peut décider de la part de ces gains qu'il s'attribue lui-même et de celle qu'il réinvestira pour développer son entreprise ou qu'il partagera avec d'autres partenaires ou associés. L'intrapreneur n'est investi d'aucun pouvoir sur cet aspect. Il prend plus de risques que d'autres employés qui se contentent de bien faire ce que l'on attend d'eux et il peut s'attendre à être récompensé pour ses efforts, que ce soit par le biais de sa rémunération ou par d'autres avantages. Des études ont montré que les grandes entreprises ont encore trop tendance à limiter ces récompenses à des avantages de type financier ou encore à privilégier la promotion pour reconnaître l'apport de l'intrapreneur. Des consultants émérites du domaine avancent pourtant que de nombreux intrapreneurs préfèrent se voir octroyer davantage de ressources ou de liberté pour développer d'autres projets.

Quatre grands types de comportements intrapreneuriaux

Pinchot s'est permis d'illustrer dix comportements[3] que l'intrapreneur exemplaire aurait tendance à adopter, mais on ne peut certainement pas en conclure que tous se conforment à ces façons de faire. Selon Brahim Allali (2005), l'intrapreneur peut avoir quatre grands types de comportements qui varient selon différentes combinaisons de certaines qualités personnelles avec différents types d'environnement. La typologie qui en résulte est intéressante, car elle met en lumière le fait que les comportements d'une personne dépendent à la fois de sa personnalité et du contexte dans lequel elle se trouve. Comme le montre la figure 10.1, Allali distingue quatre types de comportements de l'intrapreneur selon, d'une part, son niveau d'initiative et sa capacité de prendre des risques et, d'autre part, le degré d'autonomie dont il dispose dans l'organisation.

L'intrapreneur encadré évolue dans un environnement rigide et dans lequel de nombreuses règles restreignent l'autonomie et la marge de manœuvre des employés ; il peut à la limite tenter de prendre quelques risques pour développer de nouvelles idées. On considère de tels milieux comme étant presque hostiles à l'innovation. Sachant cela, l'intrapreneur hésite souvent à partager ses idées pour de nouveaux projets et risque de ressentir de l'insatisfaction en raison du peu de marge de manœuvre disponible. Au mieux, il pourra occasionnellement être l'instigateur d'améliorations à la marge. Dans le cas d'une absence totale d'autonomie et d'une personnalité intolérante aux risques, il risque au bout du compte de n'être qu'un employé exécutant.

---

3. À cet effet, voir l'encadré présenté un peu plus loin.

Figure 10.1
CLASSIFICATION DES COMPORTEMENTS INTRAPRENEURIAUX D'ALLALI

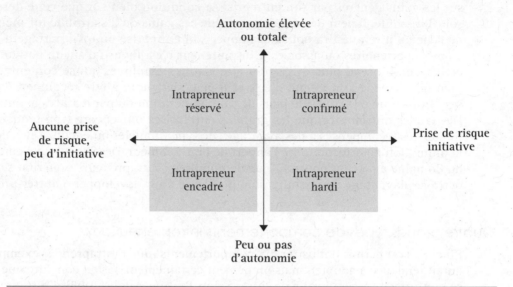

Source : Adapté de Allali, B. (2005). « Pour une typologie des comportements organisationnels face à l'innovation », *Gestion. Revue internationale de gestion, 29* (4), p. 23-30.

L'**intrapreneur réservé** est lui aussi plus hésitant à outrepasser les limites des responsabilités qui lui sont confiées. Ainsi, même s'il bénéficie d'une grande autonomie pour innover, il le fera seulement dans l'une ou l'autre des situations suivantes : en réaction à des attentes exprimées ou à des défis lancés par son organisation ou encore lorsque de nouvelles conditions modifient le contexte et que sa marge de manœuvre augmente en conséquence. Les innovations qu'il propose alors sont plus susceptibles d'être graduelles ou tout au moins, rarement radicalement nouvelles.

L'**intrapreneur hardi** évolue, tout comme l'intrapreneur encadré, dans une entreprise qui accorde peu d'autonomie à ses employés. Cependant, sa nature l'amène à prendre davantage de risques et à oser proposer des idées et des projets ambitieux. Ces derniers ne s'avèrent pas toujours conformes aux us et coutumes ou aux orientations stratégiques de l'entreprise. Dans ce cas, cet intrapreneur devra déployer des énergies importantes pour faire valoir le bien-fondé de ses propositions et ira même jusqu'à transgresser les normes en vigueur dans l'organisation s'il est fortement convaincu de la désirabilité de son projet. Par peur que ses efforts soient tués dans l'œuf avant qu'il ne parvienne à des résultats assez positifs pour être convaincant, il choisira dans bien des cas de travailler dans l'ombre le plus longtemps possible. Lorsqu'il ose enfin divulguer le fruit de ses initiatives, ses propositions ne sont pas toujours bien accueillies, suffisamment analysées ni facilement acceptées par ses supérieurs ou par les gestionnaires de l'entreprise. Fréquemment frustré par de telles conditions, il arrive souvent que cet intrapreneur parte pour joindre les rangs d'autres entreprises plus accueillantes à ses initiatives ou qu'il décide de créer sa propre boîte. Nous reviendrons un peu plus loin sur les conséquences d'un tel choix pour l'entreprise.

Enfin, l'**intrapreneur confirmé**, doté d'un bon sens de l'initiative, a une bonne capacité à prendre certains risques, tout comme l'intrapreneur hardi. Par contre, il évolue dans un environnement professionnel qui encourage l'initiative et lui assure conséquemment la marge de manœuvre nécessaire pour explorer de nouvelles avenues et développer des projets innovants. Ses propositions ont donc, *a priori*, plus de chances de recevoir un accueil favorable. On se rapproche ici d'une situation idéale, au sens où la personne et son contexte sont en synergie pour faciliter la créativité et les comportements innovants. L'intrapreneur confirmé et l'intrapreneur hardi sont tous deux susceptibles d'adopter certains des comportements décrits dans l'encadré qui suit.

Les dix commandements de l'intrapreneur

1. Chaque jour, il se tient prêt à être renvoyé.
2. Il contrevient à toute directive susceptible de freiner son projet.
3. Sans tenir compte de la description de ses fonctions, il n'hésite pas à effectuer toute tâche utile à son projet.
4. Il trouve toujours des gens pour l'aider.
5. Son intuition le guide pour choisir les meilleurs collaborateurs.
6. Il craint la publicité et travaille dans l'ombre aussi longtemps que possible, pour éviter de soulever l'opposition dans l'entreprise.
7. Il ne mise jamais sur la compétition, à moins d'y prendre part lui-même.
8. Il préfère demander pardon plutôt qu'une permission.
9. Concentré sur ses objectifs, il trouve des moyens réalistes pour les atteindre.
10. Il n'oublie pas de reconnaître et de remercier ceux qui lui apportent leur soutien.

Source : Adapté de Pinchot, G. (1986). *Intraprendre*, Paris, Les Éditions d'Organisation, p. 38.

Comme la typologie d'Allali le met en relief, les traits personnels de la personne sont importants, mais ses comportements intrapreneuriaux restent fortement conditionnés par le contexte, qui peut les entraver ou les favoriser. On a déjà assez largement traité, dans les chapitres précédents, de l'importance d'une culture apte à favoriser la créativité des employés. Mais capter le potentiel entrepreneurial de ses employés requiert une vision globale de la créativité et de l'effet de sa gestion sur la capacité de l'organisation à innover. La prochaine section s'intéresse aux stratégies et aux dispositifs possibles pour favoriser et soutenir l'entrepreneuriat des employés.

Stratégies, approches et dispositifs pour favoriser l'intrapreneuriat

Les perspectives pour générer plus d'intrapreneuriat dans l'entreprise sont nombreuses, mais toutes renvoient essentiellement à deux grandes stratégies : d'une part, à une démarche induite et stimulée par l'entreprise elle-même, qui suscite la création de nouvelles «intraprises» ou divisions et, d'autre part, à une démarche innovante spontanée plutôt induite et stimulée par des employés autonomes, particulièrement entreprenants, soutenus et relayés par l'entreprise (voir figure 10.2). Chacune de ces démarches entraîne des défis bien différents. Examinons ces deux grandes stratégies.

Figure 10.2

DE L'ENTREPRENEURIAT À L'INTRAPRENEURIAT

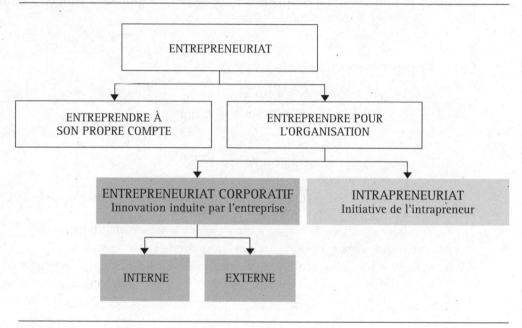

Source : Inspiré et adapté de Sharma et Chrisman (1999) et de Amo et Kolvereid (2005).

L'entrepreneuriat corporatif : l'organisation comme chasseur de têtes et d'occasions

Plusieurs spécialistes utilisent le vocable d'entrepreneuriat corporatif (*corporate entrepreneurship*) lorsque la démarche intrapreneuriale est directement induite par l'entreprise. On parle ici d'une organisation entrepreneuriale qui se développe par la création d'extensions ou de nouvelles divisions qui restent la propriété de l'entreprise, mais dans lesquelles de nouvelles occasions peuvent être exploitées grâce à l'entrepreneuriat d'employés. Ce type d'intrapreneuriat peut également s'incarner dans la création, à l'intérieur des structures existantes, de petites unités indépendantes chargées d'une mission de création ou d'amélioration des produits, des processus ou des technologies contribuant fortement à l'innovation et à la croissance. Il s'inscrit en ligne directe dans la stratégie et la planification plus globales de l'entreprise.

Ces organisations dites «entrepreneuriales» se caractérisent par des comportements stratégiques centrés sur l'exploitation d'occasions. Les produits et services y sont constamment revus et renouvelés pour lutter agressivement contre la concurrence. Ces entreprises sont souvent les premières à mettre un produit, une technologie ou un service sur le marché et elles deviennent des leaders dans leurs domaines. Des entreprises comme 3M et l'Oréal sont représentatives de milieux où l'initiative et la créativité sont fortement encouragées et valorisées. Au Québec, on pourrait qualifier Cascades d'organisation entrepreneuriale, compte tenu de la marge de manœuvre dont disposent chacune des différentes usines et divisions. De telles entreprises induisent et stimulent elles-mêmes l'intrapreneuriat. L'entrepreneuriat corporatif est en effet le résultat d'une volonté affirmée de l'entreprise à cet égard. Les hauts gestionnaires doivent alors instaurer un milieu et des pratiques leur permettant de dépister et d'identifier des employés entreprenants, en d'autres mots des intrapreneurs, qui se verront alors confier un mandat de développement. Dans bien des cas, un groupe est chargé d'innover, mais il s'avère presque toujours nécessaire de pouvoir compter sur le leadership d'un chef de projet zélé, entreprenant et performant.

L'intrapreneuriat : une stratégie basée sur les initiatives des employés

Par le terme «intrapreneuriat», les spécialistes et consultants désignent plus particulièrement les initiatives entreprenantes et innovantes émanant d'employés ou de groupes d'employés, et dont les comportements stratégiques sont généralement autonomes et relèvent plus de l'autodétermination que d'une stimulation délibérée ou directe de l'entreprise. Ici, les innovations deviennent possibles par la présence et l'engagement d'employés ayant une personnalité entrepreneuriale. Non planifiées par l'organisation elle-même, les orientations d'innovations peuvent devenir plus diversifiées. Ainsi, un employé peut proposer à son entreprise de s'ouvrir à d'autres marchés parce qu'il les connaît bien, un autre peut amener l'entreprise à diversifier son offre ou encore de transformer une chaîne de montage ou introduire un nouveau processus de gestion. Cela s'est produit, par exemple, dans une entreprise québécoise fabriquant des bains thermomasseurs où, grâce à son expertise particulière, un employé a amené l'entreprise à commercialiser des gels et des huiles de bain pour complémenter avantageusement l'utilisation du produit par le client.

Cela ne signifie pas pour autant que l'entreprise n'a aucun rôle à jouer pour faire émerger et concrétiser ces initiatives et projets d'innovation. Elle doit au contraire créer un environnement accueillant à ces initiatives, les repérer le plus rapidement possible et les soutenir en leur donnant la marge de manœuvre et les ressources nécessaires.

Les approches organisationnelles

L'entreprise qui croit fermement qu'elle compte dans ses rangs des gestionnaires et des employés capables de développer et gérer avec succès des projets d'innovation importants a avantage à affiner sa stratégie et à réfléchir à l'approche la plus appropriée pour favoriser leur action. Au cours de la dernière décennie, différents chercheurs et consultants français[4] ont joint leurs efforts pour étudier les pratiques les plus souvent favorisées par les grandes entreprises à cet égard. Selon Thierry Picq (2007), on peut distinguer trois grandes approches utilisées par les entreprises pour utiliser à bon escient le potentiel de leurs intrapreneurs. Ces approches reflètent en fait trois philosophies de gestion, souvent conditionnées par la taille de l'entreprise, les ressources dont elle dispose et la priorité qu'elle accorde à l'innovation. Elles montrent aussi trois niveaux structurels différents, allant du plus simple au plus organisé.

L'approche opportuniste

Cette première façon de faire ne peut pas vraiment être considérée comme une approche au sens strict, car nous sommes ici dans l'informel. L'entreprise ne met en place aucun processus ou programme spécial pour développer l'intrapreneuriat. Il s'agit plutôt pour le gestionnaire d'être à l'écoute des personnes et de rester à l'affût d'idées pouvant présenter un bon potentiel. On se contente d'accueillir favorablement les nouvelles idées ou de suivre de plus près certaines initiatives de collaborateurs ou d'employés. Lorsque ces derniers semblent effectivement avoir réussi, grâce à leur vigilance ou à leurs connaissances, expertises ou contacts particuliers, à identifier des occasions ou des nouvelles façons de faire intéressantes pour l'entreprise, le gestionnaire peut alors décider de soutenir de façon appropriée les initiatives concernées. Il arrive fréquemment dans ces cas que s'installe une complicité informelle permettant au gestionnaire de conseiller adéquatement son employé tout en l'aidant à travailler le plus longtemps possible dans l'anonymat, pour éviter des résistances susceptibles de nuire aux premières étapes d'un nouveau projet. Une telle orientation suppose bien évidemment une bonne communication entre les acteurs et peut donner de

---

4. On peut même mentionner ici *Innov'acteurs*, une association française dédiée au développement de l'innovation participative.

bons résultats dans des structures permettant un management de proximité. On parle ici de PME ou de divisions d'une plus grande entreprise mais possédant beaucoup d'autonomie, tant décisionnelle qu'opérationnelle.

L'approche culturelle

Ici, l'intrapreneuriat s'inscrit au cœur de la stratégie de toute l'entreprise. Tous les acteurs reçoivent le message que l'innovation est l'affaire de tous. Les gestionnaires se comportent eux-mêmes en intrapreneurs et incitent les membres de leur équipe à faire de même. Les grandes valeurs priorisées et largement transmises à tous les nouveaux arrivants dans l'entreprise incitent la personne à mettre toute sa créativité et ses énergies au service du développement de l'organisation. Nous n'insisterons pas sur la nature de ces valeurs, puisqu'elles sont les mêmes que celles qui sont nécessaires pour stimuler la créativité et ont déjà été discutées dans un chapitre précédent. Rappelons simplement qu'on parle essentiellement d'ouverture au changement, de capacité d'adaptation, de droit à l'erreur et d'encouragement à l'initiative et à la prise de risque. On retrouve fréquemment cette approche dans des industries évoluant dans des secteurs de pointe. La concurrence y est vive, la technologie rapidement obsolète et les individus sont conscients qu'il leur faut déployer toute leur capacité créative pour rester dans le peloton des gagnants. L'approche culturelle est également préconisée dans des organisations d'autres secteurs, mais dont la réussite dépend de façon importante de la contribution d'équipes créatives.

L'approche organisée ou structurée

On va ici plus loin que l'encouragement (approche opportuniste) ou l'incitation (approche culturelle). Des dispositifs sont instaurés pour permettre à des individus ou à des petits groupes de développer des projets innovants en dehors ou en parallèle avec les structures et façons de faire habituelles. Plusieurs variantes sont possibles. Il peut s'agir par exemple d'incubateurs internes ou d'entités dédiées situées complètement à l'extérieur de l'entreprise. Cette approche exige que les gestionnaires soient bien préparés pour procéder à une évaluation judicieuse des projets encouragés et dont on assurera la protection. L'approche organisée est surtout utilisée par de très grandes entreprises souhaitant secouer l'inertie provoquée par la grande lourdeur des structures. Elle exige cependant temps et énergie et s'avère conséquemment généralement plus coûteuse, bien qu'elle soit jugée utile ou profitable. La prochaine sous-section développe davantage les différents processus et dispositifs envisageables pour favoriser l'intrapreneuriat dans une approche déterminée.

Processus et dispositifs intrapreneuriaux

Dans un ouvrage récent, Bouchard[5] identifie quatre grands types de processus intrapreneuriaux. Pour élaborer cette classification, elle se base sur trois dimensions particulières. La plus fondamentale consiste à distinguer l'intrapreneuriat **spontané** de l'intrapreneuriat **induit**[6]. Dans le premier cas, l'intrapreneur agit librement et sans stimulation particulière de l'organisation. Au contraire, l'intrapreneuriat induit résulte de sollicitations directes de l'organisation auprès de l'intrapreneur par la mise en place de divers incitatifs (programmes, concours, discours, dispositifs, etc.).

La deuxième dimension consiste à voir si le processus est **singulier**, au sens où il vise la réalisation d'un projet spécial ou l'exploitation d'une occasion particulière. Il peut être induit ou spontané, mais le projet reste toujours concentré sur un grand objectif unique et réalisable dans un horizon à durée déterminée. À l'inverse, on parlera plutôt de **dynamique d'ensemble** lorsque le programme ou les mesures mis en œuvre ont pour but de générer une multitude d'initiatives intrapreneuriales.

En ce qui concerne la troisième dimension, il s'agit de voir si le processus se déroule au cœur même de l'organisation et à travers ses opérations habituelles, ou encore s'il est déplacé volontairement à l'extérieur de l'entreprise ou dans un lieu particulier qu'on pourrait qualifier de « protégé » ou distinct des divisions opérationnelles de l'entreprise. Dans le premier cas, on parle de processus **intégré**. L'intrapreneur reste affecté à ses tâches tout en poursuivant simultanément son projet intrapreneurial. Dans le deuxième cas, on est en présence d'un processus **séparé**, le plus souvent concrétisé par une entité distincte disposant d'une grande autonomie en termes de ressources et de modes de fonctionnement. Les intrapreneurs ne dépendent plus de la hiérarchie traditionnelle tant qu'ils restent engagés dans le projet.

Ces distinctions ont ainsi permis l'élaboration d'une typologie présentée dans la figure 10.3. Cette classification comporte quatre types de processus intrapreneuriaux : l'intrapreneuriat spontané, la cellule intrapreneuriale, la plateforme intrapreneuriale et la division intrapreneuriale, les trois derniers pouvant être vus comme des dispositifs. Voici comment Bouchard (2009) décrit chacun de ces types.

---

5. Comme une partie de cette section sur les processus et dispositifs synthétise la présentation qu'en fait Véronique Bouchard (2009) dans son ouvrage *Intrapreneuriat. Innovation et croissance*, publié chez Dunod, le lecteur intéressé aurait avantage à consulter cet ouvrage particulièrement intéressant.

6. Cette idée de distinguer l'intrapreneuriat *autonome* de l'intrapreneuriat *induit* a été introduite par Burgelman et Sayles (1987), dans la mouvance des premières théories sur le développement de l'intrapreneuriat au milieu des années 1980.

Figure 10.3

TYPOLOGIE DES PROCESSUS INTRAPRENEURIAUX

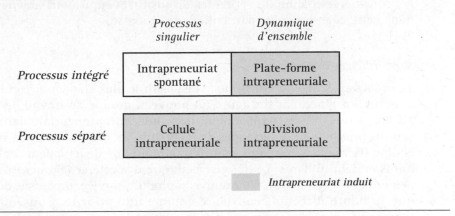

Source : Bouchard, V. (2009). *Intrapreneuriat. Innovation et croissance. Entreprendre dans l'entreprise*, Paris, Dunod, p. 36.

L'intrapreneuriat spontané

Le premier processus identifié, l'intrapreneuriat spontané, ne peut être considéré comme un dispositif. On compte sur l'initiative directe de l'employé sans qu'il y ait une stimulation ou une sollicitation formelle venant de l'organisation. Ce dernier a une idée (il peut s'agir d'un nouveau produit ou service, d'une amélioration ou d'un changement plus radical dans les processus, de la détection d'une occasion ignorée par l'entreprise, etc.) qu'il soumettra éventuellement à l'entreprise après en avoir plus ou moins longuement testé, parfois dans l'ombre, l'utilité ou la faisabilité. Le sentiment de l'intrapreneur à l'effet qu'il peut agir en ce sens apparaît certainement comme la première des conditions pour qu'une telle situation se concrétise. On trouve dans la littérature d'affaires de nombreux exemples d'intrapreneurs s'étant illustrés de façon particulière en développant petit à petit une occasion qui a fini par transformer leur organisation[7], parfois de façon importante.

Contrairement à l'intrapreneuriat spontané, qui ne résulte d'aucun encouragement formel de l'organisation, les trois autres processus proposés par Véronique Bouchard (2009) impliquent une volonté affirmée de l'entreprise qui met alors en place des mesures, politiques, moyens et même, dans certains cas,

---

7. Par exemple, voir l'excellente adaptation par Véronique Bouchard (2009) d'un cas emblématique rapporté par Gary Hamel en 1997 dans *Harvard Business Review*. Ce cas relate l'aventure intrapreneuriale de David Grossman et John Patrick, tous deux employés d'IBM, qui ont fait réaliser à l'entreprise le potentiel prodigieux de la technologie Internet.

de toutes nouvelles structures ou filiales aux fins de stimuler et de soutenir l'intrapreneuriat. L'intrapreneuriat est ici induit par l'organisation. On peut donc les considérer comme de véritables dispositifs, ce qui nous amène à les inclure dans cette catégorie plus particulière de processus.

La cellule intrapreneuriale

Ce processus singulier constitue le dispositif le plus élémentaire et le plus simple à mettre en place, car il s'agit d'un nouveau groupe de travail, le plus souvent *ad hoc*. On retrouve fréquemment la cellule intrapreneuriale dans des organisations privilégiant des groupes de tâches ou des projets spéciaux requérant une équipe (la plupart du temps multidisciplinaire) de développeurs zélés, entreprenants et débrouillards. Le but visé peut être d'accélérer le processus de développement et d'exploitation d'un nouveau produit, service, processus ou technologie que la haute direction considère comme une priorité. Conséquemment, les ressources nécessaires sont mises à disposition et le responsable d'une telle cellule a, la plupart du temps, carte blanche pour mener l'innovation concernée à terme. Comme le souligne Bouchard (2009), cette approche permet la poursuite de projets audacieux et alignés avec les priorités stratégiques d'une organisation, tout en minimisant les coûts et les risques, entre autres parce que la cellule peut en tout temps être dissoute. En isolant les membres de la cellule des autres membres de l'organisation, on diminue ainsi la possibilité de frictions, mais cela ne garantit pas qu'ils ne doivent pas du tout avoir à affronter la jalousie ou l'incompréhension de certains collègues. Le (ou la) responsable de la cellule intrapreneuriale – il peut y en avoir plusieurs – a donc tout autant besoin d'un *sponsor* ou d'un mentor que l'intrapreneur spontané.

La plate-forme intrapreneuriale

On est ici en présence d'un dispositif dont l'objectif fondamental est de stimuler l'émergence d'intrapreneurs, de les accompagner au besoin dans leur cheminement et, ultimement, de pérenniser la dynamique ainsi installée. Bien préparé et géré intelligemment, ce dispositif permet d'envisager une dynamique intrapreneuriale intense et durable. Concrètement, il s'agit de prévoir différents parcours susceptibles d'être empruntés par les intrapreneurs et de les jalonner ou de les baliser par différentes mesures facilitant leur action à différentes étapes du projet. Les initiateurs de ces projets savent donc normalement à qui et comment présenter leur idée. Ils peuvent également estimer et connaître éventuellement les ressources et collaborations sur lesquelles ils pourront compter. Ils devraient aussi être en mesure d'anticiper les conséquences ou les avantages qu'eux-mêmes pourront tirer des résultats de leur expérience advenant un succès. Dans la même veine, ils ont besoin d'être rassurés sur les conséquences de leurs actions dans l'éventualité d'une réussite plus mitigée ou d'un insuccès.

Pour l'entreprise, le dispositif est relativement peu coûteux, puisqu'il n'implique pas l'embauche de nouveaux employés. Les collaborateurs engagés dans l'évaluation et la sélection des projets ou dans le fonctionnement même de la plate-forme réalisent ce travail en parallèle avec leurs tâches habituelles. Tout comme dans le programme de suggestions présenté dans un chapitre précédent, la plate-forme est accessible à tous, peu importe la nature et l'envergure du projet. Le but premier n'est généralement pas la maximisation des économies ou la génération de revenus supplémentaires, mais l'engagement et la participation des employés à l'innovation.

La division intrapreneuriale

À l'instar de la plate-forme intrapreneuriale, ce dispositif vise une dynamique d'ensemble, mais il constitue une entité à l'écart des structures opérationnelles habituelles de l'entreprise. La division intrapreneuriale est en effet une unité de l'entreprise indépendante dont le but premier est d'innover, tout en disposant de ses propres objectifs, ressources et modes de fonctionnement. Son autonomie s'accompagne d'une implication totale des intrapreneurs, qui sont en cela influencés par un système de récompenses souvent très incitatif[8]. Cette très grande autonomie peut devenir une faiblesse, car elle est susceptible d'amener les autres unités de l'entreprise à la percevoir comme en rupture avec les modes d'action et de gestion traditionnellement privilégiés dans l'organisation. Le but ultime de la division est similaire à celui de la plate-forme : stimuler une dynamique intrapreneuriale et la pérenniser. Toutefois, contrairement à cette dernière, dont les résultats se rapprochent souvent de ceux obtenus par le biais de dispositifs d'innovation continue, la division intrapreneuriale donne vie à des projets de plus grande envergure. Ses visées sont aussi beaucoup plus concernées par les rendements escomptés, les possibilités de croissance ou de diversification. Elle peut même conduire à la mise en marché d'inventions qui, autrement, n'auraient jamais pris forme. Conséquemment, le choix des idées et des projets pour lesquels on mobilisera des ressources parfois importantes s'avère beaucoup plus sélectif. On devine que ce sont surtout les très grandes entreprises qui peuvent se permettre l'instauration d'un tel dispositif.

En plus des approches qui précèdent, on peut identifier deux autres processus pouvant être intégrés dans un ensemble de dispositifs à considérer par une entreprise, suivant son contexte ou les objectifs qu'elle poursuit. Le tableau 10.3 présente cet éventail de dispositifs.

---

8. S'il est vrai que l'intrapreneur peut parfois compter sur des rétributions et des avantages intéressants lorsqu'il agit dans une telle division, il doit tout de même composer avec un contexte comportant de l'incertitude quant au succès des projets et même de l'existence de la division à plus long terme.

Tableau 10.3
DISPOSITIFS ET OBJECTIFS DE GESTION

Dispositif	Objectif poursuivi
La cellule intrapreneuriale	Accélérer le développement d'une innovation particulière
La plate-forme intrapreneuriale	Offrir des parcours balisés pour soutenir des intrapreneurs
La division intrapreneuriale	Générer et soutenir des innovations de plus grande envergure
L'acquisition apprenante	Favoriser l'apprentissage et l'appropriation de nouvelles occasions par les employés
L'essaimage de complémentarité	Continuer à profiter de la collaboration ou de l'expertise d'un intrapreneur qui crée sa propre entreprise

Source : Inspiré et adapté de Bouchard (2009), Basso et Legrain (2004) et Carrier (1996).

Le modèle de l'acquisition apprenante[9]

Tel que le présentent Basso et Legrain (2004), il s'agit d'un dispositif surtout privilégié par les grands groupes. Il se concrétise dans l'instauration d'un fonds de capital-risque interne dans le but de permettre de nouveaux apprentissages. Il s'agit ici de repérer et d'acquérir de jeunes entreprises innovantes, ce qui peut rendre possible l'identification de technologies porteuses ou la détection d'occasions de marché plus difficiles à capter par des conglomérats ou des entreprises de très grande taille. Les employés de l'entreprise ont ainsi l'occasion d'échanger et d'apprendre à travers leurs contacts et leurs collaborations avec les entreprises innovantes et dynamiques. Les plus entreprenants peuvent avoir l'occasion de participer activement au développement de jeunes entreprises innovantes, opérant à partir de tout nouveaux modèles d'affaires.

L'essaimage de complémentarité[10]

L'essaimage peut être défini comme la création d'une entreprise par un employé ou un groupe de salariés avec le soutien de l'entreprise qui l'emploie. Mais il n'est nullement question ici de l'essaimage tel qu'il semble souvent conçu en

---

9. Ce dispositif a été identifié et décrit par Olivier Basso et Thomas Legrain dans une étude réalisée pour l'Institut des entreprises sur les approches intrapreneuriales privilégiées dans les grands groupes français. Quatre autres approches ont également été décrites dans l'étude : l'enclave, la dissémination, l'imprégnation et le bouturage.
10. Voir Carrier, C. (1996). «Intrapreneurship in SME's: A case of living together under the same roof», *Gestion 2000, 1*, p. 147-157.

France et qui se rapporte typiquement au cas suivant : une grande entreprise qui n'a plus besoin des services de certains salariés ou veut délester sa structure d'un certain nombre d'entre eux ; elle met alors en place des mesures pour soutenir et accompagner ceux d'entre eux qui le souhaitent dans la création de leur propre entreprise. Dans une telle perspective, on ne peut pas proprement parler d'intrapreneuriat.

Ce que nous appelons ici l'essaimage de complémentarité s'applique à des cas dans lesquels une entreprise disposant de ressources réduites se retrouve dans une situation où elle risque de perdre la collaboration d'un employé clé dont l'expertise est très précieuse pour l'organisation. Il arrive que cet employé souhaite exploiter ses talents en créant sa propre entreprise. Dans certains cas, l'entreprise mère peut avoir avantage à s'associer à lui ou à le soutenir très concrètement, de façon à garder un lien fort avec lui et en s'assurant qu'elle pourra continuer à profiter de ses compétences particulières. Dans la mesure où l'entreprise peut lui fournir une aide, des ressources ou un support qui vont garder une certaine relation de dépendance de l'entrepreneur avec l'organisation incubatrice, on peut considérer qu'il s'agit d'une forme étendue de stratégie intrapreneuriale. C'est cette dynamique de soutien mutuel qui justifie l'appellation « essaimage de complémentarité ».

Il s'agit d'une approche d'un grand intérêt pour la PME, qui ne dispose pas toujours des ressources pour exploiter des occasions qui sont détectées par un employé intrapreneur souhaitant aller plus loin dans un projet de développement. L'entreprise peut alors décider de faire équipe avec lui et le soutenir très concrètement dans cette nouvelle affaire (Laviolette, 2005)[11]. On comprend que l'objectif est ici de s'assurer de ne pas perdre une habileté, une expertise ou même une personne qui a une grande valeur pour le succès de l'entreprise. Le cas présenté dans l'encadré qui suit en donne un exemple concret.

Un cas d'«union libre sous le même toit»

Au début des années 1990, Louis Leclerc travaille dans une entreprise québécoise qui fabrique des bicyclettes. Créatif et entreprenant, il est à l'affût de nombreuses occasions, mais il a par contre beaucoup de difficultés à faire accepter ses idées de nouveaux produits et de nouveaux marchés par le PDG de l'entreprise. Frustré et désireux de mettre en œuvre ses idées, il crée sa propre entreprise dans le même secteur d'activités. Il s'associe pour ce faire avec son beau-frère et son beau-père qui, lui, agit surtout comme investisseur. Velobec, qui se spécialise dans les vélos haut de gamme, s'installe dans une région avoisinante et Louis entraîne avec lui une dizaine des meilleurs employés de l'entreprise qu'il quitte.

---

11. Michael Laviolette a documenté plusieurs cas concrets d'essaimage s'inscrivant dans une telle perspective.

Au cours des cinq années suivantes, l'entreprise connaît une expansion rapide et le nombre d'employés double. Le type de fabrication privilégié par l'entreprise exige que certaines pièces soient usinées et adaptées au vélo semi-fini, ce qui requiert un savoir-faire très particulier. Pour cet usinage, ils font appel aux services de René Falardeau, un expert en ce domaine qui travaille deux jours par semaine dans l'entreprise et le reste du temps à son propre compte. Ce dernier a déjà possédé son propre atelier d'usinage, mais il a fait faillite il y a plusieurs années. Huit ans après la création de Velobec, la demande est telle que l'exigence d'un usinage sophistiqué s'accroît. Il faudrait engager Falardeau à temps plein, mais Louis Leclerc sait qu'il ne rêve que de redémarrer sa propre entreprise et on risque donc de le perdre, ce qui fait peur car une expertise aussi poussée dans le type d'usinage concerné est très rare.

On décide donc d'offrir plutôt à René de créer sa propre entreprise, pour devenir un sous-traitant privilégié de Velobec. Falardeau doit pour cela acquérir une machine à contrôle numérique qui lui permettra de suivre l'évolution à la hausse de la demande. Il accepte de relever le défi et fait l'acquisition de cet équipement en y investissant plusieurs dizaines de milliers de dollars. Quelques mois plus tard, l'entreprise Usinage Falardeau inc. est officiellement créée. Suivant l'offre d'appui de Velobec, la nouvelle machine est installée au cœur même de l'usine de Velobec, ce qui diminuera les problèmes de transport des vélos pour l'usinage et évite en même temps à René Falardeau d'avoir à investir des sommes importantes en immobilisations ou en frais de location d'espace. Fait étonnant : aucun contrat formel ne lie ces deux entreprises qui cohabitent depuis plusieurs années en union libre, avec une sérénité qui surprend tout le monde.

Source : Adapté de Carrier (1997) et Carrier (1996b).

Dans ce cas, tout le monde est gagnant. Velobec[12] n'a pas eu besoin d'investir dans le nouvel équipement et a su transférer une opération complexe à une entreprise sous-traitante qui en assume les risques. Le nouvel entrepreneur garde pour sa part une grande dépendance à l'égard de Velobec, car ce dernier est au départ son unique client. Par ailleurs, son ex-employeur lui a permis de diminuer sensiblement son investissement en frais locatifs et administratifs en lui donnant accès à différentes ressources de l'entreprise (espace gratuit, travail de secrétariat au besoin, etc.).

Principes et pratiques de gestion gagnants pour favoriser l'intrapreneuriat

Après avoir considéré les stratégies, processus et dispositifs mobilisables pour générer de l'intrapreneuriat, portons maintenant notre regard sur les principes et pratiques de gestion pour le soutenir sur un plan plus opérationnel.

---

12. Il s'agit d'un cas réel, mais le nom de l'entreprise et de son produit ont été modifiés pour préserver l'anonymat des entreprises concernées.

Alléger les structures

On l'a vu précédemment, l'autonomie dont disposent les employés pour innover est déterminante dans leur participation à la détection et à l'exploitation d'occasions porteuses pour l'organisation. À cet égard, les très grandes entreprises sont en principe désavantagées par rapport aux plus petites. Comme le soulignent Julien et Carrier (2005), la PME, de par la flexibilité inhérente à sa taille, a généralement plus de facilité à détecter et à encourager les comportements innovants. Dans la plupart des cas, plus l'entreprise est grande, plus il est difficile de privilégier des structures organiques favorisant collaboration, communication et fertilisation croisée, tant entre les personnes qu'entre les différents départements ou divisions de l'organisation. La lourdeur structurelle observée dans de grandes entreprises a aussi pour effet de diminuer considérablement le degré d'autonomie de leurs employés et gestionnaires. L'existence de plusieurs niveaux hiérarchiques complexifie l'action de l'intrapreneur. En effet, plus le nombre de niveaux hiérarchiques est élevé, plus il devient ardu pour l'individu qui croit avoir discerné une occasion porteuse de proposer son idée à un interlocuteur disposant du niveau d'autorité nécessaire pour lui faciliter l'obtention d'une autorisation et des ressources nécessaires à son développement. Même dans la situation inverse, où la direction prend action pour créer de nouvelles unités intrapreneuriales, la lourdeur structurelle rend plus difficile le repérage des intrapreneurs à travers les différentes strates de l'entreprise. Ainsi, un haut dirigeant qui cherche un gestionnaire de projets entreprenant pour mettre sur pied une toute nouvelle division peut difficilement apprécier l'éventail des ressources aptes à relever avec brio un tel défi, qui relève plus de l'entrepreneuriat que d'une simple gestion optimale de ressources.

Favoriser une culture d'apprentissage et d'expérimentation

Nous sommes tous d'accord pour dire que la flexibilité et la diminution du temps de réponse sont devenues des nécessités dans un contexte concurrentiel dont la férocité ne cesse d'augmenter. Le client-roi a des exigences de plus en plus difficiles à rencontrer et, par surcroît, veut voir ses attentes satisfaites le plus rapidement possible. Il n'est donc pas étonnant que l'on voie de plus en plus de grandes entreprises se transformer en un ensemble de plus petites sous-unités ou filiales, tout en leur accordant une très grande autonomie. Très près de leurs système-clients, ces petites structures deviennent plus agiles et peuvent s'adapter plus vite aux changements. On le constate, celles qui tirent leur épingle du jeu de cette façon savent instaurer une culture simultanément entrepreneuriale et de gestion (Hobbs et Poupart, 1988). On qualifie cette structure de managérialement centralisée, au sens où la direction identifie les valeurs fondamentales auxquelles tous sont tenus d'adhérer dans l'entreprise, mais elle s'avère en même temps entrepreneurialement décentralisée. En effet, l'autonomie décisionnelle y est accordée dans une large mesure aux équipes responsables des opérations.

L'action est ainsi impitoyablement décentralisée et les employés ont toute la latitude pour apporter des changements ou des améliorations aux processus, aux méthodes de travail ou au produit ou service lui-même.

La tolérance à l'échec et à l'erreur est un élément fondamental d'une culture entrepreneuriale. Les grands succès sont rarement l'œuvre du hasard et ont la plupart du temps été précédés d'une période d'exploration et de rodage marquée par des embûches, d'occasionnels retours en arrière ou de changements assez radicaux de direction. Par exemple, des études ont montré que les entreprises minières connaissant le plus de succès sont loin d'être celles qui disposent des équipements les plus perfectionnés. Ce sont plutôt celles qui creusent le plus de puits. Elles ont des succès parce qu'elles osent un plus grand nombre d'essais, bien que ces tentatives augmentent conséquemment le nombre d'erreurs. En présence d'une culture entrepreneuriale forte, les erreurs et échecs seront vus comme des étapes nécessaires à l'innovation et seront ainsi considérés comme des occasions d'apprentissage utiles.

Équilibrer analyse et action

On observe fréquemment une incompatibilité entre les processus associés à l'innovation réussie et les systèmes de planification en vigueur dans les grandes entreprises. Dans bien des cas, ces systèmes s'avèrent incapables de faire place à toutes les étapes d'exploration, d'aller-retour entre divergence et convergence et d'autres aspects imprévisibles entourant le développement de toute innovation importante. Les entreprises qui survalorisent les bienfaits de la planification ont d'ailleurs tendance à récompenser d'abord les gestionnaires capables de minimiser le plus possible les écarts entre ce qui était initialement prévu et les activités réalisées. Lorsque dans une même entreprise on retrouve les effets combinés de la lourdeur structurelle et d'une importance exagérée accordée à la planification, il devient ardu de développer puis de tester rapidement une ou des idées nouvelles. Ajoutons qu'on trouve habituellement dans une telle entreprise une surabondance de systèmes de contrôle, ce qui n'est guère propice au développement de l'intrapreneuriat.

Par surcroît, dans de nombreuses grandes entreprises, le mode d'organisation du travail reste encore trop empreint de principes hérités du taylorisme. Trop souvent, on y constate une coupure entre la conception et l'action ainsi qu'une logique temporelle dans laquelle la formulation d'un projet est souvent séparée ou éloignée de sa mise en œuvre. Dans ce contexte, les intrapreneurs se sentent parfois obligés d'analyser à outrance les résultats escomptables de leur action, ce qui n'est pas souhaitable. Il faut d'une certaine façon permettre davantage l'exploration.

Enrichir les tâches et favoriser l'interdisciplinarité

Plusieurs pratiques organisationnelles sclérosent l'intrapreneuriat. Au tout premier plan se trouvent les modes de division du travail, fortement centrés sur une expertise particulière ou sur la réalisation d'un simple fragment d'un processus ou d'un produit. Ce type d'organisation des tâches entraîne une surspécialisation des individus, ce qui ne favorise pas la remise en question de façons de faire ou la recherche de zones d'amélioration possibles. Un tel contexte est peu favorable à l'identification de nouvelles occasions. L'employé surspécialisé n'est généralement concerné que par un aspect très particulier ou parcellaire d'un produit, d'un service ou d'un processus et n'en comprend pas toujours toute la valeur ou la portée. L'innovation a besoin de décloisonnement, d'échanges interfonctionnels et d'une interfécondité des idées qui s'accommode mal des frontières fermées entre les différentes spécialités. La surspécialisation des tâches ne favorise pas la synergie créatrice.

Reconnaître et récompenser équitablement l'intrapreneur[13]

Malheureusement, les modes de récompense et de reconnaissance sont généralement peu conçus pour rétribuer équitablement l'intrapreneur en relation avec la teneur de sa contribution. Traditionnellement, la rémunération des travailleurs a été basée sur des critères tels que l'ancienneté et l'expérience dans le secteur, le degré de spécialisation requis pour la fonction, la complexité plus ou moins grande de la tâche et la rareté relative de travailleurs dans le type de spécialisation concerné. Bien sûr, de tels critères permettent une certaine équité ; tous seront rémunérés à partir des mêmes bases pour un travail bien déterminé, dont on connaît d'avance la nature et l'ampleur. Mais ils sont moins susceptibles d'être utiles pour encourager un employé à la prise de risque nécessairement associée à l'innovation dans un contexte d'intrapreneuriat. Bref, on s'occupe de bien traiter ceux qui se contentent de faire ce qui est attendu d'eux et on s'intéresse encore trop peu à reconnaître la contribution particulière d'employés entreprenants, qui acceptent de dépasser les cadres de leur fonction et qui prennent des risques. Cette prise de risque de la part de l'intrapreneur doit pourtant être récompensée concrètement, d'une façon qui est valorisée par ce dernier.

Encore trop de dirigeants de grandes entreprises considèrent la promotion comme le meilleur moyen de récompenser les efforts de l'intrapreneur. Pourtant, la principale motivation de ce dernier n'est pas l'augmentation de son pouvoir dans l'entreprise, mais plutôt le besoin de réalisation personnelle ou de créer quelque chose de nouveau et qui le passionne. Conséquemment, ce qui l'intéresse le plus dans bien des cas, c'est une marge de manœuvre et des ressources pour pouvoir mener à bien ses idées innovatrices. Il ne faut pas oublier que les entrepreneurs indépendants qui réussissent gagnent bien davantage que le prestige et l'argent : ils se donnent la liberté d'agir comme bon leur semble. Ils peuvent se permettre d'utiliser les profits de leur entreprise pour mener d'autres projets, sans avoir à rendre de comptes à personne. Il en va tout autrement pour l'intrapreneur. Ses succès ne lui assurent pas qu'il disposera des ressources dont

---

13. Carrier, C. (1997). *De la créativité à l'intrapreneuriat*, Québec, Presses de l'Université du Québec, p. 101-102, coll. «Entrepreneuriat et PME».

il a besoin pour s'engager dans d'autres aventures. Sa seule intuition ne peut justifier son engagement dans des projets. Il lui faut repartir de zéro, convaincre des gens, trouver des ressources et expliquer en détail toutes les étapes de son projet, ce qui n'est pas toujours facile à faire. Toute innovation est par nature porteuse d'une part d'incertitudes. L'intrapreneur risque de s'essouffler rapidement dans un tel contexte.

Partant des constats qui précèdent, Pinchot (1985) a émis l'idée intéressante de récompenser l'intrapreneur mû par le désir de créer et qui parvient à le faire par l'allocation d'un «intracapital». Cet intracapital consiste en un budget discrétionnaire, sans limite de temps pour le dépenser, qui est accordé à l'intrapreneur pour financer un nouveau projet au sein de son entreprise. Il peut donc continuer à mettre en valeur sa créativité, sans avoir d'autorisation à demander. C'est une récompense inhabituelle, mais qui a du sens pour l'intrapreneur, pour qui elle est synonyme de liberté et de marge de manœuvre. C'est en quelque sorte pour l'entreprise miser sur des chevaux gagnants, puisqu'elle place alors son argent entre les mains d'un innovateur qui a déjà fait ses preuves. Ainsi, elle dépasse le seul concept d'investissement et elle réussit à retenir à son service des champions qui auraient pu autrement décider d'utiliser leurs réussites intrapreneuriales pour devenir entrepreneurs à leur propre compte.

Selon Pinchot, un système d'intracapital devrait comporter les éléments suivants :

- Les intrapreneurs doivent eux-mêmes prendre des risques.

  Cela peut prendre différentes formes. Dans certains cas, l'intrapreneur devra accepter de consacrer une certaine part de ses heures de loisirs pour préparer et peaufiner le projet. Dans d'autres, on peut lui demander de renoncer à toute augmentation de salaire, jusqu'à ce qu'il puisse compter sur une prime. Dans certains cas extrêmes, il pourrait devoir accepter une baisse de salaire contre un plan de récompense généreux en cas de succès. Une telle prise de risque engage l'intrapreneur et pourra justifier auprès des autres employés l'attribution éventuelle de récompenses importantes par l'entreprise.

- Il doit y avoir consensus sur la méthode qui sera utilisée pour mesurer le succès.

  C'est sur ce point qu'on semble rencontrer le plus de difficultés. Tout d'abord, les bénéfices générés par une innovation, ou une intraprise, ne sont pas toujours faciles à comptabiliser. Plusieurs facteurs expliquent cette difficulté. Entre autres, il n'est pas toujours possible d'établir le coût de toutes les ressources et de tous les services qui ont contribué à la réussite du projet. Se pose aussi souvent la difficulté à déterminer la période sur laquelle il faut à la fois amortir les dépenses et les frais de développement et répartir l'intracapital qui sera éventuellement dégagé.

L'expérience montre que la plupart des intrapreneurs qui se sont engagés pour la première fois dans l'exploration, la poursuite et l'exploitation d'une occasion ne le faisaient pas dans le but de se voir attribuer d'importantes récompenses.

Mais à mesure que le succès du projet génère des gains importants pour l'entreprise et que l'individu qui en est la source en prend conscience, il est normal qu'il s'attende à ce qu'une contrepartie qu'il estime légitime lui soit offerte par l'entreprise. Bouchard (2009, p. 138) propose plusieurs types de récompenses possibles :

- prix du meilleur projet intrapreneurial ;
- prime personnelle aux étapes du processus de sélection franchies ;
- prime personnelle en pourcentage de la valeur créée ;
- direction de l'activité créée ;
- parts fictives de l'activité créée ;
- progression de carrière accélérée ;
- formation de haut niveau ;
- année sabbatique.

Une recherche menée sur des cas intrapreneuriaux en contexte de PME (Carrier, 1996a) a montré que les intrapreneurs qui développaient une occasion contribuant de façon importante au succès ou à la performance de l'entreprise appréciaient se voir offrir une promotion. Ils la percevaient comme un moyen de se rapprocher davantage du propriétaire-dirigeant, donc du centre décisionnel, augmentant ainsi leurs chances de se voir attribuer les ressources dont ils avaient besoin pour poursuivre d'autres projets de développement. Plusieurs d'entre eux souhaitaient aussi avoir la possibilité d'obtenir des actions de l'entreprise ou encore de participer aux bénéfices. Malheureusement, les propriétaires-dirigeants concernés semblaient généralement moins ouverts à la possibilité de permettre l'accès au capital-actions de l'entreprise.

Protéger l'intrapreneur

La lourdeur des structures évoquée précédemment est certes peu propice à l'émergence d'intrapreneurs. Ces individus ou groupes potentiellement innovateurs se trouvent alors noyés dans la masse. Il est également possible qu'ils soient sous le joug de gestionnaires dont la vision de l'innovation diffère de celle des intrapreneurs ou de celle des hauts dirigeants de l'entreprise. Ces gestionnaires peuvent même aller jusqu'à se sentir menacés par l'initiative et l'entrepreneuriat de leurs employés. En conséquence, il faut créer des lieux et des instances qui seront en mesure d'accueillir et d'évaluer les projets des intrapreneurs. Certains spécialistes de la question insistent sur l'importance de la plus grande neutralité chez ceux et celles qui auront à juger de l'importance stratégique ou de la valeur des idées qui seront proposées. La plate-forme intrapreneuriale suggérée précédemment peut jouer un rôle intéressant à cet égard.

Une fois en action, l'intrapreneur a généralement aussi grand besoin d'être en quelque sorte parrainé et protégé. En effet, pour mener à bien son projet, il ne devrait pas constamment être confronté à des luttes d'influence ou à des jeux de pouvoir qui auraient pour effet de limiter son accès aux ressources dont il a besoin. Il devrait par conséquent bénéficier de l'appui d'au moins une personne assez influente pour le protéger lorsque c'est nécessaire. Cette personne, qu'on appellera ici le mentor[14], n'a pas d'autorité hiérarchique sur l'intrapreneur et ne lui confiera aucune tâche. Ses fonctions sont variées et il joue d'abord un rôle charnière entre la direction de l'entreprise et l'intrapreneur. À ce titre, il peut, par exemple, faciliter l'acceptation des propositions de 1'intrapreneur par les responsables concernés. Son aide pourra aussi être précieuse lorsque l'intrapreneur devra demander les ressources humaines, financières ou matérielles nécessaires à la mise en œuvre de son projet.

L'harmonisation des projets de l'intrapreneur avec la politique générale de l'entreprise est le deuxième rôle important du mentor. Ainsi, il pourra aider l'intrapreneur à modifier son projet d'innovation de façon à assurer une synergie ou une complémentarité avec les activités de l'entreprise. Au contraire, dans les cas où l'innovation proposée par l'intrapreneur ne correspond pas aux activités de l'entreprise, le mentor pourra essayer de trouver des arguments pour convaincre la direction de s'engager dans une nouvelle voie. Ce mentor joue également un rôle de protecteur généralement très important. Les projets d'un intrapreneur peuvent menacer les intérêts de certains individus, de certains groupes ou même de certains services. Il est aussi possible que l'innovation qu'il propose implique la participation étroite de services ou d'employés qui ne sont pas intéressés à collaborer. Des conflits internes, des jeux de pouvoir ou des luttes pour des ressources sont susceptibles de se produire. Le mentor devra alors intervenir pour atténuer les frictions et concilier les intérêts de toutes les parties.

Idéalement, le mentor devrait être une personne d'influence, ayant une bonne expérience dans l'entreprise et disposant de toute la confiance de la direction générale. Selon Pinchot, ce parrain, qu'il appelle le *sponsor*, devrait être proche de la retraite, de façon à éviter que le pouvoir et l'estime que lui conférera son rôle ne soient récupérés au bénéfice de sa carrière personnelle, au détriment de la réussite des projets de l'intrapreneur. Par voie de conséquence, il serait aussi plus disponible et plus à l'écoute de l'intrapreneur.

Évaluer adéquatement l'importance stratégique des projets intrapreneuriaux

Même en instaurant des structures, une culture organisationnelle et des pratiques de gestion favorisant l'éclosion d'idées et d'initiatives, les ressources de toute organisation ne sont pas illimitées, et il est conséquemment nécessaire de bien évaluer les projets intrapreneuriaux pour sélectionner les plus porteurs et les plus susceptibles d'améliorer la position concurrentielle de l'entreprise. Burgelman et Sayles (1987) ont judicieusement proposé que cette évaluation soit centrée sur deux aspects majeurs, soit l'importance stratégique du projet et la mesure de sa

---

14. On utilise aussi fréquemment dans le même sens le mot *sponsor*.

parenté opérationnelle avec l'entreprise. Dans le premier cas, évaluer l'importance stratégique implique d'envisager les occasions et les menaces liées à toute proposition ou projet d'intraprise. Voici quelques exemples de questions que pourrait se poser l'entreprise à cette fin : «En quoi ce projet préserve-t-il notre capacité à nous introduire dans des secteurs où pourraient aussi pénétrer nos principaux concurrents, actuels ou potentiels ? – En quoi cela peut-il nous aider à découvrir où il ne faut pas nous hasarder ? – En quoi est-ce que cela favorise la mobilisation de l'entreprise ? – Dans quelle mesure cela peut-il faire courir des risques à la firme ? – Quand faudra-t-il en sortir si les perspectives paraissent mauvaises ? – Quels sont les éléments qui manquent à notre analyse ?» (Burgelman et Sayles, 1987, p. 140.)

Quant à la mesure de la parenté opérationnelle du projet intrapreneurial avec l'entreprise, elle consiste à définir dans quelle mesure le projet exigera des capacités et des compétences différentes de celles dont dispose déjà l'organisation. Il est souvent nécessaire de réaliser préalablement un inventaire (qui devrait être tenu à jour) de ces talents et capacités. Il s'agit par la suite de déterminer quelles seront les ressources ou nouvelles combinaisons de ressources et de capacités nécessaires pour assurer le succès du projet à l'étude et de se demander comment, où et à quels coûts elles pourraient éventuellement être acquises ou développées. Enfin, l'évaluation de la parenté organisationnelle permet d'évaluer dans quelle mesure le projet permet à l'entreprise de renforcer des produits ou des services existants ou encore de préserver ceux qui risquent d'être touchés ou modifiés si le nouveau projet voit le jour. Ainsi, l'évaluation de la parenté opérationnelle assure un examen des implications de la proposition en ce qui concerne les capacités futures de l'entreprise.

PME et intrapreneuriat

Vu l'importance sans cesse accrue des PME dans la création des nouveaux emplois, il paraît nécessaire de s'attarder à deux aspects importants considérant certaines de ses caractéristiques. En premier lieu, l'apport possible de l'intrapreneuriat sur le plan stratégique (le cas de Novo Technologies présenté dans l'encadré qui suit en donne un bon exemple) et en second lieu, les particularités de l'intrapreneuriat dans les entreprises de plus petite taille.

L'intrapreneuriat chez Novo Technologies

Fondée en 1995 et située à Lévis, Novo Technologies est une entreprise de conception de logiciels innovateurs, flexibles et adaptables en matière d'enregistrement des appels et de conformité pour les centres de contacts. Leader québécois dans ce type de produits, elle a été lauréate du prix Produit de l'année par le magazine *Customer Interaction Solutions*.

Fondée en 1995 et située à Lévis, Novo Technologies est une entreprise de conception de logiciels innovateurs, flexibles et adaptables en matière d'enregistrement des appels et de conformité pour les centres de contacts. Leader québécois dans ce type de produits, elle a été lauréate du prix Produit de l'année par le magazine *Customer Interaction Solutions*.

C'est à la suite d'une rencontre réalisée au palais de justice municipal, en 2000, que Normand (nom fictif), représentant commercial pour Novo, réalise tout le potentiel du monde légal pour Novo Technologies. Son idée : transférer la compétence particulière Novo en matière de logiciels d'enregistrement fiables, d'inscription et d'extraction des données fines pour des fins de référence, d'analyse et de sécurité.

Sur la recommandation de Normand, Novo, alors principalement orientée vers les besoins des centres d'appels, décide d'entamer des démarches pour explorer l'occasion potentielle. L'idée semble porteuse et les ajustements et investissements nécessaires s'avèrent raisonnables. Une stratégie est donc rapidement élaborée pour lancer la sollicitation de premiers mandats. L'initiative porte presque immédiatement fruit et un premier contrat est signé à Montréal, donnant naissance à un nouveau produit : *NovoCourt*.

NovoCourt, répondant à un besoin réel et important du milieu, est maintenant installé dans un très grand nombre d'institutions et entreprises, et constitue une véritable référence dans le domaine. Cette diversification de marché rendue possible par une analyse rapide et un soutien immédiat à l'intrapreneur a aussi permis d'autres retombées non négligeables et non planifiées pour l'entreprise. Novo a pu ainsi jouir d'une crédibilité accrue – notamment en matière de qualité – en raison de la caution indirecte associée à l'achat des produits Novo pour une clientèle liée au droit et à la sécurité publique.

Source : une entrevue réalisée avec le dirigeant de Novo Technologies.

L'apport de l'intrapreneuriat sur le plan stratégique

Le développement de l'intrapreneuriat peut avoir une importance particulière, non seulement pour stimuler l'innovation dans la PME, mais aussi sur un plan plus stratégique. Le propriétaire-dirigeant d'une PME ne peut tout faire seul ou avec une équipe réduite de collaborateurs. Il ne peut pas non plus compter sur une multitude de spécialistes et d'unités diversifiés, ni de ressources aussi importantes que celles dont la grande entreprise dispose. Conséquemment, l'intrapreneur peut être un collaborateur et un allié précieux pour accompagner ou soutenir l'entrepreneur dans la croissance de son entreprise. Par exemple, il pourrait soutenir un projet de diversification envisagé par l'entreprise, voire en proposer un lui-même. Contrairement à la spécialisation, qui consiste à renforcer l'expertise actuelle, la diversification nécessite souvent l'appropriation d'un tout nouveau savoir-faire. Dans le cas où le savoir-faire concerné par la diversification est nouveau pour l'entrepreneur, un employé possédant l'expertise nécessaire pourrait être mis à contribution s'il est intéressé à développer ce nouveau secteur d'activités pour l'entreprise ou à y jouer un rôle prépondérant.

Il en va de même dans le cas où l'entrepreneur songe à conquérir de nouveaux marchés qu'il connaît mal ou trop peu. Un employé qui, par sa formation, ses expériences actuelles ou antérieures, ou encore par la nature de son réseau, connaît bien ce marché et est en mesure de développer des stratégies d'approches efficaces pourrait se voir chargé d'en assurer le développement. Comme dans le cas précédent, une telle possibilité pourrait aussi émaner d'un employé se proposant lui-même dans une telle perspective. On peut également considérer le cas d'une PME qui souhaiterait proposer à ses clients des produits ou des services complémentaires à ceux qu'elle offre, mais qui doit pour cela faire appel à un employé maîtrisant la nouvelle compétence requise pour mettre en œuvre cette nouvelle activité. Par exemple, un manufacturier de mobilier et d'équipement de bureau pourrait offrir un service conseil en équipement bureautique et en confier le développement à un employé prêt à devenir le responsable de cette nouvelle activité. Dans un tel cas, faire appel à un essaimage complémentaire pourrait être une alternative à considérer si l'employé entreprenant se montre intéressé à investir lui-même dans la création de la nouvelle division ou filiale concernée.

Les particularités de l'intrapreneuriat dans la PME[15]

La flexibilité des structures de la PME facilite à la fois l'émergence et le repérage de l'intrapreneur. L'employé qui a une idée d'innovation et souhaite la soumettre et la faire valoir n'a pas besoin de multiplier les contacts à différents niveaux structurels pour parvenir à rejoindre le bon interlocuteur. Les relations sont généralement plus simples et conviviales dans les plus petites entreprises et l'accès au dirigeant ou à ses proches collaborateurs s'en trouve simplifié. Dans la mesure où les projets qu'il présente à l'entrepreneur sont compatibles avec les vues ou les stratégies de ce dernier, il y a de fortes chances qu'ils soient éventuellement adoptés. À l'inverse, le dirigeant et ses collaborateurs sont plus facilement en mesure de repérer des employés entreprenants à qui il pourrait être intéressant de confier l'exploration ou le développement de nouvelles activités.

Dans les deux cas, à cause d'une assez grande convergence dans les motivations et traits de personnalité des acteurs concernés, la relation intrapreneur/entrepreneur est plus susceptible d'être harmonieuse que la relation intrapreneur/gestionnaire qui prévaut dans les grandes organisations. En effet, le couplage intrapreneur-gestionnaire pose fréquemment des problèmes dans la grande entreprise, car leurs objectifs sont souvent différents, voire incompatibles, plus particulièrement lorsque le gestionnaire donne la priorité à la stabilité et à l'efficacité plutôt qu'à l'innovation. Mais en même temps, force est d'admettre que si dans la grande entreprise, les structures et les systèmes constituent les principaux

---

15. Cette section est inspirée de Carrier (1994, 1997 et 2008).

obstacles à l'intrapreneuriat, dans la PME, c'est le propriétaire-dirigeant lui-même qui peut en devenir le principal frein ou, à l'inverse, le plus grand catalyseur. Le défi majeur réside dans sa capacité d'accepter une certaine forme de «covedettariat», en partageant avec un ou plusieurs de ses employés la «mise en scène» de son entreprise.

La nécessité de récompenser adéquatement l'intrapreneur pour sa contribution a été évoquée dans une section précédente. Et comme on l'a souligné, malgré le fait que la promotion semble contre-indiquée pour récompenser l'intrapreneur de la grande entreprise, celui qui innove dans la PME voit au contraire la promotion comme une possibilité d'élargir son champ d'action, d'accroître son autonomie et de se rapprocher sensiblement du dirigeant, avec qui il souhaite partager la fonction innovatrice. Mais mieux encore, le contexte de la PME est favorable à des négociations plus personnalisées entre le propriétaire-dirigeant et l'intrapreneur. Ces négociations ainsi facilitées permettent à la fois au dirigeant et à l'intrapreneur de s'entendre sur les récompenses envisageables dans le cas où le projet d'innovation géré par l'intrapreneur est un succès. Ces négociations personnalisées peuvent être un avantage pour la PME par rapport à la grande entreprise qui, de son côté, doit prévoir des politiques d'ensemble, compte tenu du très grand nombre d'employés pouvant être concernés. Enfin, il semble plus facile d'estimer l'apport du projet de l'intrapreneur en termes financiers dans la PME que dans la grande entreprise, où il s'agit d'une difficulté généralisée.

Conclusion

L'intrapreneuriat ne s'improvise pas. Il n'existe pas de recette toute faite ; chaque organisation doit créer la sienne, mais peut s'inspirer des expériences des autres. Les organisations intéressées à susciter ce mode d'innovation et à réussir ont avantage à consulter la littérature d'affaires qui présente des cas réels et analysés en profondeur (par exemple, Kodak, 3M, Proctor & Gamble, pour ne nommer que ceux-là). Ces cas permettent de visualiser différentes configurations de structures et de pratiques envisageables pour stimuler l'intrapreneuriat.

L'entreprise qui ne se soucie pas de repérer, soutenir et reconnaître ses intrapreneurs talentueux a beaucoup à perdre. Après quelques tentatives infructueuses pour convaincre l'entreprise de l'intérêt des occasions qu'ils ont identifiées et souhaiteraient pouvoir développer, les intrapreneurs frustrés de ne pas pouvoir révéler leurs talents et déployer leurs ailes sauteront sur la première occasion qui se présentera pour aller entreprendre ailleurs. Si la grande entreprise peut à la limite se permettre de les laisser partir sans se mettre en péril, il en va tout autrement dans le cas des PME qui, dans plusieurs de nos sociétés industrialisées, sont maintenant celles qui créent le plus grand nombre d'emplois.

Les PME n'ont pas les moyens de perdre de bons intrapreneurs. Le risque encouru est en effet accru. Les intrapreneurs mécontents qui la quittent le font souvent pour aller travailler chez un compétiteur qui leur offre une plus grande marge d'initiatives ou, pire encore, pour créer leur propre entreprise. Entreprenant généralement dans le même secteur d'activité que l'entreprise qu'ils quittent (parce qu'ils le connaissent bien, de même que les systèmes-clients et les processus de l'entreprise) et le faisant généralement très près géographiquement, ces intrapreneurs déserteurs deviennent dans plusieurs cas de féroces compétiteurs. Il est arrivé plus d'une fois qu'ils conduisent leur ex-entreprise à la perte à cause de leur succès. Qu'on se le tienne donc pour dit!

EN PRATIQUE...

VOTRE ENTREPRISE EST-ELLE UN TERRAIN PROPICE À L'INTRAPRENEURIAT?

Répondez par oui ou par non aux questions suivantes:

1. Les structures de l'entreprise sont-elles ainsi conçues qu'il est facile pour un intrapreneur d'y émerger?
2. Un employé qui a un projet d'innovation a-t-il un interlocuteur dans l'entreprise à qui il peut le présenter?
3. L'entreprise tolère-t-elle les erreurs et les échecs?
4. L'employé a-t-il le droit à l'échec dans l'entreprise?
5. L'entreprise accepte-t-elle de mettre des ressources à la disposition des employés qui ont une idée à développer?
6. L'entreprise encourage-t-elle les employés à sortir des sentiers battus?
7. Y a-t-il des récompenses, financières ou autres, prévues pour les individus ou les groupes qui réussissent une innovation?
8. L'entreprise valorise-t-elle la formation d'équipes de travail informelles?
9. Les structures favorisent-elles la formation d'équipes de travail informelles?
10. Les structures permettent-elles le travail interdisciplinaire et les comités multi-fonctionnels?
11. Les structures prévoient-elles des comités de travail multifonctionnels?
12. Les employés peuvent-ils y fonctionner sans demander d'autorisation dans la plupart des cas?
13. Le risque est-il encouragé à tous les niveaux de l'entreprise?
14. Le type d'organisation du travail établi dans l'entreprise permet-il de diminuer la spécialisation des tâches?
15. Les employés qui innovent sont-ils présentés comme des héros ou des modèles?

Plus le nombre de questions auxquelles vous avez répondu oui est élevé, plus la possibilité pour les employés d'y innover est élevée.

Source: Adapté de Carrier, C. (1997). *De la créativité à l'intrapreneuriat*, Québec, Presses de l'Université du Québec, collection Entrepreneuriat, p. 96.

AKGUN, A.E., LYNN, G.S. et YILMAZ, C. (2006). «Learning process on new product development and the effects on product success : A sociocognitive perspective», *Industrial Marketing Journal, 35* (2), 210-224.

ALLALI, B. (2005). «Pour une typologie des comportements organisationnels face à l'innovation», *Gestion, 29* (4), 23-30.

ALMEIDA, L.S., PRIETO, L. et FERRANDO, M. (2008). «Torrance test of creative thinking : The question of its construct validity», *Thinking Skills and Creativity, 3* (1), 53-58.

ALTSHULLER, G. (2004). *Principes d'innovation TRIZ pour toutes applications*, Paris, Avraam Seredinski.

AMABILE, T.M. (1983). *The Social Psychology of Creativity*, New York, Springer-Verlag.

AMABILE, T.M. (1988). «A model of creativity and innovation in organizations», *Research in Organizational Behavior, 10* (2), 123-167.

AMABILE, T.M. (1996). *Creativity in Context*, Boulder, Westview Press.

AMABILE, T.M. (1997). «Motivating creativity in organization : On doing what you love and loving what you do», *California Management Review, 40* (11), 39-58.

AMABILE, T.M., CONTI, R., COON, H., LAZENBY, J. et HERRON, M. (1996). «Assessing the work environment for creativity», *Academy of Management Journal, 39* (5), 1154-1184.

AMABILE, T.M., GOLDFARB, P. et BRACKFIELD, S. (1990). «Social influences on creativity : Evaluation, coaction and surveillance», *Creativity Research Journal, 3*, 6-21.

AMABILE, T.M. et GRYSKIEWICZ, S.S. (1987). *Creativity in the R&D Laboratory*, Technical Report n° 30, Greensboro, Center for Creative Leadership.

AMABILE, T.M., HADLEY, C.N. et KRAMER, S.J. (2002). «Creativity under the gun», *Harvard Business Review, 80* (8), 52-61.

AMABILE, T.M. et KHAIRE, M. (2008). «Creativity and the role of the leader», *Harvard Business Review, 86* (10), 100-109.

AMABILE, T.M. et WHITNEY, D. (1997). «Corporate new ventures at Proctor and Gamble», *Harvard Business School*, Cas nº 9 897 088.

AMO, B.W. et KOLVEREID, L. (2005). «Organizational strategy, individual personality and innovation behaviour», *Journal of Enterprising Culture, 13* (1), 7-19.

ANTONCIC, B.J. et HISRICH, R.D. (2003). «Clarifying the concept of intrapreneurship», *Journal of Small Business and Enterprise Development, 10* (1), 21-40.

AZADEGAN, A., BUSH, D. et DOOLEY, K.J. (2008). «Design creativity : static or dynamic capability ?», *International Journal of Operations & Production Management, 28* (7), 636-662.

AZNAR, G. (2005). *Idées : 100 techniques de créativité pour les produire et les gérer*, Paris, Éditions d'Organisation.

BANDURA, A. (1986). *Social Foundation of Thought and Action*, Englewood Cliffs, Prentice-Hall.

BARDIN, D. (2006). *Management de la créativité en entreprise*, Paris, Economica, coll. «Connaissance de la gestion».

BARRON, F. (1968). *Creativity and Personal Freedom*, Princeton, Van Nostrand.

BARTUNEK, J.M. (1981). «Why did you do that? Attribution theory in organizations», *Business Horizons, 24* (5), 66-71.

BASADUR, M. (1997). «Organizational development interventions for enhancing creativity in the workplace», *Journal of Creative Behavior, 31* (1), 59-71.

BASADUR, M. (1999). *Simplex. A Flight to Creativity*, Buffalo, The Creative Education Foundation Inc., sous licence de Center for Research in Applied Creativity.

BASADUR, M. (2001). *The Power of Innovation : How To Make Innovation a Way of Life and Put Creative Solutions to Work*, 4ᵉ éd., Toronto, Applied Creativity Press.

BASADUR, M., POTWOROWSKI, J.A., POLLICE, N. et FEDOROWICZ, J. (2000). «Increasing understanding of technology management through challenge mapping», *Understanding Technology Management, 9* (4), 245-258.

BASADUR, M., PRINGLE, P. et KIRKLAND, D. (2002). «Crossing cultures : Training effects on the divergent thinking attitudes of Spanish-speaking South American managers», *Creativity Research Journal, 14* (3/4), 395-408.

BASSO, O. (2004). *L'intrapreneuriat*, Paris, Economica.

BASSO, O. (2006). *Le manager entrepreneur. Entre discours et réalité, diriger en entrepreneur*, Paris, Village Mondial.

BASSO, O. (2006). «Peut-on manager les intrapreneurs ?», *Revue française de gestion*, (168/169) (novembre-décembre), 225-242.

BASSO, O. et LEGRAIN, T. (2004). *La dynamique entrepreneuriale dans les grands groupes*, Rapport de l'Institut de l'Entreprise, <www.institut-entreprise-fr>.

BATEY, M. et FURHAM, A. (2006). «Creativity, intelligence, and personality : A critical review of the scattered literature», *Genetic, Social, and General Psychology Monographs, 132* (4), University College, Londres, Heldref Publications, 355-429.

BEGLEY, S. (1993). «The puzzle of genius», *Newsweek, 161*, 28 juin, 46-51.

BELSKI, I. (2009). «Teaching thinking and problem solving at University : A course on TRIZ», *Creativity and Innovation Management, 18* (2), 101-108.

BENNIS, W. (2003). *On Becoming a Leader: The Leadership Classic*, Cambridge, Basic Books.

BENS, I. (2005). *Facilitating with Ease*, San Francisco, John Wiley & Sons.

BJÖRK, J. et MAGNUSSON, M. (2009). «Where do good innovation ideas come from? Exploring the influence of network connectivity on innovation idea quality», *The Journal of Product Innovation management*, *26* (6), 662-670.

BOEHLKE, S. (2008). «The politics of creativity™: Four domains of inquiry and action by leaders in R&D», *Creativity and Innovation Management*, *17* (1), 77-87.

BOONE, L.W. et HOLLINGSWORTH, A.T. (1990). «Creative thinking in business organizations», *Review of Business*, *12* (2), 3-12.

BOUCHARD, T. Jr, BARSALOUX, J. et DRAUDEN, G. (1974). «Brainstorming procedure, group size, and sex as determinants of the problem solving effectiveness of groups and individuals», *Journal of Applied Psychology*, *59* (2), 135-138.

BOUCHARD, V. (2009). *Intrapreneuriat. Innovation et croissance. Entreprendre dans l'entreprise*, Paris, Dunod.

BOUCHARD, V., BASSO, O. et FAYOLLE, A. (2010). «Vers une typologie des dispositifs intrapreneuriaux», *Actes des 3ᵉ Journées Georges Doriot*, Caen, France.

BOUCHARD, V. et BOS, C. (2006). «Dispositifs intrapreneuriaux et créativité organisationnelle. Une conception tronquée?», *Revue française de gestion*, *161*, 95-109.

BRUN, E. et SAETRE, A.S. (2009). «Managing ambiguity in new product development projects», *Creativity and Innovation Management*, *18* (1), 24-34.

BURGELMAN, R.A. et SAYLES, L.R. (1987). *Les intrapreneurs. Stratégie, structure et gestion de l'innovation dans l'entreprise*, Paris, McGraw-Hill.

BUZAN, T. (2005). *The Ultimate Book of Mind Maps*, Londres, Harper Collins Publishers.

CALLON, M. (1994). «L'innovation technologique et ses mythes», *Gérer et comprendre*, 34, 5-17.

CARRIER, C. (1994). «Intrapreneurship in large firms and SME's: A comparative study», *International Small Business Journal*, *12* (3), 53-61.

CARRIER, C. (1996a). «Intrapreneurship in SME's: An exploratory study», *Entrepreneurship, Theory and Practice*, *21* (1), 5-20.

CARRIER, C. (1996b). «Intrapreneurship in SME's: A case of living together under the same roof», *Gestion 2000*, *1*, 147-157.

CARRIER, C. (1997). *De la créativité à l'intrapreneuriat*, Québec, Presses de l'Université du Québec, coll. «Entrepreneuriat et PME».

CARRIER, C. (1998). «Employee creativity and suggestion programs: An empirical study», *Creativity and Innovation Management*, *7* (2), 62-72.

CARRIER, C. (2000). «Défis, enjeux et pistes d'action pour une formation entrepreneuriale renouvelée», *Gestion 2000*, *3*, 149-163.

CARRIER, C. (2006). «L'implantation et la gestion des programmes de suggestions: le cas d'entreprises du Québec», dans M. Tremblay (dir.). *La mobilisation des personnes au travail*, Montréal, Gestion HEC, 481-506.

CARRIER, C. (2008). «L'intrapreneuriat. Émergence et développement», *Économie et Management*, *127*, 19-25.

CARRIER, C. (2008). «L'intrapreneuriat : évolution et tendances dans les connaissances et les pratiques», dans C. Schmitt (dir.). *Regards sur l'évolution des pratiques entrepreneuriales*, Québec, Presses de l'Université du Québec, 71-82, coll. «Entrepreneuriat et PME».

CHÉDRU, M. et LE MÉHAUTÉ, A. (2009). «Gouvernance et complexité : typologies du leadership et modèles de fonctionnement cérébral», *La Revue des sciences de gestion, direction et gestion*, (239/240), 61-68.

COLLINS, J.C. et PORRAS, J.I. (1991). «Organizational vision and visionary organizations», *California Management Review, 43* (1), 30-52.

COMPANYS, Y.E. et MCMULLEN, J.C. (2007). «Strategic entrepreneurs at work : The nature, discovery, and exploitation of entrepreneurial opportunities», *Small Business Economics, 28* (4), 301-322.

COOPER, R.G. (2003). «Profitable product innovation : The critical success factors», dans L. Shavinina, *The International Handbook on Innovation*, 2ᵉ éd., New York, Basic Books Group.

COOPER, R.G. (2004). *Product Leadership : Pathways to Profitable Innovation*, 2ᵉ éd., New York, Basic Books Group.

COOPER, R.G. (2008). «What leading companies are doing to reinvent their NPD processes», *PDMA Visions Magazine, 31* (3), 6-10.

COOPER, R.G. (2010, 9 avril). *How Companies are Reinventing their Idea-to-launch Methodologies*, Product Innovation Best Practices Series, Reference Paper #38, Stage-Gate International and Product Development Institute Inc., <www.stage-gate.com>.

CORNER, D. (2007). «How FedEx uses insight and invention to innovate», *PDMA Visions Magazine, 31* (4), 12-14.

CSIKSZENTMIHALYI, M. (1996). *Creativity. Flow and the Psychology of Discovery and Invention*, New York, HarperCollins Publishers.

CUMMINGS, A. et OLDHAM, G.R. (1997). «Enhancing creativity : Managing work contexts for the high potential employee», *California Management Review, 40* (1), 22-39.

DALLY, S. (2002). «A century of innovation and creativity», *The British Journal of Administrative Management*, (33), 30-34.

DAVILA, T., EPSTEIN, M.J. et SHELTON, R. (2006). *Making Innovation Work : How To Manage It, Measure It, and Profit from It*, Upper Saddle River, Wharton School Publishing.

DAVIS, G.A. (2004). *Creativity is Forever*, 5ᵉ éd., Dubuque, Kendall/Hunt Publishing Company.

DAURAY, C. (2008). «Le retour de la boîte à idées», *PME*, mars, 8-10.

DE BONO, E. (1970). *Lateral Thinking : Creativity Step by step*, New York, First Harper Colophon.

DE BONO, E. (1991). *Six Action Shoes*, New York, HarperCollins Publishers.

DE BONO, E. (1992). *La boîte à outils de la créativité*, Paris, Éditions d'Organisation.

DE BONO, E. (1999). *Six Thinking Hats*, 3ᵉ éd., New York, Little, Brown and Company.

DE BONO, E. (2005). *The Six Value Medals*, Kent, Mackays of Chatham.

DE BONO (2006). *Thinking Course : Powerful Tools to Transform your Thinking*, Harlow, BBC Active.

DE MEYER, A., LOCH, C.H. et PICH, M.T. (2002). «Managing project uncertainty : From variation to chaos», *MIT Sloan Management Review, 43* (2), 60-67.

DÉVELOPPEMENT PME CHAUDIÈRE-APPALACHES (2007). *Remarquables ou inaperçus ? Laboratoire de développement de produits* – cahier du participant.

DITKOFF, M. (2000). «Breakthrough thinking», <www.ideachampions.com/weblogs/archives/breakthrough_thinking>.

DRUCKER, P.F. (1985). *Innovation and Entrepreneurship : Practice and Principles*, New York, HarperCollins Publishers.

DYER, J.H., GREGERSEN, H.B. et CHRISTENSEN, C.M. (2009). «The innovator's DNA», *Harvard Business Review, 87* (2), 60-67.

EISENBERGER, R. (1992). «Learned industriousness», *Psychological Review, 99* (2), 248-267.

EISENBERGER, R. et ARMELI, S. (1997). «Can salient reward increase creative performance without reducing intrinsic motivation ?», *Journal of Personality and Social Psychology, 72* (3), 652-663.

EISENBERGER, R. et RHOADES, L. (2001). «Incremental effects of rewards on creativity», *Journal of Personality and Social Psychology, 81* (4), 728-741.

EKVALL, G. (1971). *Creativity at the Place of Work*, Stockholm, Reklamlito.

EKVALL, G. (1995). «Participation and creativity : New forms of suggestion schemes in Sweden», *Creativity and Innovation Management, 4* (3), 152-159.

EKVALL, G. (1996). «Organizational climate for creativity and innovation», *European Journal of Work & Organizational Psychology, 5* (1), 105-123.

ENBLEMSWÅG, J. et KJOLSTAD, L.E. (2002). «Strategic risk analysis – A field version», *Management Decision, 40* (9), 842-852.

FARRAND, P., HUSSAIN, F., HENNESSY, E., MCDERMOTT, B. et SEXTON, G. (2002). «The efficacy of the "Mind Map" study technique», *Medical Education, 36* (5), 426-431.

FAUCONNIER, P. (1996). *Le talent qui dort. La France en panne d'entrepreneurs*, Paris, Seuil, coll. «L'histoire immédiate».

FAYOLLE, A. (2002). «Le management entrepreneurial : mythe ou réalité ?», dans M. Peron (dir.). *Transdisciplinarité : fondements de la pensée managériale anglo-saxonne*, Paris, Economica, 81-107.

FERNANDES, A.A., DA SILVA VIEIRA, S., MEDEIROS, A.P. et NATAL JORGE, R.M. (2009). «Structured methods of new product development and creativity management : A teaching experience», *Creativity and Innovation Management, 18* (3), 160-175.

FORD, C.M. (1995). «Creativity is a mystery», dans C.M. Ford et D.A. Gioia (dir.), *Creative Action in Organizations. Ivory Tower Visions and Real World Voices*, Londres, Sage Publications, 12-50.

FORD, C.M., SHARFMAN, M.P. et DEAN, J.W. (2008). «Factors associated with creative strategic decisions», *Creativity and Innovation Management, 17* (3), 171-185.

FORD, M. et D.A. GIOIA (dir.) (1995). *Creative Action in Organizations. Ivory Tower Visions and Real World Voices*, Londres, Sage Publications.

FOREST, M. (2005). tiré du film *La gestion de la créativité*, Québec, Effervescence Créativité-Innovation.

FRITZ, R. (1989). *The Path of Least Resistance: Learning to Become the Creative Force in your Own Life*, New York, Fawcett Columbine.

GARDNER, H. (2004). *Les intelligences multiples. La théorie qui bouleverse nos idées reçues*, Paris, Éditions RETZ.

GASSE, Y. et CARRIER, C. (2004). *Gérer la croissance de sa PME*, 2ᵉ éd., Québec, Les Éditions de l'entrepreneur.

GASSMAN, O. et ZESCHKY, M. (2008). «Opening up the solution space : The role of analogical thinking for breakthrough product innovation», *Creativity and Innovation Management, 17* (2), 97-106.

GEBAUER, H., KREMPL, R. et FLEISCH, E. (2008). «Exploring the effect of cognitive biases on customer support services», *Creativity and Innovation Management Journal, 7* (1), 58-70.

GEORGE, M.L. (2005). *Lean Six Sigma pour les services : Comment utiliser la vitesse Lean & la qualité Six Sigma pour améliorer vos services et transactions*, Paris, Maxima – Laurent du Mesnil Éditeur.

GETZ, I. et ROBINSON, A.G. (2003). *Vos idées changent tout*, Paris, Éditions d'Organisation.

GLASER, M. et MIECZNIK, B. (2009). «Triz for reverse inventing in market research : A case study from A.G. Wittenstein, Identifying new areas of application of a core technology», *Creativity and Innovation Management, 18* (2), 90-100.

GOLDSMITH, R.E. (1994). «Creative style and personality theory», dans M. Kirton (dir.). *Adaptors and Innovators. Styles of Creativity and Problem Solving*, New York, Routledge, 34-50.

GOLEMAN, D. (2003). *L'intelligence émotionnelle-2*, Paris, Éditions J'ai Lu.

GORDON, J.J.W. (1961). *Synectics : The Development of Creative Capacity*, 4ᵉ éd., New York, First Collier Books Edition.

GORDON, J.J.W. (1972). «On being explicit about creative process», *Journal of Creative Behavior, 6* (4), 164-168.

GOUGH, H.G. (1979). «A creative personality scale for the adjective check list», *Journal of Personality and Social Psychology, 37* (8), 1398-1405.

GOUVERNEMENT DU CANADA (2010). Site Info Entrepreneurs, <www.infoentrepreneurs.org>.

GOUVERNEMENT DU QUÉBEC (2002). *Les meilleures pratiques en développement de produits*, Manuel du participant, Québec, Gouvernement du Québec.

GRIFFIN, A. et SOMERMEYER, S. (dir.) (2007). *The PDMA Toolbook for New Product Development 3*, Hoboken, John Wiley & Sons.

GRIL, E. (2007). «Canlyte : rechercher l'engagement des employés», *EFFECTIF*, janvier/février/mars, <www.orhri.org/effectif>, 10-13.

GRYSKIEWICK, S.S. (1999). *Positive Turbulence : Developing Climates for Creativity, Innovation and Renewal*, Center for Creative Leadership, San Francisco, Jossey-Bass Publishers.

GUNSCH, D. (1991). «Awards programs at work», *Personnel Journal, 70* (09), 85-90.

HACKMAN, J.R., OLDHAM, G., JANSON, R. et PURDY, K. (1985). «A new strategy for job enrichment», *California Management Review, 17* (4), 57-71.

HAMEL, G. et BREEN, B. (2007). *The Future of Management*, Boston, Harvard Business School Press.

HEIKO, G., KREMPL, R. et FLEISCH, E. (2008). «Exploring the effect of cognitive biases on customer support services», *Creativity and Innovation Management Journal*, *17* (1), 58-70.

HENRI, J. (2001). *Creativity and Perception in Management*, Londres, Sage Publications.

HENRY, J. et MAYLE, D. (2002). *Managing Innovation and Change*, Londres, The Open University School et Sage Publications.

HENTSCHEL, C. (2009). «Attribute-domain matrix : a reverse engineering method for innovation», *Creativity and Innovation Management*, *18* (2), 81-89.

HERRMANN, N. (1992). *Les dominances cérébrales et la créativité*, Paris, Retz.

HESSELBEIN, F., GOLDSMITH, M. et SOMERVILLE, I. (dir.) (2002). *Leading for Innovation and Organizing for Results*, San Francisco, Jossey-Bass.

HILL, S.A. et BIRKINSHAW, J. (2008). «Strategy-organization configurations in corporate venture units : Impact on performance and survival», *Journal of Business Venturing*, *23* (4), 423-444.

HINDO, B. (2007). «At 3M, a struggle between efficiency and creativity», *Business Week*, <http://www.businessweek.com/magazine/content/07_24/b4038406.htm>, consulté le 9 février 2010.

HOBBS, B. et POUPART, R. (1988). «L'organisation entrepreneuriale : est-ce possible ? », *Gestion. Revue internationale de gestion*, Montréal, HEC, 40-46.

HORIKIRI, T., KIEFFER, D., TANAKA, T. et FLYNN, C. (2009). «A Toyota secret revealed : The Oobeya room – how Toyota uses this concept to speed up product development», *PDMA Visions Magazine*, *33* (2), 9-13.

HORNSBY, J.S., KURATKO, D.F. et ZAHRA, S.A. (2002). «Middle manager's perception of the internal environment for corporate entrepreneurship : assessing a measurement scale», *Journal of Business Venturing*, *17* (3), 253-273.

HUESING, T. (2008). *Six Sigma through the Years*, Motorola, octobre 2008, texte apparaissant sur le site de MOTOROLA, <6sigmaexperts.com/presentations/Six Sigma Through the Years.pdf>.

IRELAND, R.D., COVIN, J.G. et KURATKO, D.F. (2009). «Conceptualizing corporate entrepreneurship strategy», *Entrepreneurship Theory and Practice*, *33* (1), 19-46.

ISAKSEN, S.G., DORVAL, K.B. et TREFFINGER, D.J. (2003). *Résoudre les problèmes par la créativité. La méthode CPS*, Paris, Éditions d'Organisation.

JACOBS, D. (2007). *Adding Values : The Cultural Side of Innovation*, Rotterdam, Veenman Publishers et Arnhem : ArtEZ Press.

JOHNSON, D.W. et JOHNSON, F.P. (2006). *Joining Together : Group Theory and Group Skills*, 9ᵉ éd., Boston, Pearson.

JULIEN, P.-A. (1994). *Pour des PME de classe mondiale. Recours à de nouvelles technologies*, Montréal, Les Éditions Transcontinental – en collaboration avec la Fondation de l'Entrepreneurship.

JULIEN, P.-A. et CARRIER, C. (2005). «Innovation et PME», dans P.A. Julien (dir.). *Les PME : bilan et perspectives*, Québec et Paris, Presses Interuniversitaires et Economica.

KATZ, G. (2009). «We already knew that : The ultimate put-down in VoC», *PDMA Visions Magazine*, *33* (1), 6-7.

KEENY, R. (1994). «Creativity in decision making with value-focused thinking», *Sloan Management Review, 35* (4), 33-41.

KIRTON, M.J. (1976). «Adaptors and innovators : A description and measure», *Journal of Applied Psychology, 61* (5), 622-629.

KIRTON, M.J. (1994). «A theory of cognitive style», dans M. Kirton (dir.). *Adaptors and Innovators. Styles of Creativity and Problem Solving*, New York, Routledge, 1-33.

KIRTON, M.J. (2003). *Adaption-innovation : In the Context of Diversity and Change*, Londres, Routledge.

KOCH, M. (2006). Innovation et management, Air France Mexique, <http://innovation. zumablog.com/index.php ?sujet_id=1053>.

KOENIG, G. (2004). *Management stratégique. Projets, interactions et contextes*, Paris, Dunod.

KOESTLER, A. (1964). *The Act of Creation*, Arkana, Penguin Books.

KOLCHIN, M.G. et HYCLAK, T.J. (1987). «The case of the traditional intrapreneur», *SAM Advanced Management Journal, 52*(3), 14-18.

KOUZES, M.J. et POSNER, Z.B. (2002). *The Leadership Challenge*, 3e éd., San Francisco, Jossey-Bass.

KUHN, R.L. et KUHN, L. (1992). «Decision making and deal making : How creativity helps», dans J. Henry (dir.). *Creative Management*, Londres, Sage Publications, 72-80.

LACEY, R. (1986). *Ford : The Men and the Machine*, New York, Ballantine Books.

LANGLOIS, J.P. (1988). «L'intrapreneurship : un concept jeune», *Numéro spécial du CDE, L'Esprit sauvage de l'intrapreneurship, 2* (3), 8-12.

LARACH, D.U. et CABRA, J.F. (2010). «Creative problem solving in second life : an action research study», *Creativity and Innovation Management, 19* (2), 167-179.

LAVIOLETTE, E.M. (2005). *L'essaimage en PME. Enjeux et modalités*, Thèse de doctorat, Lyon, Université Jean Moulin Lyon 3.

LEAVY, B. (2005). «A leader's guide to creating an innovation culture», *Strategy and Leadership, 33* (4), 38-45.

LEONARD, D. et SWAP, W. (1999). *When Sparks Fly. Igniting Creativity in Groups*, Boston, Harvard Business School Press.

LEPAGE, J. (2002). *Innover pour prospérer*, Montréal et Charlesbourg, Éditions Transcontinental et Éditions de la Fondation de l'entrepreneurship, coll. «Entreprendre».

LIKER, J.K. (2004). *The Toyota Way : 14 Management Principles from the World's Greatest Manufacturer*, New York, McGraw-Hill.

LINDEGAARD, S. (2010). « 10 red flags for innovation, *Business Week*, <http://www. Businessweek.com>, consulté le 5 avril 2010

LITTNER, T. (2002). *La créativité dans tous ses états*, Paris, Éditions d'Organisation.

LUECKE, R. (2004). *Creating Teams with an Edge : The Complete Skill Set To Build Powerful and Influential Teams*, Boston, Harvard Business School Press.

MACKINNON, D.W. (1978). «Educating for creativity : A modern myth ?» dans G.A. Davis et J.A. Scott (dir.). *Training Creative Thinking*, Melbourne, Krieger.

MACRAE, N. (1976). «The coming entrepreneurial revolution : A survey», *The Economist*, (261), 25 décembre.

MAGADLEY, W. et BIRDI, K. (2009). «Innovation labs : An examination into the use of physical spaces to enhance organizational creativity», *Creativity and Innovation Management, 18* (4), 315-325.

MARTIN, A. (2005). «*The Changing Nature of Leadership : A CCL Research Report*», Buffalo, The Center for Creative Leadership.

MARTINS, E.C. et TERBLANCHE, F. (2003). «Building organizational culture that stimulates creativity and innovation», *European Journal of Innovation Management, 6* (1), 64-74.

MAUZY, J. et HARRIMAN, R.A. (2003). «Three climates for creativity», *Research Technology Management, 46* (3), 27-30.

MAY, M.E. (2007). *The Elegant Solution : Toyota's Formula for Mastering Innovation*, New York, Free Press.

MCFADZEAN, E. (1998). «The creativity continuum : Towards a classification of creative problem solving techniques», *Creativity and Innovation Management, 7* (3), 131-139.

MCFADZEAN, E., SOMERSALL, L. et COKER, A. (1998). «Creative problem solving using unrelated stimuli», *Journal of General Management, 24* (2), 36-50.

MCKELVEY, B. (2001). «Energizing order-creating, networks of distributed intelligence : Improving the corporate brain», *Innovation Management Journal, 5* (2), 181-203.

MCPHERSON, J.H. (1968). «The people, the problems and the problem-solving methods», dans S.J. Parnes (dir.), *Sourcebook for Creative Problem Solving*, Buffalo, Creative Education Foundation, 63-69.

MIKALHO, M. (1991). *Thinkertoys*, Berkeley, Ten Speed Press.

MILLER, B., VEHAR, J. et FIRESTEIN, R. (2004). *La créativité libérée : une introduction à la démarche créative*, 4ᵉ éd., Evanston, Thinc Communication.

MILLER, W. (1999). *The Flash of Brilliance : Inspiring Creativity Where You Work*, Reading, Perseus Books.

MILLER, W.C. et LAWRENCE, J. (2000). *The Flash of Brilliance Workbook : The Eight Keys to Discover, Unlock and Fulfill your Creative Potential at Work*, Cambridge, Perseus Books.

MORGAN, G. (1997). *Imaginization : New Mindsets for Seeing, Organizing and Managing*, Thousand Oaks, Berret-Koehlet Publishers et Sage Publications.

MORGAN, G. (1999). *Images de l'organisation*, 2ᵉ éd., Québec, Les Presses de l'Université Laval.

MORGAN, N. (2002). «*Are You Getting the Best Solutions for Your Problems?*», dans Mastering the Challenges of 21st Century Leadership, Harvard Business School Publishing Collection, <www.scribd.com/doc/8725826/mastering-the-challenges-of-21st-century-leadership>.

MORRIS, M.H., KURATKO, D.F. et COVIN, J.G. (2007). *Corporate Entrepreneurship & Innovation,* 2ᵉ éd., Mason, South-Western College Publisher.

MUMFORD, M.D. (2006). *Pathways to Outstanding Leadership : A Comparative Analysis of Charismatic, Ideological and Pragmatic Leaders*, Mahwah, Lawrence Erlbaum Associates.

MUMFORD, M. (2008). «Examining the leaders of creative efforts : What do they do, and what do they think about?», *Creativity and Innovation Management Conference*, Buffalo, Buffalo State College.

MUMFORD, M.D., ZACCARO, S.J., HARDING, F.D., JACOBS, T.O. et FLEISHMAN, E.A. (2000). «Leadership skills for a changing world : Solving complex social problems», *Leadership Quarterly*, *11* (1), 11-35.

NAUYALIS, C.T. et CARLSON, M. (2010). «Portfolio pain points – new study reveals that companies are suffering from a lack of streamlined product portfolio management process», *PDMA Vision Magazine*, *34* (1), 13-18.

NEMETH, C.J. (1997). «Managing innovation : When less is more», *California Management Review*, *40* (1), 59-74.

NOLLER, R.B. (1986). *Scratching the Surface of Creative Problem Solving*, East Aurora, D.O.K. Publishers.

NORTHOUSE, P.G. (2004). *Leadership : Theory and Practice*, 3ᵉ éd., Thousand Oaks, Sage Publications.

ORBAN, A. et MILLER, C.W. (2007). «The slingshot : A group process for generating break-through ideas», dans A. Griffin et S. Somermeyer (dir.). *The PDMA Toolbook 3 for New Products Development*, Hoboken, John Wiley & Sons, p. 107-140.

OSBORN, A.F. (1953). *Applied Imagination : Principles and Procedures of Creative Problem-Solving*, 2ᵉ éd., New York, Scribner.

PALADINO, A. (2009). «Financial champions and masters of innovation : Analyzing the effect of balancing strategic orientations», *The Journal of Product Innovation Management*, *26* (6), 616-626.

PAPINEAU, J.-M. (2005). «La boîte à suggestions des employés. Des petites idées qui mènent loin», *Forum Qualité*, <www.qualite.qc.ca/salle-de-presse/magazine-forum-qualite>.

PARNES, S.J. (1992). *Sourcebook for Creative Problem Solving : A Fifty-Year Digest of Proven Innovation Processes*, Buffalo, Creative Education Foundation Press.

PAULUS, P.B, NAKUI, T., PUTMAN, V.L. et BROWN, V.R. (2006). «Effects of task instructions and brief breaks on brainstorming, group dynamics : Theory, research and practice», *American Psychological Association*, *10* (3), 206-219.

PICQ, T. (2007). «Le déploiement des dynamiques intrapreneuriales», dans A. Fayolle (dir.). *L'art d'entreprendre*, Paris, Village Mondial, 163-172.

PINCHOT, G. (1985). *Intrapreneuring*, New York, Harper & Row Publishers.

PINCHOT, G. (1986). *Intraprendre*, Paris, Éditions d'Organisation.

POLEWSKY, S. et WILL, H. (1996). «Creativity workshops : Tools for innovation in organizations?», *European Journal of Work and Organizational Psychology*, *5* (1), 43-51.

PUCCIO, G.J. (2002). *Votre profil de pensée : un outil pour l'innovation*, Guide Foursight, Evanston, THinc Communications.

PUCCIO, G.J. et CABRA, J.F. (2010). «Organizational creativity : A systems approach», dans J.C. Kaufman et R.J Sternberg (dir.). *The Cambridge Handbook of Creativity*, New York, Cambridge University Press, p. 145-173.

PUCCIO, G.J. et CHIMENTO, M. (2001). «Implicit theories of creativity : Lypersons' perceptions of the creativity of adaptors and innovators», *Perceptual and Motor Skills*, *92* (3), 675-681.

PUCCIO, G.J., FIRESTIEN, R.L, COYLE, C. et MASUCCI, C. (2006). «A review of the effectiveness of CPS training : A focus on workplace issues», *Product Development Management Association Journal* (PDMA), *15* (1), 19-33.

PUCCIO, G.J., MURDOCK, M.C. et MANCE, M. (2007). *Creative Leadership. Skills that Drive Change*, Thousand Oaks, Sage Publications.

RAISON, M. (2009). Yellow Ideas, <www.yellowideas.com>.

RICKARDS, T. (1999). *Creativity and the Management of Change*, Oxford, Blackwell Publishers Ltd.

ROBERT, M. (1996). *La création de produits stratégiques*, Montréal : Les Éditions Transcontinental.

ROBERT, M. (2004). *Strategic Product Innovation Pure & Simple : Creating New-to-the-market Products that Breed Competitive Supremacy*, Norwalk, Poutray, Pekar, Stella, Inc.

ROBINSON, A.G. et SCHROEDER, D.M. (2006). *Les bonnes idées ne coûtent rien*, Montréal, Les Éditions de l'Homme.

ROBINSON, A.G. et STERN, S. (2000). *L'entreprise créative. Comment les innovations surgissent vraiment*, Paris, Éditions d'Organisation.

ROSE, L.H. et LIN, H.-T. (1984). «A meta-analysis of long term creativity training programs», dans S.J. Parnes (dir), *Sourcebook for Creative Problem Solving*, Buffalo, Creative Education Foundation Press, 124-131.

ROTHWELL, R. (2002). «Towards the fifth-generation innovation process», dans J. Henry et D. Mayle (dir.). *Managing Innovation and Change*, Londres, The Open University School et Sage Publications, 115-135.

SATZINGER, J.W., GARFIELD, M.J. et NAGASUNDARAM, M. (1999). «The creative process : The effects of group memory on individual idea generation», *Journal of Management Information Systems*, *15* (4), 143-160.

SCHWARZ, R., DAVIDSON, A., CARLSON, P. et MCKINNEY, S. (2005). *The Skilled Facilitator Fieldbook*, San Francisco, Jossey-Bass.

SEKIOU, L., BLONDIN, L., FABI, B. et BESSEYRE DES HORTS, C.H. (1992). *Gestion des ressources humaines*, Paris, Les Éditions 4L inc.

SENGE, P. et GAUTHIER, A. (1991). *La cinquième disciple : l'art et la manière des organisations qui apprennent*, Paris, First Edition, 201.

SHARMA, P. et CHRISMAN, J.J. (1999). «Toward a reconciliation of the definitional issues in the field of corporate entrepreneurship», *Entrepreneurship, Theory and Practice*, *23* (3), 11-27.

SIMONTON, D.K. (1976). «Biographical determinants of achieved eminence : A multivariate approach to the Cox data», *Journal of Personality and Social Psychology*, *33* (2), 218-226.

SIMONTON, D.K. (1995). «Creative as heroic. Risk, success, failure and acclaim», dans C.M. Ford et D.A. Gioia (dir.), *Creative Action in Organizations. Ivory Tower Visions & Real World Voices*, Londres, Sage Publications.

SIMONTON, D.K. (1997). «When does giftedness become genius? And when not?», dans N. Colangelo et G.A. Davis (dir.), *Handbook of Gifted Education*, 3ᵉ éd., Boston, Allyn & Bacon.

SMITH, G.P. (1997). *The New Leader : Bringing Creativity and Innovation to the Workplace*, Delray Beach, St. Lucie Press.

SOOD, A. et TELLIS, G.J. (2009). «Do innovations really pay off? One way to find out is to measure "total returns on innovation"», *PDMA Visions Magazine*, *33* (3), 31-33.

STASSER, G. et BIRCHMEIER, Z. (2003). « Group creativity and collective choice », dans P.B. Paulus et B.A. Nijstad (dir.), *Group Creativity : Innovation through Collaboration*, New York, Oxford University Press, 85-109.

STERNBERG, R.J. (1997). *Successful Intelligence*, New York, Plume.

STERNBERG, R.J. (2004). « Successful intelligence as a basis for entrepreneurship », *Journal of Business Venturing, 19* (2), 189-201.

STERNBERG, R.J. (2007). « A systems model of leadership », *American Psychologist, 62* (1), 34-42.

STERNBERG, R.J. (2009). « The rainbow and kaleidoscope projects : A new psychological approach to undergraduate admissions », *European Psychologist, 14* (4), 279-287.

STERNBERG, R.J. et LUBART, T.I. (1995). « Ten tips toward creativity in the work place », dans C.M. Ford et D.A. Gioia (dir.). *Creative Action in Organizations. Ivory Tower & Real World Voices*, Londres, Sage Publications, 173-180.

ST-PÉRON, R. (2006). <www.creativesystem.fr>.

ST-PIERRE, J. et MATHIEU, C. (2003). *L'innovation de produit chez les PME manufacturières : organisation, facteurs de succès et performance*, Rapport de recherche présenté au ministère des Finances, de l'Économie et de la Recherche, INRPME.

SUTTON, R.I. et HARGADON, A. (1996). « Brainstorming groups in context : Effectiveness in product design firm », *Administrative Science Quarterly, 41*(4), 685-718.

TASSOUL, M. et BUIJS, J. (2007). « Clustering : An essential step from diverging to converging », *Creativity and Innovation Management, 16* (1), 16-26.

TELLIS, G.J., PRABHU, J.C. et CHANDY, R.K. (2008). « Drivers of success for market entry into China and India », *Journal of Marketing, 72* (3), 1-13.

TELLIS, G.J., PRABHU, J.C. et CHANDY, R.K. (2009). « Radical innovation across nations : The pre-eminence of corporate culture », *Journal of Marketing, 73* (1), 3-23.

TIERNEY, P., FARMER, S.M. et GRAEN, G.B. (1999). « An examination of leadership and employee creativity : The relevance of traits and relationships », *Personnel Psychology, 52* (3), 591-620.

TORRANCE, E.P. (1979). *The Search for Satori and Creativity*, Buffalo, The Creative Education Foundation.

TREMBLAY, J. (2010). *Processus de développement de produits*, Document réalisé pour le compte du ministère du Développement économique et de l'Industrie du Québec, <www.mdeie.gouv.qc.ca>, téléchargé à partir du site du MAPAQ, <www.mapaq.gouv.qc.ca>.

VAN DIJK, C. et VAN DEN ENDE, J. (2002). « Suggestion systems : transferring employee creativity into practicable ideas », *R&D Management, 32* (5), 387-395.

VARDIS, H. et SELDON, G. (2008). « A report card on innovation : How companies and business schools are dealing with it », *Creativity and Innovation Management Conference*, Buffalo.

VEHAR, J. (2008). « Creativity and Innovation : A call for rigor in language », *Creativity and Innovation Management Conference* », Buffalo.

VEHAR, J. et Firestien, R. (2004). *La créativité libérée : une introduction à la démarche créative*, 4ᵉ éd., Evanston, Thinc Communication.

VON OACH, R. (1986). *Créatif de choc! Innovez pour gagner!*, Paris, Presses Pocket.

WANG, K.Y. et CASIMIR, G. (2007). «How attitudes of leaders may enhance organizational creativity: Evidence from a Chinese study», *Creativity and Innovation Management, 16* (3), 229-238.

WEST, M.A. (2002). «Sparkling fountains or stagnant ponds: an integrative model of creativity and innovation implementation in work groups», *Applied Psychology: An International Review, 51* (3), 355-387.

WHATMORE, J. (1999). *Releasing Creativity: How Leaders Develop Creative Potential in their Teams*, Dover, Kogan.

WHITNEY, K., SAGRESTANO, L.M. et MASLACH, C. (1994). «Establishing the social impact of individualization», *Journal of Personality and Social Psychology, 66* (6), 1140-1153.

WOOD, A. (2003). «Managing employee's ideas», *The Journal for Quality and Participation, 26* (2), 22-26.

WOODMAN, R.W., SAWYER, J.E. et GRIFFIN, R.W. (1993). «Towards a theory of organizational creativity», *Academy of Management Review, 18* (2), 293-321.

ZACCARO, S.J., MUMFORD, M.D., CONNELLY, M.S., MARKS, M.A. et GILBERT, J.A. (2000). «Assessment of leader problem-solving capabilities», *Leadership Quarterly, 11* (1), 37-64.

ZHOU, J. (2003). «When the presence of creative coworkers is related to creativity: Role of supervisor close monitoring, developmental feed-back, and creative personality», *Journal of Applied Psychology, 88* (3), 413-422.

RECYCLÉ
Papier fait à partir
de matériaux recyclés
FSC® C021757

Marquis imprimeur inc.

Québec, Canada
2011

Imprimé sur du papier Silva Enviro 100% postconsommation
traité sans chlore, accrédité Éco-Logo et fait à partir de biogaz.